KB060617

백제 국가권력의 확산과 지방 | 百濟 國家權力의 擴散과 地方

● 지은이

강종원

충남대학교 문과대학 사학과(문학사)
충남대학교 대학원 사학과(문학석사, 문학박사)
충남대, 공주교대, 한밭대 출강
충남발전연구원 연구위원
(현) 충남역사문화연구원 연구위원
　　한밭대학교 겸임교수

주요 논저

백제 근초고왕의 왕위계승
4세기 백제 정치사 연구(박사학위논문)
백제 비류왕의 즉위와 정국운영
백제 사비도성의 경영과 왕권
한성기 백제의 지방세력
백제 사씨세력의 중앙귀족화와 재지기반
백제말기 정치상황과 익산 왕궁성
백제 웅진천도와 귀족세력의 동향
백제 무왕의 출계와 왕위계승
백제 무왕의 태자 책봉과 왕권의 변동
4세기 백제사 연구(저서)
백제를 빛낸 인물(공저)
위례산성(공저)
백제실록 의자왕(공저)

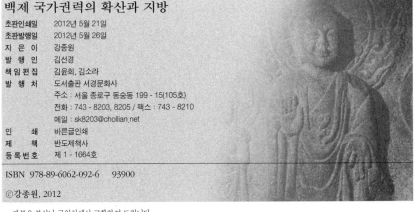

百濟 國家權力의 擴散과 地方

백제 국가권력의 확산과 지방

초판인쇄일	2012년 5월 21일
초판발행일	2012년 5월 26일
지 은 이	강종원
발 행 인	김선경
책 임 편 집	김윤희, 김소라
발 행 처	도서출판 서경문화사
	주소 : 서울 종로구 동숭동 199 - 15(105호)
	전화 : 743 - 8203, 8205 / 팩스 : 743 - 8210
	메일 : sk8203@chollian.net
인 쇄	바른글인쇄
제 책	반도제책사
등 록 번 호	제 1 - 1664호

ISBN 978-89-6062-092-6　　93900

정가　28,000원

백제
국가권력의
확산과 지방

강종원 지음

서 경 문 화 사

들어가기 전에 …

　일반적으로 백제는 근초고왕대를 거치면서 中央集權的 貴族國家를 형성한 것으로 이해되고 있다. 그렇지만 백제는 마한의 수많은 소국들을 통합하여 성립된 국가이다. 그로 인해 백제는 재지세력들에 대한 흡수·통합의 과정을 거쳤다. 또한 백제 王都 이외 지역의 재지세력은 백제의 영역확대와 국가권력의 확산에 따라 중앙과 일정한 정치적 관계를 형성하면서 중앙의 귀족세력으로 편제되거나 地方勢力化하였다. 그리고 각 지역에는 재지적 성격을 지닌 귀족세력의 존재를 보여주는 고고학적 자료가 다수 출토되고 있다. 공주의 수촌리유적을 비롯해 서산의 부장리분구묘, 익산의 입점리유적, 고흥의 안동고분, 영산강유역의 대형옹관묘, 전방후원분 등은 이를 보여주는 대표적인 유적들이라고 할 수 있다.

　그런데 地方勢力은 백제의 성장과정 속에서 출현한 존재이기 때문에 이들에 대한 연구는 백제사의 일면을 파악할 수 있는 유용한 방법이 될 수 있다. 특히 백제는 大姓八族이라고 하여 유력한 귀족세력이 존재하였는데, 이들 귀족세력은 대부분 재지기반을 정치적 토대로 삼고 있었다는 점에서 지방세력으로 볼 수 있는 존재이기도 하다. 그리고 大姓貴族은 시기적으로 浮沈은 있었지만 대부분 한성기부터 등장하여 사비기까지 사회적 지위와 정치적 영향력을 유지해 갔다. 그들이 배타적인 지위를 유지할 수 있었던 배경은 전통적 재지기반에 토대를 둔 경제력과 군사력에 있었으며, 또한 중앙집권적 지배체제가 성립된 이후에는 중앙의 고위 관등과 관직을 세습적으로 획득할 수 있었기 때문이었다. 따라서 지방에 재지기반을 두고 있었던 대성귀족에 대한 검토는 백제 국가체제의 존재양태를 파악하는데 중요한 요소가 된다고 할 수 있다.

그리고 국가권력의 확산과 지방세력의 문제를 파악하기 위해서는 백제 지방통치제도에 대한 이해가 필요하다. 백제 地方統治制度와 관련된 연구는 百濟史 가운데서도 가장 많은 관심의 대상이 되어 온 주제중의 하나였다. 그 결과 현재 많은 연구성과가 축적되어 개략적이나마 백제 지방통치의 변화과정을 그려볼 수 있게 되었다. 그렇지만 여전히 관련사료의 부족으로 명확한 해명을 얻고 있지는 못한 실정이며, 많은 연구자들 사이에서도 다양한 해석상의 차이를 드러내고 있다. 이와 같은 한계는 각 지역에서 출토되고 있는 고고학적 성과를 통해 점차 실증적으로 극복되고 있으며, 공주 수촌리유적은 그 중요한 사례가운데 하나였다고 하겠다.

그런데 백제가 중앙집권적인 국가체제를 갖추었음에도 불구하고 대성귀족으로 불린 유력한 귀족세력이나 지방세력은 백제말기까지도 그들의 재지적 기반을 유지하였다. 필자는 그들의 재지적 기반이 해체되지 않고 존속할 수 있었던 배경을 두 번에 걸친 遷都에서 찾을 수 있다고 생각한다. 즉, 천도로 인해 중앙집권적인 국가체제가 공고하게 작동되지 못했기 때문이다. 따라서 백제의 국가적 성격을 이해하기 위해서는 천도에 따른 정국의 변동과정에 대한 검토가 필요하다. 특히 王都는 정치·경제·문화의 중심지일 뿐만 아니라 그것이 지닌 상징성으로 인해 도읍을 선정하는데 어려움이 있으며, 한번 정해진 도읍을 옮기는 것은 더욱 어려운 문제였다. 그로 인해 도읍을 옮기는데 있어서는 지리적인 적합성과 함께 특별한 정치적 목적성을 가지게 된다. 이러한 관점에서 볼 때 웅진으로의 천도는 계획적으로 이루어진 것이 아니라 고구려의 남진으로 인해 갑작스럽게 이루어졌기 때문에 불완전하고, 태생적 한계를 가질 수밖에 없었으며, 재천도의 여지를 지니고 있었다. 반면에 사비로의 移都는 계획적인 천도였다는 점에서 경제·군사지리적인 요인과 함께 정치적인 요인 등이 종합적으로 고려되었을 것이다. 따라서 천도에 따른 정치세력 간의 역학관계를 살펴보는 것은 웅진·사비기의 정국을 이해할 수 있는 한 방편이 된다고 하겠다.

이와 같은 관점에서 필자는 그동안 지방세력의 존재양태와 천도문제 등에 관심을 갖고 몇 편의 글을 발표해 왔다. 특히 필자는 공주 수촌리유적과 서산 부장리분구묘, 서천 봉선리유적 등 각 지역 재지세력의 존재를 보여주는 유적들에 대한 발굴조사를 통해 문헌과 고고학적 결과를 비교 검토할 수 있는 기회를 가질 수 있었다. 이 책은 필자가 그동안 발표해 온 백제 국가권력의 확산과 지방지배, 재지세력의 문제, 그리고 백제의 웅진 및 사비천도와 정치세력과의 관계 등에 관한 글을 모아 정리한 것이다. 비록 내용상 중복되는 부분이 있고, 이미 발표된 지 오래되어 새로운 연구성과가 축적된 분야도 많이 있다. 그렇지만 기존 논문의 내용을 새롭게 수정할 엄두를 낼 수 없고, 또한 필자의 관점이 기존의 논지에서 크게 벗어나지 않아 부분적인 加筆만을 통해 책으로 엮기로 하였다. 이미 각종 연구지를 통해 발표된 글들이지만 한 권의 책으로 엮음으로써 전공자뿐만 아니라 일반 독자들과의 접근성도 제고하고자 의도하였다. 그리고 필자의 입장에서는 그 동안의 연구내용을 되돌아보고, 나아가 향후 올바른 연구방향을 모색함으로써 미력하나마 백제사 연구에 일조를 하고 싶다는 의미도 지니고 있다고 하겠다.

끝으로 글의 내용이 학술적으로 볼 때 미흡하고, 백제관련 연구서 출판이 경영상에 그리 모탬이 되지 못함에도 불구하고 흔쾌히 출판을 허락해주신 서경문화사 김선경 사장님을 비롯해 편집부 여러분께 감사드린다.

2012. 5

강 종 원

차 례

百濟 國家權力의 擴散과 地方

I.
한성기 영역확장과
지방통치

1. 漢城期 百濟의 領域擴張

1) 백제의 마한 병합

(1) 백제초기 마한과의 관계

백제의 건국세력은 북방으로부터 이주해온 집단이었으며, 건국과 관련해서는 온조설화와 비류설화가 전해지고 있어 건국과정에 대한 이해를 얻을 수 있다. 그런데 그들이 정착한 지역에는 이미 재지세력이 존재하고 있었으며, 그 정치체는 마한연맹체 국가들이었다. 그로 인해 백제의 성장은 마한세력과의 관계설정에서부터 시작되었으며, 초기에는 마한연맹체의 정치적 영향력 하에 놓여 있었음을 볼 수 있다. 그리고 마한연맹체의 맹주국으로 目支國이 확인된다. 다음은 백제가 한강유역에 정착한 이후 마한과의 관계를 설정해 가는 과정에 대하여 검토하기로 한다.

A-1. 가을 9월 왕이 사냥을 나갔다가 神鹿을 잡아 마한에 보냈다.(『三國史記』권

23 온조왕 10년)

2. 8월 마한에 사신을 보내어 도읍을 옮긴다는 것을 알리고 나라의 영역을 획
   정하니 북으로는 浿河, 남으로 熊川, 서로는 大海에 이르고, 동으로는 走壤
   에 닿았다.(위의 책, 온조왕 13년)

3. 겨울 10월에 말갈이 갑작스럽게 습격하여 왔다. 왕은 군사를 거느리고 칠중
   하에서 맞아 싸워 추장인 소모를 사로잡아 마한에 보내고 그 나머지 적들은
   모두 살아있는 채로 구덩이에 묻어 버렸다.(위의 책, 온조왕 18년)

4. 가을 7월 왕이 웅천에 목책을 세웠더니 마한왕이 사신을 보내어 책망하여
   말하기를, "왕이 처음 강을 건너 와서 발붙일 곳이 없을 때 내가 동북방 1백
   리되는 땅을 나누어 정착하도록 하였으니 내가 왕을 대우한 것이 후하지 않
   았다고 할 수 없다. 마땅히 은혜 갚을 것을 생각하여야 할진데 이제 나라가
   완비되고 백성들이 모여들어 대적할 자가 없다고 생각하여 城池를 크게 설
   치하여 우리의 영역을 침범하니 이것이 의리라 할 수 있겠는가"라고 하였
   다. 왕이 부끄러워서 곧 목책을 헐었다.(위의 책, 온조왕 24년)

백제는 마한 54국 가운데 한 소국인 伯濟가 성장 · 발전한 국가이다.
따라서 건국초기에는 마한 목지국의 연맹체 안에 편제되어 있었다. 앞의

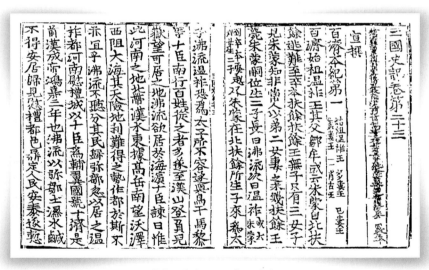

『삼국사기』 온조왕조 기사

사료 A-1·3을 보면, 백제가 貢賦를 바친 국가를 마한으로 기록하고 있지만 실제는 마한연맹체의 맹주국인 목지국으로 볼 수 있는데, 온조왕 10년 왕이 사냥을 나갔다가 잡은 神鹿을 마한에 보낸 사실은 당시의 백제와 마한(목지국)의 관계를 상징적으로 보여준다고 하겠다.

풍납토성

또한 백제가 처음 도읍한 하북 위례성은 낙랑·말갈세력의 침략을 빈번하게 받았는데, 이에 백제는 온조왕 14년에 도읍을 옮기게 된다. 백제가 하남위례성으로 도읍을 옮긴 시점에 대해서는 온조왕대의 사실로 이해하는 관점[1]을 비롯해 2세기 중엽 초고왕대,[2] 고이왕대,[3] 3세기 말인 책계왕

---

1 천관우, 1989, 『고조선사·삼한사연구』, 306~307쪽.
2 노중국, 1988, 『백제정치사연구』, 58쪽.
3 이현혜, 1997, 「3세기 마한과 伯濟國」, 『백제의 중앙과 지방』, 15~23쪽.

풍납토성 대형건물지

원년 이후 4세기 초인 비류왕 24년 이전[4] 등 다양한 견해가 제기되고 있다. 그렇지만 하남위례성으로의 천도 배경이 낙랑과 말갈의 침략에서 벗어나고자 한 점으로 볼 때 말갈과 우호관계를 맺는 고이왕대까지는 내려오지 않는다. 그리고 기루왕 40년 6월 한강의 홍수와 민가의 붕괴,[5] 개루왕 5년 북한산성의 축조,[6] 초고왕 22년 한강의 고갈기사[7] 등은 하남위례성으로의 천도문제를 이해하는데 참고가 된다. 즉, 하남위례성으로의 천도는 『三國史記』백제본기의 기록 이외에는 다른 자료가 없어 단정적으로 말할 수는 없지만 온조왕대를 포함해 머지않은 시점에 이루어진 것으로 보아 무방하다고 생각한다.

---

4 이병도, 1976, 『한국고대사연구』, 478쪽.
5 『三國史記』권23 기루왕 40년조.
6 『三國史記』권23 개루왕 5년조.
7 『三國史記』권23 초고왕 22년조.

그런데 하남위례성으로 천도할 당시 백제는 마한에 도읍을 옮긴 사실을 알리고 있다. 기록에서는 단순히 통보의 형식을 띠고, 아울러 천도와 함께 사방의 강역을 획정한 것으로 나타나고 있지만 실제는 마한의 승인을 받았던 것으로 보인다. 왜냐하면, 마한이 백제에게 한수이남 1백리의 땅을 나누어 준 것으로 나타나고 있기 때문이다.[8] 또한 온조왕 18년에는 말갈의 추장을 잡아 마한에 보내고 있는 사실도 당시 백제가 마한의 정치적 예속관계에 있었음을 보여준다. 그러면 왜 마한은 백제에게 한수이남 1백리의 땅을 주어 정착하게 했을까? 이 점은 당시 마한의 입장에서 국가적으로 큰 현안문제가 무엇이었는가를 검토하면 자연스럽게 그 배경이 드러나게 될 것으로 보인다. 이와 관련하여 『後漢書』한전의 다음 내용이 참고된다.

> 건무 20년에 韓의 廉斯 사람 蘇馬諟 등이 낙랑에 와서 공물을 바쳤다. 광무제는 소마시를 봉하여 한의 염사읍군으로 삼아 낙랑군에 소속시키고 철마다 조알하도록 하였다. 영제 말년에 한과 예가 모두 강성해져 군현이 제대로 제압하지 못하자 난리에 고통스러운 백성들이 한으로 도망하여 유입하는 자가 많았다.(『後漢書』권115 동이열전 한전)

즉, 漢이 고조선을 멸한 이후 郡縣을 설치하였는데, 당시 마한을 포함한 韓의 각 나라들은 정치적으로 중국 군현의 간섭을 받았다. 물론 군현이 중국의 선진문물을 수용하는 창구역할을 하였지만 한편으로는 그 보다 많은 대가를 지불해야만 했을 것이다. 따라서 마한(목지국)의 경우에 있어서도 국가의 안정을 위해 군현세력의 정치적·군사적 압력을 저지할 수

---

8 마한왕이 백제에게 1백리의 땅을 분할하여 주었다는 점은 諸侯의 封地가 사방 1백리라는 내용(『孟子』권10 萬章章句 下)에 견주어 볼 때 온조세력이 한강유역에 정착할 당시에는 마한에 귀부되었던 사실을 의미한다고 하겠다(이종욱, 1976, 「백제의 국가형성」, 『대구사학』11, 41쪽).

있는 완충지대가 필요하였으며, 백제는 그러한 역할을 수행해 줄 수 있었을 것이다.[9] 특히 백제가 한강 이남으로 도읍을 옮긴 이유도 낙랑과 말갈의 잦은 침략에 기인한다는 점은 마한이 백제를 한강유역에 정착시킨 배경을 이해하는데 시사하는 바가 크다. 즉, 백제를 마한의 북쪽 일대에 정착시킴으로써 북방으로부터 낙랑과 말갈 등 이민족의 침략을 방어할 수 있는 방파제가 마련될 수 있기를 기대하였던 것이 아닌가 한다. 이는 고조선 準王이 衛滿에게 1백리의 땅을 주어 서쪽의 변경을 안정시키고자 한 목적과 유사하다고 하겠다. 결국 마한은 백제의 한강유역 정착을 통해 대외적 안정을 도모하고자 했으며, 백제로서는 보다 안정된 영역을 확보함으로써 국가적 안정을 이루려는 의도가 작용했던 것으로 파악된다.

이와 같이 백제와 마한(목지국)은 서로간의 필요성에 의해 건국초기 예속적 우호관계를 유지할 수 있었다고 하겠다. 그러나 이와 같은 예속적 우호관계는 백제의 국력이 강해지면서 점차 변화를 나타내게 된다. 온조왕은 24년에 웅천에 목책을 세우는 등 남부지역에 대한 영향력을 확대하고자 하였기 때문이다. 이에 대하여 마한왕이 사신을 보내 책망하자 곧 헐어버리기는 했지만 이제 백제는 마한을 통합하려는 의지를 가지게 되었다. 온조왕 26년 7월 왕이 "마한이 점차 약해져 상하가 마음이 떠났으니 그 형세가 오래갈 수 없다. 만약 다른데 병합되면 脣亡齒寒 할 것이니 후회해도 소용이 없으니 먼저 침입해 마한을 위해 후환을 면하는 것만 같지 못하다"[10]라고 한 말은 향후 백제와 마한이 긴장국면으로 접어들게 될 수밖에 없는 상황을 보여준다.

---

9 이종욱, 1976, 앞의 글, 44~45쪽.
10 『三國史記』권23 온조왕 26년조.

(2) 目支國의 위치와 성격

『三國志』한전에 마한 54국의 국명이 전해지고 있지만 그 실체에 대해서는 불분명한 점이 많다. 그런데 마한연맹체의 맹주국으로 目支國이 알려져 있으며, 그 지배자는 辰王으로 기록되고 있다. 다만 목지국의 위치나 실체, 진왕의 성격 등은 많은 논의에도 불구하고 견해의 일치를 보지 못하고 있다. 마한의 맹주국인 목지국에 대한 이해는 마한사회의 성격뿐만 아

천안 청당동유적 전경

천안 청당동유적 마형대구

니라 백제의 마한 병합과정을 해명하는데 핵심적인 문제라고 하겠다. 이를 위해 이제까지의 연구성과를 토대로 목지국의 실체에 접근해 보고자 한다.

먼저, 목지국과 관련된 내용을 살펴보면, 다음과 같다.

> B-1. 모두 50여 국이 있는데, 큰 나라는 만여 家, 작은 나라는 수천 家로서 총 10여만 호이다. 진왕은 월지국을 통치한다.(『三國志』위서 권30 동이전 한전)
>   2. 동쪽과 서쪽은 바다를 경계로 하니 모두 옛 진국이다. 마한이 가장 강대하여 그 종족들이 함께 왕을 세워 진왕으로 삼아 목지국에 도읍하여 전체 삼한 지역의 왕으로 군림하는데, 여러 국가의 왕의 선대는 모두 마한 종족의 사람이다.(『後漢書』권115 동이열전 한전)
>   3. 무릇 소국이 56국이 있으며, 모두 십여만 호이다. 진왕이 목지국을 다스리는데, 목지국에는 관리가 있으며, 또한 臣智라고도 한다.(『翰苑』소전 〈위략〉)

목지국에 대한 자료는 『三國志』·『後漢書』 등에 그 편린이 남아있어 우리가 목지국을 이해할 수 있는 실마리를 제공해 주고 있다. 그렇지만 이들 사료를 통해 목지국의 존재가 중국측 사서에만 나타나고 있을 뿐 국내 사서에는 보이고 있지 않다는 점을 알 수 있다. 이는 백제가 마한을 통합한 이후 백제 중심으로 역사를 서술한데 그 원인이 있겠지만 한편으로는 목지국의 실체를 이해하는데 그만큼 어려움이 있다는 사실을 의미한다.[11] 그 결과 연구방향도 목지국의 위치나 진왕과의 관계 등에 한정되고 있을 뿐 목지국의 성격이나 구조, 성립과 소멸과정 등에 대한 논의는 아직 충분하게 이루어지지는 않았다고 하겠다.

다음은 목지국의 성립과 그 성격에 대해 검토해 보기로 한다. 우선, 앞

---

11 이도학, 1998, 「새로운 모색을 위한 점검, 목지국 연구의 현단계」, 『마한사연구』.

의 자료 B를 통해 파악할 수 있는 사실은 목지국이 마한을 포함한 삼한을 대표하는 맹주국이며, 지배자는 진왕으로 불리었음을 알 수 있다. 그리고 목지국에는 관리가 있으며, 진왕은 臣智라고도 불리었다. 그런데 이들 자료를 통해 목지국의 성립 시기를 파악하기에는 어려움이 있다. 다만 역사적 상황을 토대로 기원전 4세기경으로 보는 견해[12]를 비롯해 진국세력 해체이후 백제 성립 이전인 기원전 2세기 말에서 기원전 1세기초의 어느 시점으로 보는 견해,[13] 또는 마한의 존재가 기원 전·후에 문헌에 나타나고 있는 사실에 근거하여 기원 전·후로 보는 견해[14] 등이 있다. 이 외에도 고고학적인 측면에서 청동기시대를 주목한 견해[15]가 있다.

따라서 목지국의 성립시기를 파악할 수 있는 뚜렷한 자료는 확보되어 있지 못한 실정이라고 하겠다. 다만 한반도 중부지역의 역사적 변천과정 속에서 목지국의 성립문제를 검토할 경우 辰國의 존재가 주목된다. 앞의 사료 B-1을 보면, 辰王이 月支國(目支國)을 통치한다고 하여 진왕이 보이며, 또한 사료 B-2에 진국이 보인다. 여기에서 진왕 및 진국의 존재는 목지국의 성립시기 및 성격을 이해하는데 있어서 중요한 요소로 활용되고 있다. 즉, 『後漢書』에 보면, 삼한의 영역이 모두 진국이었다고 하는데, 진왕은 진국과 일정한 관련을 가지고 있기 때문이다. 다만 『三國志』한조의 「진한은 옛 진국이다」라는 기록에 의해 진국과 한을 별개의 실체로 보기도 하지만[16] 목지국의 성립시기를 검토하는데 문제가 되지는 않는다고 하겠다. 그리고 『史記』조선전에 「진번의 옆에 진국이 있다」는 내용을 따를 경우 진번의 위치는 자비령 이남에서 한강 이북으로 비정되므로[17] 진

12 이병도, 1976, 앞의 책, 238~248쪽.
13 노중국, 1990, 「목지국에 대한 일고찰」, 『백제논총』 2, 69쪽.
14 최몽룡, 1987, 「고고학적 측면에서 본 마한」, 『마한·백제문화』 10, 13~14쪽.
15 김정배, 1986, 『한국고대의 국가기원과 형성』, 294~298쪽.
16 천관우, 1989, 앞의 책, 228쪽.

국의 중심은 한강유역으로 추정해 볼 수 있다.[18] 그렇지만 『三國志』한조의 「위략에 이르기를 처음 우거가 격파되기 전에 조선상 역계경이 우거에게 간하였으나 받아들여지지 않자 동쪽 진국으로 갔다」라고 하는 기록을 통해 위만조선의 동쪽에 진국이 위치한 것으로 볼 수도 있다. 그렇지만 여기에서 동쪽이라는 것은 방향성을 나타내었을 뿐 진국으로 간 사실을 확인할 수 있으며,[19] 『後漢書』의 내용에 따라 진국을 삼한의 전신으로 보는데 문제는 없을 것으로 본다.

목지국을 다스린 지배자가 진왕이라는 사실은 목지국이 진국과 일정한 관련이 있다는 점을 시사한다. 목지국이 진국을 이어 중부지역에서 성장하였다고 한다면 그 계기는 고조선의 해체와 관련이 있을 것이다. 그렇다고 한다면 목지국의 성립은 고조선의 멸망과 계기성이 찾아지며, 목지국의 성립을 기원전 2세기 말경으로 보는데 무리가 없을 것이다.

그리고 목지국의 영향력은 마한뿐만 아니라 진한과 변한에까지 미쳤던 것으로 보인다. 『後漢書』에 따르면 목지국에 도읍한 진왕이 전체 삼한지역의 왕으로 군림하였음을 기록하고 있다. 또한 『三國史記』 박혁거세 38년조에 보면, 「2월에 호공을 마한에 보내어 수빙하며 마한왕이 호공을 꾸짖어 가로되, "辰卞二韓은 우리의 속국이었다."」[20]라는 내용이 보이고 있는데, 여기서 마한왕은 목지국의 진왕으로 이해할 수 있기 때문이다.

다음은 목지국의 위치와 해체과정에 대하여 검토해 보기로 한다. 먼저, 목지국의 위치에 대해서는 다양한 의견이 제기되고 있어 합일점을 찾기가 어려운데, 위치 비정에 있어 중요한 論據는 문헌자료나 고고학적인

17 이병도, 1976, 앞의 책, 117~125쪽.
18 노중국, 1988, 앞의 책, 46~47쪽.
19 천관우, 1989, 앞의 책, 233쪽.
20 『三國史記』권1 시조 38년조.

자료에 근거하고, 또한 지리적인 위치를 중시하고 있음을 알 수 있다. 먼저, 목지국의 위치를 충남 천안지역에서 구하는 견해로 직산[21]이나 천안일대[22]에 비정하는 견해를 들 수 있다. 다음은 목지와 미추홀의 미추가 음상사한 것에 착안하여 인천에 비정[23]하기도 하며, 청동기문화의 분포에 주목하고, 특히 마한사회의 중심적 위치였다는 점과 마한 54국명의 배열에서 목지국이 14번째로 기록된 점 등에 의해 예산에 비정하기도 한다.[24] 그리고 백제의 성장에 따라 천안 직산일대에서 나주 반남면으로 중심지가 이동한 것으로 보는 견해,[25] 아산만을 포함한 아산일대로 보는 견해,[26] 공주나 익산지역인 금강유역에 목지국의 위치를 비정하는 견해[27] 등이 있다. 이외에도 慰禮城說[28] 등이 제시되었다.

目支國의 위치에 대해서 이와 같이 다양한 견해가 제기되고 있는데, 이는 목지국의 위치를 파악할 수 있는 분명한 자료가 확인되지 않기 때문이다. 다만 목지국의 위치와 관련하여 다음의 기록이 참고된다.

24년 가을 7월 왕이 웅천에 목책을 세웠더니 마한왕이 사신을 보내어 책망하여 말하기를, "왕이 처음 강을 건너 와서 발붙일 곳이 없을 때 내가 동북방 1백리되는 땅을 나누어 정착하도록 하였으니 내가 왕을 대우한 것이 후하지 않았다고 할수 없다. 마땅히 은혜 갚을 것을 생각하여야 할진데 이제 나라가 완비되고 백성들이 모여들어 대적할 자가 없다고 생각하여 城池를 크게 설치하여 우리의 영역을 침범하니 이것이 의리라 할 수 있겠는가"라고 하였다. 왕이 부끄러워서 곧 목

21 이병도, 1976, 앞의 책, 252~253쪽.
22 권오영, 1996, 「삼한의 '국'에 대한 연구」, 서울대대학원 박사학위논문, 202쪽.
23 천관우, 1989, 앞의 책, 368~371쪽.
24 김정배, 1986, 앞의 책, 297~300쪽.
25 최몽룡, 1990, 「마한-목지국연구의 제문제」, 『백제논총』 2, 274~278쪽.
26 이현혜, 1997, 앞의 글, 13~14쪽 ; 이도학, 1998, 앞의 글, 121쪽.
27 박찬규, 1995, 「백제의 마한정복과정 연구」, 단국대대학원 박사학위논문, 80~81쪽.
28 신채호, 1925, 『전후삼한고』.

책을 헐었다.(『三國史記』권23 온조왕 24년)

즉, 마한의 왕은 온조왕을 한강유역에 정착할 수 있도록 허락해 주었는
데, 온조왕은 24년에 웅천에 목책을 세우려고 한 일이 있었다. 여기서 마
한의 왕은 목지국의 왕으로 보아야 하며, 또한 웅천은 안성천에 비정[29]되
므로, 목지국은 안성천 이남에 위치했던 것으로 일단 추정할 수 있을 것이
다. 또한 『三國史記』백제본기 온조왕 27년조 및 36년조에 보면, 백제가 마
한을 병합하는 과정에서 원산·금현 2성의 함락과 대두산성의 축조, 그리
고 탕정성의 축조와 대두성민의 分居 등이 이루어지고 있는 사실을 확인
할 수 있다. 그런데 탕정성은 아산에 비정되므로 마한의 중심지도 아산과
가까운 지역에 위치하고 있었던 것으로 추정할 수 있다. 특히 최근 천안지
역에서는 청당동유적을 비롯하여 인근의 신사리·화성리유적, 그리고 인
접한 아산 배방일대 등에서 원삼국시대의 중요한 유적들이 다수 확인되었
는데, 이들 유적은 목지국의 재지기반과 관련하여 시사하는 점이 있다.[30]
따라서 목지국의 위치는 『三國史記』백제본기 온조왕대의 마한병합 기록
과 지리적인 위치, 그리고 고고학적인 상황으로 볼 때 천안일대에 비정하
는 견해가 타당성이 있다고 하겠다.

　목지국이 한때 진한에까지 그 정치적 영향력을 행사하였던 사실은 『三
國史記』박혁거세 38년조의 마한왕이 호공을 꾸짖으며 진·변한이 속국
이었음을 말하고 있는 내용을 통해 확인된다. 그런데 한편으로 이 자료는
목지국이 삼한에 대한 영향력을 상실해 가는 사정을 보여주고 있기도 하
다. 내용을 살펴보면, 「2월에 호공을 마한에 보내어 修聘하며 마한왕이 호
공을 꾸짖어 가로되, "辰卞二韓은 우리의 속국인데, 근년에 직공을 보내

---

29 이병도, 1977, 『국역 삼국사기』, 을유문화사, 356쪽.
30 권오영, 1996, 앞의 글, 202쪽.

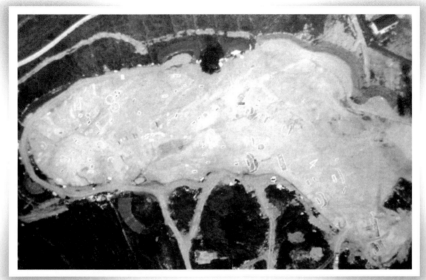
아산 갈산리주구묘 전경

지 않으니 대국을 섬기는 예가 이 같을 수가 있겠느냐고 하였다.…」[31]라
고 하여 진한에 대한 영향력이 축소되고 있음을 알 수 있다. 이는 하나의
사례에 지나지 않지만 일정한 시점에 이르러 점차 목지국 진왕의 영향력
이 약화되고 있는 사실을 미루어 추정할 수 있다.

　그러면 목지국의 정치적 영향력이 약화되어 궁극적으로 해체되는 시
기는 언제일까? 목지국의 명칭은 3세기 중엽 이후부터 보이고 있지 않은
데, 이는 목지국의 해체시기를 파악할 수 있는 하나의 근거가 될 수 있다.
그리고 목지국의 약화 배경을 군현의 약화와 함께 마한 중심의 교역권이
붕괴되고 철기보급을 통한 새로운 교역대상과 중심지의 대두에 따른 결과
로 보는 견해[32]가 있는데, 군현세력의 변동과 백제의 성장에 그 원인이 있

---

31 『三國史記』권1 시조 38년조.

아산 명암리 밖지므레유적 출토 유물

다고 보겠다. 백제본기에 온조왕의 말 가운데 「마한이 점차 약해져 상하
가 마음이 떠났으니 그 형세가 오래갈 수 없다」는 내용이 보이는데,[33] 이
는 목지국의 해체과정을 말해주는 것으로 이해된다. 이와 함께 고이왕대
로 비정되는 韓 세력과 중국 군현과의 충돌은 목지국의 해체를 보여주는
사실적인 자료로 주목되고 있다.

---

32 이현혜, 1984, 『삼한사회 형성과정 연구』, 171쪽.
33 『三國史記』권23 온조왕 26년조.

부종사 오림은 낙랑이 본래 韓國을 통치하였다는 이유로 진한의 8국을 분할하여 낙랑에 귀속하려 하였다. 이때 통역하는 관리가 말을 옮기면서 다르게 설명한 부분이 있어 臣智가 韓을 격분시켜 대방군의 기리영을 공격하였다. 이때 태수 궁준과 낙랑태수 유무가 군사를 일으켜 그를 쳤는데, 궁준은 전사하였지만 2군이 드디어 韓을 멸하였다.(『三國志』위서 권30 동이전 한전)

앞의 사료는 고이왕 13년(246)에 발생한 것으로 이해되고 있다. 다만, 이때 대방군 기리영 공격을 주도한 臣智를 목지국의 왕으로 보는 견해[34]와 백제 고이왕으로 보는 견해,[35] 신분고국으로 보는 견해[36] 등이 있지만 대방태수 궁준을 전사시킬 정도의 강경한 대응이 있었음을 알 수 있다. 그리고 전쟁의 결과로 韓이 멸망되었다고 할 정도의 사건이 일어났다. 그런데 고이왕 13년조를 보면, 백제 고이왕은 낙랑의 변민을 습취하는 군사적 도발을 감행하고 있다. 비록 고이왕이 습취한 주민을 다시 돌려보내고는 있지만 중국 군현과의 충돌로 인해 타격을 받을 정도의 정치적 변화가 있었던 것으로 보이지는 않는다. 그렇다면 군현측에서 한을 멸하였다고 한 것은 무엇을 의미하는 것일까? 『三國志』한전은 마한을 중심으로 기록하면서 목지국 진왕을 중심에 두고 있다. 그리고 백제와 관련된 내용은 전혀 확인되는 바가 없다. 반면에 『三國史記』백제본기를 보면, 목지국의 존재가 전혀 확인되지 않는다. 즉, 두 사서간에 인식의 차이가 크게 작용하고 있음을 볼 수 있다. 이러한 차이점을 통해 볼 때 『三國志』에 기록된 한의 멸망기사는 마한 목지국의 해체와 관련시켜 이해하는 것이 합리적이라고 할 수 있다.

---

34 노중국, 1990, 앞의 글, 83~84쪽.
35 김수태, 1998, 「3세기 중·후반 백제의 발전과 마한」, 『마한사연구』, 191~192쪽.
36 末松保和, 1954, 「新羅建國考」, 『新羅史の諸問題』, 518쪽 ; 윤용구, 1998, 「《三國志》한전 대외관계기사에 대한 일검토」, 『마한사연구』, 97~99쪽 ; 윤선태, 2001, 「마한의 진왕과 신분고국」, 『백제연구』34, 24~25쪽.

그러면 목지국이 완전히 해체된 시기는 언제일까? 그 시기를 온조왕 26년 백제가 사냥을 한다고 하면서 목지국을 공격하여 복속시켰다고 한 시점을 262년으로 보고, 다음 해인 원산·금현 2성이 함락된 것을 목지국 멸망으로 보아 263년경으로 보는 설,[37] 그리고 고이왕대 국가체제의 정비와 관련지어 260년으로 보거나[38] 또는 285년으로 보는 견해[39] 등이 있다. 그런데 목지국의 해체 시기는 고이왕 13년 군현과의 충돌과 『三國志』한전의 韓 멸망기사, 그리고 『三國志』제왕방기에 보이는 정시 7년 韓의 那奚 등 수십 국 항복 기사[40] 등과 서로 밀접한 관련이 있다는 점에서 246년 이후로 볼 수 있을 것이다. 그리고 그 하한은 고이왕 25년 말갈의 추장 羅渴이 良馬 10필을 바치는 258년[41]으로 볼 수 있지 않을까 생각한다. 즉, 말갈이 양마를 바친 것을 백제에 귀부한 의미로 해석할 경우 그 배경은 목지국을 대신하여 백제가 마한의 맹주 지위를 획득한 것에 있을 것으로 판단되기 때문이다.

(3) 마한의 병합과 지배

백제가 마한을 병합해 가는 과정을 밝히는 문제는 상당한 어려움이 있는데, 그 이유는 백제 자체가 마한의 한 小國으로 출발하여 궁극적으로 마한 전체를 아우르는 정치체로 발전하였기 때문이다. 따라서 백제의 국가 성립 시기도 불분명할 뿐만 아니라 마한 전체에 대한 복속내지는 통합시기, 그리고 마한 54국의 한 소국이었던 백제가 다른 소국들을 복속할 수 있었던 배경 등을 선명하게 설명하는 것이 쉽지 않다. 다만 기록을 통해

---

37 김수태, 1998, 앞의 글, 202쪽.
38 노중국, 1990, 앞의 글, 87쪽.
39 이현혜, 1997, 앞의 글, 24~25쪽.
40 『三國志』권4 제왕방기 정시 7년조.
41 『三國史記』권24 고이왕 25년조.

전체적인 흐름을 이해할 수 있을 뿐이며, 최근에는 고고학적인 성과를 통해 백제가 주변지역에 대한 지배력을 확대해 가는 과정을 보다 실증적으로 접근해 가고 있지만[42] 아직 자료의 한계를 극복하지는 못하고 있는 실정이다. 이 글에서는 문헌기록을 통해 백제가 마한을 복속해 가는 과정을 살펴보기로 하겠다. 이 때 고려되어야 할 요소가 마한을 복속하는 시기와 복속한 지역의 위치와 세력범위이다. 그리고 복속된 마한이 마한연맹체의 맹주국인가 하는 문제도 분명하게 단정하기 어렵다. 먼저, 마한 복속시기를 보여주는 기록을 『三國史記』백제본기를 통해 검토해 보기로 한다.

C-1. 봄 2월 왕궁의 우물물이 흘러넘치고 한성 인가에서 말이 소를 낳았는데 머리 하나에 몸이 둘이었다. 日者가 말하기를 우물물이 넘친 것은 대왕이 발흥할 징조요. 소가 머리 하나에 몸이 둘인 것은 대왕이 이웃 국가를 병합할 징조입니다. 왕이 그 말을 듣고 기뻐서 드디어 마한을 병탄할 마음을 가지게 되었다.(『三國史記』권23 온조왕 25년)

2. 가을 7월 왕이 말하기를, "마한이 점차 약해져 상하가 마음이 떠났으니 그 형세가 오래갈 수 없다. 만약 다른데 병합되면 脣亡齒寒 할 것이니 후회해도 소용이 없으니 먼저 침입해 마한을 위해 후환을 면하는 것만 같지 못하다"고 하였다. 겨울 10월 왕이 군사를 출동시키면서 거짓 사냥을 하러 간다고 말하고 몰래 마한을 습격하여 국토를 병합하였는데, 다만 원산과 금현 두 성만은 굳게 지키고 항복하지 않았다.(위의 책, 온조왕 26년)

3. 4월 원산과 금현 두 성이 항복하므로 그곳 백성들을 한산 북쪽으로 옮기니 마한은 마침내 멸망하였다. 7월에 대두산성을 쌓았다.(위의 책, 온조왕 27년)

4. 10월에 마한의 옛 장수인 주근이 우곡성에 웅거하여 반란을 일으켰다. 왕이 군사 5천을 거느리고 가서 치니 주근이 스스로 목매었다. 그 시체의 허리를 베고 그의 처자도 목베었다.(위의 책, 온조왕 34년)

42 김무중, 2002,「백제 형성과 발전기에 있어서 한강유역의 양상」,『삼국의 성립과 발전기의 남부지방』, 제27회 한국상고사학회 학술발표요지문 ; 이남규·권오영·문동석, 2004,「경기 남부 백제유적의 분포양상과 역사적 의미」,『백제연구』40.

5. 7월에 탕정성을 쌓고 대두성의 민호를 나누어 옮겨 살게 하였다. 8월에 원
산과 금현의 2성을 수리하고 고사부리성을 쌓았다.(위의 책, 온조왕 36년)

위의 사료를 통해 백제가 마한을 복속해 가는 과정을 어느 정도 파악해
볼 수 있다. 백제는 마한의 승인 하에 한강유역에 정착하였으며, 초기에는
마한의 정치적 영향력 하에 놓여있었다. 그러나 온조왕 24년 안성천으로
비정되는 웅천에 목책을 세워 남부지역에 대한 경계를 강화하고자 하였
다. 백제의 이러한 조치에 대해 마한왕이 책망한 것으로 보아 당시 熊川은
마한과 경계지역에 위치하였던 것으로 보이며, 백제가 결국 포기는 하였
지만 마한을 병합하려는 의도를 갖게 되었다. 백제가 웅천에 목책을 설치
하고자 했던 시기가 언제인가는 분명하지 않지만 남부지역에 대한 영향력
을 확대하고자 한 시도로 이해할 수 있다. 이와 관련하여 고이왕 9년 國人
에게 명하여 南澤에 稻田을 개간한 사실[43]과 일정한 관련이 있지 않을까
추정되기도 하지만 단정할 수는 없다. 이후 머지않아 백제는 僞詭를 써서
마한을 병합하였으며, 단지 원산과 금현 2성만이 끝까지 저항하였으나 이
듬해 결국 항복함으로써 마한에 대한 복속은 6개월만에 완료하였다. 그리
고 마한의 舊地에는 통치를 위해 대두산성을 쌓았던 것으로 보인다. 비록
마한의 옛 장수인 周勤이 우곡성에서 반란을 일으켰지만 실패하였으며,
이후 백제는 마한고지에 대한 지배력을 강화하기 위해 탕정성을 쌓아 대
두성의 民戶를 분거시키고, 이어 원산성과 금현성을 수리하였다.

그런데 내용을 살펴보면, 온조왕대 마한 통합이 일단락 이루어진 것으
로 기록되어 있다. 그러나 건국초기 마한의 정치적 영향력 하에 있었던 백
제가 불과 수 년 만에 마한을 복속시켰다고 보는 것은 무리이다. 또한『三
國史記』고구려본기 태조왕조에는 고구려가 마한 등을 동원하여 요동지역

---

43 『三國史記』권24 고이왕 9년조.

을 공략한 기록이 보이고 있으며,[44] 『三國志』한전에는 3세기 중엽까지 마한의 존재가 보이고 있기도 하다. 이와 같은 모순을 해결하기 위해 온조왕대의 마한 통합 관련 기록의 시기를 조정해서 이해하는 견해가 일반적이다. 다만 이 경우에 있어서도 다양한 견해가 제기되고 있다. 이들 대부분의 견해는 연대를 내려보고 있는데, 대체적으로 고이왕대로 보는 견해[45]와 근초고왕대로 보는 견해[46] 등이 있다. 이 외에도 비류왕대[47]를 비롯해 구체적으로 책계왕대인 290년경으로 보는 견해[48] 등을 들 수 있다.

그런데 마한의 병합문제는 단계별로 구분하여 검토할 필요가 있다. 왜냐하면 논자마다 백제가 통합한 마한의 영역이 다르게 이해되고 있기 때문이다. 또한 『三國史記』에 따르면 온조왕대 마한이 복속된 것으로 기록하고 있지만, 그 이후에도 여전히 남부지역에는 마한세력의 존재가 확인되고 있다.

실제로 다음의 자료는 마한의 존재를 보여주고 있다. 물론 이들 자료에 보이는 마한의 실체에 대해서는 이견이 있기 때문에 사료에 대한 신중한 접근이 요구되지만 당시의 정황을 이해하는데 있어서 중요한 시사점을 주고 있다.

D-1. 晉 武帝 咸寧 중에 마한이 조공해 왔다. 이로부터 삼한을 듣지 못했는데 모두 백제와 신라에게 병탄된 것이다.(『通典』권185 동이 상 변진조)
  2. 동이의 마한 신미국 등 여러 나라는 산과 큰 바다에 의거하여 주로부터 4천여 리 떨어져 있다. 역대로 未附者가 20여 국인데, 모두 사신을 보내 조공을 바쳤다.(『晉書』권36 장화전)

---

44 『三國史記』권15 태조왕 70년조.
45 이병도, 1987, 앞의 책, 481쪽.
46 이기동, 1990,「백제국의 성장과 마한의 병합」,『백제논총』2, 56쪽.
47 전영래, 1985,「백제 남방경역의 변천」,『천관우선생환력기념 한국사학논총』, 140쪽.
48 강봉룡, 1997,「백제의 마한 병탄에 대한 신고찰」,『한국상고사학보』26, 147~154쪽.

3. 武帝 太康 원년(280) 2년(281)에 그 主가 자주 사신을 보내 방물을 바쳤다. 7년(286) 8년(287) 10년(289)에 또한 자주 왔으며, 太熙 원년(290)에 東夷校尉 何龕에게 바쳤다. 咸寧 3년(277)에 다시 왔으며, 이듬해(278) 또한 내부를 청하였다.(『晋書』권97 동이 마한조)

위의 사료를 사실로 받아들일 경우 진 무제 함령은 275~279년이므로 이 시점까지 마한으로 불리는 세력이 존재하였음을 보여주며, 이후 언제 시점에서 마한의 핵심세력이 백제에 복속된 사실을 알 수 있다. 또한 마한과 진과의 통교 사실은 『晋書』제기와 마한조에도 277년부터 290년까지 보이고 있다. 그런데 이때 진과 외교를 주도한 마한의 실체가 문제된다. 이때의 마한을 고이왕 이후의 백제로 보는 견해[49]를 비롯해 아산만유역의 복속된 마한 이외에 잔존한 마한세력을 가리키는 것으로 보는 견해[50]가 있기 때문이다.

따라서 백제가 명실공히 마한을 대표하는 정치세력으로 부상한 사실은 『晋書』에 보이는 마한의 실체가 누구인가와 밀접한 관련이 있다. 『晋書』동이전에 보면, 「마한 … 무릇 소국 56개소가 있는데, … 무제 태강원년과 3년에 그 왕이 빈번하게 사신을 보냈다.…」라고 기록하고 있다. 여기서 마한이 진에 처음 사신을 파견한 것은 함녕 3년(277) "復來"라는 사실에 의해 그 이전으로 볼 수 있는데, 『晋書』제기3 무제조에 「함녕 2년 2월 갑오에 동이8국이 귀화하였다」는 내용이 보이고 있어 이를 마한이 처음 통교를 개시한 시기로 볼 수 있다.[51] 『晋書』에 보이는 마한에 대해서는 이를 백제로 보는 설,[52] 익산 건마국으로 보는 설,[53] 목지국이 존속한 상태

---

49 천관우, 1989, 「삼한의 국가형성(하)」, 앞의 책, 149~154쪽.
50 전영래, 1985, 앞의 글, 136~140쪽.
51 이현혜, 1997, 앞의 글, 28쪽.
52 이현혜, 1997, 앞의 글 ; 노중국, 1990, 「목지국에 대한 일고찰」, 『백제논총』2, 87쪽 ; 김수태, 1998, 「3세기 중・후반 백제의 발전과 마한」, 『마한사연구』, 204~207쪽.

에서 목지국과 백제가 복수로 파견한 것으로 보는 설[54] 등이 있는데, 백제로 보는 것이 타당하다고 생각된다. 즉, 백제가 마한의 대표세력으로서의 위치를 획득한 것으로 이해할 수 있다.

또한 위의 사료 D-2에 보이는 신미국의 존재는 당시 백제의 성격을 이해하는데 아주 중요한 실마리를 제공해 주고 있다. 즉, 신미국을 백제 중심의 외교교섭권에서 독립된 세력으로 진에 독자적으로 사신을 파견했다던지,[55] 또는 마한에 새롭게 등장한 국가로 보는 견해[56] 등이 있기 때문이다. 그런데 어떤 경우일지라도 마한과 신미국이 별개의 독립된 국가로 인식된 사실을 알 수 있다. 이때 마한을 54국의 연맹체로 이해할 경우 마한의 한 소국인 신미국의 존재를 굳이 명기할 필요가 없었을 것이다. 그런데 마한과 함께 신미국 등 여러 나라가 각각 조공을 한 것으로 기록하고 있는 점으로 보아 여기에서 마한은 특정한 국가를 지칭하는 것으로 이해할 수 있으며, 그 국가는 마한맹주국인 목지국을 대신하여 성장한 백제로 보는 것이 합리적이라고 하겠다. 이 경우 3세기 중반이후에 백제가 마한을 병합하였음에도 불구하고 그 복속범위는 목지국의 중심영역 일부에 한정되었음을 보여준다.

그러면 백제는 어떻게 마한의 정치적 영향력으로부터 벗어나 궁극적으로 마한연맹체의 맹주국인 목지국을 병합할 수 있게 되었을까? 이를 살펴볼 수 있는 관련내용으로 다음의 자료가 주목된다.

E-1. 魏의 유주자사 관구검이 낙랑태수 유무, 삭방태수 왕준과 함께 고구려를 정벌하니, 왕이 그 빈틈을 타서 좌장 진충을 보내 낙랑의 변민을 습격하여 취

---

53 유원재, 1994, 「진서의 마한과 백제」, 『한국상고사학보』 17, 151~152쪽.
54 권오영, 1996, 앞의 글, 217쪽.
55 노중국, 1990, 앞의 글, 88쪽.
56 김수태, 1998, 앞의 글, 210쪽.

하였다. 유무가 듣고 노하자 왕이 침략당할 것을 두려워하여 그 백성들을 돌려주었다.(『三國史記』권24 고이왕 13년)

2. 부종사 오림은 낙랑이 본래 韓國을 통치하였다는 이유로 진한의 8국을 분할하여 낙랑에 귀속하려 하였다. 이때 통역하는 관리가 말을 옮기면서 다르게 설명한 부분이 있어 臣智가 韓을 격분시켜 대방군의 기리영을 공격하였다. 이때 태수 궁준과 낙랑태수 유무가 군사를 일으켜 그를 쳤는데, 궁준은 전사하였지만 2군이 드디어 韓을 멸하였다.(『三國志』권30 위서 동이전 한조)
3. 2월에 유주자사 관구검이 고구려를 쳤다. 5월에 예맥을 쳐서 깨뜨리니 한의 나해 등 수십국이 각각 種落을 거느리고 투항하였다.(위의 책, 권4 제왕방기 정시 7년조)

앞의 사료 E-1과 2는 한과 낙랑군·대방군과의 충돌사실을 보여주는 내용이고, 3은 유주자사 관구검이 고구려를 공격한 이후 다시 예맥을 공격한 결과 한의 나해 등 수십 국이 그 영향력 하에 들어간 사실을 기록하고 있다. 그런데 2와 3은 정시 7년(246)에 일어난 동일한 사건으로 이해되고 있으며, E-1의 경우에도 246년, 즉 고이왕 13년의 사실이라는 점에서 같은 사건으로 이해되고 있다. 다만 사료 E-2의 기리영 전투를 주도한 臣智를 마한의 맹주인 목지국의 왕으로 보는 견해[57]를 비롯해 백제 고이왕으로 보는 견해,[58] '臣智激韓'을 '臣幘沾韓'으로 이해하여 신분고국으로 보는 견해[59] 등이 있다. 그런데 마한의 맹주국인 목지국의 왕으로 보는 경우 『三國志』에 기록된 마한의 맹주국은 목지국이라는 점과 목지국은 진왕이 다스린다고 기술한 점으로 볼 때 당연히 진왕으로 표기되어야 하지 않을까 생각된다. 그리고 최근에 와서는 사료 E-2의 기리영 공격을 주도한

57 노중국, 1990, 앞의 글, 83~84쪽,
58 김수태, 1998, 앞의 글, 191~192쪽.
59 末松保和, 1954, 앞의 글, 518쪽 ; 윤용구, 1998, 앞의 글, 97~99쪽 ; 윤선태, 2001, 앞의 글, 24~25쪽.

몽촌토성

주체를 신분고국으로 이해하는 경향이 대세를 이루어가고 있는데, 이는 '臣智激韓'을 『三國志』宋本에 '臣幘沾韓'으로 기록된 것을 근거로, 이를 마한 54국 가운데 臣濆沽國으로 이해하는 데서 비롯된 견해이다. 그런데 송본에 의거하여 '臣幘沾韓'으로 볼 경우에도 마한 소국 가운데 하나인 '臣濆沽國'과는 용례상 차이가 있기 때문에 같은 국가로 보는데 문제가 없는 것도 아니다. 따라서 앞의 사료 E-2는 목지국의 해체와 백제국의 등 장이라는 측면에서 이해할 경우 백제의 신지 즉, 고이왕에 의해 수행된 전 쟁으로 보는 것이 합리적이라고 하겠다.

즉, 이들 사료가 나타내는 시점이 고이왕 13년(246)으로 한세력과 중국 군현세력과의 충돌로 인해 마한연맹체가 해체되고, 백제가 등장하면서 결 국 백제가 마한연맹체의 맹주국인 목지국을 복속한 것으로 이해할 수 있 는 것이다. 그리고 그 시기는 앞에서 본 바와 같이 고이왕 25년 말갈의 추 장 羅渴이 양마 10필을 바치는 258년[60) 이전으로 볼 수 있을 것이다.

몽촌토성 출토 기대

따라서 온조왕 27년 「마한이 드디어 멸망하였다」라는 내용은 마한연맹체의 멸망으로 이해하는 것에는 무리가 없을 것이다. 다만 마한 멸망이후 그 중심세력이 남으로 이동하였는지 아니면 마한의 맹주국이 백제에 병합되자 남부지역 마한세력 가운데 하나가 다시 맹주국을 자처하였는지는 분명하지 않다. 이를 규명할 수 있는 방법은 문화적 요소 즉, 고고학적인 물질문화인데, 최종적으로 존재한 마한 맹주국의 위치를 대형옹관묘가 분포하고 있는 나주 반남지역이라고 볼 경우 마한 중심세력의 남하보다는 남부지역에 재지기반을 두고 있었던 마한세력의 일부가 맹주국을 자처하였을 가능성이 높다고 보아야 할 것이다. 따라서 천안일대에 기반을 두고 있었던 목지국의 병합을 곧 마한의 멸망으로 보아야 하며, 그 시기는 고이왕 13년(246) 이후에서 고이왕 25년(258) 이전으로 추정된다. 고이왕 27년 좌평제의 실시와 관등제의 마련, 28년 왕의 복식정비와 남당정치의 실시, 29년 각종 법령의 제정 등은 새로운 정국의 변화 속에서 나타난 정치적 현상으로 이해할 수 있을 것이다.

---

60 『三國史記』권24 고이왕 25년조.

그러면 당시 병합된 마한은 어떤 방식으로 편제되었을까? 본래 마한 54국을 형성한 소국들은 각각 首長層에 의해 자치가 행해졌다. 백제가 마한의 여러 소국들을 병합하면서 이들 수장층을 중앙통치체제 속에 어떤 방식으로 편제시켰는지에 대해서는 거의 알려져 있지 않다. 다만 온조왕 26·27년조의 마한 병합기록을 통해 그들에 대한 정책을 추정해 볼 수 있다. 내용을 보면, 온조왕이 奇詭를 써서 마한을 병합하고, 이듬해에는 끝까지 저항하던 원산과 금현마저 함락시킨 후 성의 백성들은 사민을 시켰다.[61] 이와 같이 정벌에 의해 병합한 지역의 경우 사민 등을 통해 직접지배를 실현해 갔지만 반대로 순순히 백제의 지배체제에 편제된 세력은 그들의 재지기반에 그대로 溫存시켰음을 추측할 수 있다. 이와 관련하여 온조왕 34년에 마한의 옛 장수인 周勤이 고지에서 반란을 일으킨 사건이 참고된다.[62] 반란을 일으킨 周勤은 마한의 유력한 지배세력 가운데 한 명이었을 것으로 생각되는데, 이는 마한을 병합한 후에 그 지배세력을 그대로 故地에 溫存시킨 사실을 의미한다. 그렇지만 중앙의 관등 및 관직이 정비됨에 따라 마한 소국의 권위와 전통을 계승한 유력한 재지세력들은 중앙과의 일정한 정치적 관계 속에서 점차 중앙귀족화하거나 또는 지방세력화의 길을 걷게 되었을 것이다.

2) 말갈의 실체와 백제의 말갈지역 진출

백제의 건국초기에 대외전쟁의 주된 대상은 말갈세력이었으며, 말갈은 백제의 국가형성기에 가장 걸림돌이 된 세력 가운데 하나였다. 특히 말

---

61 『三國史記』권23 온조왕 26년·27년조.
62 『三國史記』권23 온조왕 34년조.

갈은 백제로 하여금 한강 이남으로 왕도를 옮기게 할 정도로 백제의 입장에서는 상대하기 힘든 세력 가운데 하나로 기록되고 있다. 그리고 『三國史記』백제본기의 한성기 전투기록 가운데 말갈과의 전투가 제일 많은 빈도를 차지하고 있다는 점도 당시 그들 세력과의 관계가 대립적인 입장에 있었음을 보여준다. 비록 말갈세력의 침략이 계획적이고 대규모적이지는 않았지만 빈번한 공격으로 백제가 도성을 한강 이남으로 옮기지 않을 수 없었던 사실에서 그들이 일정한 영역을 기반으로 한 정치적 실체였음은 분명하다.

　일반적으로 말갈은 중국의 동북방에 있던 말갈세력을 의미하지만 『三國史記』초기기록에 보이는 말갈은 이와는 다른 세력임에는 주지의 사실이다. 그렇지만 말갈세력의 실체에 대해서는 아직 구체적인 결론에 이르고 있지는 못하다. 이는 그만큼 말갈의 실체가 불분명하다는 점을 보여준다고 하겠다. 다만 濊系로서 백제 동북방에 거주한 세력으로 보는 데는 이견이 없는 듯하다.

　다음은 백제와의 관계 속에서 등장하고 있는 말갈세력의 실체를 이해하기 위해 지금까지 제기된 견해를 검토해 보기로 하겠다. 먼저, 이들 세력을 '不耐濊' [63]를 비롯해 '不耐濊之類',[64] 또는 예맥과 옥저 사이에 위치한 別種[65] 등으로 보는 전통적인 견해가 제기되었으며, 이들 세력을 僞靺鞨로 규정하고, 동해안에 거주한 예족세력으로 파악하기도 한다.[66] 이 외에도 말갈은 고구려와 관련된 세력으로 이해되기도 하였으며,[67] 또한 『三國史記』에서 무령왕 이후 동북방의 이민족인 동예를 말갈로 불렀는데,

---

63　정약용, 「말갈고」, 『여유당전서』.
64　한치윤, 『해동역사』.
65　안정복, 「말갈고」, 『동사강목』4.
66　유원재, 1979, 「삼국사기 위말갈고」, 『사학연구』29, 26쪽.
67　池內宏, 1929, 「眞興王の戊子巡境と新羅の東北境」, 『古蹟調査特別報告』제6책, 32쪽.

이후로는 관용적으로 계속 말갈로 부르게 되었다고 보기도 한다.[68] 이들 견해는 구체적인 부분에 있어서는 약간의 차이가 있지만 말갈을 예계 세력으로 본다는 점에서 같다고 하겠다.

그런데 말갈을 동예로만 보는 것과는 다른 견해가 있다. 예의 세력은 『三國志』예전에 따르면 영서예와 영동예로 구분해 볼 수 있기 때문이다. 따라서 예세력 전체에 대한 범칭으로 보던지 아니면 『三國史記』백제본기에 보이고 있는 말갈세력으로 한정한다면 말갈의 중심 활동범위를 예성강에서 한강에 이르는 경기도 북부지역, 그리고 북한강, 남한강의 중상류 일대를 포괄하는 영서예 지역으로 한정해서 보고자하며,[69] 나아가 고구려 계통의 무기단식 적석총의 분포지와 대체적으로 일치시켜 이해하고 있다.[70] 또한 3세기 중반까지의 말갈의 활동은 마한의 한 소국인 신분고국의 역사로 이해하기도 한다.[71] 이 외에도 『三國史記』 편찬시 옥저 기록을 말갈로 대체한 것으로 보기도 한다.[72]

그런데 말갈을 이해하는데 있어서 유의할 점은 그 실체가 불분명하며, 매우 광범위하게 나타나고 있다는 점이다. 이는 말갈을 어느 특정한 지역에 분포하는 특정세력으로 비정하기가 매우 어렵다는 점을 의미한다. 따라서 말갈의 활동과 관련된 기록에 대한 분석을 통해 그 실체를 구명하는데 있어서 일정한 한계가 있을 수밖에 없다. 앞에서 백제와 말갈의 접전기록이나 기존에 제기된 여러 견해들을 통해 볼 때 말갈은 백제의 동북방에

---

68 정약용, 앞의 글 ; 유원재, 1979, 앞의 글 ; 강종훈, 1995, 앞의 글, 131쪽.
69 문안식, 1998, 「『三國史記』나・제본기 말갈 사료에 대하여」, 『한국고대사연구』13, 149~151쪽.
70 문안식, 1996, 「영서예문화권의 설정과 역사지리적 배경」, 『동국사학』30, 49쪽.
　　김택균, 1997, 「강원예맥고」, 『강원문화사연구』2.
71 윤선태, 2001, 앞의 글, 22쪽.
72 채태형, 1992, 「《삼국사기》의 말갈관계 기사에 대하여」, 『력사과학』3, 42쪽.

위치한 예계세력임은 분명하다. 이들의 분포권역에 대해서는 『三國志』예전을 통해 확인되는데, 「예는 남쪽으로 진한, 북쪽으로 고구려·옥저와 접하였고, 동쪽으로 큰 바다에 닿았으니 오늘날 조선의 동쪽이 모두 그 지역이다. 호 수는 2만이다.」라고 하여 백제의 동북방 모두가 예의 세력권임을 알 수 있다.

그렇지만 말갈세력의 구체적인 세력범위를 설정하는 데는 어려움이 있다. 먼저, 기록을 통해 보면, 백제의 동북방지역으로 신라의 북쪽, 고구려의 남쪽에 위치하고 있으며, 單單大領을 기준으로 크게 領西지역과 領東지역으로 분리되어 있었음을 알 수 있다. 그런데 넓게는 예인의 분포지를 동가강과 송화강유역을 중심으로 한 만주지역과 한반도내의 함경도 및 태백산맥 이동의 동해안 일대에서 구하기도 하며, 하한선은 경북 영일군으로 보는 견해[73]도 있다. 또한 죽원·안변·영흥·문천·함흥 등의 함남 남부와 강원 북단에 비정하기도 하는데,[74] 이들 영역은 동부도위가 관할하던 7현에 해당한다. 이와 같이 세력범위는 일정한 권역에 한정하여 이해하기 어려운 점이 있다.

물론 예의 존재를 실증적으로 보여주는 자료가 없는 것은 아니다. 평양에서 출토된 「夫租薉君」印章과 영일부근 출토의 「晋率善薉伯長印」 등이 확인되고 있다. 그리고 『三國史記』 남해차차웅 16년조에 보면, 「봄 2월에 北溟人이 밭을 갈다가 예왕의 도장을 얻어 바쳤다」는 기록[75]이 보이고 있는데, 지리지 명주 연혁조에 「명주는 본래 고구려의 서량인데 … 하슬라 땅으로 말갈과 연결되어 …」[76]라고 하여 명주 즉, 강릉과 가까운 지역

73 노중국, 1988, 앞의 책, 37~39쪽.
74 이병도, 1976, 앞의 책, 196쪽.
75 『三國史記』권1 남해차차웅 16년조.
76 『三國史記』권35 지리지 명주연혁조.

도 말갈세력권과 관련이 있을 것으로 추정된다. 또한 토기와 주거지 등의 특징적인 요소를 통해 중도유형문화를 설정하고, 이를 예계집단의 문화적 특성으로 이해하고 있기도 하다.[77] 고고학적으로 예세력의 분포권역은 즙석식적석묘로 불리는 고분의 분포권역과 밀접한 관련이 있는데, 이들 고분은 임진강유역을 비롯해 북한강, 남한강 일대에 분포하고 있다. 이와 같은 문화적 특성을 바탕으로 말갈의 세력권을 설정할 경우 북쪽은 연천 일대, 동쪽은 문호리·양평리·도화리·하천리·둔내 등의 남한강을 경계로 그 동쪽지역 즉, 강원도 산악지대 일원이 그 근거지였을 것으로 추정되는데,[78] 북으로는 함흥일대를 중심으로 위치한 옥저와 접하고 있었으며, 남으로는 경북 영일군까지도 세력이 미쳤던 것으로 파악된다.

그런데 예의 세력권은 매우 광범위하였지만 그들은 연맹체를 형성하지는 못하였던 것으로 보인다. 동예의 정치체를 보면, 대군장이 없고, 한 대 이래로 후·읍군·삼로의 관직이 있어서 下戶를 통치하였다고 한다. 그로 인해 이들 지역이 군현의 영향력 하에 편제되면서 영서의 예는 낙랑군의 직접적인 통제를 받고, 영동의 예는 낙랑군의 동부도위가 별도로 설치되어 관할되었던 것이다. 이후 영동예 지역은 후한 건무 6년(30)에 와서 동부도위가 폐지되고 그 지방의 渠帥를 봉해 현후로 삼았다.[79] 그 결과 영동예 지역에는 보다 성숙된 정치체가 출현하였을 것이다. 반면에 낙랑의 직접적인 영향력 하에 있던 영서예 지역은 낙랑의 강력한 분열정책에 노출됨으로써 정치세력의 성장이 저지되었다. 영서지역의 경우 특정한 정치체가 드러나지 않지만 동부도위의 통제에서 벗어났던 영동예 지역의 경

77 박순발, 1996, 「한성백제 기층문화의 성격 -중도유형 문화의 성격을 중심으로-」, 『백제연구』26.
78 박순발, 2000, 『한성백제의 탄생』, 81~82쪽.
79 『後漢書』권115 동이열전 예전.

우 지배자로 不耐侯 등이 보이고 있는 점은 그러한 사실을 반증하는 것이라고 하겠다. 또한 경기·강원일대에 상대적으로 이른 시기의 낙랑계 토기가 출토되고 있는 점[80] 역시 그와 같은 역사적 상황을 반영하는 것으로 이해된다.

이러한 사실은 백제를 공략한 말갈의 정치체가 불분명하고, 군사력에 있어서도 비조직적이며, 소규모였던 점을 이해할 수 있는 근거를 제공해주고 있다. 그리고 말갈세력이 낙랑의 사주를 받아 백제를 침략한 경우가 있는데, 이 점은 영서예가 낙랑의 정치적 영향력 하에 있었던 사실과 밀접한 관련이 있다. 따라서 백제본기 초기기록에 나타나고 있는 말갈은 정치적 통합을 이루지 못한 영서지역 예세력으로 볼 수 있다.

말갈세력이 언제부터 백제의 정치적 영향력 하에 편제되었는가는 분명하지 않다. 다만 『三國志』한전에 보면, 「한대에 (韓은)낙랑군에 속하여 사시에 조알하였다. 桓·靈(A.D.146~189)의 말기에 韓·濊가 강성하여 군현이 이를 제어하지 못하였다. 백성들이 많이 한국에 유입되었다」[81]라고 하여 韓에 주민들이 유입되는 상황을 기록하고 있다. '桓靈之末'은 개루왕(128~166)과 초고왕대(166~214)인데, 이 가운데 초고왕 49년 백제가 말갈을 공략한 사실이 주목된다. 또한 초고왕 45년 2월에 적현과 사도성을 축조하고, 동부 민호를 徙民하였는데,[82] 이는 그들 지역에 대한 백제의 직접지배를 실현해 나가는 조치로 이해할 수 있다. 사도성과 적현성의 위치는 불명확하지만 성을 축조하고 동부의 民戶를 사민한 점이나 진사왕 7년 4월 말갈이 백제 북변을 침략하여 적현성을 함락시킨 사실[83] 등으로

---

80 권오영, 2004, 「물자·기술·사상의 흐름을 통해 본 백제와 낙랑의 교섭」, 『한성기 백제의 물류시스템과 대외교섭』, 227~228쪽.
81 『三國志』위서 권30 동이전 한전.
82 『三國史記』권23 초고왕 45년조.
83 『三國史記』권25 진사왕 7년조.

볼 때 적현성의 위치는 백제의 동북변으로 볼 수 있다. 또한 초고왕 45년 10월에 다시 말갈이 사도성을 공략하고 있는데, 이들 지역은 말갈지역과 근접하였을 뿐만 아니라 관문으로서의 위치에 해당하였던 것으로 보인다. 이들 지역에 대한 말갈의 침략은 다시 구수왕 3년에 이루어지는데, 이번에는 적현성을 공략하고 있다. 이에 구수왕은 직접 기마병 800명을 이끌고 추격하여 사도성 아래에서 격파하였다. 이로 보아 적현성 보다는 사도성이 보다 동북쪽으로 말갈의 영역에 근접하여 위치하고 있었던 것으로 추정되며, 4년 2월 사도성 옆에 다시 2개의 목책을 설치하여 적현성의 군졸을 나누어 지키게 하고 있다. 사도성이 적현성보다 말갈에 가까운 전방이라는 점에서 말갈과 근접한 동북부지역에 대한 국경선은 초고왕과 구수왕대를 거치면서 정비된 것으로 볼 수 있다. 이후 말갈은 구수왕 7년에 백제의 북변지역을 침범하였으나 실패하고, 이후 16년 우곡지역에 대한 약탈[84]이 한 번 일어나고는 말갈의 침략은 소강상태를 보이고 있다.

그런데 백제와 말갈과의 관계에 일대 전기가 마련된 것은 고이왕대이다. 고이왕 25년 말갈의 수장이 良馬 10필을 바치고 있으며, 이때 고이왕은 말갈의 사자를 후하게 위로하여 돌려보낸 사실이 기록되어 있다.[85] 이는 문주왕이 탐라국에서 방물을 바쳐 오자 왕이 기뻐하며, 사자를 은솔로 삼은 사례[86]와 흡사하다. 말갈이 백제에 복속된 시기를 군현축출 이후부터 마한경략 이전 즉, 4세기 초반으로 보는 견해도 있지만,[87] 고이왕 이후 백제에 대한 말갈의 침략이 사라진 사실은 이미 고이왕대 이들 지역이 백

---

84 『三國史記』권23 구수왕 16년조.
　　구수왕 16년 11월에 말갈이 우곡지역을 약탈하고 있는데, 이로 보아 당시 우곡지역은 백제의 영역에 편제되어 있었음을 알 수 있다.
85 『三國史記』권24 고이왕 25년조.
86 『三國史記』권26 문주왕 2년조.
87 문안식, 2003, 『한국고대사와 말갈』, 41쪽.

제의 영향력 하에 편제되기 시작하였음을 시사한다고 하겠다. 따라서 한성초기부터 백제를 지속적으로 침략해 왔던 말갈세력은 고이왕대 이르러 백제에 귀부된 것으로 이해할 수 있다. 그렇다고 하여 이들 말갈세력권이 백제의 직접적인 영향력 아래에 편제된 것은 아니었다. 문주왕대 탐라국이 귀부해 오지만 그 관계는 공납적인 관계에 머무르고 있었듯이 백제와 말갈과의 관계도 독립성이 부여된 공납의 관계 그 이상은 아니었다.

그러면 당시 백제의 정치적 영향력이 미친 지역은 어디까지였을까? 이와 관련하여 주목되는 기록이 온조왕 13년 8월 4방에 대한 강역획정에 대한 내용이다.[88] 즉, 북으로는 패하, 남은 웅천, 서로는 서해 바다, 동은 주양에 이르는 강역을 획정한 것이다. 여기에서 패하는 예성강, 웅천은 안성천에 비정되고, 주양은 춘천에 비정된다.[89] 이들 4방 강역에 대한 획정기록이 비록 온조왕대의 사실로 기록되었지만 실제는 고이왕대의 사실을 소급하여 기록한 것으로 이해하는 것이 타당하다고 하겠다. 그런데 강역을 획정함에 있어 각 지역을 표기하고 있는데, 이들 가운데 3개는 지리적 명칭인데 반해 走壤의 경우에는 특정한 地名을 지칭하고 있다. 이는 주양이 백제인에게 있어서 상징적인 의미를 지니고 있을 가능성을 의미한다. 주양은 춘천에 비정되는데, 춘천은 貊國으로 인식되어 왔다.[90] 그렇다고 한다면 춘천 맥국이 영서말갈을 대표하는 정치체로 백제에 인식되었을 가능성이 있다. 물론 백제의 정치적 영향력이 영서말갈 전체에 미쳤다고 볼 수는 없다. 온조왕대 4방 강역획정의 기사는 다분히 관념적인 요소를 지니고 있기 때문이다.[91] 그렇지만 고이왕대 와서 춘천지역까지 백제인들이

88 『三國史記』권23 온조왕 13년조.
89 이병도 역주, 1988, 『三國史記(하)』, 을유문화사, 9쪽. 주양을 평강에 비정하는 견해도 있지만(전영래, 1985, 앞의 글, 137쪽), 춘천에 비정하는 것이 타당하다고 생각한다.
90 『三國史記』권35 지리지 삭주조.
91 이기동, 1990, 「백제국의 정치이념에 대한 일고찰」, 『진단학보』69.

그들의 영역으로 인식하고 있었을 가능성마저 배제할 수는 없다.

그리고 백제의 정치적 영향력이 미쳤던 지역의 경우에도 말갈세력이 해체된 것은 아니었다. 〈광개토왕비문〉에 수묘인과 관련하여 「만일 내가 죽은 뒤 나의 무덤을 편안하게 수묘하는 일에는 내가 몸소 다니며 약취해 온 한인과 예인들만을 데려다가 무덤을 수호 소제하게 하라」라는 내용이 보이는데, 이 가운데 예인은 말갈지역민을 지칭하는 것으로 이해된다. 이는 백제의 영향력 하에서 예세력이 해체되지 않았음을 의미한다.

3) 근초고왕의 영역확장

(1) 남부 마한세력의 복속

백제가 마한을 병합해 가는 과정은 백제본기 초기기록을 통해 그 전모를 추정할 수 있으며, 온조왕 26년 마한의 國邑 병합은 마한연맹체의 맹주국이었던 目支國의 병합으로 이해된다. 그리고 목지국의 위치는 천안일대로 볼 수 있으므로 백제초기의 마한 병합기록이 일정부분 사실성을 가진다고 할지라도 금강 이북지역에 한정하여 논의될 수 있을 뿐이다. 금강 이남에는 마한의 일부 소국들이 여전히 잔존하고 있었으며, 기록을 통해 확인되고 있다. 다음의 기록은 그러한 사실을 확인시켜 주고 있다.

> 동이의 마한·신미 등 여러 나라는 산과 큰 바다를 의지하고 주로부터 4천여 리 떨어져 있다. 대대로 부용하지 않는 나라가 20여 국이 있었는데, 모두 사신을 보내 조공을 하였다.(『晉書』권36 장화전)

위의 기록은 東夷의 馬韓과 新彌諸國 등 20여 국의 존재에 대한 내용이다. 그리고 위치에 있어서는 「依山大海 去州四千餘里」라고 하여 마한과 신미제국의 위치를 같이 설명하고 있는데, 서로 인접하여 위치하고 있었음을 알 수 있다. 이 가운데 신미국의 위치는 반도 중부이남의 서해안지대에 위치한 諸小國 가운데 하나,[92] 또는 신미국을 비롯하여 20여 국의 위치가 모두 전라도 해안지역을 중심으로 산재해 있었던 것으로 비정된다.[93] 이러한 사실은 금강 이남지역에 마한세력의 일부가 존재하고 있었음을 말해주는 것이다. 또한 마한 잔여세력의 존재는 『日本書紀』를 통해서도 분명하게 확인되고 있다.

> 이에 군대를 옮겨 서쪽으로 돌아 고해진에 이르러 남쪽의 오랑캐인 忱彌多禮를 무찔러 백제에게 주었다. 이에 백제왕 초고와 왕자 귀수가 군대를 이끌고 와서 만났다. 이 때 비리 · 벽중 · 포미지 · 반고 4읍이 스스로 항복하였다.(『日本書紀』 권9 신공기 49년 3월)

위의 기록을 보면 근초고왕대까지도 전라도 남해안지역에 忱彌多禮를 비롯하여 여러 정치체가 독립적으로 존재하고 있었음을 알 수 있는데, 이들이 馬韓 諸小國의 잔여세력이었던 것으로 이해되고 있다. 여기서 忱彌多禮는 대개 전남 강진에 비정되고 있으며,[94] 또한 新彌國과 동일한 정치체로 보기도 한다.[95] 그리고 辟中은 전남 보성, 布彌支는 나주에 비정되고, 比利와 半古는 위치가 불명하지만 모두 전남지방내에 비정되고 있는데,[96] 모두 정치적 독립성을 가진 정치체였음을 알 수 있다. 다만 290년 이후부터는 中國과의 교섭에서도 馬韓이라는 칭호가 사라지고, 대신 百濟의 國名만이 나타나고 있다. 이는 백제의 성장이라는 측면[97]과 동시에 남

---

92 이병도, 1976, 앞의 책, 481쪽.
93 노중국, 1988, 앞의 책, 118쪽.
94 이병도, 1976, 앞의 책, 512~513쪽.
95 노중국, 1988, 앞의 책, 119~120쪽.
96 이병도, 1976, 「근초고왕척경고」, 앞의 책, 513쪽.
　천관우는 이를 比利 · 辟中 · 布彌 · 支半 · 古四 5읍으로 보아, 부안 · 김제 · 정읍 · 부안 · 고부 등 전북일대에 비정하고 있다(천관우, 1989, 앞의 글, 413쪽 주 32) 참조).

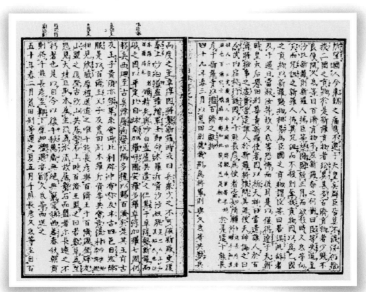

『일본서기』신공기 49년조 기사

부 마한세력의 분열 및 세력약화에 기인한 것으로 보인다.

그러나 국내기록에서 마한의 병합기록은 온조왕대를 제외하고는 보이지 않는다. 더욱이 4세기 對馬韓관계는 그 실상을 알려주는 직접적인 자료가 없으며, 이를 일부 추정할 수 있는 자료만이 전하고 있을 뿐이다. 그것도 이미 백제의 영역에 포함되었던 지역에 대한 내용인데, 비류왕대 金堤 碧骨池의 축조사실을 통해서 중앙과 마한 복속지역과의 관계를 추정해 볼 수 있을 뿐이다. 즉, 이미 복속된 지역에 대한 통치력의 확대 내지는 통제방식의 변화와 관련된 것으로 이해할 수 있으며, 벽골지를 축조하기 위한 대규모의 인력동원 및 물자의 조달은 직접지배가 실현되었음을 보여주는 것이라고 하겠다.[98]

---

97 김수태, 1998, 앞의 글, 189~215쪽.

그런데 국내사료의 부족에도 불구하고 근초고왕대 백제의 남부 마한지역에 대한 진출사실을 보여주는 것이 바로 『日本書紀』의 다음 내용이다.

봄 3월 황전별과 녹아별을 장군으로 삼아 구저 등과 함께 군대를 거느리고 건너가 탁순국에 이르러 신라를 치려고 하였다. (중략)함께 탁순에 모여 신라를 격파하고 比自㶱·南加羅·喙國·安羅·多羅·卓淳·加羅 등 6국을 평정하였다. 또 군대를 옮겨 서쪽으로 돌아 고해진에 이르러 남쪽의 오랑캐인 忱彌多禮를 무찔러 백제에게 주었다. 이에 백제왕 초고와 왕자 귀수가 군대를 이끌고 와서 만났다. 이 때 비리·벽중·포미지·반고 4읍이 스스로 항복하였다. 이에 백제왕 부자와 황전별·목라근자 등이 의류촌[지금은 주류수기라 한다]에서 함께 서로 만나 기뻐하고 후하게 대접하여 보냈다. 오직 천웅장언과 백제왕은 백제국에 이르러 벽지산에 올라가 맹세하였다…(『日本書紀』 권9 신공기 49년 3월)

위의 신공기 49년조 기록은 보정연대로 근초고왕 24년(369)의 사실을 기록한 것이다. 그런데 남부 마한지역을 복속하기 이전에 가야지역에 먼저 진출한 것으로 되어 있다. 이는 4세기에 들어와 백제의 현안이 남부 마한세력의 통합이었을 것이라고 하는 추측과는 다르다. 그 이유는 두 가지 측면에서 생각할 수 있겠다. 먼저 남부지역에 위치하고 있었던 마한소국들의 존재가 백제에 크게 위협이 되지 못하였기 때문에 그들의 복속을 서두를 필요가 없었을 가능성이다. 다음은 이들의 세력이 강고하여 백제로서는 일시에 이들을 복속시킬 수 없는 상황이었기 때문에 일단 가야지역으로 진출하여 양 방면에서 이들을 협공하기 위한 조치였을 가능성이다. 두 가지 이유 가운데 필자는 전자일 것으로 생각한다. 그 이유는 남부 마한세력이 강력한 연합체를 형성하고 있었다면 백제와 이들 세력과의 긴장관계가 어떠한 형태로든지 계속적으로 나타나야 할 것이다. 그럼에도 불

---

98 특히 사비시대에 오면 5방 중 중방을 고부에 두고 있는데, 이는 김제지역을 비롯해 이들 지역이 일찍부터 중앙의 통치범위에 있었기 때문이 아닌가 생각된다.

구하고 두 정치체간의 관계를 알 수 있는 내용이 보이고 있지 않은 것은 단순한 기록의 누락으로 보기보다는 그들의 존재가 백제에 큰 위협이 되지 않았기 때문이라고 하겠다. 또한 290년 이후에는 중국과의 교섭관계에서 마한의 명칭이 나타나고 있지 않다는 사실도 이를 반증하는 하나의 예가 된다. 따라서 백제는 주변지역으로의 정치적 영향력 확대과정에서 가야지역에 대한 진출을 먼저 시도했던 것으로 보인다. 가야에 대한 정치적 영향력을 확대한 이후 백제는 남부 마한지역에 진출하여 정치적으로 그들 세력을 복속시킨 것으로 이해할 수 있다.

다음은 당시 복속된 小國의 위치에 대해 살펴보기로 한다. 우선 古奚津과 忱彌多禮를 동일지역으로 보고, 古奚를 마한의 狗奚國 즉, 현재의 강진에 비정하는 견해가 있다. 그리고 「比利辟中布彌支半古四邑」에 대해서 이들을 比利·辟中·布彌支·半古 4邑으로 보고, 이들 중 벽중은 보성, 포미지는 나주, 그리고 반고 및 비리는 위치가 불명하나 전남지역으로 비정되고 있다. 또한 백제왕 父子 즉, 근초고왕과 근구수 및 여러 장수들이 만난 意流村은 화순에 비정되고 있다.[99]

그런데 당시 남부 마한지역으로의 진출은 두 방면에서 전개되었던 것으로 보인다. 즉, 가야에 진출했던 세력은 다시 동쪽방면에서 남해안 지역으로 진출하여 강진지역을 복속시키고 있다. 그리고 근초고왕과 근구수가 군사를 거느리고 오자 4읍이 자연 항복하고 있는데, 이들 지역이 나주(布彌

---

99 이병도, 1976, 앞의 글, 512~513쪽. 한편, 忱彌多禮를 『晉書』 장화전에 보이는 마한의 新彌國에 비정하는 견해도 있다(노중국, 1988, 앞의 책, 118~120쪽). 그러나 신미국의 구체적인 위치에 대한 비정은 없으며, 다만 전라도 지역으로 보는 데는 이견이 없다. 반면에 전영래는 고해진은 강진, 침미다례는 침미와 다례로 구분하여 강진과 보성지역에 각각 비정하고 있으며, 「比利辟中布彌支半古四邑」은 比利·辟中·布彌·支半·古四 등으로 읽어, 이를 각각 복성·보성·나주·부령·고부 등지에 비정하고 있다(전영래, 1985, 앞의 글, 141~144쪽). 이도학은 忱彌多禮=新彌國=浸溟縣으로 이해하여, 이를 해남군 삼산면 옥녀봉토성 지역에 비정하기도 한다(이도학, 1995, 『백제 고대국가 연구』, 349~352쪽).

칠지도

支)를 비롯하여 전남지역에 비정되고 있는 것으로 보아 서해안 지방으로 진출하여 전남지역에 이르렀던 것으로 보인다. 그것은 이들이 화순지방에 비정되고 있는 意流村에서 합류하고 있는 사실을 통해서도 추측된다.

그러면 이때 남부 마한세력이 완전히 백제에 예속되었는가? 이는 영산강 유역에 잔존하고 있는 大形甕棺墓가 독립적인 정치세력의 수장층 무덤이라는 사실을 통해 그렇지 않았음이 분명해지고 있다. 이러한 문제점은 근초고왕대의 남부 마한세력 복속 즉, 전라도 남해안 지역으로의 진출에 대해 의문을 제기하게 한다. 현재 근초고왕대의 강역에 대해서는 여러 이견이 제기되고 있는 실정이다. 몇 가지 견해를 검토해 보면 다음과 같다. 첫째, 『日本書紀』신공기 49년조의 기록을 백제 근초고왕대의 사실로 이해하여 전라도 전역을 복속하여, 직접지배의 영역으로 하였을 것으로 이해하는 견해[100]와 전라도 지역은 간접지배 방식을 취했을 것으로 이해하는 견해,[101] 둘째, 온조왕 13년조의 강역기사를 근

---

100 이병도, 1976, 앞의 글 ; 천관우, 1992, 「복원가야사」, 앞의 책.
101 노중국, 1988, 앞의 책, 118~121쪽.

초고왕대의 사실이 소급, 가상된 것으로 보아 근초고왕대의 강역이 웅천, 즉 금강까지였다고 보는 견해,[102] 셋째, 근초고왕대 남해안 진출의 가능성은 인정할 수 있으나 이곳을 영역화하여 직접지배를 관철한 것은 웅진천도 이후의 사실로 이해하는 견해[103] 등이다.

다음은 고고학적인 입장에서 제기되고 있는 견해로 첫째, 근초고왕대 전라도 남부지역으로의 진출이 이루어졌다고 보는 입장에서 영산강유역의 묘제를 지방양식 내지는 4세기 후반 이전의 양식으로 보는 견해,[104] 둘째는 영산강유역 대형옹관묘의 존재와 이 지역에 백제의 묘제인 석실분이 5세기말~6세기초에 유입되고 있는 사실을 통해 근초고왕대 전라도 남부지역의 진출을 부정하는 견해,[105] 그리고 출토유물의 공간적 범위를 통해 근초고왕대의 강역을 금강유역으로 보는 견해[106] 등이 있으며, 셋째는 근초고왕대 전라도 남해안지역 진출의 역사성은 인정할 수 있으되 직접지배는 후대에 가서야 이루어졌으며, 이곳은 독자적인 정치체가 존재하고 있었다고 보는 견해[107] 등이 제기되고 있다. 따라서 근초고왕대 전라도 남해안 지역까지 완전히 백제의 영역에 포함되었는가 하는 문제는 보다 신중한 검토가 필요하다.

여기서 『日本書紀』의 내용을 근초고왕의 활동으로 인정하고 있는 입장에서는 대개 이를 사실로 받아들이고 있으며, 고고학적인 입장에서는 부정적인 측면이 강한 것도 사실이다. 그러나 『日本書紀』의 내용을 근초

---

102 김기섭, 1995, 앞의 글, 22쪽.
103 이근우, 1997, 「웅진시대 백제의 남방경역에 대하여」, 『백제연구』27.
104 김원룡, 1986, 『한국고고학개설』 ; 안승주, 1983, 「백제 옹관묘에 관한 연구」, 『백제문화』15.
105 임영진, 1990, 「영산강유역 석실분의 수용과정」, 『전남문화재』3 ; 이영문, 1991, 「전남지방 횡혈식석실분에 대한 일고찰」, 『향토문화』11.
106 박순발, 1997, 「한성백제의 중앙과 지방」, 『백제의 중앙과 지방』.
107 최몽룡, 1987, 「고고학적 측면에서 본 마한」, 『마한 · 백제문화』9 ; 성락준, 1997, 「백제의 지방통치와 전남지방 고분의 상관성」, 『백제의 중앙과 지방』.

고왕대의 사실로 인정한다 하더라도 이를 그대로 믿기 보다는 사료에 대한 엄정한 비판과 함께 사료의 면밀한 검토가 필요하다. 여기서 백제가 복속한 지역은 南蠻으로 지칭된 忱彌多禮뿐이고, 比利·辟中·布彌支·半古의 4개 읍은 자연 항복하고 있다.[108] 그리고 이들 항복한 지역을 백제의 직접통치하에 두었는가 하는 문제는 복속의 문제와는 별개로 이해할 필요가 있다.

그런데『日本書紀』신공기 49년 3월조의「唯千熊長彦與百濟王 至于百濟國 登辟支山盟之 復登古沙山 共居盤石上 時百濟王盟之」내용이 주목된다. 즉, 앞의 사료에서 千熊長彦과 百濟王이 '百濟國에 이르러'라고 하고 있어, 남으로부터 북행하는 과정에서 백제영역에 이르고 있다. 여기서 辟支山은 백제의 벽골군, 지금의 전북 김제군 내의 어느 산을 지칭하는 것으로, 古沙山은 전북 옥구군 임파면 부근의 산으로 비정[109]하여 근초고왕이 南征하기 전의 南界를 전북과 전남의 경계인 노령산맥으로 보는 견해가 있는데,[110] 이들 지명비정이 타당하다고 한다면 당시 김제지역을 南界로 하였을 가능성이 매우 높다고 생각된다.[111]

그렇다고 한다면 근초고왕대 이들 지역에 대한 진출기록이 없음에도 불구하고 언제 이곳이 南界로 설정되었는가 하는 문제가 대두된다. 이와 관련해서 김제 벽골지의 축조가 비류왕대 이루어졌다고 하는 사실이 주목된다. 물론 벽골지의 위치나 축조시기에 대한 비판이 없는 것은 아니지만

---

108 그런데 이 사실을 백제가 직접 정벌을 단행한 것으로 이해하는 견해가 있다(전영래, 1985, 앞의 글, 143쪽).
109 『동국여지승람』3, 임파현조 및 옥구현조에「古沙浦」의 명칭이 보이고 있어 동일처임을 알 수 있다.
110 이병도, 1976,「근초고왕척경고」, 앞의 책, 513쪽.
111 따라서 이들 두 지역은 근초고왕 24년 이전에 이미 백제의 직접 통치영역에 포함되어 있었으며, 자연 항복한 4읍은 당연히 이들 지역을 경계로 하여 그 이남에서 구할 수 있다.

¹¹²⁾ 비류왕대의 사실로 이해하는데 있어서 문제는 없다고 생각한다.¹¹³⁾ 그리고 백제가 이곳까지 진출한 시기와 관련하여 온조왕 36년 古沙夫里城의 축조내용이 참고된다.¹¹⁴⁾ 이 내용은 온조왕대의 사실이라기 보다는 고이왕대 또는 비류왕대의 사실을 소급 기록한 것으로 이해되고 있는데,¹¹⁵⁾ 필자는 이를 고이왕대의 사실로 이해하고자 한다. 古沙夫里는 현 고부에 비정되고 있다.¹¹⁶⁾ 그렇다고 해서 이곳까지 고이왕대 직접통치가 실현되었을 것으로 생각하기는 쉽지 않다. 다만 고이왕대 정치적 영향력이 미쳤을 가능성을 부정할 수는 없다. 특히 고이왕은 북부세력의 견제를 위해 구마한세력에 대한 새로운 편제를 시도하였을 가능성이 크기 때문에 자연히 남부지역에 대한 관심도 높아졌을 것이다. 즉, 중앙 정체세력 내에서의 역학관계 속에서 이들 지역에 대한 중요성이 증가하게 되었을 것이며, 臣民에 의해 추대된 비류왕 역시 왕권의 강화를 위해 정치세력의 재편이 필요하였다. 이러한 과정에서 평야지대인 김제지역까지 영역화함으로써 자신의 미약한 정치적 기반을 강화시키고자 하였던 것이다. 실제 고이왕대는 왕 9년에 國人에게 명하여 南澤에 稻田을 개간하고 있기도 하

---

112 전덕재, 1990, 「4~6세기 농업생산력의 발달과 사회변동」, 『역사와 현실』4 ; 이도학, 1995, 앞의 책, 170~176쪽 ; 김기섭, 2000, 『백제와 근초고왕』, 181~184쪽.

113 『翰苑』권30 백제조의 「國鑷馬韓 地苞狗素 陵楚山而廓宇 帶桑水疏彊」의 기록은 고부지역에 대한 백제 진출문제를 이해하는데 참고된다. 여기서 狗素國은 古阜에, 楚山은 井邑에 비정되고 있으며, 이들 지역까지 진출한 시기는 비류왕대에 비정되고 있다(전영래, 1985, 앞의 글, 138~140쪽).

114 『三國史記』권23 온조왕 36년조.

115 圓山을 完山-全州로, 錦峴을 熊嶺(峙)에 비정하고, 온조왕 26년의 마한 복속 기록을 비류왕대의 사실로 보기도 한다(전영래, 1985, 앞의 글, 138~140쪽).

116 전영래, 1985, 앞의 글, 142쪽. 그러나 고사부리성의 위치를 온양-예산의 중간지역(천관우, 1989, 「삼한고」, 앞의 책, 321쪽), 또는 예산 등에서 구하는 견해(유원재, 1995, 『중국정사 백제전 연구』, 188~189쪽) 등도 있어 단정적으로 결론을 내릴 수는 없지만, 당시의 정치적 상황을 통해 볼 때 고부에 비정하는데 무리는 없다고 생각한다.

다.[117] 이 때 南澤이 구체적으로 어느 지역을 지칭하고 있는가는 분명하지 않으나 남부지역에 대한 관심을 보여주는 것이며, 비류왕대 벽골지의 축조를 통한 농경지의 확보는 당시 통치범위의 확대라는 측면에서도 중요하다. 따라서 근초고왕 즉위를 전후한 시점에서의 南界 역시 이 근처에 비정할 수 있을 것이다.[118]

그렇다면 근초고왕이 남해안지역까지 진출하여 정치적 영향력을 확대한 이후 강역상에 있어 어떠한 변화가 있었는가가 문제가 된다. 그런데 복속지역에 대한 조치로 생각되는 아무런 기록도 보이고 있지 않다. 물론 사료의 누락으로 볼 여지도 없지 않으나, 오히려 이들 대부분의 지역이 자연항복하였다는 사실에서 어떠한 암시를 받을 수 있지 않나 생각된다. 즉, 이들 정치체의 독립성을 그대로 유지시킨 상태[119]에서 貢納的인 방식인 간접지배 방식을 취했을 가능성이 크다. 그러한 사실은 이들 지역에서 독자성을 가진 정치체가 존재하였음을 보여주는 遺蹟·遺物을 통해 확인된다. 또한 신공기 49년조의 내용이 백제의 가야 및 마한과의 관계를 왜가 자신들의 활동인 것처럼 윤색한 것이 사실이라고 한다면 南蠻 忱彌多禮에 대한 복속이후 왜장과 辟支山·古沙山에 올라가 서로 맹서하는 상황이 혹 남해안 지역에 존재하고 있는 정치세력들과의 관계를 반영하고 있는 것은 아닌지 모르겠다. 즉 근초고왕이 남해안까지 진출한 이후에도 이 지역은 실제 백제의 직접 통치영역에는 포함되지 않았던 것으로 이해할 수 있다.

---

117 『三國史記』권24 고이왕 9년조.
118 특히 전북지방에서 대형옹관묘가 발전되지 못한 원인이 백제의 정치세력과 일정한 관련성이 있다고 하는 점(윤덕향, 1984, 「옹관묘 수례」, 『윤무병박사 회갑기념논총』, 188~191쪽)은 이들 지역에 대한 백제의 진출과 관련하여 시사하는 바가 크다.
119 『日本書紀』권9 신공기 49년 3월조. 이에 대해 가라7국의 대표와 근초고왕 사이에서 일어난 것으로 보는 견해도 있으나(김현구, 1993, 『임나일본부연구』, 41~42쪽), 가라7국이 아닌 남부 마한세력과의 관계로 이해할 수 있을 것이다.

따라서 근초고왕대 백제의 정치적 영향력은 전라도 전역을 포괄하고 있지만 실제 이 지역을 강역으로 삼아 직접통치를 시행한 것은 아니었다. 즉, 노령산맥 이북지역까지가 직접통치의 영역에 포함되었으며, 그 이남은 간접지배를 하였던 것이다. 이러한 간접지배(貢納的 關係)의 흔적을 보여주는 것이 동성왕 11년(489) 國南 海村人이 「合穎禾」를 바쳤다는 기록이 아닌가 생각된다.[120]

그러나 근초고왕대 이미 이들 지역이 백제에 정치적으로 귀속되었을 것이라는 점은 동성왕 20년(498) 耽羅國을 정벌하기 위해 武珍州까지 진출하고 있는 사실을 통해서도 추정해 볼 수 있다. 탐라국과 관련해서는 다음의 기록이 주목된다.

F-1. 여름 4월에 탐라국이 방물을 바치니 왕이 기뻐하여 사자를 배하여 은솔로 삼았다.(『三國史記』권26 문주왕 2년)
  2. 8월 왕은 탐라가 공부를 바치지 않으므로 친정하여 무진주에까지 이르렀다. 탐라가 이를 듣고 사신을 보내어 죄를 청하므로 그만두었다.(위의 책, 동성왕 20년)

탐라가 백제에 臣屬한 것은 문주왕 2년임을 알 수 있는데, 아마도 백제가 웅진으로 천도함에 따라 자국에 미칠 영향을 고려하여 미리 신속했던 것으로 보인다. 백제의 입장에서는 고구려의 남진에 밀려 부득이 남천함으로써 정치적으로 어려운 상황에서 이러한 탐라의 신속은 크게 고무적인 사건이었을 것이다. 이로 인해 그 사자에게 은솔의 관등을 주었는데, 탐라국주에게는 이보다 높은 관등이 제수되었을 것이다. 비록 후대의 기록이지만 탐라국주가 좌평의 관등을 칭한 사례가 보이고 있다.[121] 이와 관련

---

120 『三國史記』권26 동성왕 11년조.
121 『三國史記』권7 문무왕 2년조.

하여 전남지역의 복속이 5세기 이후의 사실, 그것도 웅진천도 이후의 사실로 보는 견해에 대한 검토가 필요하다. 만일 전남지역이 백제의 통제 하에 있지 않고 독립적인 위치에 있었다고 한다면 굳이 탐라국이 백제가 웅진으로 천도하자마자 곧바로 신속을 해올리 없기 때문이다. 이는 백제에 의해 전남지역에 대한 복속이 이루어진 후에야 그들에게 직접 위협이 될 것이기 때문이다. 그런데 사료 F-2의 동성왕 20년(498) 기록이 주목된다. 문주왕 이후 불과 20여년이 경과한 시점에서 탐라가 貢賦를 보내지 않고 있는 것이다. 탐라가 공부를 보내지 않는 시기는 동성왕 20년 이전부터였을 것이며, 이는 웅진천도 이후 백제가 내부적 혼란을 겪음으로 인해 탐라국에서는 백제의 영향력을 크게 의식하지 않게 된 데서 빚어진 현상으로 보인다. 그러나 동성왕 20년(498) 탐라에 대한 정책은 동성왕대 들어와 정치적 안정을 찾으면서 주변지역들에 대한 통제가 시작되었음을 보여주고 있다. 여기서 백제의 남방경영과 관련하여 주목되는 사실은 동성왕 20년 탐라가 공부를 바치지 않자 동성왕이 친히 정벌을 하고자 武珍州에까지 이르고 있다는 사실이다. 이 내용은 탐라를 정벌하기 위해 1차적으로 무진주를 정벌하는 것으로 이해하여 당시 전라도 지역이 백제의 강역에 해당되지 않았던 것으로 이해할 수도 있으나, 이는 탐라가 주체가 되어야 하므로 탐라를 정벌하러 가는 과정에서 무진주에 이르렀을 때, 탐라가 죄를 빌어오므로 탐라정벌을 그친 것으로 보아야 한다.[122] 따라서 무진주는 동성왕대 이미 백제의 강역에 포함되어 있었던 것이다. 설령 백제의 강역에 포함되지 않았거나 또는 직접적인 통치를 받지는 않았을지라도 백제의 정치적 영향력이 실제 미치고 있었던 것이다.[123] 그리고 이 지역이 백제의

---

122 이때 耽羅를 康津으로 이해하는 견해도 있으나(이근우, 1997, 앞의 글, 51~55쪽), 제주도에 비정하는 것이 타당하다고 생각된다.

123 김영심, 1997, 「백제 지방통치체제 연구」, 서울대대학원 박사학위논문, 61~63쪽.

영향력 하에 놓이게 되는 시점은 근초고왕대의 남진사실에서 찾을 수 있는 것이다. 이는 근초고왕·근구수왕대 이후부터는 고구려의 남진으로 백제가 계속 수세에 처하고 있었으며, 고구려의 남진을 막아내는 데에 급급하였기 때문에 백제 남부 지역에 대한 새로운 영역적 복속은 사실상 불가능하였을 것이기 때문이다. 따라서 이들 지역은 근초고왕이 남해안 지역까지 진출한 이후 자연스럽게 백제의 정치적 영향력 하에 놓여 있었던 것으로 보아야 한다.

『通典』邊方門 東夷傳(上) 백제조의 「진대 이후 여러 국가들을 병합하여 마한의 고지에 자리잡았다」는 기록이 근초고왕대의 사실로 이해되고 있는 점[124]도 그러한 사실을 반영한다고 하겠다. 또한 근초고왕대 당시 군사대국인 고구려를 제압하면서 帶方故地에 진출할 수 있었던 것도 이미 모든 마한세력을 정치적으로 복속한 결과로 볼 수 있다.[125]

그러나 의문이 없는 것도 아니다. 근초고왕대는 강력한 중앙집권적 통치체제를 추구하고 있었던 시기였음에도 불구하고 이들 복속지역에 대해서 왜 직접지배를 실현하지 않았는가 하는 점이다. 이 점은 당시 주변지역의 정치적 상황과 결부시켜 이해할 필요가 있는데, 백제의 북방지역인 낙랑·대방고지의 정치적 불안에 원인이 있었던 것으로 보인다. 당시 고구려는 고국원왕 4년(334) 평양성 증축을 비롯해 13년(343)에는 평양 東黃城으로 移居하는 등[126] 대방고지에 대한 지배력을 확대하고 있었다. 이러한 시기에 만약 근초고왕이 남부 마한지역에 대한 직접지배를 실시할 경우 온조왕 34년 마한의 舊將이었던 周勤의 예에서 보듯이 이들 지역에서

---

124 이병도, 1959, 『한국사』(고대편), 362쪽 ; 이기동, 1987, 「마한영역에서의 백제의 성장」, 『마한·백제문화』10, 65쪽.
125 이기동, 1987, 앞의 글, 64~66쪽.
126 『三國史記』권18 고국원왕 4·14년조.

의 무력적 저항이 예상된다. 그럴 경우 근초고왕은 군사력을 동원하여 이들을 진압해야 하는데, 이는 고구려로 하여금 南進의 빌미를 제공하게 될수도 있었을 것이다. 따라서 근초고왕은 이들 지역에서 자치권을 허용하면서 그들의 인적·물적자원을 이용하고자 했던 것이 아닌가 생각된다.즉, 공납제적 지배방식을 취했던 것으로 볼 수 있다. 이러한 공납제적 지배방식은 고구려의 동옥저 지배를 비롯해 부여의 읍루 지배의 경우에서도찾아지고 있다.

> G-1. [동옥저]…나라는 작고 큰 나라의 틈바구니에서 핍박을 받다가 드디어 [고]
> 구려에 신속하게 되었다. [고]구려는 그 중에서 대인을 두고 사자로 삼아 함
> 께 통치하게 되었다. 또 대가로 하여금 조세를 통괄 수납케하여 貊·布·
> 魚·鹽·海中의 食物 등을 천리나 되는 거리에서 져나르게 하고, 또 동옥저
> 의 미인을 보내게 하여 종이나 첩으로 삼았으니 그들을 노복처럼 대우하였
> 다.(『三國志』동이전 동옥저)
> 2. [읍루]…한대 이래로 부여에 신속되었는데, 부여가 세금과 부역을 무겁게 물
> 리자 황초 연간에 반란을 일으켰다(위의 책, 동이전 읍루조)

즉, 동옥저의 경우는 貊布·魚鹽·海中食物 등을 비롯해 미녀까지 공납하고 있으며, 읍루의 경우는 부여에서 租賦를 매우 무겁게 부과시키고있었음을 알 수 있다. 물론 동옥저가 고구려에 신속된 것이 태조왕 4년(56)으로 시기상 앞서고는 있으나 고구려 동천왕이 245년 관구검에게 쫓겨 동옥저로 피난한 것으로 보아 신속관계가 이때까지도 계속되고 있었음을 알 수 있다. 그리고 읍루의 경우에는 신속관계가 黃初연간까지 계속되었는데, 그 시기는 魏 文帝 220~226년임을 알 수 있다. 백제의 경우도 복속지역에 대한 간접지배 방식은 이와 유사한 방식으로 이루어졌을 것으로보인다.

물론 이러한 배경에는 남부 마한세력이 군사적 위협이 되지 않았다고하는 점도 작용하였을 것이다. 이들 지역 고분에서는 무기류 및 마구류의

출토가 빈약한 것으로 보아 군사적 집단이 아니었음을 추측할 수 있다. 반면에 대형옹관묘의 축조에서 알 수 있듯이 경제력은 매우 컸음을 보여주고 있다.[127] 따라서 근초고왕은 군사적 위협은 적으면서 상당한 경제력을 보유한 이들 세력을 백제의 통제권내로 수용함으로써 물적기반을 확보하고자 간접지배의 방식을 택했던 것이 아닌가 한다. 그런데 진사·아신왕대 이후부터 백제가 대고구려전에서 수세적인 입장에 있었음에도 불구하고 이들의 정치적 움직임이 전혀 나타나고 있지 않은 것으로 보아 정치적 예속성은 매우 견고하였던 것으로 생각된다.

(2) 高句麗지역으로의 진출

백제는 건국직후부터 북방지역에 위치하고 있는 말갈·낙랑 등 북방세력의 계속적인 침략에 대하여 정복과 회유, 築城 등을 통해 대응해 왔다. 그런데 낙랑·대방지역을 병합한 고구려와 국경을 접하게 되면서 백제는 대고구려정책에 있어서 새로운 전기를 맞게 되었다.

고구려의 남방진출은 4세기에 와서 본격적으로 시작되었다. 백제의 대고구려정책은 이러한 고구려의 남진정책에 대한 대응차원에서 이루어지고 있다. 따라서 고구려 대외정책의 변화과정과 남진정책에 대한 이해가 필요하다. 고구려는 4세기초 중국이 五胡十六國의 혼란기에 들어가게 되자 위의 공격으로 환도성이 함락된 이후[128] 소강상태에 놓였던 대외적 팽창활동을 재개할 수 있는 기회를 맞게 되었다.[129] 고구려 미천왕은 진이 五胡의 침입으로 인해 東顧의 여지가 없는 틈을 타 마침내 樂浪과 帶方을

---

127 성락준, 1983, 「영산강유역의 옹관묘연구」, 『백제문화』15, 48쪽.
　　김주성, 1997, 「영산강유역 대형옹관묘 사회의 성장에 대한 시론」, 『백제연구』27, 38~39쪽.
128 『三國史記』권17 동천왕 20년조.
129 이기동, 1996, 「고구려사 발전의 획기로서의 4세기」, 『동국사학』30, 2~11쪽.

멸망시킴으로써 한반도 내에서 중국의 군현세력을 축출하였다.[130] 이후 요동에 대한 팽창을 재개하는 과정에서 선비족 모용씨와 부닥뜨리게 된다. 고구려는 당시 모용씨세력과 대결하기 위해 段氏・宇文氏 등과 연합세력을 형성하여 합동으로 공격하기까지 하였으며,[131] 後趙에 사신을 파견[132]하여 국제관계에서 자신의 입장을 강화하고자 하였다. 당시 이와 같은 고구려의 노력은 어느 정도 성공을 거두었다.[133]

그러나 모용씨가 前燕을 세우고, 고구려에 대한 압력을 강화해 오자 고구려 고국원왕은 북부지역에 신성을 축조하여 전연에 대한 방비를 강화하였다.[134] 이에 前燕은 고국원왕 12년 대대적으로 고구려에 대한 침공을 감행하였으며, 고구려는 이를 막아내지 못함으로써 왕도가 함락되는 등의 참패를 겪게 된다.[135] 이후 고구려는 前燕과 우호관계를 수립하게 되는데, 이는 고구려의 요동진출이 일단 좌절되었음을 의미하는 것이기도 하다. 『三國史記』 고국원왕조에는 25~39년까지 14년간의 기록이 공백으로 되어 있는데, 이는 고구려가 내적으로 국력배양에 힘쓰면서 한편으로는 대외팽창의 활로를 남쪽에서 모색하는 이른바 남진정책을 추구한 때문으로 이해되고 있기도 하다.[136] 특히 고구려는 소수림왕대(371~384) 불교의 공인, 태학설립, 율령반포 등 대내적 국가체제를 정비함으로써 前燕에 의한 참패로 상실된 국가의 면모를 일신하는 데 노력하였다.

이후 전연은 370년 前秦에 멸망당하였으며, 고구려는 북방의 국경을

---

130 『三國史記』권17 미천왕 14・15년, 「十四年 冬十月 侵樂浪郡 虜獲男女二千餘口, 十五年 秋九月 南侵帶方郡」.
131 공석구, 1991, 「고구려의 영역확장에 대한 연구」, 『한국상고사학보』 6, 136쪽.
132 『三國史記』권17 미천왕 31년조 및 『資治通鑑』권105 載記5 石勒下 建平 元年條.
133 『北史』권94 열전 82 고구려조.
134 『三國史記』권18 고국원왕 5년조.
135 『三國史記』권18 고국원왕 12년, 「燕王皝遷龍城 立威…」.
136 이만렬, 1978, 「삼국의 항쟁」, 『한국사』 2, 국사편찬위원회, 464~470쪽.

전진과 접하게 되었다. 그런데 고구려는 전진과 우호관계를 유지하고자 하였으며,[137] 이는 고구려의 대북방정책의 보류와 동시에 남방정책의 새로운 변화를 초래하게 되었음을 의미한다. 이러한 시기에 백제는 근초고왕대 후기에 활발한 대외팽창정책을 추진하게 되며, 특히 가야지역으로의 진출과 남부 마한지역의 복속은 고구려를 자극하기에 충분하였다. 백제와 고구려의 직접 충돌은 근초고왕 24년(369)에 이르러서야 비로소 나타나고 있다. 백제의 북방지역에 고구려가 먼저 진출을 시도하였는데, 그 시점이 근초고왕의 가야지역 및 남부 마한지역으로의 진출이 성공적으로 이루어진 직후였다. 이는 고구려의 침략이 백제의 급속한 팽창을 견제하기 위한 측면이 내포되어 있음을 보여주는 것이기도 하다. 이후 고구려는 계속적인 남진정책을 추구하면서 백제와 충돌하게 된다.[138]

백제의 대고구려정책은 고구려 미천왕이 낙랑·대방세력을 축출한 시점부터 본격화되었을 것으로 생각된다. 그런데 당시 대북관계에 관한 대응기록이 전혀 보이고 있지 않다. 다만 비류왕 17년 宮의 서쪽에 射臺를 쌓아놓고 활쏘기를 익혔다고 하는 기록이 있는데,[139] 고구려의 기마전을 대비한 전술의 일환으로 이해되고 있을 뿐이다.[140] 이것은 고구려가 중국 군현을 축출한 이후 국경을 접하게 된 데서 나온 대책이 아니었을까 추측된다.

백제의 대북관계는 근초고왕대부터 활발하게 전개되고 있는데, 고구려의 남진에 대한 대응으로부터 비롯되고 있다. 근초고왕대는 고구려의

---

137 『資治通鑑』권102 海西公 太和 5년조.
　　『三國史記』권6 소수림왕 2년조.
　　『資治通鑑』권104 孝武帝 太元 2년조.
138 박성봉, 1984, 「고구려의 한강유역진출과 의의」, 『향토서울』42.
139 『三國史記』권24 비류왕 17년, 「築射臺於宮西 每以朔望習射」.
140 신형식, 1990, 『삼국사기연구』, 132쪽.

남진을 효과적으로 봉쇄함과 동시에 나아가 적극적인 대북방 진출을 시도하고 있다는 특징을 가지고 있다. 그러나 진사왕대부터는 대북방 진출에 있어서 성과를 거두지 못하였을 뿐만 아니라 고구려의 남진정책으로 인해 북방영역의 지배권에 상당한 타격을 받으면서 계속 수세적인 입장에 처하였다.

먼저 근초고왕대의 대고구려관계를 살펴볼 수 있는 기록으로 다음이 주목된다.

H-1. 가을 9월 고구려왕 사유가 보병과 기병 2만을 거느리고 와서 치양에 주둔하고 군사를 나누어 민가를 침탈하였다. 왕이 태자로 하여금 군사를 거느리고 곧장 치양에 이르러 고구려군을 급히 쳐서 깨뜨리고 5천여급을 사로잡았는데, 그 노획은 장사에게 나누어 주었다. (『三國史記』권24 근초고왕 24년)

2. 고구려가 군사를 일으켜 오므로 왕이 듣고 패하 강변에 군사를 매복시켰다가 그 옴을 기다려 급하게 공격하자 고구려군이 패배하였다. 겨울에 왕이 태자와 함께 정병 3만을 거느리고 고구려에 침입하여 평양성을 공격하였다. 고구려왕 사유가 역전하여 막다가 화살에 맞아 죽으니 왕이 군사를 이끌고 물러왔다. 도읍을 한산으로 옮겼다.(위의 책, 근초고왕 26년)

3. 가을 7월에 고구려가 북변의 수곡성을 공격하여 함락시켰다. 왕이 장수를 보내 막게 하였으나 이기지 못하였다. 왕이 또 장차 크게 군사를 일으켜 보복하려 하였으나 흉년이 들어 수행치 못하였다.(위의 책, 근초고왕 30년)

4. 근구수왕은 근초고왕의 아들이다. 앞서 고구려의 국강왕 사유가 친히 내침하므로 근초고왕이 태자를 보내어 이를 막게 하였는데, 반흘양에 이르러 장차 싸우려 하였다.… 태자가 이에 좇아 진격하여 크게 적을 깨뜨리고 도망치는 것을 뒤따라 북으로 쫓아 수곡성 서북까지 이르렀다. 장군 막고해가 간하기를 "일찌기 도가의 말을 들으니 「족할 줄 알면 욕되지 않고, 그칠 줄 알면 위태롭지 않다」고 하였습니다. 지금 얻은 바가 많으니 어찌 구할 것이 있겠습니까?"하였다. 태자가 이 말을 선히 여겨 그만두고 돌을 쌓아 표식을 삼았다. 그 위에 올라가 좌우를 돌아보며, "금후에 누가 다시 여기에 이를 수 있을까"하였다. 그 곳에는 마치 말발굽같이 틈이 생긴 망석이 있는데, 사람들이 지금도 태자의 말자취라고 부르고 있다.(위의 책, 근구수왕 즉위년)

5. 겨울 10월 왕이 병사 3만을 거느리고 고구려 평양성을 침략하였다. 11월 고

구려가 침략해 왔다.(위의 책, 근구수왕 3년)

　백제와 고구려의 전쟁은 위의 사료 H-1에서 보듯이 고구려의 선제공
격에서 비롯되고 있다. 위의 사료 가운데 H-1과 4는 같은 사건의 내용인
데, 고구려가 치양으로 침략하여 와서 民戶를 침탈하자 태자를 보내 고구
려군을 격파하고 5천여 인을 노획하였다고 한다. 그런데 사료 H-4에서는
半乞壤에서 싸워 이긴 후 다시 수곡성의 서북방면까지 진격한 사실을 기
록하고 있다. 따라서 처음 고구려군과 대적한 지점은 치양과 반걸양 두 곳
으로 나타나고 있다. 그러나 이 두 지명은 동일지명에 대한 이칭으로 황해
도 백천에 비정되고 있다.[141] 여기서 중요한 것은 백제군이 최종적으로
점령한 곳이 어디까지인가 하는 점이다. 사료 H-4에는 수곡성의 서북까지
근구수가 진격한 후에 이곳에 돌을 쌓아 표시를 남기고 있다. 수곡성은 황
해도 신계 부근으로 비정되고 있다.[142] 그리고 水谷城의 서북지역이 구체
적으로 어디를 가리키는지 알 수 없지만 이와 관련하여 4세기 중엽에서
후반에 해당하는 百濟土器類가 黃州지방에서 출토되고 있다는 사실이 주
목된다.[143] 黃州는 水谷城으로 비정되는 新溪의 서북방에 위치하고 있을
뿐만 아니라 지리적으로도 백제가 고구려 平壤城을 공격하기 위한 공격로
에 위치하고 있기 때문이다. 따라서 水谷城 서북지역으로는 黃州일대를
비정할 수 있으며, 이곳에 백제의 영향력이 일시 미치게 되었으나 지속적
이지는 않았던 듯하다.

　근초고왕 24년 고구려의 침략은 백제의 세력확대에 대한 견제적인 측

---

141 이병도, 1976, 앞의 글, 509쪽.
142 이병도, 1976, 앞의 글, 510쪽. 『東國輿地勝覽』42, 新溪縣 古跡條에 「俠溪廢縣 在縣南三
　　十里 本高句麗水谷城縣 一名 買旦忽」이라고 하고 있어 현재의 黃海道 新溪 부근임을 알
　　수 있다.
143 최종택, 1990, 「황주출토 백제토기례」, 『한국상고사학보』4.

면이 강하였던 것으로 보인다.[144] 이는 그 해 3월 백제의 가야지역 진출과 남부 마한세력에 대한 복속을 시도하고 있었다는 사실과 관련시켜 검토할 필요가 있다. 즉, 백제의 팽창정책이 어느 정도 성공을 거두게 된 데 따른 결과였던 것으로 생각할 수 있는 것이다. 물론 백제의 남방경략으로 인해 국력이 분산된 틈을 노려 남진을 감행했을 가능성도 생각할 수 있다. 그러나 고구려의 남진에 대한 백제의 대응정도가 단지 방어수준이 아닌 북진으로까지 이어지고 있다는 점에서 볼 때, 백제는 남방경략으로 인한 국력의 손실이 사실상 없었던 것으로 보인다. 결국 고구려의 남진은 백제가 남방경략에 성공함으로써 국력이 강화되고 주변국으로 정치적 영향력이 확대되는 것을 견제하기 위한 측면에서 이루어졌을 가능성이 크다고 하겠다. 고구려의 남진배경을 양국간의 帶方故地에 대한 귀속문제[145] 및 扶餘族의 시조인 東明의 권위를 정통적으로 계승하고자 하는 명분다툼으로 이해하려는 견해도 있다.[146] 그러나 국가체제가 정비되지 않은 시점에서 명분을 내세워 국운을 건 전쟁을 하였을 것으로 생각하기는 어렵다. 따라서 고구려의 남진은 백제의 팽창에 대한 견제 내지는 방어적 차원에서 이루어졌다고 보는 것이 타당하다.

백제의 대고구려 관계에서 가장 우세를 점했던 시기는 바로 사료 H-2의 근초고왕 26년이라고 하겠다. 이 때 근초고왕은 태자 근구수와 함께 정

---

144 이를 고구려가 요동지역으로 진출하는 데 한계와 회의를 느끼게 된 데서 구하는 견해(공석구, 1991, 앞의 글, 246~247쪽)와 백제에 대한 견제공격으로 보는 견해가 있다(이희진, 1994, 「4세기 중엽 백제의 가야정벌」, 『한국사연구』86, 13쪽).

145 대방고지에 대한 귀속문제는 농경에 적합한 토지의 획득과 전문적인 학식을 지닌 漢人 관료의 확보 등을 염두에 둔 견해이다. 그러나 백제의 경우에 있어서는 농경에 적합한 토지에 대한 욕구는 남방지역의 개발로 나타나고 있으며, 대방인의 백제귀속이 이미 고이왕대부터 비류왕대에 걸쳐 이루어지고 있었으므로 근초고왕대 새삼스럽게 이들에 대한 확보문제가 제기되었을 가능성은 적다고 하겠다.

146 양기석, 1997, 「백제 근구수왕의 대외활동과 정치적 지위」, 『백제논총』6, 48~49쪽.

병 3만을 거느리고 평양성을 공격하여 고국원왕을 전사시키는 성과를 거두었다. 이 전쟁은 비록 고구려의 선제공격에 의해 시발되었으나, 그 해 겨울 평양성 공격은 백제의 선제공격에 의해 이루어졌다는 점에서 기존의 방어적 입장에서 적극적인 공격으로 전환하였음을 보여주는 것이다. 그런데 근초고왕은 고국원왕을 전사시키는 성과를 거둔 이후 도읍을 한산으로 옮기고 있다. 따라서 한산의 위치에 대한 검토는 당시 백제의 대고구려 정책을 이해하는 데 참고가 될 것이다.

그러면 이때 移都한 한산은 어디를 가리키는 것일까. 『三國遺事』에서는 이 내용을 「移都北漢山」이라고 하여 북한산으로 기록하고 있다.[147] 북한산과 관련해서 주목되는 것이 비류왕 24년 내신좌평 優福의 북한성 반란 기록이다. 즉, 북한성은 북한산에 위치한 산성였으며, 또한 군사적으로 전략상 중요한 기능을 하였음을 알 수 있다. 따라서 근초고왕 26년의 「移都漢山」은 근초고왕이 대고구려 전쟁을 수행하는 과정에서 효율적인 군사적 대결을 위해 일시 都邑을 한강 이북에 위치하고 있는 북한산으로 옮긴 것으로 이해할 수 있다. 그리고 都邑을 한강 이북으로 옮겼다고 하는 사실은 당시 백제의 대고구려전에 있어서의 공세적인 입장을 보여주는 것이라고 하겠다.[148] 물론 이 때의 천도는 도읍 전체를 옮겨간 것이라기 보

---

147 『三國遺事』왕력1 근초고왕, 「辛未 移都北漢山」.

148 그런데 이때 漢山을 지금의 남한산을 가리키는 것으로 보는 견해도 있다(이병도, 1977, 『국역 삼국사기』, 375쪽 주 4). 한편 「移都漢山」을 백제의 고구려에 대한 적극적인 북진책의 결과로 보면서 한산의 위치를 북한산성에 비정(이도학, 1992, 「백제 한성시기의 도성제에 관한 검토」, 『한국상고사학보』9, 32~33쪽)하거나 백제 군사력의 승세에서 그 원인을 구하면서 위치를 뚝섬지구로 비정(강인구, 1993, 「백제 초기도성문제신고」, 『한국사연구』81, 15~18쪽)하는 견해가 있다. 반면에 이를 도성제의 정비와 관련시켜 이해하고, 새로 구축된 왕성으로의 移居로 보기도 하는데(김기섭, 2000, 앞의 책, 307~311쪽), 당시 백제가 모든 국력을 고구려와의 전투에 집중하고 있는 상황에서 새로운 왕도의 정비사실을 인정하기는 쉽지 않다.

다는 군사상 필요한 핵심기능만 옮겨갔을 가능성이 크다고 생각된다. 백제가 군사전략적인 측면에서 도읍을 옮긴 경우는 이 때가 처음은 아니었다. 온조왕 14년에 漢水의 남으로 천도를 하였는데, 천도 이유가 낙랑·말갈의 잦은 북경 침입에 따른 혼란 때문이었음을 밝히고 있다.[149] 그런데 천도한 한산을 지명으로 보기도 한다.[150] 물론 지명과 산명 등 두 가지 의미로 사용되고 있음을 볼 수 있다. 그러나 여기서는 한산에 위치하고 있는 북한산을 가리키는 의미로 이해하는 것이 타당할 것으로 생각된다.

그러면 대고구려전에서 우세를 보였던 근초고왕대의 北界는 어디까지였을까. 먼저 사료 H-1·4를 통해 水谷城 서북지역까지 진출하였으며, 두 차례에 걸쳐 평양성에 대한 공격을 시도하기는 하였으나 그 지역을 국경으로 하지는 않았음은 분명하다. 그런데 사료 H-2를 보면, 고구려가 남침할 때 백제군이 浿河의 上流에 매복해 있다가 이를 공격하고 있다. 浿河를 임진강이나[151] 대동강수계에 비정하는 견해도 있으나,[152] 예성강으로 보는 견해가 지배적이다.[153] 그리고 군사를 매복시켜 고구려군이 도착하기를 기다렸다가 공격하였다는 것은 이 지역이 백제의 영역이었을 가능성을 의미한다. 또한 근초고왕 30년에는 고구려가 수곡성을 공격하여 함락시키고 있다. 이는 근초고왕 30년까지는 수곡성이 백제의 영역이었음을 의미한다. 특히 황해도 곡산 근처로 비정되는 谷那鐵産의 존재가 『日本書紀』에 기록되어 있는데,[154] 이곳까지도 백제의 영향력이 미치고 있었음을 알 수 있다. 곡산은 신계의 북방, 예성강 상류에 위치하고 있어 기록과 합

---

149 『三國史記』권23 온조왕 13·14년조.
150 이도학, 1995, 앞의 책, 264~265쪽.
151 津田左右吉, 1913, 「浿水考」, 『朝鮮歷史地理』1.
152 김기섭, 1997, 앞의 글, 157~158쪽.
153 공석구, 1991, 앞의 글, 248~249쪽.
154 『日本書紀』권9 신공기 52년 9월조.

치할 뿐만 아니라 근초고왕 24·26년의 영역확장으로 인한 북경의 확대와 관련해 볼 때 사실성이 있다.

이상의 검토를 통해 근초고왕 30년 수곡성을 상실할 때까지의 백제의 북경은 수곡성을 포함한 예성강 상류지역까지 확대되었음을 알 수 있다. 수곡성을 빼앗긴 이후 근초고왕은 이를 탈환하기 위해 대병을 일으킬 것을 계획하지만 흉년으로 인해 결국 실현하지 못하였다. 이는 수곡성의 지리적 위치가 매우 중요하였음을 의미한다. 실제 수곡성은 지리적으로 고구려의 공격을 방어하는 데 유리할 뿐만 아니라 고구려를 공격하는 데 있어서도 요충지이다. 예성강을 따라 북진하다가 新溪 바로 남쪽 滅惡山脈과 彦眞山脈이 만나는 구조곡을 따라 서북진하게 되면 황주를 지나 평양성에 도달할 수 있으며, 또는 신계를 지나 서진을 하게 되면 황주방면으로 나갈 수 있기 때문이다. 따라서 수곡성의 상실은 곧 백제 북방한계선의 남진을 초래하였을 것이다.

대북방진출 노력은 근초고왕을 이어 근구수왕에 의해 계속되고 있다. 근구수왕은 377년에 병력 3만을 거느리고 고구려 평양성을 공격하였다. 근구수왕의 이러한 대고구려정책은 그가 태자 때부터 군사를 직접 이끌고 대고구려 전쟁을 수행했던 경험에서 비롯되었을 것이다. 그러나 당시의 북방경역이 어디까지였는지는 분명하지 않다. 다만 근구수왕 이후 백제의 北界를 알 수 있는 것으로 진사왕 2년조가 참고된다.

> 봄에 국내에서 나이가 십오세 이상자를 징발하여 관방을 설치하였는데, 청목령으로부터 북으로는 팔곤성, 서로는 바다에 이른다.(『三國史記』권25 진사왕 2년)

진사왕은 2년에 관방을 설치하고 있는데, 이는 고구려의 남침에 대비하기 위한 목적이었을 것이다. 당시 관방이 설치된 지점을 보면, 청목령에서 시작하여 北은 팔곤성에, 서는 바다에 이르고 있다. 청목령은 개성부근에 비정되고 있으며,[155] 팔곤성은 위치를 확인할 수 없으나 북방 한계선

이므로 청목령(개성 부근) 이북에서 근초고왕 30년에 상실한 수곡성(신계) 이남에 위치하였을 것으로 추정된다.

(3) 가야지역으로의 진출

백제는 근초고왕대 들어와 활발한 대외팽창을 시도하고 있는데, 가야지역으로의 진출이 처음 기록에 보이고 있다. 비록 국내 기록을 통해 백제의 가야진출이 언제, 어떠한 과정을 통해 이루어지고 있는가는 선명하게 드러나지 않지만『日本書紀』의 기록을 통해 근초고왕대에 가야지역에 진출하고 있는 사실이 확인된다.

그러면 백제가 가야지역으로 진출하는 과정에 대한 검토를 통해 진출배경과 진출목적 등을 알아보기로 하겠다. 이를 위해 먼저 당시 가야지역의 정치적 상황을 살펴볼 필요가 있다. 1~3세기 가야세력의 중심지는 낙동강 하류 및 경남 해안지역에 분포하고 있었는데, 이는 교역에 용이한 지리적 이점 때문이었던 것으로 이해되고 있다. 그러나 3세기 말에서 4세기대에 들어오면서 가야사회에 분열이 초래되고 있다. 이러한 분열상은 고고자료를 통해서도 나타나고 있다. 즉, 토기류의 다양화를 비롯해 철제품의 증가 현상이 두드러지게 나타나고 있다는 것이다.[156] 가야지역의 분열이유에 대해서는 자체분열과 신라의 성장에 따른 것,[157] 또는 4세기 초 낙랑·대방군의 소멸에 기인하는 것[158] 등으로 추정되고 있다.

한편 서부 경남지역에 위치하고 있던 浦上八國이 김해가야를 공격하는 사건이 일어나고 있는데,[159] 이 사건은 전기가야의 해체와 관련이 있

---

155 이병도, 1977,『국역 삼국사기』, 379쪽 ; 민덕식, 1995,「《삼국사기》목책관계 기사의 고찰」,『한국상고사학보』19, 334~336쪽.
156 백승충, 1995,「가야의 지역연맹사 연구」, 부산대학원 박사학위논문, 85~91쪽.
157 백승충, 1995, 앞의 글, 109쪽.
158 김태식, 1993,『가야연맹사』, 80~85쪽.

으며, 4세기대의 사실로 이해되고 있다.[160] 즉, 중국군현의 소멸로 선진문물 보급의 核이 사라지면서 정치·사회적으로도 영향을 미쳐서 진·변한 소국을 비롯한 지역세력들은 그 때까지의 문화축적을 토대로 하여 각지에서 자기 지역기반을 기초로 한 통합운동을 일으키게 되었는데, 포상팔국의 난은 이러한 혼란상을 배경으로 나타난 사건으로 볼 수 있다. 여하튼 포상팔국의 난은 가야와 신라의 정치적 역학관계를 살피는 데 있어서 주목될 뿐만 아니라 3~4세기 가야지역의 정치사를 이해하는 데 있어 도움이 된다고 하겠다. 그러나 이 사건을 통해 가야연맹체 내에서 駕洛國의 위상은 약화되었으며, 이러한 분열적인 정치상황은 가야 제소국들로 하여금 독자적인 정치노선을 추구하게 하는 계기가 되었을 것이다.

특히 근초고왕대 신라의 가야진출이 두드러지고 있는데, 1~3세기 신라가 주변 제소국의 병합을 일단락 완성한 이후 영토확장을 위해 낙동강 동안지역으로의 진출을 시도하면서 가야에 압력을 가하고 있었던 시점이기도 하였다.[161] 이들 지역에 대한 신라의 진출은 가야세력이 분열하는 데 있어 결정적인 계기가 되었던 것으로 보인다. 그런데 포상팔국이 가라(김해)를 공격하자 가라가 신라에 구원을 즉각적으로 요청하고 있었던 점으로 보아 김해가야가 신라와 이미 우호관계를 맺고 있었음을 추측할 수 있다. 따라서 포상팔국이 김해가야를 공격한 이유는 신라세력의 낙동강 동안지역 진출에 따른 위기의식에서 비롯되었던 것으로 생각된다.

이러한 상황에서 백제가 가장 먼저 진출했던 지역인 卓淳(대구)[162]은 당시의 세력관계에서 볼 때 김해가야나 신라의 세력확대를 저지하기 위해

---

159 『三國史記』권2 나해니사금 14년조 및 권48 열전8 물계자조.

160 김태식, 1993, 앞의 책, 83~84쪽.

161 이종욱, 1992, 「광개토왕릉비 및 삼국사기에 보이는 '왜병'의 정체」, 『한국사시민강좌』 11, 51쪽.

주변에서 새로운 세력과의 동맹을 필요로 하였을 것이다. 뿐만 아니라 중
국군현의 소멸 이후 가야지역에서는 북방 선진지역과의 교류가 축소됨에
따라 이를 타개하기 위해서도 백제와의 교류 필요성이 제기되고 있는 상
황이기도 하였다.

이와 같은 가야 내부의 정치적 상황과 맞물려 백제의 가야지역 진출이
시도되고 있다. 백제의 가야지역 진출을 보여주는 것으로 다음의 기록이
참고된다.

I-1. 사마숙이를 탁순국에 보내었다.[사마숙이는 어떤 성씨의 사람인지 모른다]
     이 때 탁순왕 말금한기가 사마숙이에게 "갑자년 7월에 백제인 구저·미주
     류·막고 세사람이 우리나라에 와서 "백제왕이 동방에 일본이라는 귀한 나
     라가 있음을 듣고 우리들을 보내어 그 나라에 조공하게 했습니다. 그래서 길
     을 찾다가 여기에 왔습니다. …"(『日本書紀』권9 신공기 46년 3월)
  2. 봄 3월 황전별과 녹아별을 장군으로 삼아 구저 등과 함께 군대를 거느리고
     건너가 탁순국에 이르러 신라를 치려고 하였다. (중략) 함께 탁순에 모여 신
     라를 격파하고 比自㶱·南加羅·喙國·安羅·多羅·卓淳·加羅 등 6국을
     평정하였다. 또 군대를 옮겨 서쪽으로 돌아 고해진에 이르러 남쪽의 오랑캐
     인 忱彌多禮를 무찔러 백제에게 주었다 ….(위의 책, 신공기 49년 3월)
  3. 백제기에 이르기를, 임오년에 신라가 귀국을 받들지 않았으므로 귀국이 사
     지비궤를 보내어 토벌하게 하였는데, 신라인은 미녀 두 사람을 단장시켜 나
     루에서 맞아 유혹하게 하였다. 사지비궤는 그 미녀를 받아들이고 오히려 가
     라국을 쳤다. 가라국왕 기본한기와 아들 백구지·아수지·국사리·이라마
     주·이문지 등이 그 백성을 데리고 백제로 도망하여 오니 백제는 후대하였
     다.…천황이 크게 노하여 "목라근자를 보내어 군대를 거느리고 가라에 모여
     그 사직을 회복시켰다고 한다.(위의 책, 신공기 62년)

---

162 卓淳의 위치는 대개 大邱說(鮎貝房之進, 1937,「日本書紀朝鮮地名攷」,『雜攷』7(上),
    143~151쪽)과 昌原說(김태식, 1993, 앞의 책, 173~189쪽)로 양분되고 있는데, 음의 유사
    성을 들어 卓淳을 達句火(大邱)에 비정하는 견해가 타당하다고 하겠다.

먼저 사료 I-1을 통해서 백제가 倭와의 통교를 모색하기 위해 甲子年 (364)에 卓淳에 사신을 파견하였던 사실이 있었으며, 근초고왕 21년(366)에 이르러서는 탁순을 통해 왜와 정식으로 통교가 이루어졌음을 기록하고 있다. 따라서 백제 사신이 탁순에 온 목적은 왜와의 통교를 위한 것이었을 뿐 백제의 가야지역 진출과는 무관한 것처럼 기록되고 있다. 그런데 이때 파견된 3인중 莫古라는 인물이 주목된다. 근초고왕 24년 고구려와의 전쟁 시 태자 근구수를 따라 참가했던 인물 가운데 장군 莫古解가 보이고 있다. 만일 莫古가 장군 막고해와 같은 인물이라고 한다면 백제 중앙에서 매우 비중있는 인물이 탁순에 파견되었으며, 그 파견이 군사적인 행위였을 가능성도 배제할 수 없다. 그렇다고 한다면 비록 왜와의 통교를 위해서라고는 하지만 이미 백제가 364년에 탁순에 대한 정치적 진출을 시도하였을 가능성을 생각할 수 있다. 이는 백제가 가야지역으로 진출하는 데 있어서 탁순을 교두보로 삼게 되었음을 의미하는 것이라고 하겠다.[163]

그런데 백제가 탁순에 진출할 수 있었던 이유는 먼저 탁순 자체의 요인 즉, 신라의 남진과 김해가야의 세력확대에 따른 불안요소의 증대 등에 있었던 것으로 보인다. 이로 인해 백제는 탁순과 우호관계를 유지할 수 있었던 것으로 생각된다. 이는 사료 I-2의 낙동강 以西의 가야지역에 대한 군사적 진출이 탁순을 기점으로 하여 시작되고 있다는 사실과 무관하지 않다는 점을 통해서도 추정된다.

내용은 왜가 탁순에 모여 신라를 공파하였을 뿐만 아니라 이로 인해 가라7국을 평정하고, 이를 백제에 하사하였다는 것으로 되어 있다. 그런데 당시 가라지역에 대한 작전을 주도한 주체를 倭로 보는 견해[164]와 백제로

---

163 김현구, 1993, 앞의 책, 25~26쪽.
164 末松保和, 1956, 『任那興亡史』, 37~63쪽.

보는 견해[165)가 있다. 그러나 처음 거병이 백제인인 久氐 등과 함께 이루어지고 있을 뿐만 아니라 중원군으로 백제의 장군인 木羅斤資 등이 파견되고 있는 점으로 보아 이를 왜의 군사활동으로 보기 보다는 백제에 의해 주도된 군사작전으로 이해하는 것이 옳다고 생각된다. 즉, 백제는 364년 탁순에 진출함으로써 가야지역에서의 교두보를 확보하게 되었으며, 이를 전초기지로 삼아 가야지역에 대한 진출을 시도하였음을 보여주는 것이 바로 이 기록이라고 하겠다. 특히 이때 평정된 比自㶱・南加羅・㖨國・安羅・多羅・卓淳・加羅가 위치하고 있었던 지역이 창녕・김해, 밀양・영산, 함안・합천・대구・고령 등으로 대부분 낙동강 以西지역이었다는 사실은 백제의 이들 지역에 대한 진출이 당시 가야지역의 정치상황과 밀접한 관련이 있었을 가능성을 보여준다. 가야지역은 3세기 말에서 4세기초에 분열현상을 일으키고 있었으며, 4세기 들어오면서는 낙동강 동안지역에 대한 신라의 진출이 활발하게 전개된 시기이기도 하다. 백제가 낙동강 이서지역에 대한 진출을 변진지역에서 생산되는 철의 확보 차원에서 이루어진 것으로 보는 견해[166)도 있지만 오히려 신라의 가야지역 진출을 견제함과 동시에 왜와의 교역거점을 확보하려는 의도에서 비롯되었을 것으로 추정된다.

그런데 가야지역으로 진출하는 데 있어서 신라와 일종의 양해 내지는 모종의 협의가 있었을 가능성을 배제할 수 없다. 근초고왕은 21년(366)과 23년(368) 두 차례에 걸쳐 신라에 사신을 파견하고 있다.[167) 특히 근초고왕 23에는 良馬 2필을 신라에 보내고 있다. 물론 백제의 대신라 우호정책이 당

---

165 천관우, 1992, 『가야사연구』, 23~52쪽 ; 김현구, 1993, 「「임나일본부」의 실체」, 앞의 책, 167~194쪽.
166 김주성, 1997, 「영산강유역 대형옹관묘 사회의 성장에 대한 시론」, 『백제연구』 27, 31쪽 ; 문동석, 1997, 「4세기 백제의 가야 원정에 대하여」, 『국사관논총』 74, 238~242쪽.
167 『三國史記』 권24 근초고왕 21・23년조.

시 고구려의 남진에 대비하기 위한 목적이 우선시 되었을 가능성도 배제할 수 없다. 그러나 대신라 우호정책이 364년 탁순에 진출한 직후에 이루어지고 있다는 점에서 백제의 가야지역 진출과 직접적인 관련이 있다고 보아야 할 것이다. 이는 독산성주의 신라 來投시 근초고왕이 나물왕에게 보낸 국서에서「兩國和好 約爲兄弟」라고 한 내용을 통해서도 어느 정도 짐작할 수 있다고 하겠다. 더욱이 신라와 이해관계가 얽혀있는 지역으로 진출하는 과정에서 정치적 타협이 있었을 가능성은 충분하다고 하겠다.

그런데 백제와 신라의 우호관계는 근초고왕 28년(373) 독산성주의 신라 내투로 금이 가기 시작하였다. 백제본기에는 당시의 내용이 간략하게 기록되어 있지만 신라본기에는 상세하게 서술되어 있다.[168] 여기서 신라의 백제에 대한 인식의 변화를 볼 수 있다. 즉, 신라가 백제에 대해 강경한 입장을 취하고 있는데, 백제의 가야지역 진출이후 백제에 대한 신라의 태도가 바뀌었음을 의미한다고 하겠다. 이와 관련하여 주목되는 것이 바로『日本書紀』신공기 62년(382)조의 기록이다. 내용을 보면, 신라가 왜에 조공하지 않음으로 인해 倭가 沙至比跪를 보내 신라를 토벌하도록 했으나 유혹에 빠져 오히려 가라국(고령)을 정벌하였다. 이에 다시 木羅斤資를 보내 이를 회복하였다고 한다. 내용은 비록 신라와 왜의 관계로 기록되어 있지만 실제는 신라와 백제의 관계로 이해할 수 있지 않을까 한다. 즉, 백제가 정치적 영향력을 끼치고 있었던 가야지역에 대해 신라가 도전을 해옴으로써 백제에서는 목라근자를 보내 이를 저지한 것으로 보아야 할 것이다. 그로 인해 백제와 신라의 우호관계는 완전히 단절되었다. 신라는 나물니사금 37년(392) 이찬 대서지의 아들인 실성을 고구려에 질자로 파견하는데[169] 이는 고구려와 연맹관계를 새롭게 구축한 사실을 의미하는 것

---

168 『三國史記』권3 나물니사금 18년조.
169 『三國史記』권3 나물니사금 37년조.

으로 당시 국제관계의 변화를 보여주고 있다.[170]

이후 백제가 가야지역에 일정한 정치적 영향력을 끼치고 있었음은 목라근자의 아들로 기록되어 있는 木滿致의 존재를 통해 확인되고 있다. 다음은 『日本書紀』응신기 25년조의 목만치에 대한 기록이다.

> 백제의 직지왕이 죽었다. 곧 아들 구이신이 왕위에 올랐다. 왕은 나이가 어렸으므로 목만치가 국정을 잡았는데, 왕의 어머니와 서로 정을 통하여 무례한 행동이 많았다. 천황은 이 말을 듣고 그를 불렀다.[〈백제기〉에는 "목만치는 목라근자가 신라를 칠 때에 그 나라의 여자를 아내로 맞아 낳은 사람이다. 아버지의 공으로 임나에서 전횡하다가 우리나라로 들어왔다. 귀국에 갔다가 돌아와 천조의 명을 받들어 우리나라의 국정을 잡았는데, 권세의 정도가 세상을 덮을 정도였다. 그러나 천조에서는 그의 횡포함을 듣고 그를 불렀다"라고 되어 있다.(『日本書紀』권 10 응신기 25년)

위의 기사 가운데 〈백제기〉의 내용은 목만치가 임나에서 전횡하고 있음을 기록하고 있는데, 이는 임나지역에서 목만치의 정치적 영향력이 막강하였음을 의미한다. 여기에서 임나는 『日本書紀』신공기 62년조(382)에 기록된 목라근자가 신라로부터 사직을 회복한 가라(고령)이며,[171] 그 결과 백제 중앙귀족들은 권력을 잡기 위해 가야의 힘을 이용하려는 세력이 나타나게 되었던 것이다.[172] 이는 가야지역의 일부가 백제의 정치적 영향력 하에 놓여 있었음을 사실적으로 보여준다고 하겠다.

그런데 가야지역 진출과정에서 군사작전에 의한 무력이 동원되었던 것으로 기록되고 있다. 그러나 실제는 군사작전에 의한 무력적인 복속이

---

170 신라에서 나물왕대 국내외적인 상황이 크게 변하고 있음은 진에 사신으로 파견된 衛頭와 苻堅의 대화를 통해 확인된다(『三國史記』권3 나물니사금 26년조).
171 가라가 고령의 대가야를 가리키는 명칭임은 주지의 사실이다(백승충, 1995, 앞의 글, 33~140쪽).

아니었을 가능성을 다음 기록을 통해 살펴볼 수 있다.

> J-1. 성명왕은 "옛적에 우리 선조 속고왕·귀수왕의 때에 안라·가라·탁순의 한 기 등이 처음으로 사신을 보내고 서로 통교하여 친교를 두터이 맺어 자제의 나라로 여기고 더불어 융성하기를 바랐다. 그런데 지금 신라에게 속임을 당하여 천황을 노엽게 하고 임나를 한에 사무치게 한 것은 과인의 잘못이다.…"(『日本書紀』권19 흠명기 2년 4월)
> 2. 그리고 왕은 임나에게, "옛적에 우리 선조 속고왕·귀수왕이 옛날의 한기 등과 처음으로 화친을 맺고서 형제가 되었다. 이에 우리는 그대를 자제로 여기고 그대는 우리를 부형으로 생각하며, 함께 천황을 섬기고 함께 강적에게 항거하며 나라를 평안하게 하고 왕실을 보전하여 오늘에 이르렀다.…"(위의 책, 흠명기 2년 7월)

위의 사료 J-1·2를 보면 성왕이 과거를 회상하는 가운데 速古王·貴首王의 존재가 보이고 있는데, 이는 근초고왕과 근구수왕을 지칭하는 것이다. 이를 통해서도 근초고왕대 가야와 일정한 정치적 관계를 맺었음을 확인할 수 있는데, 안라·가라·탁순 등에서 사신을 보내와 우호관계가 맺어진 것으로 기록되어 있다. 이 점은 당시 가야와의 외교관계가 무력적인 군사정벌에 의한 것이 아니었음을 의미한다.[173] 또한 가라국왕이 백성들과 함께 백제로 來投하자 백제왕이 이들을 후대한 사실[174]은 백제가 전부터 가라와 상당히 우호적인 관계에 있었던 당시의 상황을 보여준다고 하겠다. 그리고 백제와 가야의 관계가 子弟·父兄으로 묘사되고 있는 것으로 보아 가야는 백제의 일정한 정치적 영향력 하에 놓여있었던 것으로 파악된다.

---

172 강종원, 1997, 「백제 한성시대 정치세력의 존재양태」, 『충남사학』9, 23~24쪽.
173 이희진, 1994, 앞의 글, 24~26쪽.
174 『日本書紀』권9 신공기 62년조.

이와 같은 상황을 통해 볼 때 근초고왕대부터 백제는 주로 낙동강 이서 지역에 위치하고 있던 가야세력과 상당히 우호적인 관계를 유지하면서, 한편으로는 일정한 정치적 영향력을 행사하고 있었던 것으로 판단된다. 그리고 백제가 가야지역에 진출한 목적은 신라가 가야지역으로 세력을 확장하는 것에 대한 견제적인 측면과 왜와의 교역거점을 확보하기 위한 측면이 동시에 작용하였던 것으로 볼 수 있다. 아울러 중국 군현세력이 고구려에 의해 축출되면서 국경을 접하게 된 백제로서는 고구려의 남진에 대한 대비도 필요하였을 것이다. 따라서 백제-가야-왜의 연맹관계를 구축하고자 한데도 한 원인이 있었다고 하겠다.

2. 漢城期 地方統治制度의 成立과 그 性格

1) 머리말

백제는 근초고왕대를 거치면서 中央集權的 貴族國家를 형성한 것으로 이해되고 있다. 그러나 각 지역에는 재지적 성격을 지닌 유력세력의 존재를 보여주는 고고학적 자료가 다수 출토되고 있는데, 서산의 부장리유적을 비롯해 공주 수촌리유적 등은 대표적인 유적들이라고 할 수 있다. 그리고 최근에는 고고유적을 통해 지방세력의 존재양태를 살펴보려는 연구가 활발하게 진행되고 있기도 하다.[175] 그런데 이들 유적과 재지적 세력의 성격을 이해하기 위해서는 한성기 백제 지방통치제도에 대한 이해가 필요

---

175 양기석 외, 2005, 『백제 지방세력의 존재양태 -청주 신봉동유적을 중심으로-』, 한국학중 앙연구원.

하다.

백제 地方統治制度와 관련된 연구는 百濟史 가운데서도 가장 많은 관심의 대상이 되어 온 주제중의 하나이다. 그 결과 현재 많은 연구성과가 축적되어 개략적이나마 백제 지방통치의 변화과정을 그려볼 수 있게 되었다.[176] 그렇지만 여전히 관련사료의 부족으로 명확한 해명을 얻고 있지는 못한 실정이며, 또한 많은 연구자들의 경우에 있어서도 다양한 해석상의 차이를 드러내고 있다. 이로 인해 지방통치제도의 성립시기 및 통치방식 등에 있어서 각기 다른 견해를 보이고 있다.

현재 백제의 지방통치제도는 크게 3단계의 과정을 거쳐 변화한 것으로 이해되고 있다. 즉, 部城村制(혹은 部制) - 檐魯制 - 方郡城制로의 이행이 그것이다. 그러나 백제 지방통치조직으로 볼 수 있는 자료는 〈梁職貢圖〉 및 『梁書』에 보이고 있는 檐魯가 가장 이른 시기에 해당된다. 그런데 담로제는 웅진기에 실시되었던 지방통치제도였으며, 소급되어도 대개 근초고왕대를 넘지 못하는 것으로 이해되고 있다. 따라서 한성기 지방통치제도를 살펴보기 위해서는 담로제가 실시되기 이전의 지방통치조직의 형성 및 그 성격에 대한 검토뿐만 아니라 담로제로의 이행시기에 대한 검토가 필요하다.

먼저, 담로제 이전의 지방통치조직으로는 部城村制[177] 또는 部制[178] 등으로 이해되고 있는데, 이들 행정단위의 성립과정 및 성격에 대한 검토

---

176 한국상고사학회, 1998, 『百濟의 地方統治』, 학연문화사.

177 이도학, 1988, 「漢城 後期의 百濟 王權과 支配體制의 整備」, 『百濟論叢』2.
　　김기섭, 1997, 「백제 한성시대 통치체제 연구」, 한국정신문화연구원 한국학대학원 박사학위논문, 189~218쪽.

178 노중국, 1985, 「漢城時代 百濟의 地方統治體制」, 『변태섭박사화갑기념사학논총』.
　　_____, 1991, 「漢城時代 百濟 檐魯制의 實施와 編制基準」, 『啓明史學』2.
　　박현숙, 1990, 「百濟 初期의 地方統治體制 研究」, 『百濟文化』20.
　　_____, 1993, 「百濟 檐魯制의 實施와 그 性格」, 『송갑호 교수 정년퇴임 논문집』.

가 필요하다. 다음은 담로제로의 이행시기에 대한 문제이다. 담로제로의 이행시기 문제는 곧 部城村(部)制의 변화시기와 관련된 것이기도 하다. 그 변화시기는 대체로 근초고왕대[179] 또는 웅진천도를 전후한 시기[180]로 보고 있으나 구체적인 시점에 대해서는 대부분이 아직 합일점에 이르고 있지 못하다. 이 외에도 한성기 지방통치방식을 근초고왕이 369년 전라도 지역의 마한세력을 복속하기 이전과 이후로 구분하여 이해하기도 한다.[181] 즉 한성기 전기는 部-城-村을 중심으로 하였으며, 한성기 후기에는 금강이북지역은 여전히 部-城-村制였으나 복속지는 일부 성에만 지방관을 파견하는 거점 지배방식을 취한 二元的 통치형태를 취했다고 보았다. 이러한 통치방식은 475년 한성함락 이후 붕괴되었으며, 그 과도기적인 통치형태로 城 중심의 담로제가 실시되었다는 것이다.

이와 같이 백제 지방통치제도의 변화과정에 대해서는 다양한 논의가 진행되고 있는 실정이다. 따라서 본고에서는 이러한 문제점을 구명하고자 관련사료를 재검토함과 동시에 당시의 정치상황을 토대로 지방통치제도의 성립과 변화과정을 살펴보고자 한다.

이를 위해 2절에서는 백제초기 지방통치제도의 성립과정과 변화시기에 대한 문제를 검토하고자 한다. 3절에서는 한성기 지방통치제도의 성격과 그 변화과정을 정치적 환경의 변화와 함께 살펴보고자 한다.

한성기 지방통치제도의 성립과정과 그 성격에 대한 이해는 중앙과 지

---

179 노중국, 1991, 앞의 글.
   박현숙, 1993, 앞의 글.
   김주성, 1991, 「百濟 地方統治組織의 變化와 地方社會의 再編」, 『國史館論叢』35.
180 김영심, 1990, 「5~6세기 百濟의 地方統治體制」, 『韓國史論』22.
   김기섭, 1997, 앞의 글.
   정재윤, 1992, 「熊津·泗沘時代 百濟의 地方統治體制」, 『韓國上古史學報』10.
181 이도학, 1988, 「漢城 後期의 百濟 王權과 支配體制의 整備」, 『百濟論叢』2.

방과의 관계를 비롯해 지방세력의 존재양태를 이해하는데 도움이 될 것으로 생각된다.

2) 地方統治制度의 成立

백제는 건국한 이후 멸망시까지 王都를 3번이나 옮기는 정치변혁을 겪었다. 따라서 백제의 中央과 地方도 이동하였으며, 지방통치체제 역시 이에 따라 변화하였다. 또한 지방통치제도가 각 지방에 대한 통제를 효율적으로 수행하기 위한 목적에서 마련되었다는 점에서 中央 國家權力의 강화에 따라 地方에 대한 통제방식도 변화해 가게 된다.

(1) 部城制의 形成

漢城期의 지방통치조직은 部體制 또는 部城村制에서 檐魯制로 이행되고 있는 것으로 이해되고 있다. 다만 그 실시 시기나 배경 등 구체적인 내용에 대해서는 아직까지 여러 견해가 제기되고 있다. 그런데 한성기의 지방조직을 위와 같이 칭하고 있는 근거를 우선 살펴보면, 部體制는 『三國史記』 초기기록에 보이고 있는 東・西・南・北 등의 方位名이 붙어있는 部名을 地方分定의 방법으로 보아 이를 지방통치조직으로 이해하는 것이다. 그리고 部城村制는 部名에다가 [廣開土王碑文]에 기록된 고구려에 의해 공파된 58城 700村을 당시 백제의 지방통치조직으로 보아 部城村체제로 이해하는 것이다.

그러면 먼저 部의 성립문제를 검토해 보겠다. 이때의 部는 『周書』[182]

---

182 『周書』백제조, 「都下有萬家 分爲五部」.
　　『隋書』백제조, 「畿內爲五部」.

등 中國史書에 보이고 있는 王都의 행정구역으로서의 5部와는 성격을 달리하는 것으로 지방통치조직으로서의 성격을 가지고 있는 것이다.

馬韓 54國 가운데 한 小國으로 출발한 백제는 주변 諸小國들을 복속해 가는 과정에서 이들을 어떻게 효율적으로 편제할 것인가 하는 문제가 가장 큰 과제 가운데 하나였을 것이다. 특히 小國的인 단계에서는 무력에 의한 복속보다는 정치적 타협을 통한 聯盟의 형성이라는 측면을 중시할 수밖에 없었을 것이다. 이러한 과정에서 자연스럽게 나타난 것이 바로 각 정치단위를 구성하고 있었던 정치세력의 존재를 인정하는 部族聯盟的인 정치형태였다. 그리고 이들 諸勢力을 편제하는 과정에서 部制가 출현하였던 것으로 생각된다.

다음은 『三國史記』백제본기에 나타나고 있는 部의 설치기록이다.

A-1. 국내의 민호를 나누어서 남·북부로 하였다.(『三國史記』권23 온조왕 31년)
    2. 동·서 2부를 더 설치하였다.(위의 책, 온조왕 33년)

部는 온조왕 31년(13) 南北 2部의 성립을 시작으로 이어 33년에 東西 2部가 증치되었다. 지방의 구획은 반드시 국가 통치경역이 확정된 후에야 가능하다. 따라서 部制의 출현은 백제에서 경역에 대한 관념이 언제 형성되고 있는가와 밀접한 관계가 있다. 이와 관련하여 온조왕 13년조의 「遣使馬韓告遷都 遂劃定疆場 北之浿河 南限熊川 西窮大海 東極走壤」의 기록이 주목된다.[183] 즉, 東·西·南·北의 4部 설치는 온조왕 13년 疆域의 설정과 상호 계기성을 가지고 있으며, 위의 영역을 분정하기 위해 方位名이 사용되었던 것이다.[184]

그리고 部는 처음부터 영역을 分定하기 위해 인위적으로 사용하고 있

---

183 『三國史記』권23 온조왕 13년조.

다는 점에서 이를 백제 초기의 지방통치단위의 하나로 보아 무리가 없다고 생각된다.[185] 다만 部의 설치가 온조왕대에 이루어진 것으로 기록되고는 있으나 고이왕대의 집권력 강화과정에서 나타난 현상으로 보아 성립시기를 고이왕 후반기로 보는 견해도 있다.[186] 그러나 部가 비록 후대 용어를 소급하여 기록한 것이라 할지라도, 한성 초기에 백제와 정치적 연맹관계에 놓여 있었던 지역을 재지기반의 溫存과 그들 세력의 독자성을 인정한 상태에서 중앙의 정치질서 안으로 編制시키는 과정에서 나타난 지역분할적인 성격을 가지고 있었음은 분명하다. 이는 고구려의 部가 小國이 변화된 것으로 보는 것과 같은 맥락에서 이해를 하여야 하며, 백제초기의 部역시 이전의 小國段階의 변형이라고 하겠다. 古爾王 이전까지 유력한 정치세력이 部名을 冠稱한 것은 이러한 사실을 보여 주는 遺蘗으로 이해할 수 있다. 따라서 초기 部는 지방행정단위라기 보다는 部族的 성격의 諸勢力을 方位名을 통해 聯盟體制로 통합하는 과정에서 나타난 것이라고 하겠다. 특히 온조왕 41년(23) 右輔에 임명된 乙音을 '族父'로 표현하고 있는 것도 당시 정치세력의 族制的 성격을 보여주는 것이 아닌가 생각된다.

그런데 기록에 나타나고 있는 4部외에도 王都가 위치한 부분을 中部로 하여 5部가 성립되었을 것으로 이해하기도 한다.[187] 그러나 王都지역을 中部로 기록한 예가 보이지 않을 뿐만 아니라 王都人을 기록할 때에는 漢城人으로 기록하고 있으며,[188] 또한 사비기에 5方制가 실시된 경우에도

---

184 백제에서 四方에 대한 의식은 수도를 위례성으로 정할 때부터 나타나고 있으며, 4部의 구획도 四方意識의 발로에서 비롯된 것으로 이해하기도 한다(이기동, 1996, 「百濟의 政治理念에 대한 一考察」, 『百濟史研究』, 169~171쪽).
185 千寬宇는 백제본기에 보이는 특정인물의 부 소속 표시가 초고왕 49(214)년조에서 끊어지고 있는 것은 원시적인 4部 구획이 도리어 伯濟國 조기에 실재했던 것을 보여 주는 것으로 이해하고 있다(천관우, 1989, 「三韓考」제3부, 『古朝鮮史·三韓史研究』, 313쪽).
186 노중국, 1988, 『百濟政治史研究』, 98쪽.
187 노중국, 1988, 앞의 책, 94~99쪽.

中方이 王都가 아닌 古沙城(현 古阜에 비정)이었다는 점으로 보아 5部체제 보다는 4部체제로 이해하는 것이 타당하다고 생각된다.[189]

다음은 城의 출현배경을 살펴봄으로써 城이 지방통치조직으로서의 기능을 가지고 있는가 살펴보기로 한다. 먼저 城의 출현과 관련하여 온조가 馬首城을 축조하는 과정에서 樂浪太守와의 사이에 오간 내용이 주목된다. 내용을 보면, 온조가 8년에 마수성을 축조한 것에 대해 낙랑태수가 항의를 하자 온조가 「設險守國 古今常道」라고 하였다.[190] 이를 통해 보면, 백제에서 城의 축조 목적은 변방 및 요충지의 방비를 위한 것이었음을 알 수 있다. 이 외에도 백제 전시대를 걸쳐 25차례의 축성기록이 나타나고 있는데, 대부분 적의 방비를 위한 축성임을 알 수 있다. 따라서 초기 城은 단지 외적의 방어를 위한 요새였으며, 인위적인 행정조직으로서의 성격은 없었던 것으로 생각된다. 그러나 城이 방어를 목적으로 축조되었지만 일정한 영역을 방비하게 되면서 자연스럽게 일정 영역을 포괄하는 행정단위적인 명칭으로도 사용되게 되었을 것이며,[191] 중앙 중심의 통치체제가 마련되면서부터는 일정지역을 관할하는 지방통치단위로서의 기능을 하게 되었을 것이다.

그러면 언제부터 城이 통치단위로서의 성격을 지니기 시작했을까. 온조왕 26년 마한 복속시 항복하지 않았던 圓山·錦峴의 2城이 이듬해 항복하자 이들 城民을 漢山의 북쪽에 徒民을 시켰다.[192] 그런데 온조왕 34년 마한의 舊將 周勤이 牛谷城에서 반란을 일으키고 있다.[193] 牛谷城의 위치

---

188 「漢城人家馬生牛」(『三國史記』권23 온조왕 25년)
　　「漢城人解忠來告曰」(위의 책, 권25 전지왕 원년)
189 이우태, 1993, 「百濟의 部體制」, 『百濟史의 比較研究』.
190 『三國史記』권23 온조왕 8년조.
191 노중국, 1985, 「漢城時代 百濟의 地方統治體制」, 『변태섭박사화갑기념논총』.
192 『三國史記』권23 온조왕 27년, 「二城降 移其民於漢山之北 馬韓遂滅」.

는 분명하게 알 수 없지만 다루왕 29년 東部에 命하여 우곡성을 축조,[194] 말갈세력을 방비한 것으로 보아 한성의 북쪽에 위치하고 있었던 것은 분명하다. 따라서 牛谷城에서 반란을 일으킨 周勤은 온조왕 27년 圓山·錦峴 2城의 사민집단의 대표적 인물이었을 것으로 생각되며, 반란의 원인은 아마도 그들의 신분적인 처우문제에 기인했을 가능성이 크다. 그렇다고 한다면, 이들은 一般民들과는 다른 신분적 위치에 있었을 것이며, 이는 또한 牛谷城이 徙民된 舊馬韓人들에 의해 형성된 특별구역으로서의 성격을 가지고 있었음을 의미한다.

이후 우곡성에는 말갈의 침입이 잦았는데 기루왕 32년 및 구수왕 16년에는 말갈이 우곡성에 침입하여 民口를 약탈하였음이 기록되어 있다.[195] 그런데 이때 '牛谷' 또는 '牛谷界'로 기술되어 있는데, 이는 牛谷城이 관할하는 일정영역을 가리키는 것으로 생각된다. 또한 근초고왕 28년 禿山城主가 300인을 데리고 신라로 달아난 사례가 있는데, 이때 300人이 모두 軍人이라기 보다는 독산성의 관할 하에 있는 城民일 가능성이 있다. 이와 관련해서는 新羅本紀 나물니사금 18년조의 내용이 참고된다.

B. 백제의 禿山城主가 300명을 이끌고 항복해오므로 이를 받아들여 6부에 분거케 하였더니 백제왕이 글을 보내기를, "두 나라가 화합하여 형제가 되기를 약속하였는데, 지금 대왕이 우리의 도망한 백성을 받아들이니 이는 화친하는 뜻에 매우 어그러지며 내가 대왕에게 바라던 바가 아니다. 청컨대 그들을 돌려보내 달라"고 하였다. 왕이 답하여 이르기를 "백성이란 것은 常心이 없는 고로 생각이 나면 오고 마음에 싫으면 가 버리는 것은 정한 일이거늘 대왕은 백성의 불안을 걱정하지 아니하고 도리어 과인을 나무람이 어찌 그리 심하냐"고 하였다. 백제가 이를 듣고 다시는 말을 하지 않았다.(『三國史記』권3 나물니사금 18년)

---

193 『三國史記』권23 온조왕 34년, 「馬韓舊將周勤據牛谷城叛 王躬帥兵五千討之」.
194 『三國史記』권23 다루왕 29년조.

내용을 살펴보면, 근초고왕이 달아난 禿山城主를 돌려보낼 것을 요청하는 과정에서 逃民으로 기록하고 있는 것과 奈勿王이 民으로 표현하고 있는 사실 등으로 보아 이들 대부분이 독산성의 관할 하에 놓여 있던 一般民이었음을 알 수 있다. 즉, 독산성주가 城을 단위로 한 일정지역의 백성들을 관할하고 있었으며, 이는 城이 통치단위로서의 성격을 가지고 있었음을 보여주는 것이라고 하겠다.

다음은 〈廣開土王碑文〉에 보이고 있는 「守墓人烟戶」를 差定하는데 城을 기준으로 하고 있다는 사실을 통해서도 城이 일정한 영역을 포괄하는 단위 즉, 지방통치조직으로서의 기능이 있었음을 알 수 있다. 물론 〈廣開土王碑文〉에 보이고 있는 58城이 모두 행정구역으로서의 城이 아니었을 것이라고 하는 점은 城의 1차적 축조목적에 비추어 보면 충분히 짐작이 된다.[196]

이상의 내용을 통해 볼 때 城은 변방의 방비를 위한 순수한 군사적 목적을 위해 축조된 1차적 의미의 城뿐만 아니라 지방통치조직으로서의 성격을 가진 2차적 의미의 城 등 2부류의 형태가 있었음을 알 수 있다.

다음은 村에 대하여 검토해 보기로 하겠다. 신라의 경우 村은 行政村과 自然村으로 구분하여 이해되고 있으나,[197] 백제의 경우에는 대개 自然村으로 파악되고 있는 듯하다.[198] 백제의 村에 대해 최초로 기록하고 있는 〈廣開土王碑文〉에 보이고 있는 '58城 700村'의 村도 이러한 측면에서

---

195 『三國史記』권23 기루왕 32년조 및 구수왕 16년조.
196 〈廣開土王碑文〉에 보이는 '58城'이 고구려 영토에 편입된 지방통치조직을 보여 주는 것일 가능성도 지적되고 있다(이우태, 1981, 「新羅의 村과 村主」, 『韓國史論』7, 83쪽. 金周成, 1991, 앞의 글, 38쪽). 그러나 당시 백제의 경우에도 城이 지방통치단위로서 기능하고 있었다는 점에서 백제의 통치단위 名稱(用例)을 그대로 사용한 것으로 보아야 한다.
197 이우태, 1981, 앞의 글, 82~83쪽.
198 김영심, 1998, 「百濟의 城, 村과 地方統治」, 『백제연구』28.

이해할 필요가 있다고 생각된다. 또한「守墓人烟戶」差定時 촌명은 나타나고 있지 않다. 이 점은 村이 지방통치체계 속에 편입된 행정단위로서의 성격이 없는 자연스럽게 형성된 집락단위였음을 보여주는 것이라고 하겠다. 이와 관련하여 참고되는 것으로 〈廣開土王碑文〉의 永樂5年 碑麗공격에 대한 내용이다. 광개토왕은 永樂 5년에 碑麗를 공략하여 3部落 6~700營을 공파하였는데, 이때 '3部落 6~700營'은 자연부락을 기록한 것으로 생각된다.[199] 즉, 고구려가 공파하여 빼앗은 700村에 대한 기록은 1차적으로 자연촌락을 대상으로 하고 있음을 알 수 있다. 다만 신라가 백제를 멸망시킨 뒤에 백제지역을 행정구역으로 편제하는 가운데 촌명이 보이고 있어[200] 언제인가 村이 행정구역으로서의 성격으로 변화되었을 가능성은 추측할 수 있다.[201]

이상의 검토를 통해 볼 때 백제 초기 지방통치조직은 인위적 영역분할인 部와 지방통치의 거점으로서의 기능을 가진 城을 기준으로 할 수 있다. 따라서 部・城體制라고 보는 것이 타당하다. 部가 王都 이외의 영역을 중앙에 편제하기 위한 지역분할적 성격을 가진 행정단위라고 한다면, 城은 일정지역을 통제하기 위한 통치조직으로서의 행정단위라고 하겠다. 그러면 部와 城이 어떠한 관계에 있었는지 살펴볼 필요가 있다. 왜냐하면 部城制라고 하면 당연히 城이 部의 하부 행정단위가 되기 때문이다. 그러나 실제 城이 部의 하부 행정단위였음을 보여주는 기록은 보이지 않는다. 즉, 部는 전국을 중앙에 편제시키기 위한 관념적 지역분할 행정단위라고 한다면 城은 실질적으로 각 지역을 다스리고 방어하기 위한 행정단위였다고

---

199 「永樂五年 歲在乙未 王以碑麗 不歸□人 躬率往討 過富山 負山 至鹽水上 破其三部落六七百營 牛馬群羊 不可稱數」(〈廣開土王碑文〉).
200 『三國史記』권36 지리3.
201 『三國史記』권36 지리3,「井邑縣 本百濟井村 景德王改名 今因之」.

하겠다. 결국 部·城은 上·下 예속적인 행정조직이 아닌 독립적인 지방 편제단위임을 알 수 있다. 아울러 실질적인 지방통치단위는 城이었음을 의미한다. 그러나 이러한 분립적이고, 지역적인 성격을 가진 城을 통한 지 방통치는 사회·경제의 발전과 보다 대규모적이고 조직적인 군사활동의 필요성에 의해 보다 체계적인 조직을 갖추고, 직접적으로 지방을 통치할 수 있는 방식으로 변화하지 않을 수 없었을 것이다.[202]

(2) 部城制의 變化

그러면 部城體制가 언제, 어떠한 형태로 변하고 있는지 살펴보기로 한 다. 일반적으로 部城制는 檐魯制로 변화된 것으로 이해되고 있다. 그런데 담로제의 실시시기에 대해서는 다양한 의견이 제기되고 있다. 첫째, 백제 건국 초기부터 존재하였다고 보는 견해,[203] 둘째, 근초고왕대를 중심으로 하여 성립된 것으로 보는 견해,[204] 또는 그보다 소급해 보려는 견해,[205] 셋째, 部城村制를 골자로 하며, 근초고왕대 새로 복속된 금강이남의 지역 을 거점성 중심으로 통치한 것을 담로제로 보는 견해,[206] 넷째, 5세기 중 엽 즉, 개로왕대를 전후한 시기로 보는 견해,[207] 다섯째, 웅진시대에 비로 소 실시되었을 것으로 보는 견해 등이 있다.[208] 즉, 部城體制에서 檐魯制 로의 변화 시기에 대한 견해가 이와 같이 다양하게 제기되고 있는데, 그것

---

202 김영심, 1997, 앞의 글, 114쪽.
203 이병도, 1959, 『韓國史』고대편, 진단학회, 546~547쪽.
　　유원재, 1997, 「『梁書』〈百濟傳〉의 檐魯」, 『百濟의 中央과 地方』.
204 노중국, 1991, 앞의 글.
　　김주성, 1992, 앞의 글.
205 박현숙, 1993, 「百濟 檐魯制의 實施와 그 性格」, 『宋甲鎬敎授停年退任論文集』.
206 이도학, 1990, 「漢城後期의 百濟 王權과 支配體制의 整備」, 『百濟論叢』2.
207 김영심, 1990, 앞의 글.
208 이기백, 1973, 「百濟史上의 武寧王陵」, 『武寧王陵』.

은 담로제의 실시를 전해주고 있는 사료의 부족에 기인한다고 볼 수 있다. 다음은 百濟史上 지방통치제도로서 담로제가 실시되었음을 보여주는 기록이다.

C-1. 治城을 固麻라 하고 邑을 檐魯라 하는데, 이는 중국의 郡縣과 같은 말이다. 그 나라에는 22檐魯가 있는데, 모두 [왕의] 자제와 宗族에게 나누어 웅거케 하였다.(〈梁職貢圖〉百濟國使)
　2. 都城을 固麻라 하고 邑을 檐魯라 하는데, 이는 중국의 郡縣과 같은 말이다. 그 나라에는 22檐魯가 있는데, 모두 [왕의] 자제와 宗族에게 나누어 웅거케 하였다.(『梁書』권54 동이열전 백제전)

　내용을 살펴보면, 邑을 담로라고 하는데 중국의 군현과 같다. 22개의 담로가 있으며, 모두 子弟宗族을 分據시켰다고 한다. 담로는 백제어로 다라·드르의 음역으로 邑·邑城·城邑을 의미한다.[209] 그리고 중국의 郡縣과 같다고 하는 사실을 통해 지방통치조직이라는 사실과 전국에 22개가 分置되어 있었음을 알 수 있다. 또한 治城을 古麻라고 한 것을 통해 시대적 상황이 熊津期였던 것으로 추정된다.[210]

　그러면 담로제가 처음 실시된 시기는 언제이며, 실시배경은 무엇일까? 담로제가 실시되기 이전에는 部城체제였음은 앞에서 검토하였다. 部는 비유왕 2년까지 기록에 분명하게 보이고 있다. 물론 동성왕 12년(490)에도 北部名이 보이고 있으나, 당시는 이미 한강유역을 상실한 이후이므로 웅진 북부지역을 지칭하는 막연한 표현으로 보인다. 따라서 部城체제의 변화는 비유왕 이후에서 찾을 수 있지 않을까 한다. 이와 관련하여 『日本

209　이병도, 1987, 「風納里土城과 百濟時代의 蛇城」, 『韓國古代史硏究』.
210　固麻城이 大城, 즉 수도에 대한 일반적 지칭일 가능성이 있다는 지적도 있으나(山尾幸久, 1974, 「朝鮮三國の軍區組織」, 『古代朝鮮と日本』, 162쪽) 固麻가 공주의 古名이므로 웅진기로 볼 수 있다.

書紀』인덕기 41년조가 주목된다.

> D. 봄 3월 紀角宿禰를 百濟에 보내어 처음으로 나라의 강역을 나누고 그 땅에서
> 나는 산물을 모두 기록하였다.(『日本書紀』권11 인덕기 41년조)

『日本書紀』인덕기 41년은 보정연대로 473년 즉, 개로왕 19년에 해당된
다. 이 기록을 근초고왕대의 사실로 이해하는 입장에서 근초고왕대 담로
제가 실시된 것으로 이해하기도 하나,[211] 『日本書紀』의 내용 가운데 웅략
기 20년(476) 이전의 기록은 2周甲(120년)을 引下해 보아야 한다는 견해
[212]가 제기된 이후 대부분의 연구자들이 이를 받아들이고 있다. 따라서
이 기록도 2周甲 引下하여 개로왕 19년(473)에 해당시키는 것이 타당할
듯하다.[213] 다만 '始分'에 의미를 둘 경우 백제 지방통치제도가 개로왕대
에 와서야 비로소 성립되었던 것으로 이해할 수도 있다. 그러나 『日本書
紀』에서 紀角宿禰[214]를 파견하여 백제의 國郡疆場을 나누었다고 기록한
것이 윤색에 의한 것이 듯이 '始分' 역시 윤색되어 附加된 내용으로 볼 수
있으며, 이 기록에서는 단지 개로왕대 지방을 새롭게 편제하여 鄕土에서
所出되는 바를 기록하게 하였다는 내용만을 받아들일 수 있다.

새로운 지방통치조직이 마련된 이유에 대해서는 밝히고 있지 않으나
대고구려전의 수행과 개로왕대 대토목공사 등으로 인해 인적·물적 기반

---

211 노중국, 1991, 앞의 글, 20쪽.
212 이병도, 1976, 「百濟七支刀考」, 앞의 책, 518쪽.
213 김영심, 1990, 앞의 글, 84~85쪽.
　　김기섭, 1997, 앞의 글, 200~201쪽.
214 紀角宿禰를 『古事記』中卷 孝元條에 보이는 木角宿禰로 보아 이를 木氏로 이해하면서
　　百濟系 倭人의 선조가 본국 백제에 있었을 때의 사실을 倭地 이주 후에 백제로 건너와서
　　한 것인 양 기술한 것으로 보기도 하지만(千寬宇, 1989, 「三韓攷」제3부, 앞의 책, 264쪽)
　　그 실제를 확인하기 어려우며, 『日本書紀』인덕기 41년의 내용을 기년 조정없이 근초고
　　왕대로 보았다는 점 등은 문제점으로 제기된다.

을 확보하기 위한 필요성에서 비롯되었을 것이다. 즉, 직접지배 영역의 확대를 통한 주민의 확보와 조세수익의 증대를 꾀하기 위한 것으로 이해되는 것이다. 이를 위해 근초고왕대 복속시켰음에도 불구하고 간접지배 하에 두었던 지역을 직접지배로 전환하는 과정에서 지방 통치체제에 대한 새로운 변화가 일어나게 되었으며, 그것이 바로 담로제였던 것이다.

특히 檐魯에 子弟宗族이 파견된 것이 사실이라고 한다면 이는 王族의 정치적 입지 강화와 밀접한 관련이 있을 것이다. 이와 관련하여 다음의 기록이 주목된다.

E-1. 2년 경이 사신을 보내 표문을 올려 「신의 나라는 대대로 특별한 은혜를 받아 文武의 훌륭한 대신들이 대대로 조정의 작호를 받았습니다. 行冠軍將軍 右賢王 餘紀 등 11명은 충성스럽고 부지런하여 특별한 승진을 하여도 마땅하오니 엎드려 바라옵건대 가엾게 여기시어 모두 제수해주시길 청합니다」라고 하였다. 이에 行冠軍將軍 右賢王 餘紀는 冠軍將軍으로, 行征虜將軍 左賢王 餘昆・行征虜將軍 餘暉는 모두 征虜將軍으로, 行輔國將軍 餘都・餘乂는 모두 輔國將軍으로, 行龍驤將軍 沐衿・餘爵은 모두 龍驤將軍으로, 行寧朔將軍 餘流・麋貴는 모두 寧朔將軍으로, 行建武將軍 于西・餘婁는 모두 建武將軍으로 삼았다.(『宋書』권97 夷蠻列傳 百濟國傳)
   2. 삼가 사사로이 임명한 冠軍將軍 駙馬都尉 弗斯侯 長史 餘禮와 龍驤將軍 帶方太守 司馬 張茂 등을 파견하여 험한 파도에 배를 던져 험묘한 나루를 찾아 운명을 자연에 맡기고…. (『魏書』列傳100 百濟傳)

위의 사료 E-1은 개로왕 4년(458) 宋에 11명에 대한 官爵을 요청하는 내용이다. 이 가운데 8명이 王族과 같은 扶餘姓을 가진 사람이고 3명만이 異姓출신이다. 물론 中國王朝와의 외교상의 필요에 의해 일반 귀족들이 王族의 姓을 사용했을 가능성도 지적되고 있으나,[215] 3명의 異姓貴族이

---

215 井上秀雄, 1982, 「百濟貴族에 대하여」, 『百濟研究』특집호, 51~52쪽.

보이고 있다는 점에서 이를 받아들이기 어렵다. 11명의 관작요청자 중에 王族이 8명이라는 사실은 왕족의 정치적 입지가 매우 높았음을 의미하는 것으로, 이러한 당시의 정치상황이 22담로에 子弟宗族이 파견될 수 있는 환경을 마련해 주었던 것이다.[216) 또한 사료 E-2에는 弗斯侯 및 太守職이 보이고 있다. 즉, 개로왕대 王・侯・太守制가 시행되었음을 보여주는 것으로 이는 大王權을 전제로 한 유력한 지배세력간의 신분적 체계를 서열화함으로써 왕권의 전제화를 도모하고자 한 것으로 이해된다.[217)

담로제가 王・侯・太守制와 밀접한 관련이 있다는 점은 동성왕 12년(490) 및 17년(495) 南齊에 대한 작위요청 기록과 관련해서 주목된다.[218) 내용을 살펴보면, 490년에는 面中王 姐瑾은 都漢王, 八中侯 餘古는 阿錯王, 餘歷은 邁盧王, 餘固는 弗斯侯의 관작을, 495년에는 沙法名은 邁羅王, 贊首流는 辟中王, 解禮昆은 弗中侯, 木干那는 面中侯의 관작을 요청하여 제수받고 있다. 이때 王・侯號가 지역명을 관칭하고 있어 이를 지방통치와 관련하여 이해할 수 있는 근거를 제공하여 주고 있기 때문이다.[219) 이로 인해 이들 지역에 王・侯를 分封하여 지방통치를 실시하였다고 보기도 한다.[220)

그러나 檐魯制는 다시 方郡城制로 정비되고 있다. 方郡城制와 관련해

---

216 그러나 22담로 모두에 중앙으로부터 子弟宗族이 파견되지는 않았다. 이는 益山 笠店里 古墳과 羅州 新村里9號墳에서 출토된 金銅冠 등의 부장품을 통해서 볼 때, 이들은 재지수장층이었을 것으로 보이기 때문이다. 이들은 상당히 독자적인 정치세력을 형성하였던 것으로 추정되며, 이러한 점은 지방통치조직으로서의 담로제가 가지는 한계로 지적될 수 있다. 따라서 왕권이 보다 강화되는 시점에 이르게 되면 담로제 또한 변화하지 않을 수 없었을 것이다.

217 坂元義種, 1978,『古代東アジアの日本と朝鮮』, 吉川弘文館, 67쪽.
   양기석, 1984,「五世紀 百濟의「王」・「侯」・「太守」制에 對하여」,『史學研究』38, 64~65쪽.
   이도학, 1990, 앞의 글, 297~299쪽.

218 『南齊書』권58 東南夷列傳 백제전.

서는『北史』·『周書』·『翰苑』등에 보이고 있다. 그러나 방군성제가 언제 실시되었는지 분명하지는 않다. 다만 성왕대 郡令·城主의 존재가 나타나는 것으로 보아 그 이전에 이미 실시되었음은 분명한 것으로 생각된다. 그런데 동성왕 11년 國南의 海村人이 이삭이 합쳐진 벼를 바쳤다는 기록은 특별한 의미를 가지고 있다.[221] 이는 전남 해안지역에 대한 직접지배를 실시하게 된 사정을 보여주는 것은 아닐까? 즉 기존 22담로에 포함되지 않았던 지역이 지방통치조직으로 편제되고 있음을 상징적으로 보여주는 것이 아닌가 생각된다. 이와 시기를 같이 하여 檐魯가 郡으로 재편되기 시작하였던 것으로 보인다. 특히 동성왕대에는 王·侯의 任地가 바뀌고 있음을 볼 수 있다. 이는 기존 담로가 가지고 있던 개별적·독립적 통치형태가 점차 중앙의 관료가 담로에 임명됨으로써 중앙에 의해 통제가 이루어지는 지방행정조직으로 바뀌고 있음을 의미하는 것은 아닐까. 즉, 담로가 지방관으로서의 성격이 강해지는 것을 보여주는 것이 아닌가 생각된다. 특히 동성왕 12년(490)에 王·侯를 제수받은 인물 4人가운데 王族이 3人이었으나, 17년 (495)에는 4人 가운데 1人도 포함되지 않았다. 이는 동성

---

219 이들 지명에 대한 비정을 보면, 弗斯는 比斯伐(전주) 또는 天沙(승주 樂安), 面中은 武珍(광주), 都漢은 豆肹(나주 多侍) 혹은 豆肹(고흥 豆原), 八中은 發羅(나주) 혹은 半奈夫里(나주 潘南), 阿錯은 阿次(신안 壓海), 邁盧(邁羅)는 馬西良(옥구) 혹은 馬斯良(장흥 大德), 辟中은 辟支(김제), 弗中은 分嵯(보성, 혹은 弗斯) 등 주로 전라남·북도에 비정되거나(末松保和, 1961,『任那興亡史』, 吉川弘文館, 109~114쪽), 또는 당진(弗斯·弗中)·논산(都漢)·공주(八中)·완주(阿錯)·옥구(邁盧·邁羅)·김제(辟中) 등 충남·전북 등지에 비정되고 있다(천관우, 1989,「馬韓諸國의 位置試論」, 앞의 책, 381쪽). 그러나 王·侯制가 웅진으로 천도한 이후 영산강유역을 중심으로 한 전라도 지역에 대한 영유권을 대내적으로 주장하기 위한 목적에서 비롯된 것으로 이해하기도 하나(田中俊明, 1997,「熊津時代 百濟의 領域再編과 王·侯制」,『百濟의 中央과 地方』), 이들 지역이 근초고왕대 이미 백제의 정치적 영향력 하에 놓였기 때문에 이를 받아들이기는 어렵다.
220 末松保和, 1961, 앞의 책, 109~114쪽.
　　坂元義種, 1978, 앞의 글, 75~79쪽.
221『三國史記』권26 동성왕 11년조,「大有年 國南海村人獻合穎禾」.

왕이 왕권을 강화하는 방법으로 다양한 세력을 등용시킨 데도 원인이 있겠으나, 한편으로는 子弟宗族을 통한 지방지배의 한계를 보여주는 것이 아닌가 생각된다. 또한 동성왕 23년(501)에는 衛士佐平 苩加를 加林城에 鎭守시키고 있는데, 당시 가림성이 담로의 치소일 가능성도 배제할 수 없는데, 이는 담로파견자의 성격이 변화하고 있음을 보여주고 있다. 동성왕대의 이러한 일련의 변화는 결국 담로제의 성격변화를 의미하는 것이 아닌가 생각된다.

이와 함께 22담로였던 것이 37군으로 재편된 것으로 보아 통치영역의 확대가 있었음을 알 수 있다. 이와 관련하여『日本書紀』계체기 6년 12월조 및 7년 11월조의 任那4縣 및 己汶·滯沙의 백제 讓與記事가 주목된다.[222] 이 양여기록에 대해서는 많은 의문이 있어 왔으나, 대체로 백제가 이들 지역으로 진출한 사실을 기록한 것으로 이해되고 있다.[223] 따라서 위의 사실은 이들 지역이 백제의 郡으로 편제되는 과정을 보여주는 것이라고 하겠다.

이상에서 백제 지방통치제도의 변화과정에 대해 검토해 보았다. 본고는 漢城期 지방통치제도의 성립과정을 살펴보는 것이 목적이다. 그러나 한성기의 자료만 가지고는 당시의 통치조직을 선명하게 그려낼 수 없어 부득이 백제 지방통치제도 전체의 흐름을 검토하게 되었다. 그 결과 초기에 성립된 部城體制가 개로왕대 이르러 새로운 지방통치조직인 담로제로 이행되었던 것으로 파악된다.

---

222 1. 百濟遣使貢調 別表請任那國上哆唎 下哆唎 娑陀 牟婁 四縣 … 依表賜任那四縣(『日本書紀』권17 계체기 6년 12월).
　　　2. 以己汶滯沙 賜百濟國(위의 책, 繼體紀 7년 11월).
223 천관우, 1991,『加耶史研究』, 40~44쪽.

3) 漢城期 地方統治制度의 性格

(1) 部城制의 性格

앞에서 백제 지방통치제도의 성립과 변화과정을 검토하였다. 그 결과 漢城期의 지방통치조직은 部城制였음을 알 수 있었다. 그러나 部城制가 성립되어 개로왕대 변화하기까지는 상당히 오랜 기간을 경과하고 있다. 특히 이 과정에서 많은 정치적 변화를 거치고 있다. 따라서 部城制의 운영 방식이 시종일관 동일했다고는 볼 수 없으며, 시기별로 변화를 수반하였을 것이다. 이로 인해 部城體制의 性格에 대해서는 시기별 변화과정 속에서의 검토가 요구된다. 이러한 점은 먼저 部의 변화과정을 통해 고찰될 수 있을 것으로 생각된다.

따라서 4部名이 사용되고 있는 사례들에 대한 검토를 통해 백제 한성기 지방통치제도의 성격과 그 변화양상을 살펴보기로 하겠다. 다음은 部가 성립된 이후 『三國史記』에 나타나고 있는 部名관련 기록이다.

F-1. 北部 解婁를 右輔로 삼았다.(『三國史記』권23 온조왕 41년)
   2. 東部 屹于가 靺鞨과 마수산의 서쪽에서 싸워 이겼다.(위의 책, 다루왕 3년)
   3. 右輔 解婁가 죽으니 나이가 90세였다. 東部 屹于를 右輔로 삼았다.(위의 책, 다루왕 7년)
   4. 右輔 屹于를 左輔로 삼고, 北部 眞會를 右輔로 삼았다.(위의 책, 다루왕 10년)
   5. 東·西의 양 부를 巡撫하였다.(위의 책, 다루왕 11년)
   6. 왕은 東部에 명하여 牛谷城을 축조하고 靺鞨에 대비하였다.(위의 책, 다루왕 29년)
   7. 봄 2월에 赤峴·沙道의 두 성을 축조하고 東部의 民戶를 옮겼다. 겨울 10월에 말갈이 沙道城을 쳐들어왔으나 이기지 못하자 성문을 불태우고 달아났다.(위의 책, 초고왕 45년)
   8. 西部人 茴會가 흰사슴을 잡아 바쳤다.(위의 책, 초고왕 48년)
   9. 北部의 眞果에게 명하여 병사 1천 명을 거느리고 말갈의 石門城을 습격하여 빼앗았다.(위의 책, 초고왕 49년)

10. 東部와 北部 두 부의 사람으로 나이 15세 이상을 징발하여 沙口城을 쌓았
    는데, 兵官佐平 解丘에게 공사를 감독하게 하였다.(위의 책, 권25 전지왕
    13년)
11. 왕이 四部를 순무하고 궁핍한 사람들에게 곡식을 차등있게 주었다.(위의
    책, 비유왕 2년)
12. 北部사람으로 나이 15세 이상자를 징발하여 沙峴・耳山의 두 성을 축조하
    였다.(위의 책, 권26 동성왕 12년)

먼저, 部名이 사용되고 있는 경우는 人名冠稱과 관련해서이다. 이때
가장 먼저 보이는 것이 北部이다. 北部와 관련해서는 解氏와 眞氏 등 部名
을 관칭하고 있는 인물들이 나타나고 있다. 王族 이외에 중앙관직에 가장
먼저 등용되는 것이 北部의 解婁이다. 이는 解婁가 扶餘人이었다는 사실
로 보아 백제 건국세력과 같은 扶餘族 출신으로서 건국과정에 참여한 결
과일 것으로 생각된다. 그러나 본래 부여인이었다는 사실에서 북부의 토
착세력이 아니라 부여지역으로부터 이주해 와서 북부에 정착한 세력이었
음을 알 수 있다.[224] 반면에 解氏와 함께 북부를 칭하고 있는 眞氏는 북부
의 토착세력으로 추정된다. 진씨는 다루왕 10년(37) 眞會가 右輔에 임명
됨으로써 중앙관직에 진출하고 있다. 그리고 초고왕 49년에는 병사 1천을
거느리고 말갈을 공격하고 있는 것으로 보아 그들은 독자적인 군사적 기
반도 가지고 있었음을 알 수 있다.

東部를 기반으로 해서는 屹氏勢力이 활동하고 있다. 그들은 주로 말갈
과의 전투를 수행하고 있을 뿐만 아니라 城의 축조에도 동원되고 있다. 다
루왕 29년에는 우곡성의 축조에 동원되었으며, 초고왕 45년에는 적현・
사도의 2城을 축조하고 東部의 民戶를 이주시킨 것으로 보아 이들 성의
축조에도 東部人들이 동원되었던 것으로 생각된다. 西部의 존재는 초고

---

224 강종원, 1997, 「百濟 漢城時代 政治勢力의 存在樣態」, 『忠南史學』 9.

왕 48년 菌會의 존재를 통해 확인된다. 그런데 北·東部의 경우와는 달리
白鹿을 헌상하고 있으며, 이는 臣屬을 의미하는 것으로 이미 중앙세력하
에 편제되었던 것이 아닌가 생각된다. 西部는 미추홀을 중심으로 성립되
었을 것으로 이해되는데,[225] 온조왕 즉위년조에 실려 있는 백제 건국설화
와 관련하여 볼 때 상당히 일찍부터 중앙의 통치체제하에 편제되었던 것
으로 보인다.

　그런데 백제 초기의 4部가운데서 정치세력의 존재가 보이지 않는 것은
南部밖에 없다. 이는 南部에 편입된 지역은 독자적 세력기반을 가지고 있
는 정치세력이 없었음을 의미할 가능성이 있다. 그렇다고 한다면 남부는
새롭게 복속된 지역일 가능성이 크며, 중앙의 직접 통치하에 편제된 데 따
른 결과로 이해된다. 즉, 남부는 온조왕 26년 마한세력을 멸망시킨 후에
이들 지역을 중앙에 편제하기 위해 설치한 것으로 추정된다. 백제는 온조
왕 26년 마한의 國邑을 병합하였으며, 27년 4월 마지막으로 圓山·錦峴 2
城이 항복해 옴에 따라 드디어 마한이 멸망되었다고 한다.[226] 그런데 이
때 중앙에서는 2城의 백성을 수도의 북쪽에 徙民시켰을 뿐만 아니라 이곳
에 대두산성을 축조하고 있는데, 이는 복속지역을 직접 통제하기 위한 목
적으로 생각된다. 특히 徙民政策은 재지세력을 해체시켜 직접통치를 실
현하기 위한 것이었으며, 이때 마한의 지배계층도 함께 사민되었던 것으
로 볼 수 있다. 온조왕 34년 마한의 舊將이었던 周勤이 牛谷城에서 반란을
일으키고 있는데, 牛谷城은 다루왕 29년 말갈을 방비하기 위해 동부에 명
하여 축조한 산성으로 기록에 보인다.[227] 즉, 馬韓의 지배계층까지도 徙
民시켰음을 의미하는 것으로 이는 중앙에서 복속지역을 직접 통치하였을

225 김철준, 1982, 「百濟建國考」, 『百濟硏究』특집호, 12쪽.
226 『三國史記』권23 온조왕 26·27년조.
227 『三國史記』권23 다루왕 29년, 「王命東部 築牛谷城 以備靺鞨」.

가능성을 높여주는 것이다. 그런데 南·北의 2部를 먼저 편제하고, 2년 뒤에 東·西의 2部를 增置하고 있다. 南部는 새로 복속된 지역에 대한 효율적인 통제를 위해 설치되었다. 그러나 북부는 재지세력을 중앙의 통치체제 속에 편제시킴으로써 북방으로부터 적의 침입에 효과적으로 대항하기 위한 목적이었던 것으로 생각된다. 백제 초기에 북쪽에 위치하고 있었던 말갈의 침입이 매우 심각한 상황이었음은 온조왕 2년 및 13년 말갈에 대한 대비책을 통해 알 수 있다.[228] 그리고 2년 후에 東·西 2部를 增置하였는데, 동부 역시 말갈세력을 견제하는 역할을 하고 있다. 이때 동부와 북부는 유력한 정치세력이 재지기반을 토대로 상당히 독자적인 활동을 하고 있는데 비해 남부와 서부는 그렇지 못하다. 즉, 전 강역을 4部로 구획하였지만 각 部의 성격이 같지 않았음을 알 수 있는 것이다. 그리고 東·北部는 중앙과 일종의 연맹적인 관계에 있었던 것으로 볼 수 있다.[229] 백제 초기 최고위직이었던 左輔 및 右輔에 王族을 제외하고 북부와 동부출신만이 임명되었으며, 남부와 서부출신은 임명된 예가 보이지 않는 것도 이러한 사실과 무관하지 않을 것이다. 즉 동·북부 세력을 左輔·右輔職에 임명하는 것은 정치적 연맹관계를 유지하기 위한 국정운영의 한 단면을 나타내 주고 있는 것이다.[230]

이상에서 인명 앞에 부를 冠稱하는 예를 검토해 보았다. 이를 통해 당시 部는 재지세력 및 복속지역을 중앙질서에 편제하기 위한 목적에 의해

---

228 『三國史記』권23 온조왕 2년조 및 온조왕 13년조.
229 백제가 직접 복속시킨 마한과 같은 지역은 직접지배방식을 취하였고, 지방세력의 존재가 주목되는 지역은 간접지배의 방식을 취하였다고 보는 견해가 있으나(박현숙, 1990, 앞의 글, 300~302쪽), 이를 직접·간접통치의 형태로 일률적으로 파악할 수는 없는 문제이다. 다만 4部의 성격이 같지 않았다고 하는 점만은 분명하였던 것 같다.
230 이우태도 백제초기의 部를 단위정치체로 파악하면서 연맹체로서의 성격을 지적하였다(이우태, 1993, 앞의 글, 97쪽).

사용되었음을 알 수 있다. 특히 각 부의 정치적 위상이 동일하지 않았다는 점에서 부명은 또한 재지세력의 정치적 위상을 나타내는 기능까지 가지고 있었던 것으로 보인다.

그런데 고이왕대 등장하고 있는 인물의 人名앞에는 部名을 冠稱하고 있지 않다. 이는 고이왕대 部의 성격에 변화가 있었음을 의미하는 것이다.[231] 그러면 왜 고이왕대 部에 변화가 일어나게 되었을까? 고이왕은 部勢力을 중앙의 통치질서에 편제시키려는 시도를 하였는데, 이것이 바로 官制의 실시라고 하겠다. 그는 연맹관계에 있는 정치세력들을 중앙관제에 편제하는 방법을 통해 그들의 독립적 성격을 약화시키고 왕권을 강화하고자 하였다. 이를 위해 고이왕 7년 左將職을 비롯해 27년에는 6佐平職을 신설하였다.[232] 그리고 部에 재지기반을 두고 있는 세력들을 중앙관직에 임명함으로써 이들에 대한 통제를 꾀하였다. 특히 이때 다양한 세력들을 등용하여 그들을 효율적으로 제어함으로써 왕권의 강화를 도모하고 있다. 이는 고이왕 28년에 새롭게 등장하고 있는 인물들을 통해 이해할 수 있다. 이때 등용되는 인물을 보면 북부의 眞可 외에 優豆·高壽·昆奴·惟己 등이 보이고 있다. 眞可는 북부의 대표세력으로 여전히 유력한 정치세력으로 존재하고 있음을 보여주고 있지만 그 이외의 인물들이 주목된다. 즉, 優豆는 王族이며, 高壽는 중국계 군현세력일 가능성이 크다. 이는 고이왕의 子인 책계왕이 帶方王女와 혼인한 사실로 보아 고이왕은 대방군

---

231 신라의 경우 7세기 후반을 경계로 인명표기시 部名을 附記하던 습관이 사라지고 있다. 이는 6部가 가지고 있던 지방인과의 구별, 部와 部사이의 大小·上下의 관계라고 하는 종전의 기능을 잃어버리고 단순히 행정구분으로 전화한 것을 의미하는 것으로, 6部의 사회적 기능에 있어서의 중대한 변화로 이해되고 있다(木村誠, 1985, 「三國期新羅の六部と王畿」, 『人文學報』167). 다만 백제의 部가 지방행정조직이었는데 비해 신라의 경우는 왕도의 행정구획이었다는 점에서 차이가 있지만 성격의 변화라는 측면에서 충분히 참고된다.

232 『三國史記』권24 고이왕 7년 및 27년조.

출신의 인물을 일부 등용했을 가능성이 있으며, 역시 왕권 강화를 위한 목적의 하나로 볼 수 있다. 그리고 昆奴는 昆氏의 재지기반이 동부에 비정되고 있어, 동부출신일 것으로 생각된다. 兵官佐平에 임명되고 있는 惟己는 출신지역을 알 수 없지만 처음 惟氏가 등장하는 것으로 보아 새로운 지역 즉, 새롭게 복속된 남부 마한지역의 출신일 가능성을 배제할 수 없다. 이는 고이왕 말기에 신라와 전투가 빈번하게 벌어지고 있는데 이때 전투지점이 烽山城(영주), 槐谷城(괴산?) 등지[233]로 馬韓故地와 가까운 지역이라는 사실과 무관하지 않다. 즉 고이왕은 舊馬韓地域 출신의 인물을 등용하여 대신라전에 활용했을 뿐만 아니라 기존의 정치세력을 견제함으로써 왕권의 강화를 이루고자 하였던 것이 아닌가 생각된다.

결국 고이왕대 部名冠稱이 사라지는 것은 部의 독자성이 소멸되어 중앙통치체제내로 흡수됨과 동시에 이제까지 部가 재지기반과 정치적 위상을 대변하였던 것에서 행정조직으로 변화하였음을 의미한다고 하겠다.[234]

그러나 지방통치체제에 본질적인 변화가 시작된 것은 4세기대인 것으로 생각된다. 먼저, 비류왕대에 碧骨池를 축조하고 있는데, 이는 대규모의 인력을 동원할 수 있는 중앙집권적 국가체제하에서 가능하다. 그리고 김제지방은 당시 백제의 남부지역에 해당한 지방이었음에도 불구하고 대규모의 토목공사가 실시되었다고 하는 사실은 중앙권력의 침투가 상당히 이루어졌음을 보여주는 것이기도 하다.[235] 이어 근초고왕대는 북부에 재지기반을 두고 있던 진씨가 王妃族이 되면서 중앙세력으로 완전 편입이 이

---

233 『三國史記』권24, 고이왕 22 · 33 · 45년조 참조.
234 高句麗의 경우에 있어서는 3세기 중엽을 전후하여 지배세력이 那部名 대신 方位部名을 冠稱하면서 왕권하의 中央貴族으로 전환하고 있다는 점에서 백제와 다른 면을 보여주고 있다(여호규, 1996, 「고구려의 성립과 발전」, 『한국사』5, 1996, 36쪽).

루어졌는데,[236] 다른 세력들의 경우에도 마찬가지였던 것으로 보인다. 그리고 24년(369)에는 大閱시 黃色旗를 사용하고 있어 일원적인 지휘체계를 확립하였음을 알 수 있다.[237] 각 部의 독자적 군사운용권이 왕권 하에 편제되었다고 하는 것은 바로 部의 성격 또한 변화하고 있음을 의미한다. 이는 中央集權的 통치형태의 표출로 지방세력들이 중앙의 일정한 통치체제 내로 편제되었음을 보여주는 것이다.[238] 진사왕 2년(386)에는 고구려의 남진을 저지하기 위해 북방에 關防을 설치하고 있는데, 이때 國內人 15세 이상자를 징발하고 있다.[239] 이것은 徭役이 전국적으로 실시되고 있었음을 의미하는 것으로 기존에 部를 단위로 축성에 동원한 예와는 차이를 보이고 있다.

비록 5세기 초의 사실이지만 전지왕 13년(417)에는 東北部 2部人을 징발하여 沙□城을 축조하면서 중앙에서 兵官佐平 解丘를 파견하여 감독하고 있다. 이때 '徵'의 주체는 왕이었으며, 왕의 통치력이 직접 部에 미치고 있음을 의미한다. 이는 중앙에서 각 部에 대한 직접통제가 이루어졌음을 보여주는 것이다. 그러나 城의 축조에 城의 상위 지방편제단위인 部가 있음에도 불구하고 中央에서 兵官佐平이 직접 파견되었다고 하는 사실은

---

235 碧骨池 축조시에 동원된 人力의 공간적 범위를 추정해 볼 수 있는 것으로 신라 원성왕대의 기록이 참고된다. 즉, 「增築碧骨堤 徵全州等七州人興役」(『三國史記』권10 원성왕 6년)라고 하여 全州 등 7州人을 역에 동원하였음을 기록하고 있다. 따라서 비류왕대 벽골지의 초축시에도 전국적인 인력의 동원이 이루어졌을 가능성을 생각할 수 있다. 이는 비류왕대 이미 중앙권력이 각 지방에 직접 미치고 있었음을 보여주는 것으로 이해할 수 있다.
236 강종원, 1997, 앞의 글.
237 『三國史記』권24 근초고왕 24년조.
238 근초고왕 28년 독산성주가 300인을 데리고 신라로 달아났는데, 이는 중앙통제에 대한 반발의 결과로 생각된다. 특히 청목령에 성을 축조한 내용에 이어 기록되고 있는 것으로 보아 축성시 중앙에 의해 강제로 동원되었을 가능성이 있다. 이는 지방의 각 城이 중앙의 일정한 통제하에 놓여져 있었음을 의미한다.
239 『三國史記』권25 진사왕 2년, 「發國內人年十五歲已上 設關防 自青木嶺 北距八坤城 西至西海」.

部가 城의 上位 行政單位로서의 실질적인 기능을 하지 못했음을 의미하는 것은 아닐까.[240]

이상의 검토를 통해 볼 때 초기 部의 성격은 고이왕대부터 변질하기 시작했음을 알 수 있다. 그러나 部가 가지고 있는 지역분할적인 성격은 해체되지는 않았다. 그것은 비유왕대까지도 여전히 4部에 대한 기록이 나타나고 있는 사실을 통해 확인된다.[241] 또한 北部에 기반을 두고 있는 진씨세력이 여전히 佐平職에 임명되고 있으며, 재지기반을 토대로 비류왕대 다시 유력한 정치세력으로 등장하고 있기도 하다. 그러나 4세기대에 오면서 中央의 地方에 대한 직접통제가 城을 거점으로 하여 강화되었으며, 진사왕 이후 고구려의 남진으로 한강 이북의 일부지역을 상실하는 등의 정치변화속에서 기존 部 · 城體制의 지방통치조직은 변화할 수밖에 없었다.

(2) 地方官의 派遣

지방통치조직의 구조나 성격만을 통해서 한성시대 지방통치체제를 살펴보는 데는 자료의 부족으로 일정한 한계가 있다. 따라서 이를 보완할 수 있는 다각적인 검토가 필요하며, 그중 한 방법이 地方官의 문제라고 할 수 있다. 지방통치조직의 정비는 동시에 조직의 운영이라는 측면에서 地方官의 등장과 불가분의 관계에 있다.

---

240 部의 성격을 軍事行動 및 巡撫 · 徭役 관계기사를 통해 지방통치구획의 단위(박현숙, 1990, 앞의 글, 27~30쪽) 또는 일정한 지역 혹은 행정단위적 범위 내지는 군사단위적 성격을 가지고 있는 것으로 이해하기도 한다(김기섭, 1997, 앞의 글, 202~205쪽). 그러나 部가 軍事 · 徭役단위로서의 기능은 고이왕대 이전까지로 한정되며, 4세기대에 와서는 지역을 구분하는 단위로서의 기능만을 가지게 되었던 것으로 보인다.

241 백제의 4部制는 근초고왕대 일대 팽창을 본 뒤에도 그대로 계속되어 비유왕 3년(439)조에도 「王巡撫四部」라 하여 4部 명칭이 나오지만 이 시기에 와서는 그 전기와는 달리 점차 4部 귀족세력이 약화되고, 그만큼 왕족세력이 강화되었을 것으로 보기도 한다(김철준, 1982, 「百濟社會와 그 文化」, 『한국고대사회연구』, 61쪽).

가장 효과적인 지방통치방식은 왕의 명령을 직접 수행할 수 있는 地方官의 파견이라고 할 수 있다. 그러나 재지세력들은 중앙에서 地方官이 파견되는 것을 거부하였을 것이며, 왕은 이에 대해 적절한 조치가 필요하였다. 地方官의 파견과 관련하여 우선 주목되는 것이 徙民과의 관계이다. 재지세력을 사민시킨 후에 이곳에는 중앙에서 파견된 관리가 통치를 담당하였을 것이기 때문이다. 특히 마한세력을 멸한 뒤에 새로 城을 축조하고 있는데,[242] 이곳에도 직접지배를 실현하기 위해 地方官을 파견하였을 것이다.

地方官을 직접 파견하지 않은 경우에도 지방에 대한 직접통치를 위한 조치의 하나가 中央官職 및 官等의 설치라고 하겠다.[243] 즉, 중앙 관직과 관등을 설치하여 재지세력을 중앙관계에 편제시키는 방법을 강구하였던 것이다. 이와 관련하여 주목되는 것이 『三國史記』백제본기 고이왕 27년의 관제 정비기록이다. 비록 고이왕조의 내용을 모두 신빙할 수는 없지만 백제가 聯盟王國 단계의 국가체제로 이행하는데 있어서 중요한 시기임에는 분명하다. 특히 고이왕은 정치조직의 정비뿐만 아니라 다양한 정치세력의 등용을 통해 왕권의 강화를 시도하고 있으며, 南堂에서 政事를 행하였다.[244]

고이왕대의 일련의 노력은 책계·분서왕대에 와서는 樂浪 등 中國 郡縣勢力의 간섭으로 부분적으로 타격을 받았지만, 비류왕대에 들어오면서 상당히 안정적인 상태를 보이게 된다. 나아가 비류왕대에는 중앙권력의 지방침투가 기존의 군사적 성격에서 변화하고 있음을 보여주고 있는데 바로 金提 碧骨池의 축조이다. 벽골지를 축조하는데 있어서 대규모의 노동력과 물자가 동원되었음을 알 수 있다. 이는 중앙권력의 지방침투가 상당히 진전된 사실을 보여주는 것이며, 아울러 지방관의 파견이 이루어졌을

---

242 『三國史記』권23 온조왕 27년조.
243 『三國史記』권24 고이왕 27년조.
244 『三國史記』권24 고이왕 28년조.

가능성을 생각하게 한다. 그런데 4세기대 지방통치조직은 部·城체제였으나 실질적인 통치의 중심(거점)은 城이었다. 따라서 地方官의 파견도 城을 중심으로 이루어졌을 것이다.

　地方官과 관련하여 가장 먼저 나타나고 있는 존재가 城主이다. 성주가 지방관으로 파견되었음을 분명하게 보여주는 기록으로는 성왕대의 郡守·城主의 내용이다.[245] 그러나 城主의 명칭은 초고왕 39년(204)을 비롯하여 구수왕 3년(216)부터 나타나고 있다. 여기서 초고왕 39년은 신라의 예를 보여주는 것이므로 제외하고, 구수왕 3년조에 赤峴城 城主의 존재가 보이고 있다.[246] 그런데 赤峴城은 초고왕 45년에 축조한 성으로, 축조 후에 東部의 民戶를 옮겨 살게하고 있다.[247] 즉, 赤峴城은 沙道城과 함께 북쪽의 변방지대로 사람이 거의 살고 있지 않은 지역에 축조한 성이었음을 알 수 있다. 또한 이곳에 말갈이 침략해 오자 왕이 직접 출정하고 있는 사실을 통해 상당히 중요한 군사적 요충지임을 알 수 있다. 따라서 이곳에는 중앙에서 地方官이 파견되었을 가능성이 크다.[248] 그러나 모든 성에 지방관이 파견되지는 않았을 것이다. 근초고왕대 나타나고 있는 독산성주의 경우는 재지세력일 가능성이 크기 때문이다. 다만 중앙에서 파견된 者이거나 재지세력 가운데 임명된 者이거나를 불문하고 城主라는 칭호로 불렀던 것으로 보인다. 그런데 당시 城에 파견된 지방관의 공식 명칭이 城主였는지는 분명하지 않다. 왜냐하면 道使가 城主로도 불리었음을 알 수 있기 때문이다.

---

245 『日本書紀』권19 흠명기 4년 11월조 및 5년 2월·11월조.
246 『三國史記』권24 구수왕 3년조.
247 『三國史記』권23 초고왕 45년조.
248 김주성은 적현성에 파견된 지방관을 檐魯의 長일 것으로 보았다(김주성, 1991, 앞의 글, 31쪽). 그러나 적현성이 북방 변경지대에 군사적 목적으로 축성되었다는 점에서 이때 파견되었을 것으로 추정되는 地方官은 檐魯의 長으로 보기 어렵다. 더욱이 담로제는 개로왕대 성립되었으므로 이때 파견된 地方官은 城主로 보아야 한다.

道使의 地方官名은 백제뿐만 아니라 고구려와 신라에서도 보이고 있으며, 특히 신라에서는 최초로 확인되는 지방관명이기도 하다.[249] 백제의 道使와 관련해서는 다음의 기록이 있다.

> G. 또한 5방이 있는데, 중국의 도독과 같다. 방은 모두 달솔이 통솔하였다. 각각의 방은 군을 관장하였는데, 많은 것은 10개에 이르고, 적은 것은 6~7개이다. 군장은 모두 은솔로 삼았다. 군현에는 도사를 두었는데, 이름을 성주라고도 한다.(『翰苑』권30 百濟條)

『翰苑』은 당대의 기록으로 사료적인 가치가 높은 것으로 평가되고 있으며, 위의 사료는 6세기, 즉 泗沘期 이후 지방통치제도의 일면을 보여주고 있다. 따라서 언제 道使가 등장하였는가를 살펴볼 필요가 있다. 고구려의 경우 늦어도 3세기말 이전에는 등장하였을 것으로 생각되고 있으며,[250] 신라에서 道使의 존재가 확인되는 최초의 자료는 제작연대가 503년으로 비정되고 있는 迎日 冷水里에서 발견된 「冷水里碑」이다.[251] 그러나 신라에서 道使의 파견은 이미 그 이전인 5세기 후반에 이루어졌을 것으로 소급시켜 보기도 한다.[252] 백제의 道使는 대개 고구려의 영향을 받았을 것으로 이해되고 있으므로 일단 3세기후반 이후에서 구할 수 있다. 이러한 관점에서 道使의 파견이 근초고왕대 담로체제의 확립과정 속에서 이루어졌을 것으로 추정하는 견해가 있다.[253] 그리고 道使가 파견된 최초 시기는 구수왕 3년 8월조의 성주기록과 관련이 있을 가능성을 염두에 두

249 주보돈, 1996, 「新羅 中古期의 地方統治와 村落」, 계명대대학원 박사학위논문, 58~68쪽.
    김수태, 1997, 「百濟의 地方統治와 道使」, 『百濟의 中央과 地方』.
250 김현숙, 1996, 「高句麗 後期 中央集權的 地方統治體制의 發展過程」, 『韓國 古代社會의 地方支配』, 11쪽.
251 韓國古代史研究會, 1990, 『韓國古代史研究』3(迎日冷水里新羅碑特輯號).
252 주보돈, 1996, 앞의 글, 41~44쪽.
253 김수태, 1997, 앞의 글, 213~214쪽.

면서 고이왕 이후 근초고왕대 이전 어느 시기가 아닐까 추정하고 있다. 그리고 道使에는 지방토착세력이 아닌 王京人이 파견되었을 것으로 보았다.[254] 그러나 담로제의 실시 시기는 개로왕대인 5세기 후반경으로 도사의 파견을 담로제와 관련시켜 설명하기는 어렵다고 하겠다.

그런데 『翰苑』에 의하면 道使는 또한 城主로 불리고 있어 이들 兩者의 관계에 대한 검토가 아울러 필요하다. 근초고왕 이후 재지세력의 중앙편제에 따라 중요 城에 대한 지방관의 파견이 가능해지게 되었다. 이때 중앙에서 일률적으로 파견된 지방관이 道使였으며, 이들이 성에서 통치를 담당하였으므로, 기존의 城主名稱에 의해 城主로 불렀을 것이다. 이로 인해 『翰苑』에서는 道使를 城主로도 기록하게 되었을 것이다. 즉, 道使가 파견되기 이전까지의 地方官은 城主로 불렸으며, 중앙에서 공식적으로 파견한 地方官이 바로 道使였다고 생각된다.

이상의 검토를 통해 볼 때 중앙에서 地方官을 파견한 시점은 지방에 사민정책이 실시되고, 城이 축조되는 사례를 통하여 추정할 수 있다. 그리고 본격적인 지방관 파견은 4세기대 중앙 통치체제의 확립과 군사조직의 일원화 과정에서 찾을 수 있을 것이다. 다만 地方官의 신분 등 구체적인 내

---

254 담로관련 기록이 실려있는 『梁書』백제전과 신라전을 비교 검토해 보면, 백제에는 당시 중앙 행정구역이 확정되어 있지 않았던 것으로 이해할 수 있다.
  1. 其俗呼城曰健牟羅 其邑在內曰啄評 在外曰邑勒 亦中國之言郡縣也 國有六啄評 五十二邑勒(『梁書』권54 東夷列傳 新羅傳).
  2. 號所治城曰固麻 謂邑曰檐魯 如中國之言郡縣也 其國有二十二檐魯 皆以子弟宗族分據之(『梁書』권54 東夷列傳 百濟傳).
  즉, 위의 두 사료를 살펴보면 신라의 경우는 그 邑이 在內・在外로 구분되어 있지만 백제의 경우는 그렇지 않음을 볼 수 있다. 신라의 경우 在內가 王京 6部를 의미하는 것으로 볼 수도 있다는 점에서 지방과는 다른 행정구역, 즉 王京으로 볼 수 있다. 그러나 백제는 王城과 地方의 존재만 보이고 있어 당시 王京의 존재는 분명하게 알 수 없다. 따라서 王京人의 존재를 설정하기 어렵다고 하겠다. 이때 파견된 지방관은 중앙세력이거나 또는 중앙에 편제된 지방세력 가운데 하나로 생각할 수 있다.

용에 대해서는 분명하게 파악할 수 없다.

또한 지방관은 중앙에서 모두 파견되지는 않았던 것으로 보인다. 이는 근초고왕대 신라로 망명한 禿山城主가 중앙에서 파견된 지방관으로는 생각되지 않기 때문이다. 그리고 각 지역에는 재지적 특성을 가진 분묘가 다수 확인되고 있는데, 이들 분묘에는 피장자의 신분을 알 수 있는 威勢品과 함께 중앙과의 정치적 관계를 보여주는 유물들이 부장되고 있다. 따라서 이들 분묘 조영세력은 전통적 권위와 지위를 가진 유력한 귀족세력으로서 존재하였으며, 토착사회에 강력한 영향력을 행사하였을 것으로 판단된다. 즉, 이들 재지세력들은 중앙과의 정치적 관계 속에서 실질적으로 각 지역을 정치적 · 경제적 · 행정적으로 통제한 지방관적 성격을 가진 세력이었다고 하겠다.

4) 맺음말

백제의 故地에는 재지적 성격을 지닌 유력세력의 존재를 보여주는 고고학적 자료가 다수 출토되고 있는데, 서산의 부장리유적을 비롯해 공주 수촌리유적, 나주 신촌리유적, 고흥 안동고분 등은 대표적인 사례라고 할 수 있다. 이들 유적의 성격과 조영세력을 이해하기 위해서는 한성기 백제 지방통치제도에 대한 이해가 필요하다. 이를 위해 백제초기 지방통치제도의 성립과정과 변화시기에 대한 문제를 검토하고, 아울러 한성시대 지방통치조직의 성격과 그 변화과정을 정치적 환경의 변화와 함께 살펴보았다.

백제 초기 지방통치조직은 인위적 영역분할인 部와 지방통치의 거점으로서의 기능을 가진 城을 기준으로 할 수 있다. 따라서 部 · 城體制라고 보는 것이 타당하다. 部가 王都 이외의 영역을 중앙에 편제하기 위한 지역분할적 성격을 가진 행정단위라고 한다면, 城은 일정지역을 통제하기 위한 통치조직으로서의 행정단위라고 하겠다. 그리고 部·城은 上·下 예속적인 행정조직이 아닌 독립적인 지방 편제단위임을 알 수 있다. 뿐만 아니라 실질적인 지방통치단위는 城이었음을 의미한다.

백제초기 部의 성격은 고이왕대부터 변질되기 시작했음을 알 수 있다. 그러나 4세기에 들어와 中央의 地方에 대한 직접통제가 城을 거점으로 하여 강화되었으며, 진사왕 이후 고구려의 남진으로 한강 이북의 일부지역을 상실하는 등의 정국변화 속에서 기존 部·城體制의 지방통치조직은 변화할 수밖에 없었다.

부성체제는 담로제로 변화하는데, 이는 직접지배 영역의 확대를 통한 주민의 확보와 조세수익의 증대를 꾀하기 위한 것으로 추정된다. 또한 담로제는 子弟·宗族의 파견이라는 특성을 지니고 있는데, 이는 王族의 정치적 입지 강화와 밀접한 관련이 있다.

그리고 중앙에서 地方官을 파견한 시점은 지방에 사민정책이 실시되고, 城이 축조되는 사례를 통해 추정해 볼 수 있다. 그리고 본격적인 지방관 파견은 4세기 중앙 통치체제의 확립과 군사조직의 일원화 과정에서 찾을 수 있을 것이다. 다만 地方官의 신분 등 구체적인 내용에 대해서는 분명하게 파악할 수는 없다. 그리고 지방관은 모두 중앙에서 파견되지는 않았던 것으로 보인다. 이는 근초고왕대 신라로 망명한 禿山城主가 중앙에서 파견된 지방관으로는 생각되지 않기 때문이다. 또한 각 지역에는 재지적 특성을 가진 분묘가 다수 확인되고 있는데, 이들 분묘에는 피장자의 신분을 알 수 있는 威勢品과 함께 중앙과의 정치적 관계를 보여주는 유물들이 부장되고 있다. 따라서 이들 분묘 조영세력은 전통적 권위와 지위를 가진 유력한 귀족세력으로서 존재하였으며, 토착사회에 강력한 영향력을 행사하였을 것으로 판단된다. 즉, 이들 재지세력들은 중앙과의 정치적 관계 속에서 실질적으로 각 지역을 정치적·경제적·행정적으로 통제한 지방관적 성격을 가진 세력이었다고 하겠다.

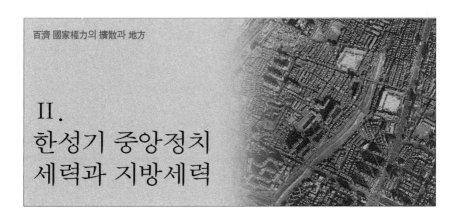

II.
한성기 중앙정치
세력과 지방세력

1. 漢城期 政治勢力의 存在樣態
-眞氏와 解氏의 王妃族 成立과 관련하여-

1) 머리말

일반적으로 王妃族의 성립문제는 中央集權的인 政治體制의 성립과 밀접한 관련을 맺고 있다. 특히 王權이 확립되지 못한 部族聯盟的인 성격의 정치체제에서 王族 다음가는 정치세력을 형성하고 있었을 王妃族과의 연합은 왕을 중심으로 하는 강력한 통치체를 형성시킬 수 있다는 특징을 가지고 있다.[1] 따라서 王妃族의 成立은 그만큼 왕권의 강화를 의미하는 것으로 받아들일 수 있는 것이다.[2]

---

1 이기백, 1959, 「高句麗王妃族考」, 『진단학보』 20, 269~276쪽.
   이종욱, 1980, 『新羅上代王位繼承硏究』, 191~210쪽.
2 노중국, 1988, 『백제정치사연구』, 128~129쪽.

이와 같은 맥락에서 백제 王妃族을 형성하였던 정치세력의 존재양상에 대한 검토는 백제의 성장과정에서 반드시 구명되어야 할 과제가운데 하나라고 할 수 있다. 이제까지 백제 王妃族을 형성했던 정치세력과 관련하여 많은 언급이 있어온 것도 이러한 측면을 반영한 것이라고 하겠다. 그러나 현재 정치세력으로서의 王妃族 문제를 구체적으로 다룬 연구는 빈약한 실정이라고 할 수 있다. 다만 李基白의 연구[3]를 비롯하여 부분적인 연구[4]에 의해 眞氏와 解氏가 王妃族을 형성하였음이 밝혀졌지만 이들이 구체적으로 어떠한 과정을 거쳐 정치세력화 하였으며, 또한 王妃族이 될 수 있었던 기반은 무엇이었는가 등의 기본적인 문제에 대한 접근이 미흡한 것이 사실이다. 아울러 시기적 추이에 따른 王妃 배출집단의 정치적 성격의 변화에 대한 究明도 필요하다고 하겠다.

따라서 본고에서는 한성시대 정치세력 가운데 비교적 많은 역사적 사실을 반영하고 있는 것으로 생각되는 眞氏와 解氏를 중심으로 정치세력화 과정과 王妃族으로의 成立過程을 고찰하고, 나아가 이들의 國政運營 과정에서의 활동을 통해 백제 초기 王權과 政治勢力간의 상호관계를 함께 구명해 보고자 한다.

먼저 2절에서는 眞氏가 정치세력으로 등장하는 과정과 이를 토대로 王妃를 배출할 수 있었던 배경, 그리고 王妃族 성립 이후의 활동 등에 대해 검토해 보기로 한다. 3절에서는 解氏의 政治勢力化 과정과 王妃族으로의

---

3 이기백, 1959,「百濟王位繼承考」,『역사학보』11. 이제까지 王妃族의 성립문제에 대한 논고로는 이기백의 논고가 거의 유일하다고 할 수 있다. 이외에 많은 언급이 있기는 하지만 모두 이기백의 견해를 그대로 받아들이고 있음을 볼 수 있다.
4 이홍직, 1987,「百濟人名考」,『한국고대사의 연구』.
　유인춘, 1984,「百濟姓氏考」,『한국학논집』5.
　노중국, 1988, 앞의 책, 126~137쪽.
　양기석, 1990,「百濟專制王權成立過程研究」, 단국대대학원 박사학위논문, 63~81쪽.

成立過程, 그리고 王妃族으로서의 국정운영상에서의 역할 등을 왕권과의 관계를 통해 살펴보기로 하겠다.

2) 眞氏의 王妃族 성립

(1) 眞氏勢力의 등장

百濟史上에 眞氏가 등장하는 것은 건국기부터였다. 이들은 北部라고 하는 재지기반을 토대로 일찍부터 정치세력화하여 중앙에서 일정한 입지를 확보할 수 있었던 것이다.

진씨의 정치세력화 과정을 알 수 있는 기록으로는 다음이 있다.

A-1. 겨울 10월에 우보 屹于를 좌보로 삼고, 북부 眞會를 우보로 삼았다.(『三國史記』 권23 다루왕 10년)

 2. 가을 9월에 북부의 眞果에게 명하여 군사 1천 명을 거느리고 말갈의 석문성을 습격하여 빼앗았다.(위의 책, 초고왕 49년)

 3. 여름 4월에 眞忠을 좌장으로 삼고 중앙과 지방의 군사업무를 맡겼다.(위의 책, 권24 고이왕 7년)

 4. 가을 8월에 魏의 幽州刺史 毋丘儉이 樂浪太守 劉茂, 朔方太守 王遵과 함께 고구려를 쳤다. 왕은 그 틈을 타서 좌장 眞忠을 보내 낙랑의 변방 주민들을 습격하여 빼앗았다.(위의 책, 고이왕 13년)

 5. 봄 정월에 남단에서 천지에 제사를 지냈다. 2월에 眞忠을 우보에 임명하고, 眞勿을 좌장으로 삼아 군사의 업무를 맡겼다.(위의 책, 고이왕 14년)

 6. 2월에 眞可를 內頭佐平에 임명하였다.(위의 책, 고이왕 28년)

 7. 가을 7월에 궁실을 수리하고, 眞義를 內臣佐平에 임명하였다.(위의 책, 비류왕 30년)

먼저 사료 A-1을 통해서 多婁王 10년(37)에 眞會가 右輔에 임명되고 있음을 알 수 있다.[5] 右輔의 職에는 대개 왕족 내지는 유력세력 가운데서 임명되고 있다. 따라서 진씨세력이 右輔의 직에 임명되었다는 사실은 그들이 일찍부터 상당한 정치적 입지를 가지고 있었음을 의미한다. 그리고 재지기반이 北部였음을 보여주고 있다.[6] 또한 사료 A-2의 北部 眞果[7]가 兵 1천을 거느리고 靺鞨 石門城을 습취하는 것은 그들이 독자적인 군사적 기반도 가지고 있었음을 보여준다.[8] 이 시기의 대외적 방어가 「有敵 諸加自戰 下戶俱擔糧飮食之」[9]라고 하여 지역별로 독자적인 방어 성격이 강했던

---

5 多婁王 7년 東部 屹于가 右輔에 임명되는 경우에 있어서도 왕 3년에 靺鞨과의 전투에서 승리하여 왕으로부터 말 10필과 租 500석을 하사받고 있다. 따라서 屹于는 동부지역을 재지 기반으로 하면서 독자적인 部兵을 거느리고 있었음을 알 수 있으며, 이로 인해서 右輔에 임명될 수 있었던 것으로 생각된다(『三國史記』권23 다루왕 3년 및 7년조).

6 北部의 구체적인 위치는 알 수 없으나 천관우는 대략 한성의 북방으로 '帶方故地'에 비정하고 있으며(천관우, 1989, 『古朝鮮史・三韓史硏究』, 315쪽), 권오영은 북부의 실체를 북한강 유역에 분포하고 있는 적석총의 존재를 주목하여 대개 춘천 중도와 양평・양주군 일대에 비정하고 있다(권오영, 1986, 「初期百濟의 성장과정에 관한 일고찰」, 『한국사론』15, 51~53쪽).
    그리고 部의 성립에 대해서는 노태돈의 「三國時代의 「部」에 關한 硏究」(1975, 『한국사론』2)가 참고된다.

7 이홍직은 眞會・眞果의 존재에 대해 후기의 인명 또는 가공적 인명일 가능성을 제기하고 있으나(이홍직, 1987, 앞의 글, 『韓國古代史의 硏究』, 350~351쪽) 이로써 당시 진씨세력의 존재자체를 부정할 이유는 없다고 생각한다(이기백, 1959, 앞의 글, 34쪽).

8 고구려의 경우에도 部族聯合的인 단계에서 각 部가 독자적인 部兵을 거느리고 있었음은 다음의 기록을 통해 알 수 있다.
    「十二年 秋九月 京都雪六尺 中畏大夫沛者於畀留 評者左可慮 皆以王后親戚 執國權柄 其子弟 並恃勢驕侈 掠人子女 奪人田宅 國人怨憤 王聞之怒欲誅之 左可慮等 與四椽那謀叛 十三年 夏四月 [左可慮等]聚衆攻王都 王徵畿內兵馬平之」(『三國史記』권16 고국천왕 12・13년조).
    여기서 左可慮 등은 王妃族인 椽(提)那部 출신으로 재지세력인 연나부의 部兵을 일으켜 반란을 도모한 것으로 볼 수 있다. 특히 四椽那는 4개의 那로 部內部로 이해되고 있다(盧泰敦, 1975, 앞의 글, 26쪽).
    신라의 경우도 비록 시기적인 차이는 있으나, 音汁伐國과 悉直谷國의 영토분쟁시 이를 해결하기 위해 金官國의 首露王에게 의뢰한 후 수로왕을 위해 잔치를 열었을 때 漢祇部만이 「位卑者」를 보내고 있는 예를 통해 각 部가 어느정도 독자성을 가지고 있었음을 알 수 있다(『三國史記』권1 婆娑尼師今 23년조).

9 『三國志』東夷傳 扶餘條.

점으로 볼 때, 北部에 기반을 두고 있었던 진씨세력은 자체적인 군사력을 보유하고 北邊의 방어를 담당하고 있었던 것이다. 따라서 이를 기반으로 中央政治에서도 상당한 정치적 위상을 확보하게 되었음을 추측할 수 있다.

그런데 진씨세력이 활발하게 중앙정치세력으로 등장하는 것은 古爾王代에 와서의 일이다. 사료 A-3에서 보면 眞忠이 새로 신설된 左將에 임명되어 '內外兵馬'의 일을 관장하게 된다. 그리고 고이왕 14년에는 眞忠이 右輔에, 眞勿이 左將에 임명되고 있다. 左將은 兵馬事 관련업무를 장악하였으며, 당시 최고위의 직가운데 하나로 신설되었던 것으로 보인다. 『三國史記』권40 職官(下)에 보면 〈古記〉를 인용하여 「左輔·右輔·左將·上佐平·北門頭」의 관제가 기록되어 있다. 여기서 좌보·우보·상좌평은 백제 최고의 관직였음은 주지의 사실이다. 다만 북문두에 대해서는 현재 확인할 수 없지만 좌보·우보·상좌평과 좌장의 직이 함께 기록되어 있는 점은 주목된다. 왜냐하면 〈古記〉를 인용한 고구려의 관제에서도 「左輔·右輔·大主簿·國相·九使者·中畏大夫」의 기록이 보이고 있는데,[10] 이들은 모두 고구려에서 最高位의 職에 해당하는 관직였다는 사실[11]과 비교할 때 〈古記〉를 인용한 백제 관직도 최고위의 직을 기록한 것으로 볼 수 있기 때문이다. 그렇다고 보았을 때 백제의 左將 역시 最高位의 職가운데 하나였음을 알 수 있다. 고이왕대 진씨세력이 중앙정치에서 두각을 나타내는 이유에 대해서는 대체로 고이왕이 沙伴을 폐하고 즉위하는데 진씨가 지지세력으로서 많은 영향을 끼쳤을 것이라고 하는 견해가 지배적이다.[12] 그러나 이러한 견해와는 다른 입장에서 진씨세력의 중앙진출을 이해할 필요가 있다. 진씨세력은 당시 北部에 재지기반을 두고 있었으며, 전통적으로 강한 군사력을 소유하고 있었던 유력한 정치세력이었다. 따라

---

10 『三國史記』권40 職官(下), 「左輔·右輔·大主簿·國相·九使者·中畏大夫右見本國古記」.

서 고이왕이 진씨세력을 회유할 목적으로 중앙정치세력내로 끌어들임과 동시에 이들을 자신의 영향력하에 두고자 했을 가능성을 생각할 수가 있는 것이다.[13] 고이왕은 非肖古系로서 왕위에 오른 인물로 沙伴을 폐하고 즉위하는 과정에서 억지가 작용하였다. 따라서 즉위후에는 자신의 즉위에 불만이 있는 세력에 대한 통제가 필요하였으며, 이러한 목적에서 고이왕은 7년 左將職을 신설하여 眞忠을 등용하였던 것이 아닌가 한다. 그런데 당시 최고위의 직으로 左輔와 右輔가 있었음에도 불구하고 새로 左將職을 신설하여 眞忠을 임명한 이유가 불분명하다. 따라서 좌장직은 군사권을 왕권하에 편제하고자 설치한 職으로 이해되기도 한다.[14] 그런데 고

---

11 여기서 左輔・右輔・國相・中畏大夫가 최고위 관직이었음은 주지의 사실이며(임기환, 1995,「高句麗 集權體制 成立過程의 研究」, 경희대 대학원 박사학위논문, 66~76쪽 참조), 大主簿 역시 次大王 2년조에 보면 桓那部 于台 菸支留를 左輔로 삼고 동시에 大主簿의 爵을 더하여 주고 있으며(以桓那部于台菸支留爲右輔 加爵爲大主簿), 봉상왕 3년에는 南部 大使者 倉助利를 國相으로 삼고 벼슬을 더하여 大主簿로 삼고 있다(以南部大使者倉助利爲 國相 進爵爲大主簿). 이로 보아 大主簿 역시 최고위의 職가운데 하나였음을 알 수 있다.
   그리고 九使者와 관련해서는 『三國史記』고구려본기 동천왕 20년조 및 열전 密友・紐由 傳에「追贈紐由九使者 又以其子多優爲大使者」의 기록이 보이고 있다. 이는 魏의 毋丘儉 침입시 죽음을 무릅쓰고 이를 격퇴하는데 공을 세운 紐由와 그 아들에게 관작을 내린 내용이다. 죽은 紐由는 九使者의 직을, 그 아들에게는 大使者의 직을 내리고 있는데, 여기서 九使者는 처음 보이는 직으로 이를 大使者로 보기도 한다. 그러나 죽은 父의 공으로 그 아들에게 관직을 내리는데 父와 子에게 똑같은 관작을 내렸다고 보기는 어렵다. 따라서 이를 그대로 九使者로 보고, 大使者보다는 높은 관작이었다고 보는 것이 타당하다. 大使者는「以南部大使者倉助利爲國相 進爵爲大主簿」(봉상왕 3년조)의 例에서 보듯이 국상에 임명될 수 있는 직였다. 이것으로 보아도「九使者」는「大使者」보다 한 단계 높은 직이었을 가능성을 추측할 수 있으며, 다만 기록에 한 차례밖에는 보이고 있지 않은 것으로 보아 實職이 아닌 죽은 자를 예우하기 위한 虛職이었을 가능성도 생각할 수 있으나 最高位의 職였을 가능성만은 분명하다고 하겠다. 이상에서 살펴볼 때〈古記〉를 인용하여 기록된 관직은 모두 당대 最高位의 職가운데 하나였음을 알 수 있다.
12 노중국, 1988, 앞의 책, 127쪽.
13 이재운, 1987,「百濟 支配勢力의 變遷」,『전주대논문집』15, 330~331쪽.
14 노중국, 1994,「4~5世紀 百濟의 政治運營」,『한국고대사논총』6, 147~148쪽.
   실제 사료 A-4에서 보면 왕이 좌장 眞忠을 파견하여 낙랑의 邊民을 襲取하고 있어, 좌장이 왕의 통제를 받고 있었던 것으로 이해할 여지도 있다.

이왕 27년에 兵馬權을 관장하는 左將의 직이 있음에도 불구하고 兵官佐平을 신설하여 外兵馬事를 분장시키고 있다. 이는 좌장의 직능을 분화시키려는 의도에서 비롯되었을 것이며, 동시에 28년에는 병관좌평에 새로운 인물인 惟己를 등용시킴으로써 궁극적으로는 진씨의 군사적 역할을 제한시키는 결과를 가져오게 되었다. 이는 결국 좌장직의 신설이 군사권을 왕권 아래에 편제시키기 위한 목적뿐만 아니라 진씨세력을 중앙통치체제내에 편제시키고자 하는 특정한 정치적 목적에 의한 것이었을 가능성을 생각하게 한다.

그런데 고이왕대의 정국을 보면 결코 진씨세력이 고이왕과의 긴밀한 관계를 계속적으로 유지하고 있지 못한 사실을 알 수 있다. 고이왕은 27년 王弟인 優壽를 內臣佐平에 등용하고 있으며, 고이왕 28년 정치개혁시에는 優豆 · 高壽 · 昆奴 · 惟己 등 다양한 세력들을 등용하고 있다.[15] 이는 각 部에 재지기반을 두고 있는 다양한 정치세력들을 중앙정치에 편입시킴으로써 왕권의 강화를 도모한 조치로 받아들일 수 있으며, 반대로 진씨세력의 약화를 의미하는 것이다. 이후 진씨세력은 중앙정치에서의 정치적 입지가 축소되었다. 물론 진씨가 北部라고 하는 재지기반을 가지고 있었기 때문에 왕권과의 결합여부가 세력 약화와 어느 정도 밀접한 관계에 있었는지 확인할 수는 없지만[16] 여하튼 중앙정치에서 점차 배제되고 있었던 것은 분명하다.

진씨세력이 다시 등장하는 것은 比流王代이다. 고이왕 28년(261) 이후 기록에 보이지 않고 있던 진씨세력이 비류왕 30년(333)에 갑자기 진의가 내신좌평에 등용되고 있다. 진씨세력이 등장하게 되는 계기에 대해서는

---

15 『三國史記』권24 고이왕 27 · 28년조.
16 당시 독자적인 세력기반의 존재에 대해서는 비록 扶餘의 경우지만 『三國志』東夷傳 扶餘 條의 「諸加別主四出道 大者主數千家 小者數百家」라는 기록이 참고된다.

일반적으로 비류왕 24년 庶弟 優福의 반란과 관련지어 설명되고 있다.[17] 이 외에 다른 등장배경을 찾을 수 없는 것도 사실이다. 그러나 이는 표면적으로 나타나는 사실에 지나지 않는다. 물론 優福의 반란과 진씨세력의 재등장이 불가분의 관계에 있음은 사실이겠으나 이때 등장한 진씨세력이 비류왕의 적극적인 지지세력이 되지않았음은 이후 비류왕의 國政運營上에 나타나는 위축된 상황을 통해 推知된다.[18]

그런데 진씨세력의 재등장은 곧 王妃族이 되는 배경이 되고 있다는 점에서 중요하다. 즉 진씨세력은 近肖古王과 정치적 연합을 도모함으로써[19] 근초고왕이 왕위에 오르는데 결정적인 역할을 하였으며, 결국 王妃族이 될 수 있었던 것이다.[20]

(2) 王妃族 성립과 정국운영

다음은 진씨가 王妃族으로 성립되는 과정과 국정운영에서의 역할 등에 대해 살펴보기로 하겠다. 먼저 진씨가 근초고왕과 인척관계를 맺게되는 시점에 대해 알아보자. 첫째는 근초고왕 2년조에 眞淨이 王后의 친척으로 기록되고 있는 점을 통해 근초고왕이 즉위하기 이전에 이미 인척관계에 있었음을 생각하게 한다. 근초고왕은 契王이 秋九月에 훙거하면서 즉위하였는데 다음 해 春正月에 眞淨이 朝廷佐平에 임명되고 있으며, 왕후의 친척으로 기록되고 있는 것이다. 특히 이때 '臨事苛細' 하고 '恃勢自用' 하여 國人이 그를 싫어했다고 한다. 이는 眞淨이 근초고왕 즉위 이전부터 상당한 권력의 중심부에 있었을 가능성을 시사하는 것이다.

---

17 『三國史記』권24 비류왕 24년조, 「九月 內臣佐平優福 據北漢城叛 王發兵討之」.
18 강종원, 1997, 「百濟 近肖古王의 王位繼承」, 『백제연구』 27, 19~22쪽.
19 강종원, 1997, 앞의 글, 23~24쪽.
20 이기백은 근초고왕 이후 眞氏가 王妃族으로서의 세력을 형성하게 된 직접적인 기원을 眞義에서 구하고 있다(이기백, 1959, 앞의 글, 573쪽).

둘째는 진씨왕비 소생 태자인 近仇首가 태자때 이미 兵權을 관장하고 있었으며, 근초고왕 24년 고구려 정벌에서의 활약상[21] 등으로 보아 근초고왕이 즉위하기 이전에 근구수가 출생했을 가능성이 크다고 하는 사실이다. 그렇다고 한다면 진씨가 근초고왕과 인척관계를 맺었던 시점은 진씨가 재등장하는 비류왕 30년을 전후한 시기로 추정해 볼 수 있을 것이다. 특히 진씨의 등장이 비류왕 24년 優福의 반란 진압과 관련이 있으며, 또 당시 內臣佐平에 임명되는 인물들은 모두 王族이거나 王室과 혼인관계에 있는 사람들이었다고 하는 점[22]으로 볼 때 비류왕 24년 이후에서 30년 이전으로 그 시기가 압축될 가능성도 있다.

그리고 진씨가 근초고왕과 인척관계를 맺을 수 있었던 배경은 우선 진씨세력이 北部에 재지기반을 두고 있음으로 해서 독자적인 정치세력을 형성할 수 있었다고 하는 점을 들 수 있다.[23] 다음은 고이왕대 말기부터 중앙정치에서 점차 배제됨으로써 古爾系와 대립적인 관계에 있었던 肖古系와 정치적으로 연합할 수 있는 여건이 조성되었다고 하는 점이다. 끝으로

---

21 『三國史記』권24 근구수왕 원년조,「近肖古王之子 先是 高句麗國岡王斯由 親來侵 近肖古王遣太子拒之 至半乞壤將戰 高句麗人斯紀本百濟人 誤傷國馬蹄懼 罪奔於彼 至是還來 告太子曰 彼師雖多 皆備數疑兵而已 其驍勇唯赤旗 若先破之 其餘不攻自潰 太子從之 進擊大敗之 追奔逐北 至於水谷城之西北 將軍莫古解諫曰 嘗聞道家之言 知足不辱 知止不殆 今所得多矣 何必求多 太子善之止焉 乃積石爲表 登其上顧左右曰 今日之後 疇克再至於此乎」.

22 노중국, 1978,「百濟王室의 南遷과 支配勢力의 變遷」,『한국사론』4, 58쪽. 비록 비류왕과 근초고왕이 父子관계에 있지는 않았지만(강종원, 1997, 앞의 글, 11~16쪽), 凡肖古系라고 하는 점에서 당시 古爾系와 肖古系의 대립상황에서 凡肖古系의 범주에 포함시켜 같은 王室로 볼 수가 있을 것이다.

23 이는 解氏勢力이 중앙귀족화하는 과정에서 재지기반을 떠나 漢城지역에 정착함으로써 재지기반이 약화되어 비류왕의 즉위에 많은 공헌을 했음에도 불구하고 결국 정치에서 배제되는 결과를 초래하였던 점과 비교해 볼때 아직 완전한 중앙집권적 국가체제가 성립되지 못한 상황에서 재지기반의 중요성을 보여주는 예가 된다고 하겠다(제3절 解氏의 王妃族 성립 참조).

비류왕대 中國郡縣 지역이 고구려에 의해 복속된 상황에서 北部에 기반을 두고 있으면서 전통적으로 우세한 군사력을 보유하고 있었던 진씨세력의 位相이 강화되고 있었던 점과 관련시켜 검토할 수 있을 것이다. 이와 같은 배경하에서 진씨세력이 중앙정치에 다시 등장하는 과정에서 肖古系의 直系인 근초고왕과 인척관계를 맺게 되었던 것으로 생각된다. 그리고 근초고왕 즉위시 절대적인 지지세력으로 작용하여 결국 王妃族의 위치를 확보할 수 있었다. 이후 政局은 肖古系인 근초고왕과 王妃族인 眞氏를 중심으로 전개되고 있다.

다음은 王妃族으로 성립된 이후 진씨세력의 활동은 어떠한 변화를 보이고 있는가 살펴보기로 하겠다. 이 과정에서 王權과 유력귀족이라고 할 수 있는 王妃族과의 관계속에서 왕권의 확립과 진씨세력의 존재양상에 대한 상호관계를 이해할 수 있을 것이다. 『三國史記』의 기록 중에서 진씨세력이 王妃族이 된 이후의 활동을 보여주는 것으로 다음이 참고된다.

B-1. 봄 정월에 천지신에게 제사를 지냈다. 眞淨을 朝廷佐平에 임명하였다. 淨은 왕후의 친척으로서 성품이 사납고 어질지 못하였으며, 일할 때 가혹하고 까다로웠다. 권세를 믿고 제 마음대로 하니 나라사람들이 미워하였다.(『三國史記』권24 근초고왕 2년)

2. 왕의 장인 眞高道를 內臣佐平에 임명하여 정사를 맡겼다.(위의 책, 근구수왕 2년)

3. 봄 정월에 眞嘉謨를 達率에 임명하고, 豆知를 은솔에 임명하였다.(위의 책, 진사왕 3년)

4. 9월에 왕이 달솔 眞嘉謨에게 명하여 고구려를 쳐서 都坤城을 빼앗고, 200인을 사로잡았다. 왕은 眞嘉謨를 兵官佐平에 임명하였다.(위의 책, 진사왕 6년)

5. 봄 전월에 東明廟에 배알하였다. 또 남쪽 제단에서 天地에 제사하였다. 眞武를 左將에 임명하여 군사의 업무를 맡겼다. 진무는 왕의 國舅로 침착하고 굳세며 큰 지략이 있어 당시 사람들이 복종하였다.(위의 책, 아신왕 2년)

6. 가을 8월에 왕이 좌장 眞武 등에게 명하여 고구려를 쳤다. … 우리 군이 대패하였다.(위의 책, 아신왕 4년)

7. 봄 2월에 眞武를 兵官佐平에 임명하였고, 沙豆를 좌장에 임명하였다.(위의
   책, 아신왕 7년)

먼저 사료 B-1의 기록을 보면, 王后의 친척으로서 朝廷佐平에 임명된
眞淨은 「恃勢自用」하여 國人이 그를 싫어했다고 한다. 이는 근초고왕이
王妃族인 진씨세력의 힘을 이용하여 자신의 즉위에 반대되는 세력을 제거
하는 과정에서 나타난 현상으로 이해할 수 있다. 또한 王權의 행사가 매우
강력하게 이루어졌음을 보여주는 것이기도 하지만, 한편으로는 왕비족으
로서 진씨세력의 정치적 영향력이 다른 정치세력을 압도했음을 의미하기
도 한다.

다음 近仇首王代에는 王舅인 眞高道를 內臣佐平에 임명하여 政事를
위임하고 있다.[24] 대개 政事는 서정권과 병마권으로 크게 구분되고 있다.
근구수왕이 진고도에게 위임한 政事는 일반 서정권을 의미하는 것으로 생
각된다. 이는 근구수왕이 태자때부터 직접 전투에 참여하였으며, 왕위에
오른 뒤에도 고구려와 계속적인 전쟁을 수행하고 있었기 때문에 내정은
진고도에게 위임하고 있었던 것이다.

특히 근초고왕과 근구수왕대에는 왕이 직접 병권을 장악함으로써 왕
권의 강화를 가져올 수 있었다. 근초고왕은 왕 24년 漢水의 남에서 大閱을
할때 旗幟를 모두 황색을 사용하고 있는데[25] 이는 기존의 部兵的 성격의
군사조직이 왕을 중심으로 一元的으로 편제되었음을 의미한다.[26] 따라서
北部에 재지기반을 두고 있으면서 전통적으로 강력한 군사력을 보유하고
있었던 진씨세력하의 사병적 성격이 강한 군사력도 이때 왕권 아래로 편

---

24 政事의 위임은 軍事權을 제외한 국정전반의 운영권을 위임한 것으로(노중국, 1994, 앞의
   글, 145~146쪽) 王妃族이 王 다음가는 위치를 확보할 수 있었음을 보여주는 것이다.
25 『三國史記』권24 근초고왕 24년조, 「冬十一月 大閱於漢水南 旗幟皆用黃」.
26 이도학, 1995, 『百濟 古代國家 硏究』, 251~254쪽.

제되었을 가능성이 크다.[27] 이러한 사실은 百濟史上 왕위계승과정에 관여한 유력한 세력이 대개 兵權을 관장하는 左將 또는 兵官佐平의 직에 임명되는 것과는 달리 근초고왕대에는 朝廷佐平에, 근구수왕대에는 內臣佐平에 임명되어 병마권에서는 배제되고 있는 것이다.

다음 辰斯王代에는 眞嘉謨가 達率에 임명되고 있다. 진사왕은 근구수왕의 仲子로 枕流王의 弟이다. 진사왕은 침류왕의 태자가 어리기 때문에 대신 叔父인 진사가 즉위한 것으로 기록되어 있지만[28] 이와 관련하여 『日本書紀』에 다음과 같은 기록이 보이고 있어 주목된다.

「백제 枕流王이 돌아가셨다. 王子 阿花의 나이가 어려 숙부 辰斯가 왕위를 찬탈하고 왕이 되었다」(『日本書紀』권9 신공기 65년조).

즉 진사왕이 왕위를 찬탈한 것으로 기록되어 있는 것이다.[29] 이는 진사왕의 왕위계승과정시 알력이 있었을 가능성을 시사하는 것이며, 이 과정에서 眞嘉謨는 진사왕의 지지세력으로 활동함으로써 왕 3년에 達率에 임명될 수 있었던 것으로 보인다. 그리고 왕 6년에는 왕의 命을 받아 고구려를 공략하고 있는데, 이로 보아 진가모가 군사권을 운용하는 직에 있었음을 알 수 있으며, 이후 병권을 관장하는 兵官佐平에 임명되고 있다.[30] 다음은 阿莘王代 진씨의 활동에 대해 살펴보기로 한다. 사료 B-5에 보이는 眞武는 아신왕의 親舅로 左將이 되어 兵馬權을 관장하고 있는 것으

---

27 백제에서 중앙집권적인 국가체제가 갖추어지고 지방에 대한 직접적인 통제가 행하여 지는 시기가 대개 근초고왕대부터라고 이해되고 있는 점(노중국, 1991, 「漢城時代 百濟의 檐魯制 實施와 編制基準」, 『계명사학』2, 14쪽)도 이와 무관하지 않을 것으로 생각된다.
28 『三國史記』권25 진사왕 원년조.
29 노중국, 1988, 앞의 책, 132~133쪽.
30 대외적인 전쟁이 빈발하는 시기에 兵權은 권력의 핵심을 이루고 있음에도 불구하고 유력한 정치세력에게 兵權이 이양된 것은 진사왕의 즉위시 王族간의 분열현상으로 인해 王權이 약화된 것을 의미한다.

로 보아 여전히 왕비족으로서 유력한 정치세력을 형성하고 있었다. 그런데 진사왕의 薨去 및 아신왕의 즉위와 관련된 다음의 기록을 통해 진사왕대의 진씨세력과 아신왕대의 진씨세력이 정치적 성향 내지는 家系가 서로 달랐을 가능성을 생각해 볼 수 있다.

C-1. 겨울 10월에 고구려가 關彌城을 쳐서 빼앗았다. 왕이 구원에서 사냥을 하였는데, 열흘이 지나도 돌아오지 않았다. 겨울 11월에 구원의 행궁에서 돌아가셨다.(『三國史記』권25 진사왕 8년)
  2. 백제 辰斯王이 즉위하여 귀국 천황에게 무례하였다. 그래서 紀角宿禰·羽田矢代宿禰·石川宿禰·木菟宿禰를 파견하여 그 무례함을 꾸짖었다. 이에 백제국은 辰斯王을 죽여 사죄하였다. 紀角宿禰 등은 阿花를 왕으로 세우고 돌아왔다.(『日本書紀』권10 응신기 3년조)

진사왕의 즉위에 문제가 있었음은 앞에서 살펴보았다. 마찬가지로 진사왕의 죽음에도 의문이 제기되고 있다. 이에 대해 『日本書紀』에는 百濟國이 진사왕을 살해했다고 기록되어 있다. 『三國史記』에도 진사왕이 田獵을 나갔다가 狗原의 行宮에서 薨去한 것으로 기록하고 있는 것으로 보아 진사왕의 죽음에 문제가 있었던 것만은 분명했던 것으로 생각된다.[31] 대개 왕위계승과 관련하여 國人의 존재가 자주 등장하고 있다는 사실[32]에서 百濟國은 百濟 國人으로 대체할 수 있을 것이며, 國人의 존재로는 아신왕 2년 左將에 임명되는 眞武를 중심으로 하는 세력이었다고 볼 수 있다. 즉 진사왕 즉위시에는 眞嘉謨를 중심으로 하는 세력이 두각을 나타내고 있으며, 아신왕이 즉위하는데 있어서는 다시 眞武를 중심으로 한 세력이 등장하고 있는 것이다. 왕위계승상에서 진사왕과 아신왕의 관계를 생

---

31 이도학, 1990, 「漢城 後期의 百濟 王權과 支配體制의 整備」, 『백제논총』2, 288~291쪽.
32 남재우, 1992, 「新羅上古期의 '國人' 층」, 『韓國上古史學報』10.

각할 때 眞嘉謨와 眞武 역시 그 성향이 달랐음을 생각할 수 있다. 이는 진씨세력 가운데서도 정치적 성향을 달리하는 세력이 존재하고 있었으며, 나아가 왕권과의 일정한 관계속에서 그들의 정치적 영향력이 발휘될 수 있었음을 의미한다.

그런데 이때는 고구려 廣開土王의 활발한 대외팽창정책에 의해 백제가 수세에 몰리는 시기이며, 眞武 역시 고구려와의 계속적인 전쟁에서 패하게 되면서 진씨세력은 위축되었을 것이다. 또한 진씨의 재지기반이 北部였던 점으로 보아 광개토왕의 南進으로 자신들의 재지기반을 상실하였을 가능성도 있으며, 이점 역시 진씨세력이 약화되는데 한 요인으로 작용하게 되었을 것이다.[33] 아신왕 7년(398)에 비록 眞武가 兵官佐平에 임명되어 승진으로 볼 수 있으나, 직접 군사권을 운용하던 직이었다고 생각되는 左將에 새로운 세력인 沙豆가 임명되고 있는 사실에서 진씨세력이 군사권의 운용에서 사실상 배제되었을 가능성을 생각할 수 있다. 이는 제18대 전지왕의 왕위계승 분쟁에서 진씨세력이 영향력을 상실하는 계기가 되었던 것으로 보이며, 결국 解氏勢力의 등장을 초래하게 되었다.[34] 이후 진씨는 유력한 정치세력에서 배제되고 있다가 三斤王 2년 解仇의 반란을 진압하는 과정에서 재등장하나[35] 이미 王妃族으로서의 王族 다음가는 정치적 위상은 상실한 이후였다.

이상에서 眞氏가 정치세력을 형성하는 과정과 이후 王妃族으로서의

---

33 비록 근초고왕 이후 部에 재지기반을 두고 있었던 정치세력들이 중앙의 통치체제내로 편제됨으로써 在地基盤의 중요성이 많이 약화되기는 했겠지만 완전히 소멸되지는 않았으며, 이는 이후에 등장하는 대부분의 정치세력들이 토착기반을 가지고 있었던 사실을 통해 확인된다.

34 『三國史記』권25 전지왕 원년조.

35 『三國史記』권26 삼근왕 2년조, 「春 佐平解仇與恩率燕信聚衆 據大豆城叛 王命佐平眞男 … 更命德率眞老 帥精兵五百 擊殺解仇」.

활동 등에 대해 검토해 보았다.[36] 이와 같은 검토를 통해 볼 때 제13대 近肖古王代부터 제18대 腆支王代 解氏가 등장하기까지 眞氏가 王妃族을 형성하고 있었음을 알 수 있었다. 그리고 유력한 정치세력, 나아가 王妃族이 될 수 있었던 배경으로는 北部라고 하는 독자적인 재지기반과 우세한 군사력의 보유 등을 들 수 있다.

3) 解氏의 王妃族 성립

(1) 解氏의 政治勢力化 과정

현재 解氏는 백제 王姓가운데 하나로 이해되고 있기도 하다. 따라서 정치세력으로서의 解氏에 대한 검토를 하기에 앞서 이 문제에 대한 약간의 언급이 필요할 것으로 생각된다. 먼저 解氏 王姓을 論하고 있는 학자로 末松保和를 들 수 있다. 그는 『三國遺事』 및 『日本書紀』의 내용[37]을 토대로 고구려와 백제가 공통으로 解氏를 王姓으로 하고 있었을 가능성을 지적하고 있다.[38] 그리고 臣下 가운데도 해씨를 칭한 경우가 적지않음을 지적하고 있어 해씨가 王姓임과 동시에 유력귀족가운데 해씨를 칭한 경우도 있었던 것으로 파악하였다. 그러나 해씨왕의 존재와 해씨를 칭한 신하의 존재 및 이들의 관계 등에 대해서는 구체적인 언급이 없다. 이러한 견해와 마찬가지로 노중국 역시 해씨가 王姓임을 밝히고 있으나 末松保和와는 달

---

36 다만 枕流王에 대해서는 기록이 없어 확인할 수는 없지만 王母가 眞氏였으며, 침류왕의 子인 아신왕의 妃가 진씨였던 점에서 침류왕의 妃도 진씨였을 것으로 추정하여도 무리가 없다고 생각된다.

37 『三國遺事』권2 南扶餘 前百濟條, 「其世系與高句麗同出扶餘 故以解爲氏」.
  『日本書紀』권19 欽明紀 14년 10월조, 「餘昌對日 姓是同姓 位是扞率 年二十九矣」.

38 末松保和, 1965, 「朝鮮古代諸國の開國傳說と國姓」, 『青丘史草』1, 36~41쪽.

리 백제 초기에 王姓였던 解氏가 扶餘氏에게 왕위를 넘겨준 이후 유력 귀족세력으로 존속한 것으로 이해하고 있다.[39] 그런데 해씨가 최초로 중앙정치에 등장하는 것은 해씨왕인 多婁王代로 보고 있으나 이에 대한 이해가 필요하며, 肖古王이후 比流王代 다시 王族이 아닌 유력귀족으로 등장하기까지 해씨세력의 동향이 기록에 전혀 보이고 있지 않은 점도 의문이다. 또한 王都인 漢城지역에 함께 기반을 두고 있었던 것으로 나타나고 있는 점 등 이해하기 어려운 부분이 많은 것도 사실이다.

특히 『日本書紀』흠명기의 내용처럼 백제왕자 餘昌이 고구려 원정기사에서 고구려와 같은 姓을 표방하고 있다는 것은 末松保和의 견해대로라면 같은 해씨일 경우에 가능한 것이다. 그렇다고 한다면 해씨가 王姓으로 인식되는 것이 6세기까지 계속되고 있었다는 것이 된다. 따라서 해씨가 王姓였음을 증명하기에는 아직 미흡한 부분이 있다고 하겠다.[40]

그러면 왜 解氏가 王姓으로 『三國遺事』에 기록되고 있는가? 이에 대해 『三國史記』에서

「봄 정월에 우보 乙音이 죽었다. 북부의 解婁를 우보로 임명하였다. 解婁는 본래 扶餘人이다.」[41]

라고 하여 解婁가 본래 扶餘人이었음을 명기하고 있는 내용이 주목된다. 扶餘王族이 해씨를 칭한 사실은 고구려 시조 朱蒙이 解氏를 칭한 것[42]

---

39 노중국, 1983, 「解氏와 扶餘氏의 王室交替와 初期百濟의 成長」, 『金哲埈博士華甲紀念史學論叢』.
40 王姓으로 扶餘氏와 優氏설을 제기하는 견해도 있으며, 다음이 참고된다.
    천관우, 1989, 「三韓考」제3부, 앞의 책, 322~330쪽.
    심정보, 1989, 「백제 王姓에 대하여」, 『한국상고사』.
41 『三國史記』권23 온조왕 41년조.
42 『三國遺事』권1 고구려조.

과 解慕漱가 夫婁를 낳은 후 「以解爲氏焉」한 것[43])을 통해 확인된다. 즉 해씨는 부여에서 왕족이었던 것이다. 따라서 부여로부터 이주해 온 해루집단은 부여내에서 왕족세력의 일파였음을 추지할 수 있으며, 이들은 어떠한 이유에서 인지는 모르지만 백제지역으로 이주하게 되었고 지역적으로 가까운 백제의 北部지역에 정착하였던 것으로 보인다. 이러한 이유로『三國遺事』에서는 扶餘人을 표방한 해씨를 王姓으로 표기하게 되었을 것이다. 따라서 해씨를 백제의 王姓으로 이해하기에는 아직 문제가 있다고 하겠다.

따라서 본고에서는 해씨를 유력한 정치세력의 범주속에서 고찰해 보고자 한다. 먼저 解氏가 어떠한 과정을 거쳐 政治勢力化 하는가에 대해 살펴보겠다. 해씨세력의 등장과 관련해서는『三國史記』에 다음의 기록이 보이고 있다.

D-1. 봄 정월에 우보 乙音이 죽었다. 북부의 解婁를 우보로 임명하였다. 解婁는 본래 扶餘人으로 식견이 깊었고, 나이가 70세를 넘었으나 기력이 쇠하지 않았으므로 등용한 것이다.(『三國史記』권23 온조왕 41년)

2. 봄 2월에 우보 解婁가 죽었는데, 나이가 90세였다. 동부 屹于를 우보에 임명하였다.(위의 책, 다루왕 7년)

3. 여름 4월에 東明廟에 배알하였다. 解仇를 병관좌평에 임명하였다.(위의 책, 비류왕 9년)

4. 국경에 이르자 漢城人 解忠이 와서 고하였다. "대왕께서 돌아가시자 왕의 동생 설례가 형을 죽이고 스스로 왕이 되었습니다. 원컨대 태자께서는 경솔히 들어가지 마십시오."(위의 책, 전지왕 원년)

5. 가을 9월에 解忠을 달솔에 임명하고 한성의 조 1천석을 하사하였다.(위의 책, 전지왕 2년)

---

43 『三國遺事』권1 북부여조.

위의 사료 D는 解氏가 王妃를 배출하기 이전 유력한 정치세력으로 등장하는 과정을 보여주는 기록이다. 해씨가 중앙정치에 등장하는 것은 온조왕 41년 解婁가 右輔에 임명되는 것에서 시작된다. 이때 解婁가 등용되는 이유는 「神識淵奧 年過七十膂力不愆」이라고 하여 다분히 假想的인 요소가 있으며, 아마도 解婁가 부여인이었다는 것으로 보아 백제 건국세력과 같은 扶餘族 출신이기 때문에 가능했던 것으로 생각된다.[44] 그런데 다루왕 7년 解婁가 죽은 후 한동안 기록에 보이지 않다가 비류왕 9년에 解仇라는 인물이 다시 나타나고 있다.[45] 그러면 어떻게 해씨가 비류왕대 다시 등장하여 兵官佐平에 등용될 수 있었는가? 이에 대해서는 비류왕의 즉위와 관련하여 검토할 필요가 있다. 비류왕은 臣民의 추대에 의해 왕위에 오른 인물이다.[46] 따라서 이들 臣民은 비류왕의 즉위에 중요한 역할을 한 인물들이었으며, 그 중에서도 解仇가 가장 커다란 공헌을 했음을 알 수 있다. 이로 인해 解仇가 병관좌평에 임명될 수 있었던 것으로 보인다.[47] 그런데 여기서 문제가 되는 것은 어떻게 解仇가 비류왕의 즉위시 많은 영향

44 이종욱, 1979, 「百濟의 國家形成」, 『대구사학』11, 53~55쪽.
    양기석, 1980, 「熊津時代의 百濟支配層硏究」, 『사학지』14, 4쪽.
    특히 고구려의 경우에도 주몽과 같이 부여에서 남하해 온 3人가운데 陜父가 大輔의 직에 있었던 점과 대비시켜 이해할 수 있다(『三國史記』권14 유리명왕 22년조). 이 大輔의 職은 대무신왕대는 左右輔의 명칭으로 나타나고 있어 이때 분화된 것으로 생각되며, 백제의 좌·우보와 같은 직능을 가졌던 것으로 볼 수 있다(같은 책, 대무신왕 8·10년조). 따라서 온조왕대 右輔에 임명된 解婁도 온조왕과 같은 扶餘系 출신으로 백제의 건국과정에서 일정한 역할을 함으로써 우보의 직에 등용되었을 가능성이 크다.
45 280여년 동안 기록에 보이고 있지 않은 것은 解婁 이후 해씨가 유력한 정치세력으로 기능하지 못하였음을 의미하는 것으로 받아들일 수 있다.
46 『三國史記』권24 비류왕 원년조, 「仇首王第二子 性寬慈愛人 又强力善射 久在民間 令譽流聞 及汾西之終 雖有子 皆幼不得立 是以 爲臣民推戴 卽位」.
47 비류왕 9년에 보이고 있는 解仇와 문주왕 4년에 보이는 解仇가 同名이라는 사실에 의해 비류왕대 해구의 실재성에 의문을 제기하기도 하나(李弘稙, 1987, 앞의 글, 353쪽) 이를 同名異人으로 보는데 별 무리가 없으므로(노중국, 1988, 앞의 책, 126쪽) 필자도 비류왕대의 해구를 실재 인물로 보는 견해를 따른다.

력을 행사할 수 있었겠는가 하는 점이다. 이를 위해서는 解婁 이후 해씨세력이 약 280여년간 유력한 세력으로 활동하고 있지 못했었음에도 불구하고 비류왕의 즉위시에 중요한 역할을 할 수 있었던 배경에 대해 살펴볼 필요가 있다. 이는 비류왕의 즉위과정과 해씨세력의 정치적 기반 등의 문제와도 관련이 있다.

먼저 주목되는 사실은 解婁가 北部를 칭하고 있는 것이고, 또 하나는 본래 扶餘人이었다고 하는 점이다. 北部를 칭한 사실에서 解氏의 근거지가 북부였음을 알 수 있다. 그러나 본래 扶餘人이었다고 하는 것으로 보아 이들이 북방의 부여지역으로부터 이주해 와서 백제의 北部地域에 정착했음을 알 수 있다. 이는 해씨가 북부의 토착세력이 아니었음을 보여주는 것이기도 하다. 북부의 토착세력과 관련해서는 다루왕 10년 右輔에 임명되는 북부를 칭한 眞會라고 하는 인물[48]이 주목된다. 이후 眞氏는 유력한 정치세력으로 활동하게 되는데 그 기반이 북부였다. 따라서 한동안 北部에 해씨와 진씨세력이 함께 존재하였을 가능성을 생각할 수 있다. 해씨세력은 多婁王 7년 解婁가 사망한 이후 기록에 나타나지 않다가 比流王 9년에 다시 보이고 있으며, 전지왕 원년에 다시 '漢城人' 解忠이 보이고 있다. 그런데 解婁 이후 해씨는 북부를 칭하고 있지 않다. 특히 解忠이 '漢城人'으로 기록되고 있는 사실이 주목된다(사료 D-4). 이는 해씨가 언제인가 한성지역으로 그 재지기반을 옮겼음을 의미하는 것이라고 하겠다. 그러면 언제 북부로부터 한성지역으로 옮겨 왔을까. 이 문제는 최초로 관직에 진출하는 解婁에서 해답을 찾을 수 있을 것이다. 특히 그가 본래 부여인이었다고 하는 사실은 백제의 건국 주체세력과 같은 扶餘族임을 나타내는 것이기도 하다. 이로 인해 解婁가 右輔의 직에 임명될 수 있었으며, 또한 이

---

48 『三國史記』권23 다루왕 10년조.

때 그 재지기반도 한성으로 옮겨왔던 것으로 추정된다.[49]

이후 해씨세력은 한성내에서 유력한 정치세력 가운데 하나로 활동하게 되었다. 그러한 이유로 비록 解婁 사망 이후 비류왕 9년까지 해씨세력이 기록에 나타나고는 있지 않지만 중앙정치에서 일정한 입지를 구축할 수 있었으며, 비류왕의 즉위에도 관여할 수 있었던 것이다. 그러나 비류왕대 해씨는 정치세력으로서 큰 영향력을 행사하지는 못하였던 것 같다. 비류왕은 肖古系로 古爾系를 물리치고 왕위에 오른 인물이다. 따라서 비류왕이 비록 臣民의 추대에 의해 왕위에 오르기는 했지만 古爾系 세력가운데서 비류왕의 즉위에 불만을 가진 세력이 있었을 것임은 분명한 사실이다. 그렇다고 한다면 比流를 지지한 해씨세력은 일부 古爾系 세력과 반대되는 정치적 성향을 가지고 있었을 것이다. 그런데 비류왕 18년에 古爾系인 優福이 內臣佐平에 임명되고 있다.[50] 이는 비류왕이 古爾系와의 정치적 타협을 통하여 정치세력간의 결속을 도모하고, 보다 광범한 왕권의 행사를 의도한 것으로 이해할 수 있다. 그러나 반대로 해씨세력에게는 정치적 위축을 초래하게 되었을 것이다.

그런데 內臣佐平에 등용된 優福이 비류왕 24년 반란을 일으키고 있다.[51] 優福의 내신좌평 임명은 비류왕이 古爾系를 포용하는 과정에서 이루어진 것이었다고 생각되지만, 優福의 반란은 그가 비류왕의 즉위에 동조하지 않은 세력가운데 하나였을 가능성을 보여주는 것이다. 또한 해씨세력과도 정치적 성향을 달리하고 있었을 가능성이 크다. 이러한 인물이

---

49 이는 전지왕 元年에 등장하는 解忠이 漢城人을 칭한 사실에서 분명하다. 그리고 解婁가 扶餘人을 칭하고 있는 점으로 보아 北部가 원래의 재지기반이 아닌 부여로부터 이주해 와서 정착한 지역이었음을 알 수 있으며, 그로 인해 쉽게 정착기반을 漢城 지역으로 옮길 수 있었던 것으로 보인다.

50 『三國史記』권24 비류왕 18년조.

51 『三國史記』권24 비류왕 24년조.

내신좌평에 임명되었다고 하는 사실은 곧 해씨세력의 정치적 입지가 축소되었음을 의미한다. 비류왕 24년 優福이 반란을 일으킴으로써 비류왕과 古爾系와의 연합은 깨어졌으나, 진씨세력이 재등장하는 계기를 마련해 주었던 것이다. 이로써 해씨세력은 또다시 유력한 정치세력에서 배제되었지만, 溫祚王代의 解婁 이후부터 比流王代를 거치면서 漢城地域을 기반으로 하여 중앙정치에서 일정한 입지를 구축할 수는 있었던 것으로 보인다.

(2) 王妃族 성립과 정국운영

解氏는 阿莘王 사후 왕위계승 분쟁을 거치는 과정에서 다시 유력한 정치세력으로 부상하고 있다. 다음은 해씨가 王妃族으로 성립되는 과정과 이후 정치적 활동에 대해 살펴보기로 하겠다. 이와 관련해서는 다음의 사료가 참고된다.

E-1. 봄 2월에 이복동생 餘信을 내신좌평으로 삼고, 解須를 내법좌평으로 삼고, 解丘를 병관좌평으로 삼았는데, 모두 왕의 친척이다.(『三國史記』권25 전지왕 3년)
  2. 가을 7월에 동부와 북부 사람으로 나이 15세 이상을 징발하여 沙口城을 쌓았는데, 병관좌평 解丘에게 공사를 감독하게 하였다.(위의 책, 전지왕 13년)
  3. 겨울 10월에 상좌평 餘信이 죽었다. 解須를 상좌평에 임명하였다.(위의 책, 비유왕 3년)
  4. 가을 9월에 解仇를 병관좌평에 임명하였다.(위의 책, 권26 문주왕 2년)
  5. 가을 8월에 병관좌평 解仇가 권세를 마음대로 휘두르고 법을 어지럽히며 왕을 무시하는 마음이 있었으나 왕이 능히 제어하지 못하였다. 9월에 왕이 사냥을 나가 밖에서 묵었는데, 해구가 도적을 시켜 해치게 하여 마침내 돌아가셨다.(위의 책, 문주왕 4년)
  6. 軍國政事 일체를 좌평 解仇에게 맡겼다.(위의 책, 삼근왕 원년)
  7. 봄에 좌평 解仇가 은솔 燕信과 함께 무리를 모아 대두산성을 근거로 하여 반란을 일으켰다. 왕은 좌평 眞男에게 명령하여 병사 2천 명으로 토벌하게 하였으나 이기지 못하였다.(위의 책, 삼근왕 2년)

阿莘王 사후 왕위계승분쟁이 일어나고 있음은 『三國史記』전지왕 원년
조의 기록을 통해 알 수 있다.[52] 즉 倭에 質子로 가있던 전지가 아신왕의
죽음을 듣고 귀국하는 도중에 동생 설례가 왕위를 찬탈한 사실을 漢城人
解忠이 알려주고 있는 것이다. 이때 國人이 설례를 죽이고 전지를 맞아들
여 왕으로 삼는데 아마 國人으로 표현된 사람들 가운데 해씨세력도 포함
되었을 것임은 분명하다. 이러한 공으로 전지왕 2년 解忠은 達率이 되며,
漢城租 一千石을 하사받고 있다(사료 D-5).[53] 다시 전지왕 3년에는 解須
가 內法佐平에, 解丘가 兵官佐平에 임명되고 있는데 모두 王戚이라고 하
였다. 이 기록을 통해 전지왕대 해씨가 王妃族이 되었음을 확인할 수 있
다. 이러한 사정으로 인해 전지왕 원년조에 보이고 있는 '八須夫人'을 해
씨왕비로 추정하고 있기도 하다.[54] 그러나 전지왕이 즉위하는 해에 八須
夫人이 久爾辛을 낳고 있다. 따라서 전지왕은 즉위 이전에 이미 혼인하였
음을 알 수 있으며, 八須夫人은 해씨왕비가 아닌 것이 분명하다.[55] 해씨가
王妃族이 되기 이전에는 眞氏가 王妃族였음은 앞에서 살펴보았다. 따라

---

52 「… 阿莘在位第三年立太子 六年出質於倭國 十四年王薨 王仲弟訓解攝政 以待太子還國
  季弟碟禮殺訓解 自立爲王 腆支在倭聞訃 哭泣請歸 倭王以兵士百人衛送旣至國界 漢城人
  解忠來告曰 大王棄世 王弟碟禮殺兄自立 願太子無輕入 腆支留倭人自衛 依海島以待之 國
  人殺碟禮 迎腆支卽位 妃八須夫人 生子久爾辛」(『三國史記』권25 전지왕 원년조).
    전지왕대의 정치상황에 대해서는 양기석의 「百濟 腆支王대의 政治的 變革」(1982, 『호서
  사학』10)의 논고가 참고된다.
53 漢城租 一千石이라는 것으로 보아 아마도 한성지역의 租 일천석에 해당하는 수취권을 준
  것으로 보인다. 다만 한 해에 한해서 준 것인지 아니면 매년 收租의 권리를 준 것인지는
  분명하지 않다. 그러나 이 점을 통해 당시 解忠의 재지기반이 漢城에 있었음을 알 수 있
  다. 이에 대해 직접적인 수취권을 수여한 것이 아니라 한성의 국가창고에 보관된 조세 수
  납미중에서 일천석을 해마다 일정기간 동안 지급받은 것으로 이해하기도 한다(양기석,
  1996, 「백제의 사회와 문화」, 『백제의 역사와 문화』). 租의 하사와 관련해서 다루왕 3년
  東部 屹于에게 馬 10필과 租 500석을 하사한 기록이 있는데, 이때는 단지 租 500석이라고
  하여 지역명이 없어 차이를 보이고 있다(『三國史記』권23 다루왕 3년조, 「王喜賞屹于馬十
  匹租五百石」).
54 이기백, 1959, 앞의 글, 575쪽.

서 八須夫人 역시 진씨일 가능성이 크다고 하겠다.

또한 毗有王 即位年 기록을 통해 전지왕대에 王妃族이 진씨에서 해씨로 바뀌었음을 알 수 있다. 비유왕은 구이신왕의 長子 또는 전지왕의 庶子로 기록되고 있다.[56] 그런데 구이신은 전지왕 元年에 출생하고, 전지왕 16년간의 재위기간을 지나 왕이 되었으므로 16세이다. 그리고 재위 8년후에 죽었으므로 구이신왕 사망시의 나이는 24세가 된다. 따라서 구이신왕이 아무리 일찍 혼인을 하여 아이를 낳았어도 그 아이는 10세 미만이었을 것이다. 그런데 비유왕은 「美姿貌 有口辯 人所推重」하여 구이신왕 死後 왕위에 오를 수 있었음을 시사하고 있다. 이는 10세 미만의 소년에게는 해당되기 어려운 표현이라고 할 수 있다. 따라서 비유왕은 구이신의 長子가 아니라 전지왕의 庶子일 가능성이 크다고 하겠다.[57] 또한 비유왕이 사람들의 推重을 받았다고 하는 사실을 굳이 기록하고 있는 점에서도 구이신왕의 장자가 아닐 가능성이 추정되며,[58] 여기서 人은 해씨세력으로 볼 수 있는 것이다. 만일 그가 구이신왕의 長子였다고 한다면 굳이 이러한 표현을 쓸 필요가 없었을 것이기 때문이다. 그렇다고 한다면 전지왕의 第2妃가

---

55 그러나 전지왕이 즉위하는 해에 八須夫人과의 사이에서 久爾辛이 출생하고 있는 사실에서 전지왕이 태자로 있을 때 결혼했으며, 이는 아신왕대 이미 해씨세력과의 결탁이 있었음을 말해주는 것이고, 따라서 八須夫人은 해씨라고 하는 견해가 있다(이도학, 1990, 앞의 글, 291~292쪽). 그렇다고 한다면 解氏는 이미 전지왕 원년 왕위계승분쟁시에 유력한 정치세력이었을 가능성이 있음에도 불구하고 단지 漢城人 解忠으로만 기록되고 있는 점과 전지왕 2년에는 이미 王妃族이 되었으며, 전지왕의 즉위에서 가장 큰 역할을 하였음에도 불구하고 解忠이 단지 達率에 임명되고 있다는 사실, 또 3년에 가서야 解須・解仇가 각각 內法佐平・兵官佐平에 임명되면서 '皆王戚也'라고 기록되고 있는 점 등 이해하기 어려운 문제가 있다.

56 『三國史記』권25 비유왕 즉위년조, 「久爾辛王之長子[或云 腆支王庶子 未知孰是] 美姿貌 有口辯 人所推重 久爾辛王薨 即位」.

57 毗有王의 王系에 대해서는 이미 검토된 바가 있어 참고된다(이도학, 1984, 「漢城末 熊津時代 百濟王系의 檢討」, 『한국사연구』45, 6~7쪽).

解氏임이 분명하며, 納妃 시기는 전지왕 2년에서 解須가 內法佐平에 임명되는 사이일 가능성이 크다. 비유왕이 그 이후 멀지않아 태어났다고 한다면 전지왕 3~4년 사이가 될 수 있으며, 즉위시의 나이는 이후 재위기간 12~13년에 구이신왕 재위기간 8년을 합할 경우 대략 20세 전후가 된다. 이는 비유왕 즉위시「美姿貌」했다는 사실과 부합되고 있음을 볼 수 있으며, 구이신왕 재위시의 기록이 소략한 것도 이때 해씨세력이 國政을 장악하고 있는 상황에서 진씨왕비 소생이었던 구이신왕의 왕권이 크게 위축되었던 사실을 보여주는 것으로 이해할 수 있다.[59]

특히 구이신왕과 관련하여『日本書紀』의 다음 기록이 주목된다.

F. 백제의 直支王이 돌아가셨다. 이에 아들 久爾辛이 왕위에 올랐다. 왕이 어려 왜의 木萬致가 국정을 잡고 왕모와 밀통하여 무례를 일삼았다. 천황이 듣고 그를 소환하였다.[百濟記에 이르기를, "木滿致는 木羅斤資가 신라를 정벌할 때에 그 나라의 부인을 취하여 낳았다. 그 아비의 공으로 임나에서 전횡하였다.…"](『日本書紀』권10 응신기 25년)

즉 久爾辛王(420~427)이 어려 木滿致가 國政을 잡고, 王母와 相淫하여 무례를 행하였다고 하는 사실이다. 木滿致는 木羅斤資의 子인데 목라근

---

58 특히 毗有王 2년에는 4部를 巡撫하면서 빈궁한 사람들을 구휼하고 있는데 이는 肖古系로 古爾系를 이어 臣民들의 추대로 왕위에 오른 비류왕이 왕 9년 2월에 사신들을 파견하여 백성들을 진휼하는 사실과 관련시켜 이해할 수 있을 것이다. 이와 관련된 사료는 다음과 같다.
   1. 「發使巡問百姓疾苦 其鰥寡孤獨不能自存者 賜穀人三石」(『三國史記』권26 比流王 9년 2월조).
   2. 「王巡撫四部賜貧乏穀有差」(위의 책, 毗有王 9년 2월).
59 특히『宋書』百濟傳에는 餘映(腆支王)-餘毗(毗有王)로 왕 계보를 기록하고 있어 久爾辛王의 존재에 대해서는 언급하고 있지 않을 뿐만 아니라 구이신왕 5년에 해당되는 景平 2년(424)에 전지왕이 宋에 사신을 파견한 것으로 기록되어 있기도 하다. 이러한 사실은 구이신왕대의 혼란한 정국상황을 반증하는 것으로 이해할 수 있다.

자는 百濟將으로 기록되고 있어[60] 이를 百濟人으로 보는데는 이견이 없다. 이것이 사실이라고 한다면 어떻게 하여 해씨가 王妃族을 형성하고, 유력한 정치세력이 된 상황에서 이와 같은 일이 가능하였을까? 이는 바로 久爾辛이 진씨왕비의 소생이었으며, 전지왕의 第1妃가 진씨였다는 사실에서 찾을 수 있다. 즉, 전지왕의 장자인 구이신왕이 일단 즉위하게 되자 진씨세력은 구이신왕의 生母가 중심이 되어 정치적 활동을 재개하고자 했을 것이며, 근초고왕 이후 대외적인 활동을 통해 세력을 성장시켜 온 세력인 木氏勢力[61]과 연합하고자 했던 것으로 볼 수 있다.[62] 木滿致의「執國政」또한 이와 같은 상황하에서 가능하게 되었던 것이라고 하겠다. 그러나 당시 해씨세력이 유력한 정치세력으로 작용하고 있었기 때문에 木滿致의 활동에는 한계가 있을 수밖에 없었으며, 결국 國政에서 축출되었던 것이다.[63] 이러한 상황이 木滿致가 무례하여 천황이 그를 소환했다고 하는 내용으로 윤색되어 기록될 수 있었던 것이 아닌가 생각된다. 전지왕의 庶子이자 해씨왕비 출생의 비유왕이 구이신왕을 이어 왕위에 오르게 되는 것도 바로 木滿致와 연합한 진씨세력의 한계를 보여주는 것으로 이해할 수 있다. 특히 아신왕 사후에 진씨세력이 설례와 긴밀한 연합관계를 형성했을 가능성이 제기되고도 있으나 전지왕의 제1비가 진씨였다는 사실과 그

---

60 『日本書紀』권9 신공기 49년 3월조,「以荒田別 鹿我別爲將軍 則與久氏等 共勒兵而度之 至卓淳國 將襲新羅 時或曰 兵衆少之 不可破新羅 更復奉上沙白 蓋盧請增軍士 卽命木羅斤資 沙沙奴跪[是二人 不知其姓人也 但木羅斤資者 百濟將也]」.

61 木氏勢力의 出自 및 활동 등에 대해서는 노중국의「百濟의 貴族家門 硏究-木協(木)氏 세력을 중심으로-」(1994, 『대구사학』48)가 참고된다.

62 즉 가야지역에서 영향력을 가지고 활동하고 있던 목만치의 세력을 끌어들여 국정을 장악하고자 의도했던 것으로 생각된다.

63 木滿致와 관련하여『三國史記』개로왕 21년에 문주와 함께 남행하는데 동행한 木劦滿致와 동일인으로 보아 목만치의 활동시기를 3周甲 인하하여 보는 견해도 있으나(山尾幸久,1989,『古代の日朝關係』, 122~124쪽), 구이신왕대의 정치적 상황과 관련시켜 木滿致의 존재를 이해할 때 2주갑을 인하하는 것이 옳은 것으로 보인다.

소생의 구이신이 즉위할 수 있었던 사실에서 볼 때 그 가능성은 적다고 생각된다.[64]

결국 비유왕이 전지왕의 第2妃인 해씨왕비의 소생임을 알 수 있으며, 전지왕의 親舅는 아마도 왕 3년에 內法佐平에 임명되는 解須였음이 분명하다. 이는 비유왕 3년 上佐平 餘信 사망후 解須가 上佐平에 임명되고 있는 사실을 통해 推知된다(사료 E-3). 이 시기를 전후해 상좌평에 임명된 인물로는 解須 외에 전지왕의 庶弟인 餘信과 개로왕대 王子 文周 등 3인을 확인할 수 있다. 즉 상좌평에 임명되었던 인물은 王庶弟·王子, 그리고 父王의 王舅(外祖)였음을 알 수 있다.[65] 따라서 비유왕대 역시 해씨가 유력한 정치세력을 형성하고 있었음을 알 수 있으며, 王妃 또한 解氏였음이 분명하다.

그런데 이후 蓋鹵王代부터는 王妃族을 알 수 있는 기록이 없다. 따라서 당시의 정치상황을 통해서 王妃族 문제를 살펴볼 수밖에 없다. 개로왕은 비유왕의 장자로 왕위를 계승하고 있다.[66] 개로왕대에는 이제까지 王妃族이었던 해씨의 존재가 보이고 있지 않다. 대신에 왕 4년 宋에 신하 11명에 대한 官爵을 요청하는데,[67] 이 가운데 8명이 王族과 같은 扶餘姓을

---

64 노중국, 1978,「百濟王室의 南遷과 支配勢力의 變遷」,『한국사론』4, 61~62쪽.
65 이종욱은 解須를 단지 王妃族이라고 막연하게 표기하고 있으나(이종욱, 1978,「百濟의 佐平」,『진단학보』45), 당시의 정치상황으로 보아 解須는 비유왕의 外祖로 추정된다.
66 개로왕의 즉위에 문제가 있었음을 지적하는 견해가 있어 주목된다.
   천관우, 1989,「三韓攷」제3부, 앞의 책, 329~330쪽.
   이종욱, 1980, 앞의 책, 142~143쪽.
67 이때 요청한 11명의 명단은 다음과 같다.
   「慶遣使上表曰 臣國累葉 偏受殊恩 文武良輔 世蒙朝爵 行冠軍將軍右賢王餘紀等十一人 忠勤宜在顯進 伏願垂愍 並聽賜除 仍以行冠軍將軍右賢王餘紀爲冠軍將軍 以行征虜將軍左賢王餘昆·行征虜將軍餘暉並爲征虜將軍 以行輔國將軍餘都·餘乂並爲輔國將軍 以行龍驤將軍沐衿·餘爵並龍驤將軍 以行寧朔將軍餘流·麋貴並爲寧朔將軍 以行建武將軍于西·餘婁並爲建武將軍」(『宋書』百濟傳).

가진 사람이고 3명만이 異姓출신이다. 그런데 이때 전왕대까지만 해도 王妃族이었던 해씨가 보이고 있지 않은 것이 특이하다. 이러한 상황은 대개 개로왕의 왕권강화와 관련시켜 이해되고 있기도 하다.[68] 또한 中國王朝와의 외교상의 필요에 의해 王族의 姓을 사용했을 가능성도 지적되었다.[69] 만일 외교상의 필요에 의해 王姓을 사용했다고 한다면 王妃族이 扶餘氏를 칭했을 가능성을 배제할 수 없으며, 이들 11명 가운데 비유왕대까지 王妃族이었던 해씨가 다수 포함되었을 가능성도 있을 것이기 때문이다. 그러나 3명의 異姓貴族이 보이고 있다는 점에서 이를 받아들이기 어려운 것도 사실이다. 따라서 개로왕대만의 정치상황으로는 해씨가 王妃族의 지위를 계속 유지하고 있었는지 알 수 없으며, 개로왕을 이어 즉위하고 있는 文周王代에 활동한 인물에 대한 검토가 아울러 필요하다. 이 경우 문주왕 2년 兵官佐平에 임명되고 있는 解仇와, 사료 E-5의 병관좌평 해구의 專斷과 9월 해구가 도둑을 시켜 문주왕을 시해하고 있는 내용이 주목된다. 대개 王妃族이 병권을 관장하는 직에 주로 임명되고 있는 사실과 해구의 권력이 왕을 능가하였던 것으로 볼 때 그가 王妃族이었을 가능성을 추정할 수 있는 부분이다. 물론 이 시기가 고구려의 남침으로 인한 한성함락 등 비상기였다는 점에서 평상시와는 다른 國政運營이 이루어졌을 가능성도 생각할 수 있다. 그러나 개로왕 21년 문주가 沐㑊滿致·祖彌桀取 등의 인물과 함께 남으로 갔다고 하는 기록에서[70] 보듯이 새로운 인물들이 등장하고 있음에도 불구하고 문주왕 2년 해구가 병관좌평에 임명되고 있는 사실은 해구가 여전히 王妃族의 신분을 유지하고 있었기 때문에 가능했던 것으로 보아야 하겠다.

68 이도학, 1990, 앞의 글, 297~299쪽.
69 井上秀雄, 1982, 「百濟貴族에 대하여」, 『백제연구』특집호, 51~52쪽.
70 『三國史記』권25 개로왕 21년조.

이와 같이 해씨세력의 권력장악은 王都가 熊津으로 천도된 이후에도 계속되고 있다.[71] 따라서 개로왕대 및 문주왕대에도 해씨가 王妃族으로서의 위치를 유지하고 있었다고 볼 수 있다. 그런데 문주왕대 병권을 관장하게 된 解仇는 문주왕 4년 왕을 시해하고 13세밖에 되지않은 三斤王을 옹립한 후 軍國政事를 專斷하게 된다(사료 E-6). 해구가 문주왕을 시해한 원인에 대해서는 분명하게 알 수는 없다. 그렇지만 문주왕 3년의 기록이 참고될 수 있을 것으로 생각된다. 즉 王弟 昆支를 內臣佐平으로 삼고, 三斤을 태자에 봉하고 있는데[72] 이는 개로왕대와 마찬가지로 王族을 중용하여 왕권을 강화하려는 의도로 볼 수 있다. 漢城에 재지기반을 두고 있었던 해씨는 웅진천도로 인해 재지기반을 상실한 상태에서 점차 세력의 약화를 가져오게 되었으며, 이와 함께 문주왕이 왕족의 중용을 통해 왕권을 강화함에 따라 위기위식을 가지게 되었을 것이다. 이때 왕권 강화를 위해 등용되었던 昆支가 죽자 이를 기회로 문주왕 4년에 왕을 시해하고 어린 三斤을 옹립함으로써 王妃族으로서의 정치적 입지를 유지하고자 했다. 解仇가 삼근왕을 옹립한 것은 문주왕의 장자일 뿐만 아니라 해씨왕비 소생이었기 때문이었을 것이다. 그렇다고 한다면 문주왕의 妃도 해씨였음을 추지할 수 있다. 그러나 삼근왕 2년에 해구는 大豆山城에서 반란을 일으키기에 이른다.[73] 해구가 난을 일으키는 분명한 원인에 대한 기록은 없다. 그러나 475년 남천에 따른 재지기반의 상실로 인한 권력기반의 약화,

---

71 熊津 遷都后 해씨의 활동을 군사권의 장악과 관련시키는 견해와(이기백, 1978,「웅진시대 백제의 귀족세력」,『백제연구』9, 34~37쪽) 王妃族이었던 기득권과 大豆山城의 이북지역으로 새로 형성된 국경선 방비의 중요한 역할 등에서 구하는 견해가 있다(유원재, 1992,「百濟 湯井城 研究」,『백제논총』3, 83쪽). 熊津 초기에 해씨가 여전히 정권을 장악할 수 있었던 것은 漢城後期 해씨가 王妃族으로서 권력을 장악하고 있었던 연속선상에서 이해하는 것이 좋을 것 같다.

72 『三國史記』권26 문주왕 3년,「夏四月 拜王弟昆支爲內臣佐平 封長子三斤爲太子」.

천도후에 새로운 세력의 등장, 그리고 王妃族으로서의 영향력 상실 등에 따른 전반적인 위기의식에서 비롯되었을 가능성이 크다고 볼 수 있다. 결국 난은 실패를 하였고 난이 진압된 이후 한동안 해씨는 유력한 정치세력에서 배제되고 있으며, 武寧王代에 가서야 다시 등장하고 있다.[74] 삼근왕은 13세로 왕위에 올랐다가 재위 3년만에 훙거하였다. 그런데 삼근왕을 이어 즉위하는 東城王은 문주왕의 弟인 昆支의 子로서 삼근왕의 直系에 대한 언급이 없다. 따라서 삼근왕은 혼인하지 않았을 가능성을 배제할 수 없다. 이상의 검토를 통해 볼 때 해씨세력은 전지왕대 第2妃의 納妃로부터 문주왕대까지 王妃를 배출한 세력으로 볼 수 있다. 그리고 왕비족이 될 수 있었던 배경은 해루 이후 한성지역을 재지기반으로 중앙에서 일정한

---

73 大豆山城의 성격과 관련해서는 다음이 참고된다.
　「修葺大豆山城 移漢北民戶」(『三國史記』권26 문주왕 2년).
　「春 佐平解仇與恩率燕信聚衆 據大豆山城叛」(위의 책, 권26 삼근왕 2년).
　즉 解仇가 대두산성에서 난을 일으키고 있는데, 대두산성은 문주왕 2년에 漢北의 民戶를 사민시킨 곳이다. 여기서 漢北이 구체적으로 어디인지는 확인할 수 없으나 해씨세력이 재지기반을 두고 있었던 한성지역의 북쪽 어느 곳이었음은 분명할 것이다. 현재 大豆山城의 위치에 대해서는 몇 가지 견해가 제시되고 있다. 먼저 천관우는 豆仍只 즉 충남 연기 지역일 가능성을 제기하였으며(천관우, 1989, 앞의 책, 320쪽), 노중국은 大豆城이 燕氏세력과의 관련성을 들어 공주 부근으로 비정하고 있다(노중국, 1978, 앞의 글, 102쪽). 그리고 이기백은 『三國史記』백제본기 온조왕 27년조에 보이고 있는 湯井城과의 관계를 통해 온양 북쪽의 牙山 지역으로 비정하고 있으며(이기백, 1978, 앞의 글, 36쪽), 유원재는 아산의 靈仁山城으로 추정하고 있기도 하다(유원재, 1992, 앞의 글, 80~86쪽). 만일 解仇의 문주왕 시해나 삼근왕 2년의 반란의 원인 가운데 문주왕 2년 漢城北民의 徙民도 관련이 있다면, 대두성의 위치는 당시 고구려와의 접경지역이면서 왕도인 공주와 멀리 떨어져 있는 아산 지역일 가능성이 크다고 생각된다. 그리고 해구가 반란을 일으킨 원인가운데 또다른 하나는 자신의 재지세력을 왕도 가까이에 옮기지 않고 국경과 가까운 아산지역에 徙民시킨 것과도 관련이 있을 것이다.
74 무령왕 이후 해씨의 등장을 보여주는 기록으로 다음이 참고된다.
　「春正月 佐平苩加據加林城叛 王帥兵馬至牛頭城 命扞率解明討之…」(『三國史記』권26 무령왕 원년).
　「…王怒令佐平解讐 帥步騎四萬 進攻其四城…」(위의 책, 권27 무왕 3년).

정치적 입지를 구축해 왔던 결과라고 하겠다.

4) 맺음말

　이상에서 백제 역사상 그 존재가 분명한 眞氏와 解氏의 정치세력화 과정과 王妃族으로서의 정치활동 등에 대해 검토해 보았다. 한때 王妃族을 형성했던 眞氏와 解氏는 이후 『通典』 邊防 百濟條에서 '大姓八族'에 대해 「沙氏·燕氏·刕氏·解氏·眞氏·國氏·木氏·昔氏」로 중위권에 기록되어 있듯이 王族 다음가는 유력한 정치세력으로 끝까지 남아있지 못했던 것 같다. 그러나 백제초기에 등장하여 백제가 멸망하기까지 일관하여 유력한 정치세력을 형성하고 있었다는 사실에서 백제사를 연구하는데 있어 진씨세력과 해씨세력에 대한 이해는 필수적이라고 하겠다.
　본문에서 검토된 내용을 정리하여 결론에 대신하고자 한다.
　첫째, 眞氏勢力은 北部라고 하는 재지기반을 토대로 중앙에 유력한 정치세력으로 등장하게 되며, 근초고왕의 왕위계승에 관여하여 근초고왕이 왕위에 오르게 됨으로써 王妃族이 될 수 있었다. 이후 백제는 고구려 광개토왕의 남하로 인해 한강이북의 지역을 상실하게 되는데, 이로 인해 진씨의 재지기반 또한 잃게 되었던 것으로 생각된다. 특히 대고구려전에서의 계속적인 패배로 진씨는 중앙정치에서 영향력을 상실하게 되었으며, 전지왕의 왕위계승과정에서 해씨세력의 등장으로 王妃族에서 탈락하게 되었다. 그런데 전지왕 및 구이신왕대의 정치상황을 통해 전지왕은 第1妃가 眞氏, 第2妃가 解氏임을 확인할 수 있었다. 결국 진씨는 근초고왕대부터 전지왕의 第1妃에 이르기까지 眞氏王妃族時代를 성립시켰던 것으로 파악할 수 있다. 또한 王妃名을 알 수 있는 근구수왕의 妃인 阿爾夫人과 전지왕의 제1비인 八須夫人 2명은 모두 眞氏였음을 밝힐 수 있었다.

둘째, 解氏勢力은 王族인 扶餘氏와 같은 扶餘系로 北部에 정착을 하게 되면서 중앙정치에 등장하고 있다. 그러나 정착기반을 漢城地域으로 옮기게 되면서 유력한 정치세력으로서의 기능을 상실하게 되었던 것으로 보인다. 이후 解氏는 漢城에서의 정착으로 비류왕의 왕위계승시 일정한 역할을 함으로써 일시 유력한 정치세력으로 부상하였으나 재지기반이 미약하여 다시 중앙정치에서 배제되었던 것으로 보인다. 그러나 근초고왕에 의해 강력한 중앙집권적 통치체제가 확립되었고, 이후부터는 재지기반의 중요성이 점차 감소되었으며, 또한 전지왕의 왕위계승과정에서 주도적인 역할을 하게 됨으로써 王妃族으로 등장할 수 있게 되었다. 이때 전지왕의 第2妃가 해씨왕비였음을 알 수 있다. 이후 해씨는 유력한 정치세력으로 활동하고 있으며, 삼근왕 2년 解仇가 반란을 일으켰다가 실패한 이후 王妃族의 지위를 상실하게 되었던 것으로 추정된다. 이상의 검토를 통해 볼 때 解氏는 전지왕의 第2妃로부터 적어도 문주왕대까지는 王妃族을 형성하고 있었음을 알 수 있었다. 다만 구이신왕의 경우에는 이를 확인할 수 없었다.

2. 漢城期 地方勢力

1) 머리말

백제의 건국 주체세력이 북방으로부터 이주해 온 流移民 집단이었다는 것은 주지의 사실이다. 그런데 이들이 정착한 지역에는 토착세력이 존재하였으며, 流移民 집단은 이들 토착세력에 대한 흡수·통합의 과정을 거치게 되었다. 始祖와 관련된 다양한 건국설화가 전해지고 있다는 점은 바로 이러한 건국 당시의 상황을 반영하는 것으로 이해할 수 있다. 한편, 중심지 이외 지역의 재지세력은 백제의 영역확대와 국가체제 정비에 따라 중앙과 일정한 정치적 관계를 형성하면서 地方勢力化하였으며, 백제의 지배세력으로 편제되었다.

이와 같이 地方勢力은 백제의 성장과정 속에서 출현한 존재이기 때문에 한성기 지방세력에 대한 연구는 백제사의 일면을 파악하는데 유용한 방법이 될 수 있다. 특히 백제는 大姓八族이라고 하여 유력한 귀족세력이 존재하였는데, 이들 귀족세력은 재지기반을 정치적 토대로 삼고 있다는 점에서 지방세력으로 볼 수 있는 존재이기도 하다. 따라서 이들 귀족세력을 이해하기 위해서는 한성기 지방세력의 성립과정과 역할, 성격 등에 대한 연구가 필요하다. 또한 문헌기록을 통해 확인되지 않는 부분에 대해서는 고고학적인 연구성과를 원용하지 않으면 안 된다. 특히 최근에 들어와 대규모의 개발과정에서 많은 고고학적인 연구성과가 축적됨에 따라 지방세력의 재지기반 및 성격 등을 일부나마 파악할 수 있는 단계에 이르렀고 생각된다. 각 지역에 나타나고 있는 문화적 요소를 통해 특정 정치세력의 재지적 기반 및 위상, 그리고 정치적 성격 등을 함께 살펴볼 수 있는 것이다.

그 동안 지방세력의 문제는 지속적으로 관심의 대상이 되어 왔지만 기록이 매우 단편적인 관계로 재지기반 및 정치적 위상, 성격 등을 구체적으로 파악하는데 한계가 있었다. 다만 지방통치제도를 구명하는 과정에서 부분적으로 다루어져 왔으며,[75] 또한 최근에는 고고학적인 성과에 힘입어 관심이 고조되고 있는 것으로 보인다.

그런데 지방세력 문제를 검토하기 위해서는 통치체제의 정비와 정치세력에 대한 이해가 선행되어야 한다. 최근 백제사의 연구동향을 보면, 중앙 통치제도의 정비와 귀족세력에 대한 연구가 활발하게 이루어져 상당한 이해의 실마리를 얻고 있다. 그러나 한편으로는 고고학적인 성과에 의해 각 지역에서 중앙과는 차별화된 문화적 요소가 다수 확인되고 있다. 그 결과 중앙과 지방과의 관계에서 이제는 지방중심의 在地文化 또는 地方勢力의 문제가 중요한 연구 주제로 등장하고 있다. 이러한 경향은 地方自治制가 정착됨에 따라 각 지역의 독립성과 지역성을 강조하면서 그 역사·문화적 정체성을 추구하는 현재의 사회적 현상과도 흐름을 같이 하는 것이다.

본고에서는 다음과 같은 과정을 통해 한성기 지방세력 문제를 구체적으로 살펴보도록 하겠다. 먼저, 지방세력의 성립과정을 백제의 성장·발전과정 속에서 찾아보고자 한다. 백제의 성장과정은 곧 마한제국과의 연맹·복속의 과정이며, 이 과정에서 재지적 기반을 가진 유력한 지방세력이 출현하였을 것이기 때문이다. 그리고 문헌기록에 나타나고 있는 인물들이 冠稱하고 있는 소속 部와 城, 그들의 활동을 통해 한성기 지방세력의 존재와 성격 등을 살펴보고자 한다. 다음은 지방세력의 분포범위와 함께 이들 지역에서 조사된 고분유적·유물을 통해 지방세력과 이들 물질자료를 남긴 세력의 정치적 성격과 위상 등을 파악하고, 아울러 기록에 나타나고 있는 정치세력의 재지기반과 관련하여 검토해 보고자 한다. 끝으로 지방세력들이 사회적으로 어떠한 위상을 지니고 있었는가를 行政·軍事·經濟 등 분야별로 검토함으로써 그들의 정치적 성격을 찾아보고자 한다.

한성기 지방세력에 대한 연구는 백제 통치체제의 발전과정과 한성기 국정운영의 한 단면을 파악하고, 아울러 백제 귀족세력의 정치적 기반을

---

75 그 동안 한성기 지방세력의 문제는 대부분 지방통치체제와 관련하여 다루어져 왔다.
　김주성, 1991, 「백제 지방통치조직의 변화와 지방사회의 재편」, 『국사관논총』 35.
　박현숙, 1997, 「백제 지방통치체제의 연구」, 고려대학교 대학원 박사학위논문.
　김기섭, 1997, 「백제 한성시대 통치체제 연구」, 한국정신문화연구원 한국학대학원 박사학위논문.
　또한 충남대학교 백제연구소에서 간행한 『백제의 중앙과 지방』(1997, 충남대 백제연구소)에서는 백제의 중앙과 지방문제를 종합적으로 다루었으며, 최근에는 고고학적인 연구성과를 토대로 지방세력의 재지기반에 대한 연구가 활발하게 진행되고 있다.

이해하는데 도움을 줄 수 있을 것이다. 다만 문헌기록의 소략과 고고학적인 조사성과의 제한 등으로 한성기 지방세력의 존재와 성격을 구체적으로 파악하기에는 일정한 한계가 있다. 이는 향후 지속적인 연구와 새로운 고고자료의 발굴을 통해 보완될 수 있을 것이다.

2) 漢城期 地方勢力의 成立

(1) 地方勢力의 成立 背景

백제는 초기에 聯盟段階에서 점차 中央集權的 國家體를 성립시켰다. 이 과정에서 왕을 정점으로 하는 중앙세력과 각 지역에 재지기반을 둔 지방세력이 형성되었으며, 이들은 일정한 정치적 力學關係 속에서 백제를 지배해 나갔다. 그런데 왕을 포함한 중앙세력의 경우 기록을 통해 어느 정도 확인되지만 지방세력의 존재는 거의 드러나지 않는다. 그러면 백제시대에 지방세력은 존재하지 않았는가? 백제는 大姓八族이라고 하여 각 지역에 재지기반을 두고 있었던 유력귀족의 존재가 확인되고 있으며, 고고학적으로 각 지역의 재지적 특성을 반영하는 물질자료가 확인되고 있다. 따라서 백제시대 지방세력의 존재를 찾아볼 수 있는데, 이들의 성립과정을 백제사의 전개과정 속에서 검토해 보기로 한다.

백제를 세운 건국주체는 북방으로부터 이주해 온 扶餘系 高句麗 移住民이었다. 따라서 백제의 시조인 溫祚는 건국과정에서 토착세력에 대한 연맹 내지는 복속의 과정을 거치게 되었으며, 이와 같은 건국 초의 복잡한 상황은 건국설화 등에 반영되어 있다. 그 결과 백제에서는 건국과 관련하여 다양한 설화가 전해지고 있는데, 대표적인 것이 溫祚와 沸流說話이다. 이들 설화를 통해 건국 초기의 다양한 정치세력의 존재를 추정할 수 있으며, 백제 건국세력과 구별되는 재지적 기반을 가진 정치세력의 존재를 파악할 수 있다.

> 「…朱蒙이 왕위를 이었다. 두 아들을 낳았는데, 맏아들은 비류이며, 둘째 아들은
> 온조라 하였다. 주몽이 북부여에 있을 때 낳은 아들이 와서 태자가 되자 비류와
> 온조는 태자에게 용납되지 못할까 두려워하다가 마침내 烏干·馬黎 등 열 명의
> 신하와 함께 남쪽으로 갔는데…온조는 河南慰禮城에 도읍을 정하고 열 명의 신
> 하를 보좌로 삼아 국호를 十濟라 하였다. 이때가 前漢 成帝 鴻嘉 3년이었
> 다」.(『三國史記』권23 온조왕 즉위년)

위의 사료에서 보면, 溫祚와 沸流가 형제관계로 설정되었는데, 이것은
건국과정에서 두 정치세력간의 관계로 볼 수 있으며, 결국 온조계가 비류
계를 흡수한 사실을 반영하는 것으로 이해되고 있다. 이는 비록 연맹적 단
계에 해당되는 제한적인 관계이지만 온조계가 중앙세력화의 길을 걸었다
고 한다면, 비류계는 온조계와 일정한 정치적 연맹관계 속에서 정치세력
화 내지는 지방세력화한 사실을 의미한다고 볼 수 있다. 따라서 溫祚·沸
流說話는 지방세력의 출현 가능성을 처음으로 간취할 수 있는 자료라고
볼 수 있다.

또한 온조는 신하 10人의 보필을 받아 국호를 十濟라고 하였다고 한
다. 그런데 이들 10명의 신하는 十濟를 구성한 10개의 읍락으로 추정할 수
도 있는데,[76] 十濟가 百濟로 발전하면서 이들 10臣으로 대표되는 세력은
중앙의 지배세력으로 편입되었을 것이지만 그들의 재지기반은 그대로 유
지하였을 것이다. 한성 초기에 部나 城을 관칭하면서 고위관직을 띠고 중
앙정치에 등장하는 인물들이 바로 백제 국가형성기에 연맹관계에 있던 정
치세력이었다. 따라서 이들은 한성기 최초의 지방세력을 형성하였던 인
물들로 볼 수 있을 것이다. 그러나 이는 추론적인 범주를 벗어나지 못하는

---

76 노중국, 1994, 『백제정치사연구』, 52~53쪽.

것이며, 지방세력의 성립은 영역의 확대와 중앙집권적 지배체제의 성립과정을 통해서 구체적으로 살펴볼 수 있다.

백제의 성장·발전과정은 곧 마한의 여러 소국에 대한 복속과정이라고 하는데 대개 견해의 일치를 보이고 있다. 한성 초기 백제와 마한의 관계는 『三國史記』온조왕 24년조의 기록을 통해 확인된다. 즉, 「왕이 처음 강을 건너 왔을 때 발 디딜 만한 곳도 없었는데, 내가 동북쪽의 100里의 땅을 떼어주어 편히 살게 하였으니…」라고 하여 백제가 마한의 동북지역에 정착하여 국가를 영위하였음을 알 수 있다. 이후 百濟는 한강 하류지역에 위치한 마한의 소국이었던 伯濟를 중심으로 주변 소국들에 대한 복속을 통해 중앙집권적 영역국가를 완성하였다. 『三國志』韓條에는 마한 54국의 이름이 병기되어 있는데, 이들이 곧 百濟의 영역적·인적 기반이 되었다.

본래 마한 54국을 형성한 소국들은 각각 首長層에 의해 자치가 행해졌다. 백제가 마한의 여러 소국들을 병합하면서 이들 수장층을 통치체제 속에 어떤 방식으로 편제시켰는지에 대해서는 거의 알려져 있지 않다. 그런데 지방세력을 연구하는데 있어서 마한 소국의 편제방식에 대한 이해는 가장 중요한 문제 가운데 하나라고 할 수 있다. 왜냐하면 여러 소국들이 백제에 복속되면서 수장층들이 해체되지 않았다면, 그들의 권위와 전통을 계승한 세력들이 각 지역에 존재하였을 것이며, 지방세력화하였을 개연성이 높기 때문이다.

물론 이와 관련된 기록이 전혀 없는 것은 아니다. 『三國史記』백제본기 온조왕 26·27년조를 보면, 온조왕이 마한을 병합한 내용이 기록되어 있다.

A-1. 왕이 군사를 내어 겉으로는 사냥한다고 하면서 몰래 마한을 습격하여 드디어 그 국읍을 병합하였다. 그러나 圓山·錦峴 두 성만은 굳게 지켜 항복하지 않았다.(『三國史記』권23 온조왕 26년)
2. 여름 4월에 두 성이 항복하자 그 백성들을 한산 북쪽으로 옮기니 마한은 드디어 멸망하였다.(위의 책, 온조왕 27년)

비록 이들 기록이 온조왕대의 사실을 반영한 것인가에 대해서는 엄밀한 사료분석을 필요로 하지만 마한의 병합과정을 이해하는 데는 무리가 없을 것으로 생각된다. 내용을 보면, 온조왕이 奇詭를 써서 마한을 병합하고, 이듬해에는 끝까지 저항하던 원산과 금현마저 함락시킨 후 성의 백성들은 徙民을 시켰다. 백제에 저항한 세력을 다른 지역으로 사민시킨 내용이지만 반대로 이를 통해서 순순히 백제의 지배체제에 편제된 세력은 그들의 재지기반에 그대로 溫存시켰음을 추측할 수 있다. 이와 관련하여 온조왕 34년에 마한의 옛 장수인 周勤이 故地에서 반란을 일으킨 사건이 참고된다.[77] 반란을 일으킨 周勤은 마한 소국의 유력한 지배세력 가운데 한 명이었을 것으로 생각되는데, 이는 마한 소국을 병합한 후에 소국의 지배세력을 그대로 고지에 온존시킨 사실을 의미한다.

따라서 마한의 여러 故地에는 小國의 권위와 전통을 계승한 지배세력이 여전히 존재하고 있었다는 사실을 알 수 있다. 이들은 중앙과의 일정한 정치적 관계 속에서 지방세력화하였으며, 이를 기반으로 중앙의 관등체계에 편제되어 지배세력을 형성하였다.

다음으로 지방세력을 상정할 수 있는 것으로 지방통치제도의 성립과정에서 각 지방에 파견된 지방관의 존재이다. 백제는 중앙집권적 지배체제를 수립하면서 일부 지역에 지방관을 파견하였다. 현재 지방관이 언제부터, 어느 지역에 파견되었는가를 분명하게 파악할 수는 없지만 대개 3세기 후반 이후부터 단계적으로 이루어졌을 것으로 보고 있다.[78] 그리고 지방관은 군사적 요충지나 또는 새로 개척된 지역에 우선적으로 파견되었

---

77 『三國史記』권23 온조왕 34년, 「冬十月 馬韓舊將周勤據牛谷城叛 王躬帥兵五千討之 周勤
 自經 腰斬其尸 幷誅其妻子」.
78 김수태, 1997, 「백제의 지방통치와 도사」, 『백제의 중앙과 지방』.
 강종원, 2002, 『4세기 백제사연구』, 215~221쪽.

다. 그렇지만 기본적으로 이들 지방관은 중앙에서 파견되었을 뿐만 아니라 또한 일정한 임기가 정해져 있었을 것이다. 지방관의 임기와 관련해서는 비록 사비기의 사실을 기록한 것이지만 『隋書』나 『北史』 백제전에 「長史三年一交代」라고 하여 관료의 임기가 정해져 있었다는 사실을 알 수 있다. 또한 『南齊書』 백제조에 보면 동성왕 12년 및 17년 남제에 작위를 요청하는 내용에, 12년에 여력이 邁盧王, 여고가 弗斯侯의 관작을 띠고 있으나 17년에는 사법명이 邁羅王에, 그리고 해례곤이 弗中(斯)侯의 관작을 띠고 있어 임명지가 변하였을 가능성을 확인할 수 있다. 따라서 지방관이 지방세력화하는 데는 한계가 있었을 것이다. 다만 후대의 사실이지만 黑齒常之의 경우 담로제하에서 중앙에서 파견된 이후 세습적으로 先代의 관직을 승계하는 과정에서 재지세력화한 것으로 보인다.[79] 따라서 중앙에서 파견된 지방관 중에서 일부 지방세력화한 경우도 배제할 수는 없다.

이상에서 한성기 지방세력의 성립배경을 검토해 보았다. 기록을 통해 지방세력의 성립과정을 구체적으로 살펴볼 수는 없지만 국가성립 및 통치체제의 확립과정에서 聯盟 또는 隷屬關係에 있던 정치세력이 재지기반을 토대로 지방세력화하였던 것으로 추정된다. 그리고 지방세력 가운데 일부는 중앙의 관등 및 관제에 편제되어 중앙의 정치세력을 형성하였지만 그들 대부분은 각각의 재지기반을 여전히 유지하고 있었던 것으로 판단된다.

그런데 지방세력이 사회적으로 공인된 권한과 자격을 갖는 것은 중앙의 관등 및 관직, 그리고 군사권의 부여 등 국가 통치체제로의 편제를 통해서이다. 따라서 제도적인 차원에서 지방세력의 성립시기는 백제의 중앙집권적 통치체제의 성립과정과 흐름을 같이 한다고 하겠다.

---

79 강종원, 2003, 「백제 흑치가의 성립과 흑치상지」, 『백제연구』 38, 129쪽.

(2) 地方勢力의 存在樣態

백제사에서 귀족세력의 존재를 가장 잘 나타내는 것은 '大姓八族'이라는 표현이다. 다만 大姓八族에 등장하는 세력은 한성기부터 사비기까지를 포괄하고 있으며, 大姓八族이 곧 지방세력을 의미하는 것은 아니다. 그렇지만 백제사 전개과정의 특성상 이들 대부분은 유력한 재지적 기반을 정치적 토대로 삼고 있다는 점[80]에서 지방세력으로 이해하는데 큰 무리는 없으며, 특히 大姓八族의 대부분은 한성기부터 등장하고 있다. 『隋書』등 중국사서에 보이는 大姓八族으로는 「沙氏 · 燕氏 · 刕氏 · 解氏 · 眞氏 · 國氏 · 木氏 · 苩氏」인데, 이들 가운데 한성기에 보이는 성씨는 沙氏 · 解氏 · 眞氏 · 木氏 등이다. 그런데 이들 大姓八族은 사비기까지도 그들의 정치적 위상을 유지하였다. 이는 비록 한성기 이후에 등장하는 大姓八族일지라도 그들의 정치적 기반은 한성기부터 성립되었다는 사실을 의미하는 것이기도 하다.[81] 따라서 한성기 지방세력의 존재는 중앙에서 활동하고 있는 정치세력을 통해 검토될 수 있다.

한성기에 활동한 인물 가운데 『三國史記』에 나타나고 있는 인명을 모두 정리하면 다음 표와 같다.

연번	인명	관직	소속	시기	비고
1	乙音	右輔	族父	온조왕 2년	
2	多婁	太子		28년	
3	周勤		牛谷城	온조왕 34년	馬韓舊將

---

80 井上秀熊, 1982, 「백제귀족에 대하여」, 『백제연구』13, 56쪽.
81 공주시 의당면에서 조사된 수촌리고분군은 지방세력 문제와 관련하여 시사하는 바가 크다. 필자는 수촌리고분군의 조영집단이 웅진천도를 주도한 정치세력으로서 웅진 도읍기에 중앙귀족으로 등장하고 있는 백씨세력일 가능성이 크다고 생각한다. 따라서 백씨가 비록 한성기에는 사료상에 나타나고 있지 않지만 유력한 지방세력으로 이미 존재하고 있었음을 알 수 있다.

4	解婁	右輔	北部	41년	本扶餘人
5	屹于		東部	다루왕 3년	
6	昆優		高木城	4년	
7	屹于	右輔	東部	7년	
8	眞會	右輔	北部	10년	
9	屹于	左輔	東部	10년	
10	茴會		西部人	초고왕 48년	
11	眞果		北部	49년	
12	眞忠	左將		고이왕 7년	
13	質	右輔	叔父	9년	
14	眞勿	左將		14년	
15	優壽	內臣佐平	王弟	27년	
16	眞可	內頭佐平		28년	
17	優豆	內法佐平		28년	
18	高壽	衛士佐平		28년	
19	昆奴	朝廷佐平		28년	
20	惟己	兵官佐平		28년	
21	解仇	兵官佐平		비류왕 9년	
22	優福	內臣佐平	王庶弟	18년	
23	眞義	內臣佐平		30년	
24	眞淨	朝廷佐平	王后親戚	근초고왕 2년	
25	莫古解	將軍		24년	
26	眞高道	內臣佐平	王舅	근구수왕 2년	
27	眞嘉謨	達率		진사왕 3년	
28	豆知	恩率			
29	眞嘉謨	兵官佐平		6년	
30	眞武	左將	왕의 親舅	아신왕 2년	
31	腆支	太子		3년	
32	洪	內臣佐平	庶弟	〃	
33	沙豆	左將		7년	
34	眞武	兵官佐平	北部		
35	解忠	達率	漢城人	전지왕 2년	
36	餘信	內臣佐平	庶弟	3년	
37	解須	內法佐平	王戚	〃	
38	解丘	兵官佐平	王戚	〃	
39	餘信	上佐平		4년	
40	解須	上佐平		비유왕 3년	

41	餘禮		개로왕 18년	使臣
42	木劦滿致		개로왕 21년	
43	祖彌桀取		21년	
44	文周	上佐平	개로왕대	

『三國史記』백제본기를 통해 볼 때 한성기에 등장하는 인물은 40여 명에 지나지 않으며, 진씨와 해씨가 거의 절반을 차지하고 있다. 또한 그들의 재지기반도 북부, 동부, 고목성, 서부, 한성 등이 나타나고 있을 뿐이다. 그런데 이들 인물 가운데 왕과 혈연적 관계에 있는 경우 지방세력 문제를 검토하는데 있어서는 제외될 수밖에 없다. 또한 기록상에 나타난 인물일지라도 部나 城과 같이 소속을 칭하지 않을 경우 구체적인 검토에 어려움이 있다. 따라서 部나 城을 冠稱하고 있는 인물과 관등 또는 관직을 지닌 인물들을 중심으로 살펴보기로 한다.[82]

먼저, 『三國史記』에 보이는 部와 城을 관칭하고 있는 인물들에 대한 기록을 보면 다음과 같다.

B-1. 北部 解婁를 右輔에 임명하였는데, 解婁는 본래 扶餘人이다.(『三國史記』권 23 온조왕 41년)
  2. 東部 屹于가 말갈과 馬首山의 서쪽에서 싸워 이겼다.(위의 책, 권23 다루왕 3년)
  3. 高木城 昆優가 말갈과 싸워 크게 이기고 200여 명의 머리를 베었다.(위의 책, 다루왕 4년)
  4. 右輔 解婁가 죽었는데, 나이가 90세였다. 東部 屹于를 右輔에 임명하였

---

82 백제 국가체제 정비의 시점을 고이왕대로 볼 경우 그 이전에 나타나고 있는 인물들을 지방세력으로 보는 데는 문제가 없지 않다. 그렇지만 고이왕 이전에 등장하는 인물일지라도 대부분 한성 초기부터 사비 말기까지 정치적 기반을 유지하고 있었을 뿐만 아니라 한성 초기에는 오히려 部나 城名을 冠稱하고 있어 독립적인 정치세력을 형성하고 있었음을 알 수 있다. 따라서 이들 모두를 지방세력의 범주에 넣어 다루어도 무리는 없다고 하겠다.

다.(위의 책, 다루왕 7년)

5. 右輔 屹于를 左輔에 임명하고 北部 眞會를 右輔에 임명하였다.(위의 책, 다루왕 10년)

6. 西部人 茴會가 흰 사슴을 잡아 바치니 왕이 상서롭다하여 곡식 1백석을 하사하였다.(위의 책, 초고왕 48년)

7. 北部 眞果에게 명하여 군사 1천명을 거느리고 말갈의 석문성을 습격하여 빼앗았다.(위의 책, 초고왕 49년)

8. 국경에 이르자 漢城人 解忠이 와서 고하였다.(위의 책, 권25 전지왕 원년)

앞의 사료 B는 人名에 部나 城의 명칭을 사용하고 있는 사례이다. 사료를 통해 제일 먼저 확인되는 인물은 北部의 解婁이다. 해루는 王族 이외에 중앙의 관직에 제일 먼저 등용되었다. 이는 해루가 扶餘人이었다는 사실로 보아 백제 건국세력과 같은 扶餘族 출신으로서 온조왕의 건국과정에 참여하였기 때문으로 생각된다. 그러나 본래 부여인이었다는 사실에서 북부의 토착세력이 아니라 부여지역으로부터 이주해 와서 북부에 정착한 세력이었던 것으로 파악된다.[83] 그런데 사료 B-8을 보면 해충이 한성인으로 기록되고 있다.[84] 따라서 해씨는 북부와 한성지역을 재지기반으로 하였음을 알 수 있는데, 해씨세력 중 일부가 북부지역에서 한성으로 그 재지기반을 옮겼기 때문으로 생각된다.[85]

解氏뿐만 아니라 眞氏도 북부를 칭하고 있다. 진씨는 다루왕 10년(37) 眞會가 右輔에 임명됨으로써 처음 기록에 보이고 있다. 그리고 초고왕 49년에는 병사 1천을 거느리고 말갈과 전투를 벌이기도 하였다. 진씨는 근초고왕대에 이르면 왕실과 혼인관계를 맺어 王妃族으로 등장하는데, 이는

---

83 강종원, 1997, 「백제 한성시대 정치세력의 존재양태」, 『충남사학』9, 18쪽.

84 『三國史記』권25 전지왕 원년조.

85 해씨세력 중 중앙관직에 진출한 일부 세력만이 재지기반을 한성으로 옮기고, 나머지 세력은 여전히 북부지역에 재지기반을 두고 있었을 것으로 추정된다.

북부를 재지기반으로 독자적인 정치세력을 형성하고 있었기 때문에 가능하였다.[86] 따라서 해씨는 부여지방 출신으로서 북부지역에 정착하여 재지세력화한 세력이지만, 진씨는 본래부터 북부지역에 토착하고 있었던 재지세력으로 볼 수 있다.

東部를 재지기반으로 하고 있는 세력으로는 흘씨가 있다. 그들은 주로 말갈과의 전투를 수행하고, 城의 축조도 담당하고 있다. 다루왕 29년에는 우곡성의 축조에 동원되었으며, 초고왕 45년에는 적현·사도의 2城을 축조하고 東部의 民戶를 이주시킨 것으로 보아 이들 성의 축조도 東部人들이 담당하였던 것으로 추정된다.

고목성의 곤우는 소속 部가 부기되지 않고 단지 城의 명칭만 칭하고 있어서 그 재지기반을 확인하기 어렵다. 다만 말갈과 전투를 하고 있다는 점에서 동부 소속일 가능성이 지적되고 있으며, 연천에 비정되기도 한다.[87] 또한 다루왕 3년 동부의 흘우가 말갈과 전투를 한 이듬해에 곤우에 대한 기록이 보이고 있어 동부 소속으로 볼 여지도 없지 않다. 그러나 그 내력이나 출신에 대한 아무런 기록이 없고, 고목성의 위치도 불명확하여 어느 부에도 소속되지 않았을 가능성도 배제할 수 없다.[88] 곤씨는 고이왕 28년에 곤노가 조정좌평에 임명되고 있는 것으로 보아 다루왕대에 등장한 곤씨가 220년이 지난 고이왕 28년까지도 유력한 정치세력으로 활동하고 있었음을 알 수 있다. 이와 같이 장기간 지배세력으로 존속할 수 있었던 것은 곤씨가 강력한 재지기반을 가진 세력이었기 때문에 가능하였을 것이다.

西部勢力으로는 茴會라는 인물이 확인된다. 그런데 北·東部를 관칭

---

86 강종원, 1997, 앞의 글, 9쪽.
87 천관우, 1989, 「삼한고」3, 『고조선사·삼한사연구』, 311~315쪽. 그러나 연천은 위례성을 기준으로 할 때 북쪽에 해당되므로 곤우의 재지기반을 동부에 비정할 경우 연천지역을 곤씨의 기반으로 이해하기에는 무리가 있다.
88 이우태, 1993, 「백제의 부체제」, 『백제사의 비교연구』, 96~97쪽.

한 인물들이 고위 관직을 띠고 있거나 군사활동을 주도하고 있는 것과는 달리 회회의 경우에는 白鹿을 헌상하고 있는데, 이는 臣屬을 의미하는 것이 아닌가 생각된다. 따라서 서부에 재지기반을 두고 있던 세력은 일찍부터 중앙에 편제되었던 것으로 추정된다. 西部는 미추홀을 중심으로 성립된 것으로 이해되는데,[89] 溫祚說話의 내용과 관련하여 볼 때 한성 초기에 이미 중앙의 통치체제하에 편제되어 지방세력화한 것이 아닌가 한다.

그런데 東·西·南·北의 4部 가운데 남부만이 人名과 함께 사용된 용례가 보이지 않는다. 따라서 南部에 편입된 지역은 독자적 세력기반을 가진 정치세력이 없었던 것이 아닐까 추정된다. 만약 그렇다고 한다면 남부는 새롭게 복속된 마한지역으로 중앙에서 직접 지방관을 파견하여 직접지배를 실시한 것으로 볼 수 있을 것이다. 그렇지만 백제 초기에 馬韓故地에 대한 직접지배를 실현하였다고 생각하기는 어렵다. 또한 마한고지에는 小國의 전통과 권위를 계승한 토착세력이 다수 존재하였을 것인데, 이들이 모두 소멸되었다고 볼 수도 없다. 소국의 수장층 중 일부는 다른 지역으로 사민된 경우도 있지만[90] 대부분은 그대로 남아서 지방세력화하였을 가능성이 높기 때문이다.

이와 관련하여 공주 수촌리고분군 조영세력의 재지기반이 참고된다. 즉, 그들의 재지기반을 알 수 있는 기록이 문헌상에는 나타나고 있지 않지만 한성기에 이미 공주지역에 유력한 지방세력이 존재하였음을 고고학적으로 보여주고 있기 때문이다.[91] 그리고 木氏를 목지국의 후예로 보는 견해[92]도 참고된다. 목씨와 관련해서는 『日本書紀』신공기 49·62년조[93]에

---

89 김철준, 1982, 「백제건국고」, 『백제연구』특집호, 12쪽.
   비류가 정착하였던 미추홀의 위치에 대해서는 인천지역 이외에도 임진강 유역의 파주·양주·연천 일대로 비정하는 견해가 제기되고 있다(김기섭, 1998, 「미추홀의 위치에 대하여」, 『한국고대사연구』13, 79~100쪽).
90 『三國史記』권23 온조왕 27년조.

목라근자, 그리고 응신기 25년조[94]에 목라근자의 아들인 목만치의 존재가 보이고 있으며, 또한 『宋書』백제전에는 개로왕 4년(458) 송에 관작을 요청한 인물 가운데 목금이 보이고 있다.[95] 이들의 출자가 목지국인가는 분명하지 않지만 大姓八族 가운데 하나이며, 문주왕의 웅진천도에도 일정한 역할을 한 것[96]으로 보아 강력한 재지적 기반을 가지고 있었음은 분명하다.

또한 고이왕대 차령이북의 마한지역에 대한 복속이 이루어졌다고 하는 견해[97]와 관련하여 고이왕 28년 병관좌평에 임명된 유기의 존재가 주목된다. 유씨세력은 고이왕대 처음 등장하고 있는데, 유기가 마한고지의 세력 가운데 하나가 아닐까 추정되기 때문이다.[98] 이는 고이왕 후기에 신라와 빈번하게 전투가 벌어지는 지점이 봉산성과 괴곡성이라는 사실[99]과도 관련이 있다. 봉산성은 영주에 비정되고, 괴곡성은 괴산으로 추정되는데,[100] 주로 한성 동남부의 신라 접경지역이다. 따라서 당시 대외전투가 재지세력이 소유한 사병적 성격의 군사력을 주축으로 수행되었던 점을 감안할 때 유기가 이 일대에 토착하고 있었던 재지세력 가운데 하나일 가능성을 추정해 볼 수 있다.

한성기에 部나 城을 관칭하고 있지 않은 인물 가운데 우씨세력이 주목

---

91 강종원·이형주·이창호, 2004, 「공주 수촌리유적 조사개요」, 제47회 전국역사학대회 발표요지문.
92 노중국, 1994, 「백제의 귀족가문 연구」, 『대구사학』48, 6~7쪽.
93 『日本書紀』권9 신공기 49·62년조.
94 『日本書紀』권10 응신기 25년조.
95 『宋書』권97 열전57 백제전.
96 『三國史記』권25 개로왕 21년조.
97 유원재, 1997, 「백제의 마한정복과 지배방법」, 『백제논총』6, 26~29쪽.
98 천관우, 1989, 앞의 글, 314쪽.
99 『三國史記』권24 고이왕 33·45년조.
100 이병도, 1986, 『國譯 三國史記』, 370쪽.

된다. 우씨로는 고이왕 27년에 내신좌평에 임명되는 우수를 비롯해 28년 내법좌평 우두, 그리고 비류왕 18년 우복이 보인다. 그런데 이들 중 우수는 王弟, 우복은 王庶弟로 기록되어 있어 왕족임을 알 수 있다. 백제 왕조는 온조-초고계와 비류-고이계의 왕실교체에 의해 변화한 것으로 이해되고 있는데, 우씨는 고이계 왕족이었던 것이다.[101] 따라서 우씨는 백제 국가형성 단계에서 중앙귀족화한 세력으로 보아야 하며, 지방세력의 범주에는 포함되지 않는다고 하겠다.

이 외에 고이왕 28년 위사좌평에 임명되는 고수, 근구수왕 즉위년조에 보이는 장군 막고해, 진사왕 3년 은솔인 두지, 아신왕 7년 좌장에 임명되는 사두 등의 인물이 보인다. 고씨는 중국계 성씨로 이해되고 있는데,[102] 고이왕대 帶方과 혼인관계를 맺는 과정에서 중국 郡縣係 인물이 백제의 국정에 참여하였던 것이 아닌가 한다. 다만 책계왕과 분서왕이 군현세력에 의해 시해되는 과정에서 군현계 세력은 크게 위축되었을 것이지만 이들이 중국 선진문물의 수입에 있어서 필요한 존재였기 때문에 일정한 정치적 입지는 유지하고 있었을 것이다. 그렇지만 이들은 독립적인 정치세력으로 존재하였다기 보다는 중앙의 통치체제에 편제되어 있어서 지방세력의 범주에는 포함되지 않는다고 하겠다.

장군 莫古解는 근초고왕 24년 태자 근구수와 함께 고구려와의 전쟁에 참전한 인물이다. 하지만 그의 재지기반을 나타내는 자료는 없다. 그런데 『三國史記』 외에 『日本書紀』 신공기 46 · 47년조에 莫古라는 인물이 보이고 있는데,[103] 이를 막고해와 동일 인물로 생각해 볼 수 있다. 그렇다고 한다면 막고해는 군사적인 분야뿐만 아니라 對倭外交에서도 아주 중요한 역

---

101 천관우, 1989, 앞의 글, 322~330쪽.
102 이홍직, 1987, 「백제인명고」, 『한국고대사의 연구』, 358쪽.
103 『日本書紀』 권9 신공기 46 · 47년조.

할을 하였던 것으로 파악된다. 당시 외국에 사신으로 파견되는 인물은 왕의 측근이었다는 점에서 막고해는 중앙에서의 정치적 위상도 매우 높았을 것이다. 다만 그의 활동내용을 볼 때 주로 왕과의 밀접한 관계 속에서 활동하고 있다는 점에서 재지기반을 가진 지방세력은 아니었을 가능성이 크다.

豆知는 진사왕 3년 은솔에 임명되는데, 그 출신내력은 전혀 알 수 없다. 두지가 달솔에 임명되는 진사왕대는 고구려의 계속되는 남침으로 인해 백제가 북방지역의 관방을 정비하는 등[104] 대고구려 방어에 전력을 기울이던 시기이다. 또한 두지는 북부세력인 眞嘉謨와 함께 관등을 받고 있다. 따라서 두지가 관등에 임명되는 시기나 진가모의 출신지역 등을 참고할 때 그의 재지기반도 북부 내지는 고구려를 방비할 수 있는 지리적 위치에 있지 않았을까 추정해 볼 수 있다. 다만 진가모보다 낮은 은솔의 관등을 받은 점과 이후의 행적이 전혀 드러나지 않는 점으로 보아 유력한 지방세력은 아니었던 것으로 생각된다.

다음은 아신왕 7년(398) 좌장에 임명되는 沙豆이다. 沙氏는 사비기에 들어와 最高位의 귀족세력으로 등장하고 있으며, 따라서 그들의 재지기반은 사비지역 또는 그와 가까운 지역으로 볼 수 있다.[105] 사두는 좌장의 직을 맡고 있는데, 이것으로 보아 강력한 군사적 기반을 가지고 있었던 것으로 생각된다.[106] 사씨는 동성왕 6년에 다시 기록에 나타나고 있으며, 이후 가장 유력한 귀족세력으로 활동한다. 이와 같이 웅진기 이후 사씨가 유력한 귀족세력으로 성장할 수 있었던 것은 그들의 재지기반이 왕도와 가까

---

104 『三國史記』권25 진사왕 2년조.
105 사씨세력의 근거지는 사비지역으로 비정되는데(노중국, 1978,「백제왕실의 남천과 지배세력의 변천」,『한국사론』4, 99~100쪽), 부여 가림성이 위치하고 있는 임천지역(유원재, 1996,「백제 가림성연구」,『백제논총』5, 83~86쪽), 또는 유성의 내사지성(이도학, 2003,「백제 사비천도의 재검토」,『동국사학』39)에 비정되기도 한다.
106 강종원, 1999,「백제 좌장의 정치적 성격」,『백제연구』29.

운 지역에 위치하고 있었기 때문이다.

그런데 문헌자료에 보이는 인물들을 보면 초고왕대까지는 대부분 部나 城을 冠稱하고 있으며, 고이왕 이후로는 官職이나 官等을 띠고 있다. 이는 그들의 정치적 위상을 나타내는 것이 초고왕대까지는 部 또는 城이었으며, 고이왕대부터는 관직과 관등이었다는 사실을 의미한다. 따라서 그들의 정치적 성격도 시기적으로 변화하였음을 알 수 있다. 그렇지만 부명을 관칭하던 세력이 고이왕대 이후에도 여전히 유력한 지배세력으로 활동하고 있는 점으로 보아 정치적 기반은 변하지 않았음을 알 수 있다.

이상에서 문헌기록에 보이고 있는 인물과 그들의 활동을 통해 소속 部와 재지기반 문제를 살펴보았다. 문헌기록상에 나타나는 인물들의 활동 상황이나 관련자료의 미흡으로 인해 구체적인 지역기반을 이해하기에는 한계가 있다. 그렇지만 중앙의 유력한 지배세력은 자신들의 재지기반을 토대로 정치적 위상을 확보하고, 유지할 수 있었던 것으로 생각된다. 따라서 기록에 보이고 있는 정치세력 가운데 재지적 기반이 확인되지 않는 일부를 제외하고는 지방세력으로 분류하여도 큰 무리는 없다고 하겠다.

3) 漢城期 地方勢力의 在地基盤

(1) 地方勢力의 分包範圍

앞에서 문헌기록을 통해 확인되는 정치세력의 존재양태를 살펴보았다. 그렇지만 그들의 구체적인 재지기반을 파악한다는 것은 거의 불가능에 가까우며, 단지 소속 부나 대략적인 위치를 파악하는데 그칠 수밖에 없었다. 이에 고고학적인 성과를 활용하여 유력한 정치세력의 재지기반 문제를 고찰해 보도록 하겠다.

우선 한성기 지방세력의 공간적 분포범위를 파악하기 위해 백제의 지배영역을 검토해 보기로 한다. 한성기 백제 영역은 매우 이른 시기에 획정된 것으로 기록되어 있다.

> 마침내 강역을 구획하여 정하였는데, 북쪽으로는 浿河에 이르고, 남쪽은 熊川을
> 경계로 삼고, 서쪽으로는 큰 바다에 닿고, 동쪽으로는 走壤에 이르렀다.[107]

백제는 온조왕 13년에 동·서·남·북의 경계를 획정하였는데, 강역에 포함되고 있는 지역인 走壤은 춘천, 熊川은 안성천, 浿河는 예성강에 비정되고 있다.[108] 그러나 이 기사는 온조왕대의 사실을 기록한 것이라기보다는 그 이후의 영역을 소급하여 기록한 것으로 이해되고 있다.[109] 사실 온조왕 24년조에는 熊川柵을 설치하자 마한왕이 이를 책망함으로써 다시 웅천책을 헐어버리는 내용이 보이고 있다.[110] 이는 온조왕 13년 남방의 경역을 웅천으로 정하였다는 기록이 사실에 근거한 것이 아니었음을 의미한다. 따라서 온조왕대의 기록은 주변지역에 대한 병합이 이루어지기 시작하는 시점에서 어느 정도 일단락 된 시점까지의 기록을 일괄하여 소급·기록한 것으로 볼 수 있다. 이는 광개토왕비문에 백제공략 사실을 일괄 기재한 것과 같은 방식이라고 하겠다. 그러면 언제까지의 사실을 일괄하여 기록한 것인가 하는 점이 문제인데, 마한의 맹주 내지는 중심 국가의 하나인 目支國의 병합시기와 관련이 있을 것으로 생각되며, 그 시기는 중앙집권적 지배체제의 발단이라고 할 수 있는 관등 및 관제, 각종 제도의

---

107 『三國史記』권23 온조왕 13년조.
108 이병도, 1977, 『國譯 三國史記』, 을유문화사, 356쪽.
　　이와는 달리 주양은 평강, 패하는 대동강, 웅천은 금강에 비정하기도 한다(전영래, 1985, 「백제남방경역의 변천」, 『천관우선생환력기념 한국사학논총』, 137~138쪽).
109 이를 3세기 중엽의 고이왕대 사실로 보는 견해를 비롯해(이병도, 1977, 앞책, 357쪽) 웅천을 금강에 비정하는 입장에서 근초고왕대의 사실을 소급 기록한 것으로 이해하고 있기도 하다(김기섭, 1995, 「근초고왕대 남해안 진출설에 대한 재검토」, 『백제문화』24, 26쪽).
110 『三國史記』권23 온조왕 24년조.

정비가 시작되는 고이왕대로 볼 수 있지 않을까 생각된다. 결국 4방 강역의 획정이 당시의 역사적 사실을 그대로 반영한 것이라기보다는 관념상의 영역 내지는 후대의 사실을 소급하여 기록한 것으로 이해할 수 있을 뿐이다.

그런데 근초고왕대에 이르게 되면 북으로는 황해도 일대와 남으로는 전라남도 일대까지 중앙의 정치력이 미치게 되었다. 다음의 사료는 이를 보여준다.

> C-1. 나아가 쳐서 크게 이기고는 도망쳐 달아나는 자들을 추격하여 水谷城의 서북쪽에까지 이르렀다.(『三國史記』권24 근구수왕 즉위년)
> 2. 그리고 군사를 옮겨 서쪽으로 돌아서 古奚津에 이르러서 南蠻 忱彌多禮를 무찌르고 백제에게 주었다. 이에 백제왕 肖古와 왕자 貴須 또한 군대를 이끌고 와서 만났다. 그때 比利·辟中·布彌支·半古 四邑이 스스로 항복하였다.(『日本書紀』권9 신공기 49년 3월)

앞의 사료 C-1 · 2는 백제가 근초고왕대 북으로는 수곡성 서북, 남으로는 전라남도 남해안 일대까지 진출한 사실을 보여준다.

먼저, 북으로는 수곡성의 서북지역까지 진출하고 있는데, 수곡성은 황해도 신계 부근으로 비정된다.[111] 그런데 『三國史記』진사왕 2년조에 보면, 「設關防 自靑木嶺 北距八坤城 西至於海」라고 하여 관방을 설치한 기록이 있다. 청목령은 근초고왕 28년에 축성이 이루어졌는데,[112] 개성에 비정된다.[113] 따라서 한성 후기의 북방 경계는 개성을 중심으로 그 일대로 보아도 큰 무리는 없을 것이다.

그리고 사료 C-2의 내용은 왜의 활동으로 기록되어 있지만 실제는 근초고왕의 활동으로 이해되고 있다. 전라남도 남해안지역은 忱彌多禮를

---

111 이병도, 1976,「근초고왕척경고」,『한국고대사연구』, 510쪽.
112 『三國史記』권24 근초고왕 28년조.
113 이병도, 1977, 앞의 책, 28쪽.

비롯하여 여러 정치체가 독립적으로 존재하고 있었는데, 침미다례는 대개 전남 강진,[114] 辟中은 전남 보성, 布彌支는 나주에 비정되고, 比利와 半古는 위치가 불명하지만 모두 전남지방에 비정되고 있다.[115] 그런데 영산강 유역에는 독립적인 정치적 성격을 가진 세력의 무덤으로 판단되는 대형옹 관묘 등이 여전히 조영되고 있는 것으로 보아 이들 지역에 백제의 직접적인 정치적 영향력이 미치지는 않았던 것으로 파악된다. 따라서 당시 백제의 통치권역은 비록 지배방식에는 차이가 있었을지라도 노령산맥 이북지역까지로 볼 수 있을 것이다.[116]

東界는 주양으로 춘천에 달한 것으로 기록하고 있으나 구체적인 내용을 통해 확인되지는 않는다. 다만 춘천은 『三國史記』지리지 삭주조에 貊의 故地로 기록되어 있으며,[117] 또한 많은 유적이 분포하고 있어 6세기까지도 독자적인 세력이 존재하였을 것으로 보기도 한다.[118] 그리고 산성의 분포를 통해 東界를 여주·양평 일대로 보는 견해도 있지만[119] 이를 단정할 만한 자료는 확인되지 않는다. 西界는 바다에 이르고 있다는 기록과 미추홀의 위치, 고이왕 3년 서해 大島에서의 전렵[120] 등으로 볼 때 서해로 보는데 문제가 없다.

---

114 이병도, 1977, 앞의 책, 512~513쪽.
115 이병도, 1976, 앞의 글, 513쪽.
116 강종원, 2002, 앞의 책, 236~254쪽.
　　고고학 자료를 분석하여 4세기 초중엽에는 천안·홍성을 연결하는 선, 4세기 후반부터 475년까지는 금강 이북지역까지 직접 지배력이 미친 것으로 보는 견해(박순발, 1997, 「한성백제의 중앙과 지방」, 『백제의 중앙과 지방』, 134~152쪽)와 주구토광묘를 기준으로 근초고왕대까지의 영역을 안성천 이북으로 보는 견해도 있다(강인구, 1994, 「주구토광묘에 관한 몇 가지 문제」, 『정신문화연구』17-3).
117 『三國史記』권35 지리2 삭주조.
118 김택균, 1985, 「춘천맥국설에 대한 연구」, 『백산학보』30·31합집.
119 장원섭, 1991, 「백제초기 동계의 형성에 관한 일고찰」, 『청계사학』7, 118쪽.
120 『三國史記』권24 고이왕 3년조.

이상에서 한성기 백제의 영역문제를 간략하게 살펴보았으나 시기적으로 변동이 있기 때문에 구체적인 범위를 확정할 수는 없다. 다만 대략적인 영역을 추정해 볼 수 있으며, 한성기 지방세력의 재지기반도 이들 영역 안에서 구할 수 있을 것이다.

(2) 地方勢力의 在地基盤

일반적으로 국가체의 성립을 보여주는 고고학적 요소로 성곽과 고분을 들고 있다. 이들 요소의 출현은 강력한 권력과 경제력의 성장으로 대규모의 토목공사가 가능해지게 된데 따른 것이다. 그 결과 고총고분과 성곽의 출현은 고대국가의 성립을 가시적으로 보여주는 고고학적 척도가 되고 있다. 이러한 현상은 각 지역에서 재지적 기반을 가진 정치세력의 존재를 파악하는데 있어서도 마찬가지이다. 각 지역의 유력한 정치체들은 마한 소국의 권위와 전통, 그리고 물적기반을 계승한 세력으로서 재지적 문화 요소를 남기고 있을 것이기 때문이다. 그런데 일정한 문화적 특성을 나타내는 고고학적 요소는 성곽과 고분 이외에도 주거지를 비롯한 생활유적과 출토 유물 등 다양하다. 이들 요소 가운데 한 지역, 또는 특정 세력의 문화적 전통을 강하게 간직할 뿐만 아니라 지속성을 지닌 것은 고분이라고 할 수 있다. 따라서 본고에서는 조영집단의 정치적 위상을 분명하게 보여주는 고분과 그 출토유물을 중심으로 지방세력의 재지기반과 성격을 문헌자료와 관련시켜 검토해 보기로 하겠다.

먼저, 초기백제의 중앙문화와 지방문화에는 일정한 차이가 있었던 것으로 파악된다. 비록 마한의 습속을 기록한 것이지만 『三國志』 위지 동이전 한조에 보면, 「其北方近郡諸國差曉禮俗 其遠處直如囚徒奴婢相聚」라는 내용이 보인다.[121] 이는 각 지역의 재지적 문화와 백제 중심지역의 문화에 상당한 차이가 있었음을 나타내는 것이다. 또한 『周書』와 『北史』 백제전에도 「王姓夫餘氏 號於羅瑕 民呼爲鞬吉支 夏言竝王也」라고 하여 왕에 대한 호칭이 지배층과 일반민들 사이에 서로 달랐음을 알 수 있다. 이는 비록 사비기의 사실을 기록한 것으로 생각되지만 백제의 기층문화와 상층문화 사이에 일정한 문화적 차이가 있었음을 의미한다. 이러한 점에 비추어 볼 때 고분문화에서도 왕도를 중심으로 분포하는 중앙의 고분양식과 각 지방에서 나타나고 있는 고분양식에는 일정한 문화적 차이가 존재하였을 것이다.

백제가 국가체를 발전시킨 한강 하류지역의 중요한 고고학적 요소로는 석촌동, 가락동 등에서 조사된 고분들이 있는데, 묘제는 고구려계 적석총, 재지계 토광묘, 양자의 복합계 등 3가지로 구분된다.[122] 이 가운데 백제왕실의 대표적인 묘제는 적석총인데, 석촌동 3호분과 석촌동 1호분 남분 등이 있다. 적석총은 원래 고구려의 전통적인 묘제로 鴨綠江 지류인 渾江과 禿魯江 유역에 집중적으로 분포되어 있기 때문에 백제를 건국한 세력의 出自와 밀접한 관련이 있다.[123]

토광묘는 한강유역 재지세력의 무덤으로 추정되는데, 주목되는 유적으로는 가락동 토광묘와 석촌동 토광묘가 있다.[124] 이들 토광묘는 즙석을 한 것을 비롯해 다양한 형태를 보이고 있으며, 백제초기 지배계층의 가족묘 내지는 친족의 집단묘로서 적석총 피장자 보다는 하위신분으로 추정된다.[125]

---

121 『三國志』위지 동이전 한조.
122 임영진, 1995, 「백제 한성시대 고분연구」, 서울대학교 대학원 박사학위논문.
123 특히 이 가운데 3호분은 4세기 경에 축조된 것으로 추정되는데, 근초고왕의 무덤으로 비정되고 있어(김원룡 · 이희준, 1987, 「서울 석촌동 3호분의 연대」, 『두계이병도박사구순기념한국사학논총』) 적석총의 조영시기를 파악하는데 참고된다.
124 윤세영, 1974, 「가락동 토광묘 제1, 2호분발굴조사약보」, 『고고학』3, 131~146쪽.
잠실지구유적발굴조사단, 1976, 『잠실지구유적발굴조사보고』, 45~71쪽.
125 최몽룡 · 권오영, 1985, 「고고학적 자료를 통해 본 백제초기의 영역고찰」, 『천관우선생환력기념 한국사학논총』, 113쪽.

석촌동 4호분

복합묘제는 이들 양자의 요소가 결합된 양식인데, 석촌동 4호분과 같이 외관은 고구려식 적석총이나 내부를 흙으로 충전한 구조를 비롯해 봉토에 적석을 하거나 묘광에 적석을 한 형태 등 다양하다.[126] 이러한 구조는 적석 총과 토광묘 양식의 상호 영향에 의해 성립된 것으로 이해할 수 있다.

이와 같이 다양한 묘제가 한성지역에 나타나고 있는데, 한성기 백제 왕 실의 주 묘제는 적석총이었으며, 유력한 귀족세력들은 토광묘를 비롯해 백제식적석총 등 다양한 묘제를 사용했던 것으로 추정된다. 따라서 이들 묘제가 집중적으로 분포되어 있는 한성은 왕실을 비롯한 중앙귀족의 세력 기반이었음을 알 수 있다.

다음은 왕도 이외의 지역에서 확인되고 있는 고분들에 대하여 검토해 보기로 하겠다. 각 지역에 분포하고 있는 이들 고분들은 그 조영집단의 정

---

126 임영진, 1995, 앞의 글, 51~62쪽.

치적 위상을 비롯해 지역성을 반영하고 있기 때문에 지방세력의 존재를 파악하는데 좋은 자료를 제공해 주고 있다.

석촌동 고분 출토 청자사이호

먼저, 왕실의 묘제와는 성격을 달리하는 적석총이 임진강을 비롯한 북한강·남한강 일대에 광범위하게 분포하고 있는데, 無基壇式積石塚 또는 葺石式積石墓라고 불리는 분묘이다. 이들 적석총이 가장 많이 분포하는 지역은 임진강 일대인데, 약 20여 기 정도가 확인되었다. 이 가운데 발굴조사가 이루어진 것으로는 연천 삼곶리적석총과 학곡리적석총 등이 있다. 이들 고분의 축조시기는 2~3세기대로 추정되고 있는데, 고구려 유민이 남하하는 기원전후한 시기까지 소급될 가능성도 제기된다.[127] 특히 삼곶리적석총은 백제초기의 지방통제방식의 확립을 계기로 하여 초기 백제영역 내에 발생한 것으로 추정되고 있어[128] 이 지역 지방세력의 존재를 상정할 수 있는 자료이기도 하다.

북한강 유역의 경우 가평, 춘천, 화천 일대 등 넓은 지역에 걸쳐 분포하고 있는데, 이 가운데 춘천 하중도에 위치한 적석총에 대한 발굴조사가 이

127 기전문화재연구원, 2002, 「연천 학곡제 개수공사지역내 학곡리적석총 발굴조사」, 현장설명회 자료.
128 문화재연구소, 1994, 『연천 삼곶리 백제적석총 발굴조사보고서』, 58~60쪽.
이 적석총은 백제 적석총의 지방형식으로 파악되는데, 그 근거는 무덤의 외형은 고구려식이지만 출토유물이 백제식이기 때문이다.

연천 학곡리 적석총

연천 삼곶리적석총

루어졌다.[129] 매장 시설로는 내곽과 외곽이 조사되었으며, 유물은 청동제귀걸이·철제도자·철촉·경질토기편 등이 출토되었다.

남한강 일대의 경우 양평, 제천 등에 분포하고 있다. 경기도 양평군에 위치한 문호리 적석총[130]은 백제 초기의 것으로 추정되는데, 출토유물로는 꺾쇠·刀子·管玉·靑銅制방울·土器片 등이다. 그리고

연천 삼곶리적석총

무기단식 적석총 출토 각종 철기

충북 제천시의 양평리 적석총[131]은 2기의 적석총이 조사되었다. 가족묘의 성격을 지닌 집단묘이며, 출토유물은 청동방울·철제도자·토기편 등으로

---

129 박한설·최복규, 1982, 「중도적석총발굴조사보고」, 『중도발굴조사보고서』, 20~82쪽.
130 황용혼, 1974, 「양평군 서종면 문호리유적발굴보고」, 『팔당·소양댐 수몰지구 유적발굴 종합조사보고』, 333~377쪽.
131 배기동, 1982, 「제원 양평리 A지구유적(제1차)」, 『'82, 충주댐 수몰지구 문화유적발굴조사보고서』, 39~90쪽 ; 1983, 「제원 양평리 A지구 유적발굴약보고」, 『'83, 충주댐 수몰지구 문화유적발굴조사보고서』, 299~314쪽.

조영시기는 2~3세기경으로 추정되고 있다. 충북 제천시에 위치하고 있는 도화리 적석총[132]은 인골과 철제도자가 출토되었으며, 시기는 2~3세기로 추정되고 있다. 이 외에도 제천시 교리 등 다수의 적석총 사례들이 확인되었다.

이들 적석총 조영집단의 성격에 대해서는 크게 고구려 유이민 계통이라는 견해와 재지세력이라는 견해로 구분된다. 먼저, 재지계통으로 보는 견해로서, 삼곶리적석총의 경우 조영주체를 중앙에서 파견된 지방관이나 중앙에 흡수된 재지세력으로 보는 견해[133]를 비롯하여 북한강 상류, 남한강 상류 등에 분포하고 있는 적석총이 한강 하류지역의 적석총과 차이가 있다는 점에 근거하여 토착적인 요소가 강한 분묘[134]로 보는 견해 등이 있다. 또한 적석총의 조영집단을 모두 濊係로 파악하고, 이들 분묘에 피장된 사람은 각 지역집단의 최상위층으로 이해된다.[135]

다음은 고구려 유이민 계통으로 보는 견해[136]인데, 학곡리적석총의 경우에도 조영시기를 고구려인이 남하하는 시기까지 소급될 가능성을 제기[137]하고 있는 것으로 보아 조영세력은 고구려 유이민 계통으로 보고 있는 듯하다. 또한 고구려로부터 남하하여 한강유역에 정착한 백제 건국세력이라는 견해[138]도 같은 범주에 포함시킬 수 있다.

이 외에도 임진강과 군사분계선 일대의 적석총 조영세력은 하남위례성 천도 이전 초기의 백제로, 그리고 남한강·북한강 유역은 貊系 靺鞨로

---

132 최몽룡·이희준·박양진, 1984,「제원 도화리지구 유적발굴조사보고」,『충주댐 수몰지구 문화유적발굴조사종합보고서』, 693~699쪽.
133 문화재연구소, 1994, 앞의 책, 58~60쪽.
134 강인구, 1989,「한강유역 백제고분의 재검토」,『한국고고학보』22.
135 박순발, 2002,『한성백제의 탄생』, 134~140쪽.
136 이동희, 1995,「남한에서 발견된 고구려계적석총에 대한 일고찰」, 성균관대학교대학원 석사학위논문.
137 기전문화재연구원, 2002, 앞의 글.
138 권오영, 1986,「백제초기의 성장과정에 대한 일고찰」,『한국사론』15.

보기도 한다.[139] 말갈과 관련된 기록은 『三國史記』백제본기에 6세기 전반까지 나타나고 있지만 근초고왕대의 영역 확장과정 등을 고려할 때 적석총 분포지역을 말갈세력권으로 보는 데는 어려움이 있으며, 오히려 東濊와 관련된 것으로 보는 것이 보다 합리적이지 않을까 한다.[140]

이들 적석총에서 출토되는 유물의 경우 중앙의 문화적 요소가 보이고 있어 중앙과 일정한 정치적 관계를 맺고 있었다는 사실을 알 수 있으며, 또한 그 규모나 출토유물로 보아 각 지역의 유력한 지배세력의 무덤이라는 점에는 의심의 여지가 없다.

한성지역을 중심으로 적석총이 다수 분포하고 있는 것과는 달리 지방에서는 토광묘와 석축묘 등이 다수 조영되었다. 이들 고분은 각 지역에 분포하고 있을 뿐만 아니라 고분 안에서는 威勢品으로 불리는 중요유물이 출토되어 조영집단의 재지적 기반과 정치적 위상을 보여주고 있다. 그러면 상위급에 해당하는 위세품 등을 반출하는 고분을 중심으로 검토해 보기로 한다.

남한강 상류에 위치하는 법천리고분군에서는 토광묘를 비롯해 횡구식석실분·횡혈식석실분 등이 조사되었는데,[141] 양형청자를 비롯해 금동식리편·청동초두·마구·철검·토기류 등이 출토되어 피장자의 위상이 매우 높았음을 알 수 있다.[142] 그리고 법천리고분 가운데 4세기 중후반경으로 비정되는 2호분 출토 토기 등에서는 중앙의 양식들이 나타나고 있어 백제 중앙의 영향력이 이 지역까지 미치고 있었음을 알 수 있다.

---

139 문안식, 2002, 『백제의 영역확장과 지방통치』, 145~148쪽.

140 유원재, 1979, 「삼국사기 위말갈고」, 『사학연구』2.

141 국립중앙박물관, 2000, 『법천리 I』

142 법천리고분의 위상이 높은 이유를 한성백제가 예계지역으로 진출하는데 있어서 교두보적인 역할을 담당하였기 때문으로 보는 견해(박순발, 1997, 「한성백제의 중앙과 지방」, 『백제의 중앙과 지방』, 140~141쪽)가 있어 참고된다.

원주 법천리고분 4호분

4세기 중후반으로 비정되는 화성군 백곡리고분은 중앙인 석촌동·가
락동·방이동 고분과는 그 문화적 계통을 달리하는 것으로, 이들 고분을
조영한 사람과 피장자는 4세기경 화성지역을 대표하던 지방세력의 하나
로 파악되고 있다.[143] 또한 마하리고분군의 경우 조사결과 목관묘·목곽
묘·석곽묘 등이 확인되었으며, 유물은 토기류·철기류·유리구슬류 등
이 다량으로 출토되었다.[144] 이들 고분은 3세기 후반에서 4세기 후반경에
조영된 재지세력의 분묘로 판단된다.

　마한의 유력한 소국이 위치하였던 것으로 알려진 천안지역에도 최고
위상을 지닌 유물을 반출하는 고분이 다수 존재한다. 화성리고분에서는

---

143 한국정신문화연구원, 1994, 『화성군백곡리고분』, 58~61쪽.
144 호암미술관, 1998, 『마하리고분군』.

법천리2호분 출토 양형청자   화성리고분 출토 은상감대도

동진제 청자반구호와 은상감대도 등이 출토되었으며, 청자반구호 등을 근거로 조영시기는 4세기대로 비정된다.[145] 출토된 토기류는 석촌동 토광묘유적에서 출토된 토기류와 동일한 양상을 보이고 있어 조영집단은 중앙과 일정한 정치적 관계를 맺은 지방세력으로 추정된다.

4세기 후반에 비정되는 용원리고분군에서도 환두대도를 비롯해 중국제 도자기·관모장식·금동제 이식 등 당시 위세품에 속하는 유물들이 다수 출토되었다.[146] 또한 서울대에서 조사한 C지구의 횡혈식석실분에서는 청자 3점과 마구류 등이 출토되어 수장층의 무덤으로 판단된다.[147] 이러

---

145 小田富士雄, 1982, 「越州窯靑磁를 伴出한 忠南의 百濟土器」, 『백제연구』특집호, 198~213쪽.
146 이남석, 2000, 『용원리고분군』.
147 임효재·최종택·윤상덕·장은정, 2001, 『용원리유적 C지구 발굴조사 보고서』.

전청주 출토 청자계수호

한 고고학적 양상으로 보아 재지수장급의 분묘가 지속적으로 조영되고 있는 사실을 알 수 있으며, 이는 천안지역이 유력한 지방세력의 재지기반이었음을 보여주는 자료이다.

청주지역도 유력한 지방세력이 존재한 지역으로 주목된다. 토광묘와 석실분이 조사된 신봉동고분군[148]은 토기류·마구류·철제무기 및 생산용구 등이 출토되었는데, 조영시기는 3세기 말에서 4세기 초까지 소급되는 것도 있으나 최성기는 4세기 후반에서 5세기 중엽으로 비정되고 있다. 특히 토광묘에서 마구 및 무기류가 다수 출토되어 피장자들이 남성이며, 전투단을 구성하는 騎兵이었을 것으로 추정되기도 한다. 그리고 청주지방에서 출토된 것으로 알려진 중국제 청자 계수호의 존재도 중요하다. 이들 자기의 출토상황은 알 수 없지만 이와 유사한 것으로 흑유계수호가 있는데, 천안 용원리와 공주 수촌리에서 각 1점씩 출토되었다. 이들 계수호를 반출한 고분은 당시 그 지역의 최고 위상을 지닌 인물의 무덤으로 생각

---

148 이융조·차용걸, 1983, 『청주 신봉동 백제고분발굴조사보고서』, 175쪽.

천안 용원리고분군 출토 환두대도

천안 용원리9호분   흑유계수호

되는데, 이와 비교해 볼 때 전청주출토 천계형주자를 반출한 유적은 고분
으로 추정되며, 피장자는 당시 이 지역에서 최고의 위상을 지닌 인물이었
을 것으로 판단된다.

　　지방세력의 존재를 이해하는데 있어서 주목되는 유적은 공주 수촌리
고분군이다.[149] 조사된 고분은 대형 토광목곽묘 · 횡혈식석실분 · 횡구식
석실분 · 수혈식석곽묘 등인데, 유물은 金銅冠帽 2점, 金銅飾履 3쌍, 金銅

149　강종원 · 이형주 · 이창호, 2004, 앞의 글.

銙帶 2점, 중국제 도자기 5점, 살포 3점, 環頭大刀 3점, 마구류 등을 비롯해 많은 수의 백제토기와 철제유물이 확인되었다. 이들 유물은 당시 최고의 위상을 가진 威勢品들이다. 고분의 조영시기는 4세기 후반에서 5세기 중반경으로 비정할 수 있다. 따라서 이들 고분을 축조한 세력은 웅진천도 이전 공주지역에서 강력한 정치적 영향력을 가진 지방세력이었음을 알 수 있다. 또한 서천 봉선리에서 조사된 다수의 백제시대 고분도 중요하다.[150] 고분의 유형은 토광묘·석곽묘·석실분 등 다양하며, 유물은 환두대도를 비롯해 다수의 대도·철제무기류·토기류 등이 출토되었다. 이들 고분이 축조된 중심연대는 5세기로 비정되는데, 출토유물로 보아 당시 이 지역의 유력한 세력의 무덤군으로 판단된다.

익산시 웅포면에 위치하고 있는 입점리고분군[151]의 경우 1호분에서 출토된 유물이 주목되는데, 金銅製冠帽·立飾·飾履·耳飾·馬具類·靑磁四耳壺 등이 공반되었다. 이 고분의 편년은 여러 견해가 있으나 보고자는 4세기 후반보다 늦은 시기로 보고 있어[152] 한성기 지방세력에 의해 축조된 것임을 알 수 있다.

고분 이외에도 초대형 주거지와 굴립주 건물지 등 생활유적이 확인된 포천 자작리유적[153]이나 해미 신금성,[154] 부안 죽막동제사유적[155] 등에서는 중국 서진대의 전문도기편이나 동진제 청자편, 흑갈유도기편 등이 출토되어 이들 유적을 남긴 집단의 정치적 위상을 알 수 있다. 또한 대규

---

150 충남역사문화원, 2005, 『서천 봉선리유적』.
151 문화재연구소, 1989, 『익산입점리고분』.
152 문화재연구소, 1989, 앞의 책, 80쪽. 그러나 대부분의 연구자는 웅진천도 이후에 조영된 것으로 보고 있다.
153 송만영외, 2004, 『포천 자작리유적 I』, 경기도박물관.
154 이강승외, 1994, 『신금성』, 충남대학교박물관.
155 국립전주박물관, 1994, 『부안 죽막동 제사유적』.

모의 생산유적인 화성 기안리[156]와 진천 석장리의 제철유적[157] 등을 운영한 집단도 유력한 지방세력을 형성하였을 것으로 판단된다.

다음은 이들 고분유적 및 출토유물 등의 지역적 분포양상과 문헌기록에 보이고 있는 정치세력과의 관계를 검토해 보기로 하겠다. 물론 이러한 작업은 고고학적인 조사의 한계와 문헌자료의 부족으로 牽强附會的인 자의성을 배제할 수 없다는 한계가 있다. 그러나 각 지역에서 威勢品을 반출하는

❶ 익산 입점리 출토 금동관
❷ 금동신발 ❸ 청자사이호

---

156 기전문화재연구원, 2003, 『화성 발안리 마을유적·기안리 제철유적 발굴조사』현장설명회 자료.
157 신종환, 1996, 「진천 석장리 철생산유적의 조사성과」, 『신라고고학의 제문제』, 제20회 한국고고학전국대회 발표요지.

고분의 조영주체는 재지적 기반을 가진 지방세력으로 판단되며, 출토유물로 보아 중앙과 일정한 정치적 관계를 맺고 있었던 것으로 생각된다. 또한 공주 수촌리유적을 통해서 볼 때 각 지역에서 조사된 유적 가운데 이와 비슷한 위상을 지닌 경우 그 지역의 가장 유력한 정치체로 파악할 수 있다. 따라서 현재까지의 고고학적 성과를 토대로 지방세력의 재지기반 및 특성을 찾아보는 노력이 아주 무의미하지는 않을 것이다.[158]

먼저, 이들 고분의 분포양상을 보면 하나의 특징을 찾을 수 있는데, 왕도를 중심으로 한 한강유역에는 주로 적석총이 지배세력의 무덤으로 사용되고 있는 반면에 그 이남의 지역에서는 토광묘를 비롯해 토광목곽묘·석곽묘·석실분 등 다양한 묘제가 사용되었다는 점이다. 또한 이들 고분에서 출토되는 威勢品의 경우에도 그 위상에 있어서 서로 차이가 있다. 물론 이들 墓制나 威勢品의 차이가 지역성과 함께 시간상의 선후관계를 보여주는 것이지만 한편으로는 지방세력의 정치적 위상을 반영하고 있는 것으로 볼 수 있다.[159]

우선 적석총은 한성을 제외하고는 임진강을 비롯해 북한강과 남한강 일대에 넓게 분포하고 있다. 이들 지역에 적석총이 나타나는 배경에 대해서는 여러 견해가 있지만 중앙의 영향에 의해 조영되었다는 견해를 참고한다면 한성기에 중앙정치에 등장하는 정치세력들과의 일정한 관계를 설정하지 않을 수 없다.

---

158 이와 관련하여 고고학 자료를 통해 한성백제기의 공간적 범위를 5개 권역으로 구분해 본 시도는 시사하는 바가 크다고 하겠다(김무중, 2002, 「백제 형성과 발전기에 있어서 한강유역의 양상」, 『삼국의 성립과 발전기의 남부지방』, 제27회 한국상고사학회 학술발표대회 요지문).

159 이와 관련하여 법천리나 화성리의 경우 중앙세력의 적석총이나 토광묘와는 차이가 있는 지방색이 강한 분묘양식이며, 피장자는 지역적인 기반 위에서 성장한 그 지방의 세력 집단의 일원이었을 것으로 보는 견해(최몽룡, 1989, 「한성시대 백제의 영역과 문화」, 『한국고고학보』22, 17쪽)가 참고된다.

먼저, 북부를 冠稱한 세력으로는 해씨와 진씨가 있다. 이중 해씨는 부여계통의 이주민으로 북부에 정착하였던 것으로 생각된다. 그리고 진씨는 고이왕대 활발하게 중앙에 진출하고 있는데, 특히 고이왕 13년 진충이라는 인물이 낙랑의 변민을 습취한 사실이 주목된다.[160] 즉, 진씨의 재지기반인 북부는 낙랑과 지역적으로 근접한 곳에서 찾을 수 있으며, 한성 초기에 축조된 적석총이 분포하고 있는 임진강 일대에 비정될 수 있을 것이다. 따라서 임진강 유역의 적석총 조영세력으로 북부를 칭하고 있는 진씨와 해씨세력을 주목할 수 있으며, 이 지역을 그들의 재지기반으로 추정할 수 있지 않을까 한다.

동부세력으로는 흘우와 고목성의 곤우 등이 있다. 이들은 말갈과의 전투에 동원되고 있으며, 동부를 칭하고 있는 것으로 보아 재지기반은 북한강 일대와 강원 일부지역에 분포한 적석총의 조영세력과 관련이 있지 않을까 생각된다.[161]

남한강 일대에서 확인된 재지세력의 무덤으로 중요한 것은 적석총과 함께 법천리고분군이다. 그런데 적석총의 경우 조영시기가 대부분 2~3세기 경인데 비해 법천리고분군은 묘제도 다양할 뿐만 아니라 4~5세기 경에 조영된 고분군이다. 따라서 남한강 일대에는 이른 시기부터 유력한 지방세력이 출현하여 한성후기까지 존재하였다는 사실을 알 수 있다. 법천리고분군이 조영된 지역은 대신라 진출에 유리한 지리적 위치를 점하고 있어 신라진출의 교두보적 역할을 하였을 가능성이 있다. 그렇다고 한다면

---

160 『三國史記』권24 고이왕 13년조.
161 북한강 유역에 분포하는 적석총에 주목하여 춘천 중도 일대를 북부에 비정하는 견해도 있다(권오영, 1986, 「초기백제의 성장과정에 관한 일고찰」, 『한국사론』15, 51~53쪽). 또한 이들 적석총 조영세력을 靺鞨에 비정하는 견해도 있는데(문안식, 2002, 앞의 책, 145~148쪽), 이는 고분자료가 재지세력의 정치적 성격을 보여 준다는 점에서 시사하는 바가 크며, 이들 세력이 백제에 편제된 후에는 지방세력으로 존재하였을 것이다.

이들 고분군을 조영한 집단의 활동 시기는 한성 초기부터 대신라 진출이 활발하게 이루어지는 시점에서 구할 수 있을 것이다. 특히 백제는 고이왕 후기에 와서 신라와 자주 전쟁을 벌이는데, 전투지역은 봉산성과 괴곡성[162]으로 영주와 괴산에 비정된다. 그런데 이때 등장하는 세력으로는 고이왕 28년에 병관좌평에 등용되는 유기가 있다. 유씨세력은 이때 처음 등장하고 있는데, 처음부터 兵馬權을 관장하는 병관좌평에 임용된 것으로 보아 강력한 군사적 기반을 지니고 있었던 것으로 판단된다. 따라서 고이왕대 대신라 진출과정에서 남한강 일대에 한성초기부터 유력한 재지적 기반을 가지고 있었던 유씨세력이 중용될 수 있었던 것이 아닌가 한다.

서부지역은 일찍부터 중앙에 편제된 것으로 파악되는데, 그로 인해 대규모의 고분이나 威勢品를 반출하는 고분유적이 분포하지 않을 가능성도 배제할 수 없다. 그렇지만 회회와 같은 인물이 기록에 나타나고 있는 것으로 보아 지방세력의 존재를 찾아볼 수 있다. 비록 이들의 위치가 불분명하지만 이와 관련하여 화성 백곡리고분 및 마하리고분 등의 유적이 주목된다.[163] 특히 백곡리 수혈식석실분의 경우 출토 토기들이 풍납동 출토 토기들과 유사한 점들이 있어 일찍부터 중앙과의 상호 관련성을 찾아 볼 수 있다.[164] 다만 이들 지역을 회회의 재지기반과 직접 관련시켜 설명할 수는 없지만 고분 조영세력은 일찍부터 중앙의 통치체제에 편제된 지방세력으로 볼 수 있을 것이다. 이 외에도 서해안 일대에 분포하고 있는 토광묘 조영세력을 서부와 관련시켜 이해하기도 하는데,[165] 토광묘는 서해안 일대뿐만 아니라 내륙 및 전라도 일대까지 광범위하게 분포하고 있기 때문

---

162 『三國史記』권24 고이왕 33 · 45년조.
163 이들 고분과 최근 조사된 발안리 마을유적 등에 주목하여 화성지역을 서부의 근거지로 추정하기도 한다(김기섭, 2003,「백제의 성장과 서부」,『선사와 고대』19, 60~63쪽).
164 김원룡, 1971,「화성군 마도면 백곡리 백제고분과 토기류」,『백제연구』2, 152쪽.
165 권오영, 1986,「초기백제의 성장과정에 관한 일고찰」,『한국사론』15, 88~89쪽.

에 특정 세력과 관련시켜 설명하기 어렵다는 한계가 있다.

남부와 관련된 특정 정치세력은 기록에 나타나고 있지 않다. 그러나 威勢品를 반출하는 고분의 경우 중요지역에 골고루 분포하고 있다. 출토 유물 가운데 가장 특징적인 것은 중국제 도자기이다. 이들 유물을 반출하는 고분은 대략 4세기에서 5세기 경으로 편년되는데, 피장자가 그 지역의 유력세력, 즉 강력한 지방세력이었음을 의미한다. 많은 고분유적 가운데 먼저 그 성격이 분명한 것이 공주 수촌리고분군이다. 수촌리고분군의 조영세력은 당시 공주지역의 유력한 재지세력으로 볼 수 있는데, 아마도 웅진천도 이후 신진세력으로 중앙정치에 등장하는 백씨세력으로 비정될 수 있다.[166] 그리고 천안지역은 威勢品이 출토되는 고분이 다수 분포되어 있는 것으로 보아 유력한 지방세력이 존재하였던 것으로 추정된다. 다수의 고분유적 가운데 비교적 이른 시기의 것으로는 청당동유적을 들 수 있으며, 그 보다 늦은 시기로는 화성리고분과 용원리고분이 있다. 이 가운데 청당동고분과 화성리고분 등을 조영한 집단을 目支國에 비정하는 견해가 있다.[167] 『三國史記』백제본기에 따르면 온조왕 26년(A.D.8) 백제가 마한을 병합한 사실이 기록되어 있다. 비록 그 병합시기에는 의문이 있지만 병합한 지역에 대두산성을 축조하고, 온조왕 34년에는 아산지역에 탕정성을 축조한 후 대두성의 백성을 나누어 이주시킨 사실로 볼 때 馬韓故地가 아산과 가까운 지역임을 알 수 있다. 이러한 역사적 상황과 관련시켜 볼 때 천안일대에 마한의 맹주국이었던 목지국이 위치했을 가능성은 충분하며, 그들의 전통과 권위를 계승한 유력한 재지세력이 존재하였을 것이다. 이 때 목지국의 후예로 추정되는 목씨 등이 주목될 수 있으며, 비록 한성기에

---

166 수촌리고분군의 조영세력이 웅진천도를 주도함으로써 웅진기에 신진세력으로 등장하였을 것으로 생각되는데, 필자는 이를 백씨세력에 비정한다.

167 권오영, 1996, 「삼한의 「國」에 대한 연구」, 서울대대학원 박사학위논문, 202쪽.

는 보이지 않지만 웅진천도 이후에 등장하는 연씨세력과의 관련성도 배제할 수 없다. 삼근왕 2년 해구가 연신과 함께 반란을 일으킨 대두성은 마한을 병합한 후에 복속지역을 통치하기 위해 축조한 성으로 추정되는데, 이 지역이 바로 연씨세력의 재지기반일 가능성이 있는 것이다.

이 외에도 각 지역에 다수의 지방세력이 존재하였을 것이다. 대개 마한 54국은 경기·충청·전라도 일원에 고루 분포하였을 것인데, 앞에서 언급한 범위에 소국은 40여 개국 정도가 위치하였던 것으로 비정되고 있다.[168] 백제의 성장과정은 곧 마한을 구성한 여러 소국의 병합과정이었으므로 마한 소국의 권위와 전통을 계승한 수장층의 후예들이 지방세력의 근간을 이루었을 것으로 추정되기 때문이다. 입점리고분군의 조영세력을 건마국의 수장세력 가문과 관련시켜 이해하는 견해[169]는 이러한 사실을 반영한다고 하겠다.

4) 漢城期 地方勢力의 政治的 性格

앞에서 한성기 지방세력의 존재양태 및 재지기반에 대하여 검토하였다. 그 결과 이들 지방세력은 이른 시기에 중앙의 통치체제 속에 편제되었지만 한편으로는 상당히 독립적인 재지적 기반을 갖고 있었음을 알 수 있었다. 그러면 이들 지방세력은 정치적으로 어떠한 위치에 있었는지 기록을 통해 검토해 보기로 하겠다.

---

168 이병도, 1985,「삼한의 제소국문제」,『한국고대사연구』; 천관우, 1989,「마한제국의 위치시론」,『고조선사·삼한사연구』.
169 노중국, 2001,「익산지역 정치체의 사적 전개와 백제사상의 익산세력」,『마한·백제문화』15, 27~32쪽.

백제 한성기는 聯盟王國段階에서 중앙집권적 국가단계로 이행한 시기였다. 따라서 지방세력의 정치적 성격도 시기별로 변화가 있었다. 중앙집권적인 지배체제가 확립되기 이전에 지방세력은 전통적인 지위를 유지함으로써 매우 독립적인 정치적 위상을 갖고 있었는데, 이와 관련하여 다음의 자료가 참고된다.

D-1. 國邑에 비록 主帥가 있으나 읍락이 뒤섞여 있어서 제대로 통제하지 못하였다.(『三國志』위서 동이전 한조)
  2. 戶는 5천이며, 大君王은 없다. 대대로 읍락에는 각각의 長帥가 있다 … 沃沮의 여러 邑落 渠帥들은 모두 스스로 三老를 칭하였다.(『三國志』위서 동이전 동옥저조)

사료 D의 내용은 邑落이 國邑에 대해 자치적인 위치에 있었음을 보여준다. 한성초기에 백제가 마한의 여러 소국을 병합하는 과정에서 각 소국 수장의 후예들은 지방세력화의 과정을 걷게 된다. 그렇지만 중앙집권적인 통치체제가 미흡한 상황에서 이들 지방세력은 상당한 자치권을 부여받았을 것이다. 『三國志』한전의 내용은 비록 마한 사회의 한 단면을 기술한 것이지만 백제가 마한을 통합하여 성립된 국가라는 점에서 한성 초기의 통치체제는 여기서 크게 진전되지 못하였을 것이다. 동옥저의 경우에도 읍락에 각각 三老라고 칭하는 지배자가 존재하였으며, 각 읍락에 대한 지배권을 행사하였음을 알 수 있다.

한성초기 백제의 경우에도 여러 정치세력과의 연맹관계를 통해 국가체를 형성하였지만 각각의 세력들은 일정부분 정치적 독립성을 유지하였다. 백제의 경우 지방세력들의 자치적 모습을 알 수 있는 자료는 확인되지 않지만 이와 관련해서 고구려 · 신라의 사례가 참고된다.

E-1. 모든 大加들도 스스로 使者 · 皁衣 · 先人을 두었는데, 그 명단은 왕에게 보고하여야 한다. 마치 중국의 卿이나 大夫의 家臣과 같은 것으로, 회합할 때

의 좌석 차례에서는 王家의 使者·皁衣·仙人과 같은 열에는 앉지 못한다.(『三國志』위서 동이전 고구려)

2. 音汁伐國이 悉直谷國과 국경을 다투어 신라왕에게 와서 재결을 청하므로 왕이 난처히 여겨 이르되, 금관국 수로왕이 연로하고 지식이 많다 하여 그를 불러 물었더니, 수로가 건의하여 다투었던 땅을 음집벌국에 속하게 하였다. 이에 왕은 6부에 명하여 모여서 수로를 향연할 때 6부중 5부는 다 이찬으로 접빈의 主를 삼되, 오직 한지부만이 지위가 낮은 자로 주장케 하였다. 수로가 노하여 종인 탐하리에게 명하여 한지부주인 보제를 죽이게 하고 돌아갔다.(『三國史記』권1 파사니사금 23년)

즉, 고구려의 경우 대가들은 스스로 使者·皁衣·先人 등을 두었다. 신라의 경우에도 영토분쟁시 수로왕의 도움을 받은 후 그를 위해 잔치를 여는 과정에서 한기부만이 관등이 낮은 인물을 보내고 있는 예로 보아 각 부가 어느 정도 자치권을 가지고 있었음을 알 수 있다. 따라서 백제의 경우에도 재지적 기반을 가진 유력세력들은 독자적인 지배조직을 가지고 있었을 것으로 추정된다.

다음은 유망사례를 통해 지방세력의 재지기반에 대한 지배형태를 참고할 수 있다.

F-1. 여름 4월에 가물기 시작하여 6월에 이르러서야 비가 왔다. 漢水의 동북쪽 부락에 기근이 들어 고구려로 도망해 간 자들이 1천여 집이나 되니, 浿水와 帶水 사이가 텅 비어 사는 사람이 없었다.(『三國史記』권23 온조왕 37년)

2. 靑木嶺에 성을 쌓았다. 禿山城主가 3백인을 데리고 신라로 달아났다.(위의 책, 권24 근초고왕 28년)

한성기 유망사례는 2회에 걸쳐 보이고 있는데, 온조왕 37년에는 1천여 호가 고구려로 유망하였으며, 근초고왕 28년에는 300인이 신라로 도망하였다. 그런데 근초고왕대의 경우 유망을 주도한 것은 성주 자신이었다. 이 사실은 독산성주가 독산성에 대한 자치권을 행사하고 있었을 가능성을 보여준다. 독산성주는 재지세력으로서 중앙의 관제에 편제된 인물이며, 지방세력 가운데 하나로 볼 수 있는 것이다. 유망 사례는 웅진기에도 3회 보이고 있어 참고되는데, 동성왕 13년 6백여 가의 신라유망, 동성왕 21년의 한산인 2천여 명의 고구려 유망, 무령왕 21년 9백여 가의 신라 유망 사실이 기록되어 있다. 이와 같이 대규모 유망이 나타나는 것은 대민지배가 일정한 권역을 단위로 자치적으로 이루어졌기 때문에 가능하였던 것으로 생각된다. 다만 지방세력들의 자치적 기능은 각종 행정제도가 마련되는 고이왕대를 전후해 성격상 변화가 있었을 것이다.

그런데 이들 지방세력들의 정치적 위상을 담보하는데 있어서 중요한 요소는 경제적·군사적 기반을 들 수 있을 것이다. 먼저, 한성초기 각 지역의 경제활동을 살펴볼 수 있는 자료로는 다음의 기록이 참고되지 않을까 한다.

> 그 풍속은 山川을 중요시하여 산과 내마다 각기 구분이 있어 함부로 들어가지 않는다.(中略) 부락을 함부로 침범하면 벌로 生口와 소·말을 부과하는데, 이를 責禍라고 한다.(『三國志』 위서 동이전 예조)

위의 기록은 비록 예의 사회상의 일면을 나타내는 기록이지만 당시 경제활동의 영역을 살펴볼 수 있는 자료이기도 하다. 즉, 산천을 경계로 읍락이 형성되어 있으며, 이들 읍락이 생활권역이었음을 보여주는 내용이다. 생활권역은 곧 경제활동의 영역이 되었으며, 상당히 배타적으로 영위되었음을 알 수 있다. 이러한 모습은 자연취락을 중심으로 이루어진 생활습속이지만 마한 소국의 전통을 계승한 지방세력의 경우에도 여기에서 크게 벗어나지 않았을 것으로 생각된다. 다만 이러한 경제활동 권역내에서도 경제적인 편차가 존재하였다. 『三國志』 부여조에 「邑落有豪民 民下戶皆爲奴僕」이라는 기록이 보인다. 이것은 읍락내의 계급구성을 보여 주는 사료이지만 여기서 호민은 경제력을 소유한 계급으로, 후에 지방의 유력세력과 같은 성격의 존재로 볼 수 있다.

특히 3~4세기가 되면 하전의 개발 등 생산경제에 큰 변화가 일어났는데,[170] 지방 수장급의 무덤에서 주로 출토되고 있는 농경도구의 일종인 삽포를 통해서도 당시 경제적 변화 및 대민지배를 이해할 수 있다.[171] 이러한 경제적 변화과정 속에서 지배세력은 對民收取를 통해 그들의 경제력을 유지하였는데, 지방세력들의 대민수취가 어떠한 방식으로 이루어졌는지 살펴보기로 하겠다.

일반적으로 수취방법은 租賦와 力役으로 구분할 수 있다. 우선, 力役과 관련하여 축성시 부를 중심으로 역역이 이루어진 내용이 주목된다.

G-1. 왕이 동부에 명령하여 牛谷城을 축조하고, 말갈에 대비하였다.(『三國史記』 권23 다루왕 29년)

2. 봄 2월에 赤峴 · 沙道의 두 성을 쌓고 동부의 民戶를 옮겼다. 겨울 10월에 말갈이 沙道城을 공격해 왔으나 이기지 못하자 성문을 불태우고 달아났다.(위의 책, 초고왕 45년)

사료 G-1은 동부가 왕의 명을 받아 성곽을 축조한 사실을 기록하고 있다. 당시는 중앙에서 동부에 지방관을 파견하지 않은 시기이므로, 이때 축성의 명령을 받은 인물은 동부에 소속된 지방세력이었다. 동부에 소속된 지방세력은 자신의 재지기반 안에 거주하고 있는 주민들을 자체적으로 동원하여 성을 축조하였으며, 이를 직접 관리, 감독하였을 것이다.

---

170 전덕재, 1990, 「4~6세기 농업생산력의 발달과 사회변동」, 『역사와 현실』4, 18~33쪽.
    이현혜, 1991, 「삼국시대의 농업기술과 사회발전」, 『한국상고사학보』8, 48쪽.
171 지방세력들이 경제력을 장악하고 있었다는 사실은 고분에서 출토되고 있는 삽포를 통해서도 확인된다. 삽포는 농경에 대한 지배권을 상징적으로 보여주는 농경도구로 수장급의 무덤에서 주로 출토되는데, 공주 수촌리 1 · 4 · 5호분, 천안 용원리1호 석곽묘, 청원 주성리7호 토광묘 등이 있다.

그리고 사료 G-2는 비록 축성 주체는 알 수 없지만 축성한 다음에 동부 소속의 民戶를 옮기고 있는 것으로 보아 축성시에 동원된 것도 동부 소속의 백성들이었으며, 이를 주관한 것은 지방세력이었을 것이다.

　　그런데 한성 후기에 이르면 역역의 동원에 있어 약간의 변화가 있었던 것으로 보인다. 다음의 사료는 그러한 사실을 보여준다.

> 동부와 북부 두 部의 사람으로 나이 15세 이상을 징발하여 沙口城을 쌓았는데, 병관좌평 解丘에게 공사를 감독하게 하였다.(『三國史記』권25 전지왕 13년)

　　내용을 보면, 전지왕 13년(417) 사구성을 축조하는데 동부와 북부의 백성들을 동원하고 있을 뿐만 아니라 중앙에서 관료를 파견하여 공사를 관리, 감독하고 있다. 따라서 이 경우 力役 징발의 주체는 왕이었음을 알 수 있다. 물론 한성 초기에도 왕이 역역 징발의 주체가 된 경우도 있지만 책계왕대는 왕성인 위례성의 수축에 동원되고,[172] 진사왕 2년에는 국내의 15세 이상자를 동원한 것[173]으로 일정한 지역을 단위로 한 역역 징발과는 성격을 달리한다. 그렇지만 이 경우에도 각 지역의 역역 징발의 실무를 담당한 것은 지방세력이었을 것이다.

　　租賦 수취와 관련된 구체적인 사례는 확인되지 않지만 현물세인 특산품의 수취가 지방세력에 의해 독자적으로 행해졌을 가능성을 시사하는 것으로 다음의 기록이 참고된다.

> 봄 3월에 紀角宿禰를 백제에 보내어 처음으로 國郡의 경계를 나누고, 토산물을 자세히 기록하게 하였다.(『日本書紀』권11 인덕기 41년)

---

172 『三國史記』권24 책계왕 즉위년조.
173 『三國史記』권25 진사왕 2년조.

위의 내용은 개로왕 19년(473)에 수취체제의 정비사실을 기록한 내용으로 추정된다. 수취제도가 개로왕대 정비된 것이 사실이라고 한다면, 그 이전에 각 지역은 部를 冠稱한 지방세력에 의해 수취가 이루어졌던 것으로 추정할 수 있다.

다음은 지방세력의 군사적 기반에 대하여 검토해 보기로 한다. 지방세력의 군사운용과 관련된 자료를 찾아보면, 다음과 같다.

H-1. 겨울 10월에 동부의 屹于가 말갈과 馬首山 서쪽에서 싸워 이겼는데, 죽이고 사로잡은 자가 매우 많았다. 왕이 기뻐하고 屹于에게 말 10필과 조 5백석을 상으로 주었다.(『三國史記』권23 다루왕 3년)

2. 가을 8월에 高木城의 昆優가 말갈과 싸워 크게 이기고 2백여 명의 머리를 베었다.(위의 책, 다루왕 4년)

3. 봄 2월에 왕이 동부에 명하여 牛谷城을 쌓아 말갈에 대비하였다.(위의 책, 다루왕 29년)

4. 가을 9월에 북부의 眞果에게 병사 1천 명을 거느리고 말갈의 石門城을 습격하여 빼앗았다.(위의 책, 초고왕 49년)

위의 사료는 部와 城을 관칭한 인물이 전쟁을 수행하고 있는 내용이다. 사료 H-1은 동부의 흘우가 말갈과의 전투에서 공을 세우자 왕이 말 10필과 조 500석을 상으로 하사한 내용이다. 이를 통해 볼 때 동부의 흘우가 독자적으로 전쟁을 수행하고 있으며, 말갈과의 전쟁에 왕이 직접 개입한 사실은 확인할 수 없다. 고목성의 곤우가 다루왕 4년에 말갈과 전투를 수행한 경우도 마찬가지이다. 사료 H-4의 북부 진과의 경우 비록 왕의 명에 의해 말갈을 공격한 것으로 기록되었지만 이때 동원된 군사력은 북부 진씨세력의 사병적 성격의 병사들이었을 것으로 판단된다. 이때 진과가 동원한 군사가 1천이었다는 점으로 보아 진씨세력의 군사적 기반이 매우 크다는 사실을 알 수 있으며, 이러한 군사적 기반이 결국 진씨가 근초고왕대 王妃族이 될 수 있는 정치적 배경으로 작용하였던 것으로 생각된다. 사료

H-3의 경우는 직접 전쟁을 수행한 것은 아니지만 성을 축조하여 말갈의 침략에 대비한 것으로 보아 부가 외적의 방비까지 담당하고 있었음을 알 수 있다.

그리고 부명을 관칭하고는 있지 않지만 북부의 진씨가 대외전쟁을 수행한 사례가 참고된다.

> I-1. 가을 8월에 위나라의 幽州刺史 毌丘儉이 樂浪太守 劉茂와 朔方太守 王遵과
>   함께 고구려를 쳤다. 왕은 그 틈을 타서 좌장 眞忠을 보내 낙랑의 변방 주민
>   들을 습격하여 빼앗았다. 유무가 이를 듣고 노하자 왕은 침공을 받을까 염려
>   하여 그 주민들을 돌려주었다.(『三國史記』권24 고이왕 13년)
> 2. 가을 8월에 왕이 좌장 眞武 등에게 명하여 고구려를 쳤다.…우리 군이 크게
>   패하였다.…(위의 책, 아신왕 4년)

사료 I-1·2는 중앙의 관직인 좌장의 직을 띠고, 왕의 명을 받아 전쟁을 수행한 경우이나 이때 동원된 군사력은 마찬가지로 진씨세력의 사병적 성격의 군사력이었다.[174] 따라서 한성기 지방세력은 재지기반을 토대로 사병적 성격의 군사력을 보유하고 있었음을 알 수 있다.

중앙집권적 통치체제가 성립되기 이전에 지방세력들이 독립적 군사력을 운용하였을 것이라는 점은 『三國志』동이전 부여조의 「有敵 諸加自戰下戶俱擔糧飲食之」[175]하였다는 내용을 통해서도 추정해 볼 수 있다. 그리고 고구려의 경우에도 태조왕 22년 관나부 沛者 達賈를 보내 조나를 벌한 사실이나 환나부 沛者 薛儒를 보내 주나를 벌했다는 사실[176]에서 당시 部가 독립적인 군사적 기반을 갖고 있었음을 알 수 있다.

지방세력들은 고이왕 이전에는 독립적인 군사권을 행사하였으며, 비

---

174 강종원, 1999, 앞의 글, 33~34쪽.
175 『三國志』동이전 부여조.
176 『三國史記』권15 태조대왕 22년 2월·10월조.

록 고이왕대 관제가 정비되기 시작함에 따라 중앙의 군사체계 하에 편제
되기는 하였지만 여전히 사병적 성격의 군사력을 유지하고 있었다고 하겠
다. 또한 근초고왕 24년(369) 大閱시 黃色旗를 사용한 것으로 보아 일원적
인 지휘체계가 마련되었던 것으로 생각되지만,[177] 사병적 성격의 군사력
이 해체되지는 않았던 것이다.

　지방세력의 정치적 성격을 이해하는데 중요한 요소 가운데 하나로 대
외교류 문제를 들 수 있다. 자치권을 지닌 정치체는 대외교류도 독자적으
로 행하였을 것이기 때문이다. 한성기 대중국 교섭사실을 실증적으로 보
여주는 것으로는 몽촌토성에서 출토된 西晉代의 錢文陶器片과 金銅製 銙
帶金具를 비롯해 홍성 神衿城 출토 錢文陶器片 등이 있으며,[178] 또한 4세
기 전·중반경으로 비정되고 있는 동진제 청자 및 초두,[179] 천안 용원리
와 공주 수촌리 출토 동진제 계수호 및 많은 도자기류 등도 대중교역을 통
해 입수된 물품들이다.[180]

　백제는 중국과 일찍부터 활발한 대외교섭을 전개하였다. 『晉書』마한
전을 보면,「武帝太康元年 二年 其主頻遣使入貢方物 七年 八年 十年 又頻
至 太熙元年 詣東夷校尉何龕上獻 咸寧三年復來 明年又請內附」라고 하여
[181] 277년부터 290년까지 여러 차례에 걸쳐 마한이 晉에 사신을 파견하였
음을 알 수 있다. 다만 마한의 실체를 백제로 보는 견해[182]와 백제에 의해
멸망되지 않은 잔여 마한세력으로 이해하는 견해[183]가 있어, 대외교섭을

---

177 『三國史記』권24 근초고왕 24년조.
178 몽촌토성발굴조사단, 1985, 『몽촌토성발굴조사보고서』.
　　이강승외, 1994, 『신금성』, 166~167쪽.
179 권오영, 1989, 「4세기 백제의 지방통제방식 일례」, 『한국사론』 18, 5~23쪽.
180 국립부여박물관, 2004, 『백제의 문물교류』.
181 『晉書』권97 동이열전 마한조.
182 이기동, 1987, 「마한영역에서의 백제의 성장」, 『마한·백제문화』 10, 62쪽.
　　김수태, 1997, 「3세기 중·후반 백제의 발전과 마한」, 『마한사의 새로운 인식』, 133~136쪽.

담당한 주체에 대한 이견이 있다. 중앙정부가 중국과 공식적인 외교관계를 맺는 것은 근초고왕대인데, 재위 27년(372)과 28년에 동진에 사신을 파견한 기록이 있다.[184] 『晉書』에도 簡文帝 咸安 2년(372)에 백제에서 사신을 파견하고, 동진에서는 근초고왕을 鎭東將軍領樂浪太守에 봉한 사실이 기록되어 있다.[185]

따라서 지방세력들이 중국과 직접적인 교역관계를 가졌는가는 확인되지 않지만 늦어도 근초고왕대를 전후해서는 중앙정부로 창구가 단일화되었음을 알 수 있다. 또한 중국제 도자기를 반출하고 있는 고분의 분포 및 피장자의 정치적 성격과 공반유물 등으로 볼 때 근초고왕대 이전으로 편년되는 유물의 경우에도 중앙에 의해 수입되어 분배된 것으로 보는 것이 타당하다고 생각된다.[186]

이상에서 한성기 지방세력의 정치적 성격을 행정 · 경제 · 군사 · 대외교류의 측면에서 살펴보았다. 그 결과 지방세력은 경제 · 군사적인 측면에서 상당히 독립적인 지위를 지니고 있었으며, 행정적인 측면에서는 시기적인 변화가 있기는 하지만 준독립적인 위치에 있었던 것으로 생각된다. 다만 대외적인 교류에 있어서는 상당히 이른 시기에 이미 중앙으로 흡수된 것으로 파악된다.

---

183 유원재, 1994, 「진서의 마한과 백제」, 『한국상고사학보』 17, 140~153쪽.
184 『三國史記』권24 근초고왕 27 · 28년조.
185 『晉書』권9 帝紀9 簡文帝 咸安 2년조.
186 몽촌토성과 풍납토성 등 한성기 도읍의 중심지역에서 중국제 유물의 출토빈도가 현저하게 높다는 사실은 그러한 가능성을 보여준다.

5) 맺음말

　백제의 성장과정은 곧 馬韓의 여러 소국에 대한 연맹·복속의 과정이
며, 이 과정에서 재지적 기반을 가진 유력한 지방세력이 출현하고 있다.
비록 중앙집권적 지배체제의 정비에 따라 각 지역은 지방통치체제 속에
편제되었지만 마한 소국의 전통과 권위를 계승한 재지수장층은 중앙과의
일정한 정치적 力學關係 속에서 지방세력화하였던 것이다. 그리고 이들
은 중앙 통치체제에 편제되어 귀족세력으로 발전해 갔는데, 大姓八族이
바로 그들이었을 것으로 판단된다.

　한성초기에 등장하고 있는 인물들은 소속 部와 城을 칭하고 있는데, 그
들의 활동을 통해 한성기 地方勢力의 존재와 성격 등을 살펴보았다. 그리
고 지방세력의 분포범위와 함께 이들 지역에서 조사된 고분 유적·유물을
통해 地方勢力의 재지기반을 파악하고, 이들 물질자료를 남긴 세력의 정
치적 성격과 위상 등을 찾아보았다. 아울러 지방세력들이 사회적으로 어
떠한 정치적 위상을 지니고 있었는가를 行政·軍事·經濟·交易 등 분야
별로 검토함으로써 지방세력의 정치적 성격을 파악하고자 하였다.

　그 결과를 정리하면 다음과 같다.

　첫째, 한성기 지방세력은 국가성립 과정에서 백제와 연맹 또는 예속관
계에 있던 정치세력과 백제에 복속된 마한 소국의 권위와 전통을 계승한
수장층들이 재지기반을 토대로 지방세력화한 존재였다. 그들은 중앙의
관등 및 관제에 편제되어 중앙의 정치세력을 형성하였지만 대부분은 재지
기반을 그대로 유지하고 있었다.

　둘째, 『三國史記』를 통해 확인되는 한성기의 인물은 40여 인에 달하는
데, 이들 대부분은 재지기반을 정치적 토대로 삼고 있다는 점에서 지방세
력으로 간주할 수 있다. 대표적인 세력으로는 王妃族을 형성하였던 眞氏
와 解氏를 들 수 있으며, 이 외에도 沙氏와 木氏 등의 大姓八族으로 불리

는 고위귀족과 屹氏·昆氏 등이 등장하고 있다. 이들은 고이왕대까지는 部나 城을 관칭하고 있으며, 그 이후에는 중앙의 관등과 관직을 띠고 있다. 이들 세력은 백제의 마한 통합 또는 대외 팽창과정에서 출현하였으며, 지리적으로 중요한 지역을 중심으로 지방세력화하였던 것으로 판단된다. 비록 기록에 나타나는 인물들의 재지적 기반이 선명하게 드러나지는 않지만 이들 대부분은 재지기반을 토대로 정치적 위상을 확보하고 있다는 점에서 지방세력으로 보아도 무리가 없을 것으로 생각된다.

셋째. 각 지역에 분포하는 고분들은 조영집단의 정치적 위상과 지역성을 동시에 반영하고 있다. 특히 이들 고분과 고분에서 출토되는 威勢品은 피장자의 신분과 정치적 성격을 잘 나타내고 있어서 지방세력의 재지기반을 이해할 수 있는 좋은 자료이다. 현재까지의 고고학적 성과를 통해 볼 때 지방세력의 재지기반으로는 임진강 유역, 북한강 상류, 남한강 상류, 화성·청주·천안·공주·익산 지역 등을 들 수 있다. 그러나 이들 자료는 앞으로의 조사성과에 따라 더욱 늘어날 가능성이 크다. 다만 이들 각각의 지역에 기록상에서 나타나고 있는 정치세력들을 비정하는 것은 牽强附會적인 측면을 배제할 수 없으나 그들의 정치적 기반을 이해할 수 있는 하나의 방편이 될 수 있다는 점에서 전혀 무의미하다고는 생각되지 않는다.

끝으로 지방세력들은 행정적·경제적·군사적으로 상당한 자치권을 행사함으로써 정치적 독립성을 확보하고 있었던 것으로 파악된다. 다만 대외적인 교류는 사료상에 분명하게 보이고 있지는 않지만 이른 시기에 중앙에 흡수된 것이 아닌가 추정된다.

그렇지만 한성기 지방세력은 기록의 부족과 발굴자료의 한계 등으로 그 존재와 성격을 분명하게 구명하기에는 아직 어려움이 있는 것도 사실이다. 앞으로 각 지역의 고고학적인 연구성과가 축적된다면 실증적인 측면에서 지방세력의 존재가 보다 선명하게 드러날 수 있을 것으로 생각된다.

III.
한성말기
지방지배와 재지세력

1. 漢城末期 地方支配와 수촌리 백제고분군

1) 머리말

공주 수촌리에서 확인된 백제시대 고분군은 한성말기 재지세력의 분묘군으로 백제사 연구에 있어서 획기적인 자료를 제공해 주었다. 그 중에서도 웅진천도 이전의 공주지역 재지세력의 존재와 중앙과의 관계를 구명할 수 있는 귀중한 고고학적 유산이라고 할 수 있다.

백제의 지방지배 문제는 중앙집권적 통치체제의 형성과 관련하여 중요시되었다. 이제까지 지방지배에 대한 연구는 문헌사적인 측면에서는 중앙 지배체제의 성립과 관련하여 연구되었지만 실제로 편제의 대상인 지방세력에 대한 논의는 자료의 부족으로 한계가 있었다. 반면에 고고학적인 측면에서 지방의 재지세력에 관한 연구는 활발한 편이며, 이때 각 지역에서 발굴조사된 고분과 고분에서 출토된 각종 유물은 매우 중요한 자료로 활용되고 있다. 이들 자료중에서도 수촌리 백제고분은 지방세력의 존재양태를 비롯해 지방과 중앙과의 관계를 연구하는데 좋은 사례 가운데 하나라고 할 수 있다.

본장에서는 수촌리 백제고분군 발굴조사를 통해 확인된 고고학적 자료를 토대로 피장자의 성격을 밝히고, 아울러 한성말기 백제 중앙과 피장자의 관계를 비롯해 공주지역의 정치적 위치를 당시의 지방통치제도와 관련하여 검토해 보고자 한다. 이를 통해 한성말기 지방세력의 정치적 성격과 중앙과 지방과의 관계를 보다 실증적으로 이해할 수 있을 것이다.

2) 수촌리 백제고분군 被葬者의 性格

수촌리유적 가운데 Ⅱ지역에서 확인된 백제시대 분묘 6기에서는 구조의 다양성과 함께 위세품적인 성격을 가진 많은 유물이 출토되었다. 그로 인해 고분 피장자의 성격을 밝힐 수 있을 뿐만 아니라 당시 중앙과 공주지역과의 관계를 살필 수 있는 좋은 자료를 확보할 수 있었다.

이들 고분은 해발 55m의 구릉 서북사면에 분포하고 있는데, 대형 토광목곽묘 2기, 횡혈식석실분 2기, 횡구식석실분 1기, 수혈식석곽묘 1기가 확인되었다. 이들 분묘는 다양한 양식의 묘제가 독립성을 띤 좁은 공간에서 일정한 규칙성을 띠고 분포하고 있다는 특징이 있다.

다음은 고분의 구조와 특징, 출토유물을 통해 이들 고분 피장자의 성격을 살펴보도록 하겠다. 먼저, 고분의 구조와 특징에 대하여 알아보고자 한다. 확인된 6기의 고분을 형식별로 보면, 토광목곽묘 2기, 횡구식석실분 1기, 횡혈식석실분 2기, 수혈식석곽묘 1기 등이다. 이 가운데 수혈식석곽묘는 5기의 고분과는 성격이 다르기 때문에 본 논의에서 제외하고, 1호분~5호분을 중심으로 살펴보기로 한다. 이들 5기의 분묘는 비록 형태와 구조는 다르지만 한 능선에 서로 동심원을 이루며 분포하고 있다.

공주 수촌리고분군

수촌리 백제고분의 경우 그 특징 가운데 하나는 좁은 지역에서 토광목
곽묘를 비롯해 석곽묘, 횡구식석실분, 횡혈식석실분 등의 다양한 묘제가
확인되었다는 점이다. 이들 고분은 석곽묘를 제외하고 좁은 면적에 시계
반대방향으로 원을 이루면서 조성되어 있다. 먼저, 주목되는 것이 토광목
곽묘 2기이다. 일반적으로 토광묘는 재지세력의 묘제로 이해되고 있는
데,[1] 대형의 토광목곽묘 2기가 확인되었다. 토광목곽묘인 1호분과 2호분
은 축조방법, 출토유물 등으로 보아 부부관계로 추정된다. 구조상의 특징
은 묘광과 목곽 사이 충전토 상부를 강자갈로 적석을 하여 보강하였다는

---

1 안승주, 1985, 「백제 토광묘의 연구」, 『백제문화』 16, 23쪽.

점이다. 3호분은 2호분 바로 동편에 위치하고 있는데, 묘역공간이나 배치 등으로 보아 피장자는 1·2호분과 親緣的 관계에 있는 인물이었을 것으로 생각된다. 그러나 고분의 구조가 다른 점으로 볼 때 묘제의 변천과 함께 피장자의 정치적 성격에 변화가 있었음을 추지할 수 있다. 4·5호분은 횡혈식석실분인데, 석실의 구조와 규모는 비슷하다. 4호분에서는 금동관을 비롯해 금동신발, 금동과대, 중국제 도자기 4점, 살포, 마구류, 관옥, 각종 토기류 등이 출토되었다. 고분의 조영시기와 구조에 있어서 차이는 있지만 부장유물로 볼 때 4호분 피장자의 정치적 위상이 가장 높았던 것으로 추정해 볼 수 있다. 5호 석실분은 축조방법에 있어서는 4호분과 유사하지만 출토유물의 성격은 크게 다른데, 다수의 고배류가 출토되었다. 특징적인 유물로는 삼족이 달린 토기가 있으며, 유물의 양상은 3·4호분과 비교해 보아도 확연하게 다른 점을 찾아볼 수 있다.

그렇지만 이들 5기의 고분이 일정한 공간안에 분포하고 있는 점으로 보아 1·2호분을 포함하여 3호분·4호분·5호분의 피장자는 혈연적으로 밀접한 관계, 즉 家系의 구성원이었을 가능성이 높은 것으로 판단된다. 그리고 조사된 분묘유적이 매우 제한적이기는 하지만 고분이 위치한 입지적 조건과 분포양상, 규모 등으로 볼 때 小家系集團의 독립된 분묘군으로서 배타적 권력을 가진 세력의 무덤으로 볼 수 있다.

수촌리 백제고분군에서는 피장자의 사회·정치적 성격을 알 수 있는 중요한 유물들이 다수 출토되었다. 이들 유물은 흔히 威勢品으로 불리고 있는데, 피장자의 신분을 비롯해 재지사회에서의 정치적 위상, 중앙과의 교류관계 등을 파악하는데 있어서 유용한 자료를 제공한다.[2] 피장자의 신분을 대변하는 중요유물로는 金銅冠帽 2점, 金銅飾履 3쌍, 중국제 黑釉陶器 3점, 중국제 靑磁 2점, 金銅銙帶 2점, 環頭大刀 3점, 馬具類 등이 있는데, 이외에도 많은 양의 백제토기와 철제유물이 확인되었다.[3]

먼저, 금동제 유물로는 금동관모 2점, 금동식리 3쌍, 금동과대 2점 등이 출토되었다. 이들 금동제품은 최고의 위상을 보여주는 威勢品으로 피장자의 신분을 상징적으로 보여주는 유물들이다. 금동식리는 1호분·3호분·4호분에서 출토되었는데, 단순한 凸字形 문양에서 보다 복잡한 문양으로 변화하고 있어 발전된 양상을 보여주고 있다. 따라서 고분의 조영시기도 1호분이 제일 빠르고 다음에 3호분, 4호분의 순으로 추정해 볼 수 있다.

환두대도는 1호분, 3호분, 4호분에서 출토되었는데, 특히 1호분 출토품은 손잡이에 은장식이 있어 그 위상이 매우 높았음을 알 수 있다. 또한 살포가 1·4·5호분에서 각 1점씩 출토되었는데, 이를 통해 피장자가 경제력을 소유하고 있었음을 추정할 수 있다.

마구류는 1·2·3·4·5호분에서 출토되었는데, 등자와 재갈, 교구류 등이 일괄로 확인되었다. 이들 마구류는 공반된 무기류와 함께 고분의 피장자가 騎馬에 익숙한 무사적 성격의 인물이었음을 추정할 수 있는 근거가 된다. 또한 3호분에서 출토된 호등은 기마문화의 선진성을 보여준다.

장신구류로는 귀걸이와 목걸이, 머리장식 등을 들 수 있다. 귀걸이는 1호분과 2호분, 그리고 5호분에서 확인되었다. 특히 2호분에서 출토된 목걸이는 수백 점의 구슬로 이루어져 있으며, 아주 작은 붉은 구슬은 머리부분을 장식하는 것으로 추정된다. 따라서 2호분의 피장자는 여성의 무덤으로 판단된다. 그런데 2호분의 경우 1호분과 비교할 때 부장품에 있어 현격한 차이를 보이고 있는데, 그 이유는 남녀의 성별차이에 기인한다고 볼 수도 있으며, 중앙과의 관계 속에서 관등 및 관직의 소유에 의해 사회적으로 획득된 물품, 즉 중앙의 사여품에 기인한 것으로도 볼 수 있다. 또한 동등

---

2 특히 부장유물의 용도가 유물의 사회적 기능을 대변하고, 나아가서는 피장자의 사회적 기능과 밀접한 관계가 있다는 점(박보현, 1995, 「위세품으로 본 고신라사회의 구조」, 경북대 박사학위논문, 17~39쪽.)에서 수촌리 백제고분에서 출토된 유물 가운데 위세품을 통해 피장자의 사회·정치적 성격을 파악해 볼 수 있을 것이다.
3 충남발전연구원, 2003, 「공주 수촌리유적 약보고서」.

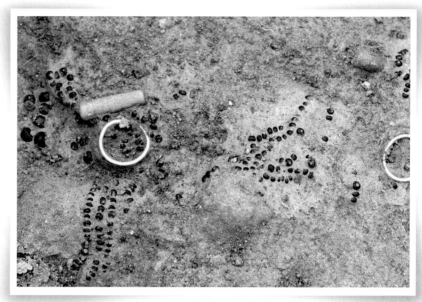
공주 수촌리고분 2호분 출토 장식용 구슬

한 신분과 부를 소유했음에도 불구하고 부장유물이 빈약한 것을 통해 볼
때 당시 매장풍습의 일면을 파악해 볼 수 있다.

　중국제 도자기는 1호분에서 청자사이호 1점, 4호분에서 계수호·양이
부병·흑갈유호·청자잔 각 1점 등 모두 5점이 출토되었다. 이들 도자기
는 현재 백제권역에서 출토되고 있는 중국제 도자기류 가운데 가장 수준
높은 유물로 볼 수 있으며, 청자사이호와 흑유계수호의 경우에는 당시 최
고의 위세품적 성격을 지녔을 것으로 생각된다. 이들 중국제 도자기는 중
앙에서 수입하여 지방의 유력한 세력들에게 일정한 정치적 목적 하에서
賜與되었을 가능성이 높기 때문에 수촌리 백제고분의 피장자와 중앙과의
일정한 정치적 관계를 보여준다.

　앞에서 피장자의 신분을 이해하기 위해 유적과 유물에 대하여 간략하
게 살펴보았다. 이들 고분은 다른 지역에서 확인된 유적·유물과 비교해

볼 때 피장자는 우월한 사회적 지위와 권력을 지니고 있었음을 알 수 있다. 당시 고분의 출토유물을 토대로 분묘의 위상을 크게 4등급으로 구분한 연구[4]에 따르면 수촌리 백제고분 가운데 토광목곽묘 1호분과 횡구식석실분 3호분, 횡혈식석실분 4호분 등 3기는 A계층 중에서도 최상위급에 속한다고 할 수 있다.

그러면 수촌리 백제고분군 피장자는 당시 재지사회에서 어떤 위치에 있었던 인물이었을까? 유적과 유물을 통해 볼 때 고분군 피장자는 사회적으로 상당한 위상을 지니고 있었던 것으로 파악되고 있는데, 정치적 성격을 파악하기 위해서는 그들의 出自에 대한 이해가 요구된다.

먼저, 피장자의 出自와 관련하여 주목되는 것이 1·2호분의 토광목곽묘이다. 토광묘는 마한사회의 전통적인 묘제로 이해되고 있다. 따라서 이들 고분의 피장자는 마한의 문화적 전통을 계승하고 있는 세력이라고 할수 있다. 당시 공주지역에는 마한 소국 중 監奚卑離國이 위치했던 것으로 알려지고 있으며,[5] 목지국이 위치했을 것으로 추정하는 견해도 제기된 바 있다.[6] 실제로 주변에서는 마한의 유적들이 다수 확인되고 있는데, 장원리 및 하봉리의 주구토광묘를 비롯해 정안면 내촌리 주거지, 수촌리토성 등 다수의 유적이 분포하고 있다.[7]

그렇지만 위세품이 중앙에서 사여된 물품이라는 점에서 정치적으로는 중앙과 일정한 관계를 맺고 있었음을 알 수 있다. 백제는 근초고왕대를 경

---

4 성정용, 2000, 「중서부 마한지역의 백제영역화과정 연구」, 서울대대학원 박사학위 논문, 133~137쪽.

5 천관우, 1989, 「마한제국의 위치시론」, 『고조선사·삼한사 연구』, 390~392쪽.

6 신채호, 1948, 『조선상고사』.
   박찬규, 1995, 「백제의 마한정복과정 연구」, 단국대대학원 박사학위논문, 80쪽.

7 다만 이들 유적에서 한성 양식이라고 할 수 있는 문화적 요소가 확인되지 않아 이들 지역이 언제 백제 중앙의 정치적 영향력 하에 놓이게 되었는가는 구체적으로 알 수 없다.

과하면서 중앙집권적인 지배체제가 성립되었다. 이 과정에서 일부 재지적 기반을 가진 세력은 중앙의 관등체계에 편제되어 중앙귀족화의 길을 걷게 되었다. 그렇지만 각 지역에 존재하고 있었던 대부분의 재지세력들은 토착사회 안에서의 전통적인 지배권을 어느 정도 보장받으면서 중앙 관등에 편제되어 지방관으로서의 역할도 담당하였던 것으로 보인다.[8] 수촌리 세력의 경우에도 마한 小國의 권위와 전통을 계승하면서 중앙의 관등에 편제된 지방관적 성격을 가진 지방 재지세력으로 볼 수 있지 않을까 한다.

또한 피장자의 성격을 이해하기 위해서는 정치적 기반이라고 할 수 있는 재지사회에서의 존재양태를 살펴볼 필요가 있는데, 이를 행정적 · 군사적 측면을 중심으로 살펴보고자 한다.

백제의 경우 지방세력들의 자치적 모습을 분명하게 보여주는 자료는 확인되지 않는다. 다만 유망사례를 통해 지방세력의 재지기반에 대한 지배형태를 살펴볼 수 있다. 한성기 유망사례는 2회에 걸쳐 보이고 있는데, 온조왕 37년에는 1천여 호가 고구려로 유망하였으며,[9] 근초고왕 28년에는 300인이 신라로 도망하였다.[10] 그런데 근초고왕대의 경우 유망을 주도한 것은 성주 자신이었다. 이 사실은 독산성주가 독산성에 대한 자치권을 행사하고 있었을 가능성을 높여준다. 독산성주는 재지세력으로서 중앙의

---

8 지방통치방식에 있어 견해 차이는 있지만 한성말기 토착세력의 일반민에 대한 지배권이 매우 강고하였던 것으로 이해하면서 그 원인을 중앙에서 이들 토착세력에 대한 권한을 통치권 속에 완전히 편제 또는 흡수하지 못하였기 때문으로 이해하는 견해(김주성, 1992, 「백제 지방통치조직의 변화와 지방사회의 재편」, 『국사관논총』35, 47쪽)를 비롯해 신라의 경우 재지유력층들은 외위체계에 편제되어 촌주나 군사 등의 직책을 띠고 지방관사에 참여(노중국, 1985, 「한성시대 백제의 지방통치」, 『변태섭박사 화갑기념논총』, 152쪽) 한 사실은 수촌리 백제고분군 피장자를 이해하는데 참고된다.
9 『三國史記』권23 온조왕 37년조.
10 『三國史記』권24 근초고왕 28년조.

관제에 편제된 인물이며, 지방세력이었던 것으로 파악된다. 이외에 유망 사례는 웅진기에도 3회 보이고 있는데, 동성왕 13년 6백여 가의 신라유망, 동성왕 21년의 한산인 2천여 명의 고구려 유망, 무령왕 21년 9백여 가의 신라 유망 사실이 기록되어 있다. 이와 같이 대규모 유망이 나타나는 것은 대민지배가 일정한 권역을 단위로 자치적으로 이루어졌기 때문에 가능하였던 것으로 생각된다.

또한 시간상으로나 공간상에 있어 다르기는 하지만, 고구려·신라의 사례를 통해 지방세력들이 자체적인 지배조직을 가지고 있었음을 추정할 수 있다. 내용을 살펴보면, 고구려의 경우 대가들은 스스로 使者·皂衣·先人 등을 두었다.[11] 신라의 경우에도 영토분쟁시 수로왕의 도움을 받은 후 그를 위해 잔치를 여는 과정에서 한기부만이 관등이 낮은 인물을 보내고 있는 예로 보아 각 부가 어느 정도 자치권을 가지고 있었음을 알 수 있다.[12] 따라서 백제의 경우에도 재지적 기반을 가진 유력세력의 경우에 있어서는 독자적인 지배조직을 가지고 있었을 것으로 추정된다.

다음은 지방세력의 군사적 기반에 대하여 검토해 보기로 한다. 중앙집권적 통치체제가 성립되기 이전에 재지세력들이 독립적 군사력을 운용하였다는 사실은 『삼국지』동이전 부여조[13]의 내용을 통해서도 추정된다. 지방세력의 군사운용과 관련된 자료를 찾아보면, 다음과 같다.

A-1. 겨울 10월에 동부의 屹于가 말갈과 馬首山 서쪽에서 싸워 이겼는데, 죽이고 사로잡은 자가 매우 많았다. 왕이 기뻐하고 屹于에게 말 10필과 조 5백 석을 상으로 주었다.(『三國史記』권23 다루왕 3년)
  2. 가을 8월에 高木城의 昆優가 말갈과 싸워 크게 이기고 2백여 명의 머리를 베

---

11 『三國志』위서 동이전 고구려.
12 『三國史記』권1 파사니사금 23년.
13 『三國志』동이전 부여조, 「有敵 諸加自戰 下戶俱擔糧飮食之」.

었다.(위의 책, 다루왕 4년)

3. 봄 2월에 왕이 동부에 명령하여 牛谷城을 축조하고, 말갈에 대비하였다.(위의 책, 권23 다루왕 29년)

4. 가을 9월에 북부의 眞果에게 병사 1천 명을 거느리고 말갈의 石門城을 습격하여 빼앗았다.(위의 책, 초고왕 49년)

위의 사료는 部와 城을 관칭한 인물이 전쟁을 수행하고 있는 내용이다. 사료 A-1은 동부의 흘우가 말갈과의 전투에서 공을 세우자 왕이 말 10필과 조 500석을 상으로 하사한 내용이다. 이를 통해 볼 때 동부의 흘우가 독자적으로 전쟁을 수행하고 있으며, 말갈과의 전쟁에 왕이 직접 개입한 사실은 확인할 수 없다. 고목성의 곤우가 다루왕 4년에 말갈과 전투를 수행한 경우도 마찬가지이다. 사료 A-4의 북부 진과의 경우 비록 왕의 명에 의해 말갈을 공격한 것으로 기록되었지만 이때 동원된 군사력은 북부 진씨세력의 사병적 성격의 병사들이었을 것으로 추정된다. 사료 A-3의 경우는 직접 전쟁을 수행한 것은 아니지만 성을 축조하여 말갈의 침략에 대비한 것으로 보아 부가 외적의 방비까지 담당하고 있었음을 알 수 있다.

그리고 부명을 관칭하고는 있지 않지만 북부의 진씨가 대외전쟁을 수행한 사례도 참고된다.

B-1. 가을 8월에 위나라의 幽州刺史 毌丘儉이 樂浪太守 劉茂와 朔方太守 王遵과 함께 고구려를 쳤다. 왕은 그 틈을 타서 좌장 眞忠을 보내 낙랑의 변방 주민들을 습격하여 빼앗았다. 유무가 이를 듣고 노하자 왕은 침공을 받을까 염려하여 그 주민들을 돌려주었다.(『三國史記』권24 고이왕 13년)

2. 가을 8월에 왕이 좌장 眞武 등에게 명하여 고구려를 쳤다.…우리 군이 크게 패하였다.…(위의 책, 아신왕 4년)

사료 B-1·2는 중앙의 관직인 좌장의 직을 띠고, 왕의 명을 받아 전쟁을 수행한 경우이나 이때 동원된 군사력은 마찬가지로 진씨세력의 사병적 성격의 군사력이었다.[14] 이와 관련하여 사씨의 등장과정이 참고된다. 사씨는 고구려 광개토왕의 남진과정에서 중앙정치에 등장하고 있는데, 군사적 기반에 그 배경이 있었던 것으로 추정된다. 따라서 한성기 지방세력은 재지기반을 토대로 사병적 성격의 군사력을 보유하고 있었음을 알 수 있다.

고구려의 경우에도 태조왕 22년 관나부 沛者 達賈를 보내 조나를 벌한 사실이나 환나부 沛者 薛儒를 보내 주나를 벌했다는 사실[15]에서 당시 부가 독립적인 군사적 기반을 갖고 있었음을 알 수 있다.

그런데 백제 지방세력들은 상당히 오랜 기간 군사적 기반을 유지하고 있었던 것으로 보인다. 비록 지방세력들의 독립적인 군사권이 고이왕대 좌장의 설치 등 관제가 정비되기 시작함에 따라 중앙의 군사체계 하에 편제되기는 하였지만 여전히 사병적 성격의 군사력을 유지하고 있었다고 하겠다. 또한 근초고왕 24년(369) 大閱시 黃色旗를 사용한 것으로 보아 일원적인 지휘체계가 마련되었던 것으로 생각되지만,[16] 사병적 성격의 군사력이 해체되지 않았다는 사실은 문주왕대 해구의 반란, 백가의 동성왕 시해 등 사건을 통해서도 추정된다.

따라서 수촌리 백제고분군 집단의 경우에도 행정적·군사적으로 상당히 독립적인 위치에 있었을 것으로 추정된다. 그리고 토광묘에서 석실분으로의 묘제변화에도 불구하고 동일한 성격의 위세품을 공반하고 있다는 점은 매우 주목된다. 그것은 피장자 집단이 중앙으로부터 권위와 지위를 공식적·세습적으로 인정받고 있었다는 사실을 보여주며, 이는 곧 신분의 세습을 의미한다. 그런데 특정집단의 배타적 권력 세습은 곧 귀족의 출현을 의미하는 것으로 해석할 수 있다. 따라서 수촌리 백제고분군은 지방 귀족세력의 출현을 보여주는 고고학적 자료라고 할 수 있다. 금동이식과 관

---

14 강종원, 1999, 「백제 좌장의 정치적 성격」, 『백제연구』 29, 33~34쪽.
15 『三國史記』권15 태조대왕 22년 2월·10월조.
16 『三國史記』권24 근초고왕 24년조.

모 등 착장형 위세품의 경우 중앙귀족화의 모습을 보여주는 것으로 이해
[17]되기도 하지만, 피장자 집단은 당시 지방 귀족세력으로 분류할 수 있을
것이다.

또한 수촌리 백제고분군이 지닌 정치적 성격을 지방 귀족세력의 고고
학적 자료라고 이해할 경우, 그것은 백제 大姓八族의 재지적 기반을 비롯
해 한성기부터 사비기까지 유력귀족들이 그들의 신분과 권력을 유지시켜
간 정치적 기반을 이해하는데 좋은 사례가 될 것이다.

3) 漢城末期 地方支配와 수촌리 백제고분군

한성기의 지방통치조직은 部體制 또는 部城村制에서 檐魯制로 이행되
고 있는 것으로 이해되고 있다. 다만 그 실시 시기나 배경 등 구체적인 내
용에 대해서는 아직까지 여러 견해가 제기되고 있다. 그런데 한성시대의
지방조직을 위와 같이 이해하는 근거는 部體制는 『三國史記』 초기기록에
보이고 있는 동·서·남·북 등의 방위명이 붙어있는 부명을 地方 分定의
방법으로 보아 이를 지방통치조직으로 이해하는 것이다. 그리고 部城村
制는 부명에 [廣開土王碑文]에 기록된 고구려에 의해 공파된 58城 700村을
당시 백제의 지방통치조직으로 보아 部城村체제로 이해하는 것이다.

『三國史記』 백제본기에 나타나고 있는 部의 설치기록을 보면, 部는 온
조왕 31년(13) 남북 2部의 성립을 시작으로 이어 33년에 동서 2部가 증치
되었다.[18] 비록 부제의 출현시기에 이견이 있지만 部는 처음부터 영역을

---

17 성정용, 2000, 앞의 글, 143쪽.
18 『三國史記』 권23 온조왕 31·33년조.

分定하기 위해 인위적으로 사용하고 있다는 점에서 이를 백제 초기의 지방통치단위의 하나로 보아 무리가 없다고 생각된다.[19]

그리고 城은 방어를 목적으로 축조되었지만 일정한 영역을 방비하게 되면서 자연스럽게 일정 영역을 포괄하는 행정단위적인 명칭으로도 사용되게 되었는데,[20] 중앙중심의 통치체제가 마련되면서부터는 지방통치단위로서의 기능을 하게 되었을 것이다. [廣開土王碑文]에 보이고 있는 「守墓人烟戶」를 差定하는데 城을 기준으로 하고 있다는 사실을 통해서도 城이 일정한 영역을 포괄하는 존재 즉, 지방통치조직으로서의 기능이 있었음을 알 수 있다.[21] 그런데 村의 경우에 있어서는 신라에서는 行政村과 自然村으로 구분하여 이해되고 있으나,[22] 백제의 경우에는 대개 自然村으로 파악되고 있다. 따라서 한성기 지방통치조직은 부성체제로 볼 수 있다. 그런데 部는 왕도 이외의 영역을 중앙에 편제하기 위한 지역분할적 성격을 가진 행정단위이며, 일정지역을 통치하기 위한 실질적인 행정단위는 城이었다.

이와 같은 부성제는 담로제로 변하였는데, 담로제의 실시시기에 대해서는 다양한 의견이 제기되고 있다. 백제건국 초기부터 존재하였다고 보는 견해,[23]를 비롯해 근초고왕대를 중심으로 하여 성립된 것으로 보는 견해,[24] 部城村制를 골자로 하며, 근초고왕대 새로 복속된 금강이남의 지역

---

19 백제본기에 보이는 특정인물의 부소속 표시가 초고왕 49(214)년조에서 끊어지고 있는 것은 원시적인 4部 구획이 도리어 伯濟國 조기에 실재했던 것을 보여 주는 것으로 이해하기도 한다(천관우, 1989, 「삼한고」제3부, 『고조선사·삼한사 연구』, 313쪽).

20 노중국, 1985, 「한성시대 백제의 지방통치체제」, 『변태섭박사화갑기념논총』.

21 이우태, 1981, 「신라의 촌과 촌주」, 『한국사론』 7, 83쪽.
   김주성, 1992, 앞의 글, 38쪽.

22 이우태, 1981, 앞의 글, 82~83쪽.

23 이병도, 1959, 『한국사』고대편, 진단학회, 546~547쪽.
   유원재, 1997, 「『양서』〈백제전〉의 담로」, 『백제의 중앙과 지방』.

을 거점성 중심으로 통치한 것을 담로제로 보는 견해,[25] 5세기 중엽 즉, 개로왕대를 전후한 시기로 보는 견해,[26] 웅진기에 비로소 실시되었을 것으로 보는 견해[27] 등 다양하다.

檐魯制와 관련해서는『梁書』百濟傳과〈梁職貢圖〉百濟國使條에 기록되어 있어 그 개략적인 내용만이 전해지고 있으며, 실시시기와 관련해서는『日本書紀』仁德紀 41년조가 참고된다.

> 봄 3월에 紀角宿禰를 백제에 보내어 처음으로 國郡의 경계를 나누고, 토산물을 자세히 기록하게 하였다.(『日本書紀』권11 仁德紀 41년조)

『日本書紀』仁德紀 41년은 보정연대로 473년 즉, 개로왕 19년에 해당된다. 이 기록을 근초고왕대의 사실로 이해하는 입장에서 근초고왕대 담로제가 실시된 것으로 이해하기도 하나,[28]『日本書紀』의 내용 가운데 雄略紀 20년(476) 이전의 기록은 2周甲(120년)을 引下해 보아야 한다는 견해[29]를 받아들이는 입장에서 이 기록도 2周甲 引下하여 개로왕 19년(473)에 해당시키는 것이 타당할 듯하다.[30]

새로운 지방통치제가 마련된 이유에 대해서 당시의 사서에서는 밝히고 있지 않으나 대고구려전의 수행과 개로왕대 대토목공사 등으로 인해 인적·물적기반을 확보하기 위한 필요성에서 비롯되었을 것이다. 즉, 직

---

24 노중국, 1991,「한성시대 백제의 담로제 실시와 편제기준」,『계명사학』2.
25 이도학, 1990,「한성후기의 백제 왕권과 지배체제의 정비」,『백제논총』2.
26 김영심, 1990,「5~6세기 백제의 지방통치체제」,『한국사론』22.
27 이기백, 1973,「백제사상의 무령왕릉」,『무령왕릉』.
   정재윤, 1991,「웅진 사비시대 백제의 지방통치」,『한국상고사학보』10.
28 노중국, 1991, 앞의 글, 20쪽.
29 이병도, 1976,「백제칠지도고」,『한국고대사연구』, 518쪽.
30 김영심, 1990, 앞의 글, 84~85쪽.
   김기섭, 1997,「백제 한성시대 통치체제 연구」, 200~201쪽.

접지배 영역의 확대를 통한 주민의 확보와 조세수익의 증대를 꾀하기 위한 것으로 추정된다.

한성기 지방통치방식을 부성제로 이해할 경우 공주지역은 부와 성 가운데 남부에 속하였을 것이다. 그런데 근초고왕대에는 이미 지방관이 파견되기 시작했던 것으로 이해된다. 다만 당시 모든 지역에 지방관이 파견된 것은 아니므로 공주지역에도 지방관이 파견되었는가는 분명하지 않으며, 또한 이를 확인할 수 있는 근거자료도 없다. 따라서 당시 중앙에서 공주지역을 어떠한 방식으로 통제하였는가를 이해하기 위해서는 마한고지에 대한 일반적 통치방식과 수촌리 백제고분군을 통해 파악할 수밖에 없다.

백제가 마한 전역에 대한 지배권(통치력)을 확대해 가는 과정은 크게 2 단계로 구분해 볼 수 있다. 1단계는 온조왕대의 마한병합 관련기록을 후대의 사실을 소급하여 종합적으로 기록한 것이라는 점에서 고이왕대를 전후한 시점으로 볼 수 있으며, 2단계는 마한전역에 걸쳐 지배권을 행사하는 근초고왕대로 볼 수 있을 것이다.

본래 마한 54국을 형성한 소국들은 각각 首長層에 의해 자치가 행해졌다. 백제가 마한의 여러 소국들을 병합하면서 이들 수장층을 중앙통치체제 속에 어떤 방식으로 편제시켰는지에 대해서는 거의 알려져 있지 않다. 다만 『三國史記』백제본기 온조왕 26 · 27년조의 마한 병합기록을 통해 그들에 대한 정책을 추정해 볼 수 있다.[31]

C-1. 왕이 군사를 내어 겉으로는 사냥한다고 하면서 몰래 마한을 습격하여 드디어 그 국읍을 병합하였다. 그러나 圓山 · 錦峴 두 성만은 굳게 지켜 항복하지 않았다.(『三國史記』권23 온조왕 26년)
   2. 여름 4월에 두 성이 항복하자 그 백성들을 한산 북쪽으로 옮기니 마한은 드

---

31 『三國史記』권23 온조왕 26 · 27년조.

디어 멸망하였다.(위의 책 온조왕 27년)

　내용을 보면, 온조왕이 奇詭를 써서 마한을 병합하고, 이듬해에는 끝까지 저항하던 원산과 금현마저 함락시킨 후 성의 백성들은 사민을 시켰다. 이와 같이 정벌에 의해 병합한 지역의 경우 사민 등을 통해 직접지배를 실현해 갔지만 반대로 순순히 백제의 지배체제에 편제된 세력은 그들의 재지기반에 그대로 溫存시켰음을 추측할 수 있다. 이와 관련하여 온조왕 34년에 마한의 옛 장수인 周勤이 고지에서 반란을 일으킨 사건이 참고된다.[32] 반란을 일으킨 周勤은 마한 소국의 유력한 지배세력 가운데 한 명이었을 것으로 생각되는데, 이는 마한 소국을 병합한 후에 소국의 지배세력을 그대로 故地에 溫存시킨 사실을 의미한다.[33]

　이후 백제는 4세기 중반 근초고왕대를 거치면서 중앙집권적인 국가체제를 성립시켰으며, 영역은 전라남도 일대까지 확대되었다. 이러한 사실은 『日本書紀』신공기 49년 3월조의 내용을 통해 확인된다. 내용 가운데 기록된 古奚는 마한의 狗奚國 즉, 현재의 강진, 그리고 「比利辟中布彌支 半古四邑」은 比利·辟中·布彌支·半古 4邑으로, 벽중은 보성, 포미지는 나주, 그리고 반고 및 비리는 위치가 불분명하나 전남지역 등에 비정되고 있다. 이와 같이 백제는 근초고왕대를 거치면서 중앙집권적인 지배체제의 토대를 마련할 수 있었던 것으로 파악된다. 특히 지배체제의 정비와 관련하여 중요한 요소 가운데 하나가 율령의 정비인데, 백제는 근초고왕대

32　『三國史記』권23 온조왕 34년, 「冬十月 馬韓舊將周勤據牛谷城叛 王躬帥兵五千討之 周勤 自經 腰斬其尸 幷誅其妻子」.
33　비록 웅진기의 일이지만 탐라국의 복속과정은 좋은 사례를 보여준다고 하겠다. 문주왕 2년 탐라국에서 사신을 보내 方物을 바쳤는데, 이때 문주왕은 사신에게 은솔의 관등, 탐라국주에게는 좌평의 직을 하사하였던 것이다. 즉, 탐라국을 중앙의 통치체제에 편제는 시켰지만 그 지배권은 유지시켜 준 사실을 확인할 수 있는 것이다.

율령이 반포되었던 것으로 이해되고 있기도 하다.[34] 따라서 근초고왕대에는 이미 지방관의 파견이 이루어졌을 것으로 추정된다. 그렇지만 모든 지역에 지방관이 일률적으로 파견되지는 않았으며, 재지세력을 중앙의 관등 및 관직에 편제시키는 방법을 통해 지방지배를 실현해 나갔다.

따라서 마한의 여러 故地에서는 이들 小國의 권위와 전통을 계승한 유력한 재지세력들이 중앙과의 일정한 정치적 관계 속에서 점차 중앙귀족화하거나 또는 지방세력화의 길을 걷게 되었을 것이다.[35] 지방의 재지세력들은 대부분 지방통치제도의 정비에 따라 지방지배자로서의 지위는 해체되고 점차 재지유력층으로서 지방관을 보좌하는 역할을 담당하는 존재로 전환되는 것으로 이해되고 있다.[36] 그렇지만 수촌리 백제고분을 통해 볼 때 이들 고분군 피장자는 재지세력으로서 상당한 독립성을 지닌 지방지배자로서의 지위를 유지시켜 갔음을 알 수 있다. 그리고 이들 재지세력은 중앙의 관등체계에 편제되어 지방관적인 성격을 가지고 토착사회를 지배해 나갔던 것으로 추정된다.[37] 따라서 당시 공주지역에는 중앙에서의 지방관 파견이 이루어지지 않았던 것으로 파악된다.

다음은 수촌리 백제고분의 형식과 출토유물을 통해 백제 중앙의 공주지역 지배양상을 살펴 보기로 하겠다.

수촌리 백제고분이 지닌 의미있는 사실 중에 하나는 토광묘에서 석실분으로 묘제의 변천을 보여주고 있다는 점일 것이다. 그런데 위세품이 공

---

34 노중국, 1986, 「백제율령에 대하여」, 『백제연구』17.
35 이와 관련하여 금동관이 출토된 신촌리 9호분 피장자가 목지국 말기의 지배자이거나 목지국의 전통을 이은 지방 호족일 것으로 추정하는 견해(최몽룡, 1990, 「마한-목지국 연구의 제문제」, 『백제논총』2, 274~278쪽)가 참고된다.
36 노중국, 1985, 「한성시대 백제의 지방통치」, 『변태섭박사 화갑기념논총』, 152쪽.
37 이들의 존재는 문화적으로는 마한의 전통을 계승하고 있으며, 정치적으로는 백제의 통치체제에 편제된 정치세력으로서 엄밀한 의미에서 지방세력으로 볼 수 있다고 하겠다.

반되는 토광묘 단계는 백제영역의 확대적 측면에서 이해되고, 석실분 단계는 중앙 정치권력의 지방침투라는 측면에서 이해되는 경향이 있다. 이러한 견해를 따를 경우 수촌리 백제고분의 형식이 토광묘에서 석실분으로 이행하고 있다는 사실은 백제의 공주지역 지배와 관련하여 중요한 의미를 가진다고 하겠다. 백제 중앙과 수촌리 백제고분군 집단과의 관계, 또는 이들 지역에 대한 지배방식에 시기별 변화가 있었던 것으로 추정되기 때문이다. 즉, 수촌리 백제고분 단계는 토광묘에 위세품이 부장되는 단계에서 석실분이 축조되면서 위세품이 부장되는 단계로의 이행기로 볼 수 있는데, 석실분의 확산이 국가권력의 지방침투와 관련이 있다는 점[38]에서 볼 때 이들 지역에 대한 중앙 지배방식에 일정한 변화를 추지할 수 있는 것이다. 그리고 한편으로는 수촌리 세력의 중앙 예속화 내지는 정치적 긴밀성이 보다 증대되는 방향으로 전개되었다고 하겠다.

반면에 출토유물상은 토광묘나 석실분간에 있어서 별다른 차이점을 찾아볼 수 없다. 이는 토광묘와 석실분이라고 하는 묘제의 변화에도 불구하고 이들 고분에 묻힌 피장자의 정치적 성격에는 큰 변화가 없었다는 점을 의미한다. 그리고 이들은 모두 당시 이 지역에서 최고 지배자의 위상을 유지하고 있었음을 보여준다. 석실분이 중앙의 정치적 영향력 하에서 출현된 것으로 보아 이를 지방 행정조직으로의 재편이라는 측면에서 그 관련성을 상정할 수도 있지만 수촌리 백제고분군 피장자는 기존의 정치적 독립성을 계속해서 유지했던 것으로 파악된다. 즉, 공주지역이 정치적으

---

38 吉井秀夫, 1997, 「횡혈식석실분의 수용양상으로 본 백제의 중앙과 지방」, 『백제의 중앙과 지방』. 또한 백제의 중앙 지배력이 강화되면서 이전의 강인한 지역 공동체적 유대관계가 해체되고 혈연을 매개로 한 소수 친족집단이 백제 중앙의 지배력을 매개로 정치적 · 경제적 집중을 통해 지역 권력을 독점해 나가는 과정을 반영하는 것으로 보기도 하는데(성정용, 2000, 「백제 한성기 저분구분과 석실묘에 대한 일고찰」, 『호서고고학』3, 18쪽.), 재지 세력의 성격을 이해하는데 참고된다.

로는 중앙과 보다 직접적인 긴밀성을 높여가지만 중앙에서 지방관을 파견하여 통제한 것이 아니라 재지세력을 중앙의 관등에 편제하고, 지방관적인 위치를 부여하여 편제해 나간 것으로 이해할 수 있는 것이다.

다음으로 주목되는 것은 수촌리 백제고분군에서 출토된 금동제품과 중국제 도자기 등이다. 일반적으로 威勢品으로 불리는 이들 유물은 중앙에서 하사된 물품으로서 특정한 정치적 목적성을 내재하고 있기 때문이다. 그리고 이들 유물은 그동안 공주지역에서 웅진기 이전에는 출토되지 않았던 최상위급에 해당되는 유물이다.

그러면 왜 의당지역에서 위세품으로 불리는 유물이 다수 출토되고 있을까? 기존에 중국제 도자기의 출토사례 등을 통해 백제 지방통치방식을 이해한 견해[39]가 주목되는데, 지방세력에 대한 통제 내지는 복속을 강화시키기 위한 목적으로 보았다. 또한 원주 법천리의 경우에는 예계지역 진출의 교두보적 역할이라는 지리적 중요성을 주목하기도 한다.[40] 그런데 이들 유물은 수촌리 백제고분군을 비롯하여 각 지역에서 다수 확인되고 있는데, 서산 부장리 분구묘에서도 금동관을 비롯하여 금동식리 등이 출토되어 유력한 재지세력의 존재가 확인되었다. 그리고 이들 유적은 대개 4~5세기대로 편년되고 있다는 특징이 있다. 따라서 위세품의 사여를 특정한 정치적 목적과 관련시켜 협의적으로 해석할 것이 아니라 일반적인 지방세력 편제방식의 하나 즉, 지방세력에 대한 통제의 목적 보다는 지방세력의 배타적 권력을 인정해 줌으로써 지방 귀족세력을 중앙의 지배체제 안으로 편제시키고자 한 의도로 이해할 필요가 있을 것 같다.

그런데 위세품 출토 유적의 성격을 담로와 관련지어 이해하기도 한다.

---

39 권오영, 1989, 「4세기 백제의 지방통치방식 일례」, 『한국사론』18.
40 박순발, 1997, 「한성백제의 중앙과 지방」, 『백제의 중앙과 지방』, 141쪽.

그렇지만 출토유적의 편년이 담로제의 실시시기와 그대로 부합하지 않는다. 즉, 담로제가 일반화된 것은 웅진기이지만 수촌리 백제고분군에서 공반된 위세품과 같은 성격의 유물이 출토되는 유적은 대부분 한성후기로 편년되고 있기 때문이다. 따라서 담로제와 직접 관련지어 설명하는데 한계가 있다고 생각되며, 오히려 새로운 지방 통제방식의 하나로 이해할 수 있지 않을까 생각된다. 그리고 그 배경은 이들 위세품을 공반하는 유적이 대부분 4~5세기대로 편년되는 점이나 당시의 정국상황을 고려할 때 역시 고구려의 남진과 관련이 있을 것으로 생각된다. 백제는 진사왕 8년(392) 광개토왕의 남진으로 인한 한강 이북지역 대부분의 영토를 상실함으로써 큰 타격을 받았으며, 국가적 동요를 초래하였다. 이러한 상황은 아신왕대까지 계속되었으며, 아신왕 6년에는 왜에 태자 전지를 보내 우호를 맺기까지 하였다. 이어 전지왕 12년(416)에는 동진으로부터 관작을 받는 등 대중관계에도 적극적이었음을 알 수 있다. 이와 같은 정치적 상황 하에서 백제는 내부적인 결속의 필요성이 더욱 중대되었을 것이다. 그 결과 전통적으로 재지세력의 영향력이 강하고, 지리적으로 중요한 지역에 위치한 지방세력과의 유대강화를 위해 위세품의 사여가 이루어진 것으로 추정된다. 또한 중앙과 지방과의 관계는 중앙의 일방적인 지방에 대한 영향력 확대라기 보다는 상호 호혜적인 정치적 교류관계가 이루어진 것으로 이해할 수 있지 않을까 생각된다.

이후 수촌리 백제고분군 집단과 중앙과는 정치적으로 긴밀한 관계를 지속함으로써 475년 웅진천도를 이끌어 낼 수 있었던 것으로 판단된다.

4) 맺음말

공주 수촌리유적은 의당농공단지 조성부지에 대한 발굴과정에서 확인된 유적이다. 본고에서 검토의 대상으로 삼은 백제고분군은 수촌리유적 II지역에서 확인되었는데, 이들 고분은 한성말기 유력한 지방세력의 무덤 이며, 피장자는 공주지역의 재지세력으로 추정된다.

그리고 고분의 부장유물중 威勢品은 피장자의 사회적 신분뿐만 아니 라 정치적 성격까지도 보여준다는 점에서 수촌리 백제고분군 피장자는 왕 다음 가는 사회적 위상을 지니고 있었으며, 정치적·군사적으로 상당히 독립적인 성격을 지니고 있었던 것으로 파악된다.

또한 토광묘에서 석실분으로의 묘제변화에도 불구하고 동일한 성격의 위세품이 공반되고 있는 것으로 보아 피장자가 중앙으로부터 권위와 지위 를 공식적·세습적으로 인정받고 있었다는 사실을 알 수 있다. 그런데 특 정집단의 배타적 권력의 세습은 곧 귀족의 출현을 의미한다. 따라서 수촌 리 백제고분군은 지방 귀족세력의 출현을 보여주는 고고학적 자료라고 할 수 있다.

그리고 이들 재지세력은 중앙의 관등체계에 편제되어 지방관적인 성 격을 가지고 토착사회를 지배해 나갔던 것으로 추정된다. 대개는 지방통 치제도의 정비에 따라 지방의 재지세력들은 지방지배자로서의 지위는 해 체되고 점차 재지유력층으로서 지방관을 보좌하는 역할을 담당하는 존재 로 전환되는 것으로 이해되고 있다. 그렇지만 수촌리 백제고분을 통해 볼 때 이들 고분군 피장자는 상당한 독립성을 지닌 지방 지배자로서의 지위 를 유지시켜 갔음을 알 수 있다.

또한 수촌리 백제고분군의 성격을 지방 귀족세력의 고고학적 자료라 고 이해할 경우, 그것은 백제 大姓八族의 재지적 기반을 비롯해 한성기부 터 사비기까지 그들의 신분과 권력을 유지시켜 간 정치적 기반을 이해하 는데 좋은 사례가 될 것이다.

2. 수촌리 백제고분군 造營勢力 檢討

1) 머리말

　백제사에 있어서 지방세력 문제는 중요한 연구주제 가운데 하나이다. 그렇지만 이 문제를 다루는데 있어 문헌자료의 경우 한계가 있다. 이제까지 문헌사적인 관점에서 지방문제는 주로 지방통치제도의 구명에 초점이 맞춰져 왔으며, 상당한 연구성과를 축적한 것도 사실이다. 그러나 이는 중앙 지배체제의 성립이라는 측면에서 접근한 것이고, 실제로 편제의 대상인 지방세력 또는 재지세력에 대한 구체적인 논의는 부족하였다고 할 수 있다.[41]

　그렇지만 백제사에서 大姓八族으로 칭해지고 있는 중앙 귀족세력의 정치적 기반에 대한 이해의 실마리를 풀고, 백제사회의 구조적 특성을 이해하기 위해서는 각 지역에 재지기반을 두고 있었던 지방 정치세력의 활동과 구체적인 존재양태를 살펴볼 필요가 있다. 이와 관련하여 고분자료는 당시 사회의 여러 가지 특성을 반영하고 있다는 점[42]에서 피장자 및 조영세력의 사회·정치적 위상과 성격을 이해하는데 매우 유용한 고고학적 자료라고 할 수 있다. 따라서 지방세력 문제를 연구하는데 있어서 고분자료는 매우 중요하며, 수촌리 백제고분은 이에 대한 좋은 사례 가운데 하나라고 할 수 있다.

　수촌리유적은 공주시에서 추진하고 있는 의당농공단지 조성부지에 대

41　청주 신봉동고분군 발굴성과를 토대로 피장자의 성격과 조영세력 문제를 종합적으로 검토한 연구결과가 발표되었는데(한국학중앙연구원, 2005, 『백제 지방세력의 존재양태 -청주 신봉동유적을 중심으로-』), 재지세력 연구에 많은 시사점을 제공하고 있다.
42　권학수, 2003, 「청당동유적의 고고학적 특징과 사회적 성격」, 『호서고고학』8, 3~5쪽.

한 문화재 조사과정에서 발굴된 유적이다. 검토의 대상인 백제고분군은 수촌리유적 I 지역 3,300m²와 II지역 990m²에 대한 조사결과 II지역에서 확인된 유적이다. 이들 고분은 한성말기 귀족세력의 무덤으로 비정되는데, 피장자 및 조영세력은 공주지역의 유력한 재지세력이었다.

본고에서는 웅진천도 이전 공주지역의 유력한 재지세력의 무덤으로 비정되는 수촌리 백제고분군에서 확인된 유적과 유물을 통해 이들 고분군의 조영세력 문제를 살펴보고, 나아가 피장자 및 조영세력의 정치적 성격 등을 구체적으로 파악해 보고자 한다. 다만 유구·유물에 대한 개별적인 천착보다는 수촌리 백제고분이 지닌 사회·정치적 성격을 살펴보는데 초점을 맞추고자 한다. 이를 통해 웅진천도 이전 공주지역의 재지세력 문제를 비롯하여 475년 웅진천도의 배경, 그리고 웅진기의 정국상황을 이해할 수 있을 것이다.

수촌리유적 전경

2) 수촌리 백제고분군의 性格

수촌리유적은 I 지역과 II 지역으로 나뉘어 조사되었다. 이 가운데 II 지역에서 조사된 백제시대 고분군을 중심으로 논의를 전개시키고자 하며, I 지역의 경우에는 개략적인 현황만을 살펴보기로 한다.

I 지역에서는 청동기시대 주거지 1기, 초기철기시대 토광묘 및 석관묘 각 1기, 백제시대 토광목곽묘 5기 · 방형주거지 1기 · 원형수혈유구 1기, 백제시대~통일신라시대 석곽묘 11기, 고려시대~조선시대 토광묘 13기 등의 다양한 유구가 확인되었다. 이외에도 백제시대로 추정되는 저장공 형태의 원형 수혈유구 1기가 확인되었다. 조선 · 고려시대 토광묘는 등고선을 따라 균일하게 배치되어 있는 양상으로 분청사기 대접과 청동숟가락이 출토된 것도 있으나, 출토유물이 없는 것이 대부분이기 때문에 시대를 판단하기 어렵다.

본고에서 논의하고자 하는 II 지역에서는 백제시대 분묘 6기가 확인되었는데, 이들 고분은 해발 55m의 구릉 서북사면에 분포하고 있다. 유구는 대형 토광목곽묘 2기, 횡혈식석실분 2기, 횡구식석실분 1기, 수혈식석곽묘 1기가 조사되어 여러 형태의 묘제가 확인되었다. 유물은 金銅冠帽 2점, 金銅飾履 3쌍, 중국제 黑釉陶器 3점, 중국제 靑磁 2점, 金銅銙帶 2점, 環頭大刀 3점, 馬具類 등 중요 유물이 출토되었으며, 이외에도 많은 양의 백제 토기와 철제유물이 확인되었다.[43]

따라서 수촌리유적은 초기철기시대부터 조선시대에 이르기까지 여러

---

43 충남역사문화연구원, 2007, 『공주 수촌리유적』. 그리고 2011년 제II지역 인접부분에 대한 제2차 발굴조사에서 청동기시대 수혈유구 5기, 원삼국시대 수혈유구 9기, 백제시대 석곽묘 2기, 석실분 1기, 기타 유구 등이 조사되었다. 이 가운데 백제시대 석곽묘와 석실분에서 금동식리 1쌍을 비롯해 도자 3점, 환두대도 2점 등이 출토되었다(충남역사문화연구원, 2011, 「공주 수촌리고분군 문화유적 발굴조사 2차 자문위원회 자료집」).

수촌리고분 4호분 출토 토기류

시기에 걸친 유구와 유물이 확인된 유적이지만, 이 가운데 백제시대의 문화적 요소가 중심을 이루고 있다고 할 수 있다.

(1) 유적의 특징

수촌리유적에서 주목되는 유구는 백제시대 고분 6기가 확인된 II지역이다. 이들 고분은 웅진천도 이전에 조영된 것으로 비정되며, 수혈식 석곽인 6호분을 제외한 5기의 고분은 그 부장유물로 볼 때 유력한 귀족층의 무덤으로 추정된다.

다음은 II지역에서 조사된 고분의 구조와 특징, 유물의 공반관계 등을 살펴봄으로써 이들 고분군 조영집단의 성격을 검토하는 자료로 활용하고자 한다.

① 1호 토광목곽묘

대형의 토광에 목곽을 설치하고 그 안에 관을 안치한 토광목곽묘이다. 구조를 보면, 토광을 판 후 바닥에 작은 강돌로 敷石하였고, 토광과 목곽 사이는 흙으로 충전하였으며, 그 상부를 강돌을 깔아 보강하였다.

목관은 꺾쇠와 관정을 이용해 결구하였는데, 결구수법으로 보아 매우 정교하게 제작되었음을 알 수 있다. 1호 토광목곽묘는 규모가 매우 큰데, 묘광의 경우 장축 560cm, 단축 410cm, 잔존깊이 95cm이다. 특히 묘광과 목곽 상부에 강돌을 이용하여 보강한 점이나 목곽 내부 바닥에 敷石을 한 점 등으로 보아 축조에 많은 노력을 기울였음을 알 수 있다.

수촌리고분군 1호분

출토유물은 중국제 청자사이호, 금동관모, 금동식리, 금제이식, 환두대도, 금동과대, 살포, 마구류, 토기류 등이다. 유물은 목관을 안치한 남측에 별도의 부장칸을 마련하지 않고 부장하였다. 유물 부장에 있어서 특징적인 것은 몸에 착장한 유물 이외에 중국제 청자사이호를 목관 내부의 발치 쪽에 부장한 점이다. 이 가운데 금동제 유물과 중국제 청자사이호 등은 최상위급에 해당되는 威勢品으로 피장자의 신분을 이해할 수 있는 자료이다.

② 2호 토광목곽묘
　토광목곽묘로 1호 토광목곽묘의 축조방식과 동일한 방식으로 조성되었다. 규모는 1호분보다 작지만 묘광과 목곽 사이의 상부에 적석을 한 점이나 바닥에 敷石한 점, 목관을 꺾쇠와 관정을 이용해 결구한 점 등 동일한 방식으로 축조된 것으로 보아 비슷한 시기에 조영되었음을 알 수 있다.
　출토유물로는 귀걸이 1쌍, 많은 구슬로 장식한 경식, 머리장식용 구슬, 재갈, 토기 3점 등인데, 유물로 보아 여성의 무덤으로 판단된다. 특히 머리장식은 붉은 색의 작은 구슬을 실로 연결하여 사용한 것으로 보인다. 이 고분의 피장자는 고분의 구조, 목관의 제작방식, 출토유물, 1호분과의 위치 등으로 볼 때 1호분 피장자의 부인 무덤으로 추정된다.

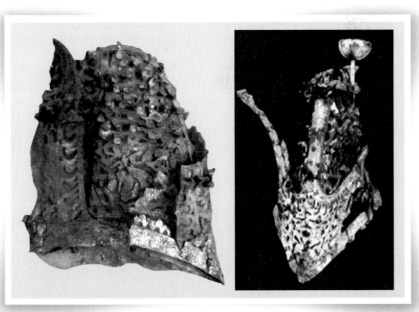

금동관(좌 : 1호분, 우 : 4호분)

청자사이호(1호분)   흑유계수호(4호분)

그런데 2호분의 경우 1호분과 비교할 때 부장품에 있어 현격한 차이를 보이고 있다. 이 점은 남녀의 성별에 따른 차이에 기인한다고 볼 수 있다. 또한 중앙과의 정치적 관계 속에서 관등이나 관직 등에 편제됨으로써 사회적으로 획득된 물품의 차이, 즉 중앙의 賜與品에 기인한 것으로도 볼 수 있을 것이다.

③ 3호 횡구식석실분

횡구식석실분이며, 내부는 사질토가 상부까지 퇴적되어 있었다. 개석은 모두 유실되었으며, 벽석의 일부는 이미 훼손된 상태였다.

묘실은 장방형으로 장축의 벽석은 內傾하여 쌓았으며, 상부는 평천정이었을 것으로 추정된다. 입구는 남측에 두고 있으며, 頭枕은 입구 쪽을 향하고 있어 남향이다. 바닥은 작은 강돌로 敷石하였으며, 棺臺는 작은 강돌을 이용해 관을 고이는 형식으로 되어 있다. 관은 서편으로 치우쳐 안치하였으며, 부장품은 북쪽 발치부터 동편의 공간에 일렬로 나란하게 배치하였다.

출토유물은 금동신발, 환두대도, 호등을 포함한 마구류, 철모, 토기 6
점 등이다. 3호분의 경우 1·4호분이 금동신발과 금동관이 세트로 부장된
것과는 달리 금동관이 매납되지 않았다는 특징이 있다.

3호분은 2호분 바로 동편에 위치하고 있는데, 묘역공간이나 배치 등으
로 보아 피장자는 1·2호분과 親緣的 관계에 있는 인물이었을 것으로 생
각된다. 그러나 고분의 구조가 다른 점에서 묘제의 변천과 함께 피장자의
정치적 성격에 변화가 있었던 것이 아닌가 추정된다.

④ 4호 횡혈식석실분

횡혈식석실분이며, 천
정부는 모두 붕괴되었다.
내부는 사질토가 50cm
정도 두께로 퇴적되어 있
었다. 평면은 장방형이
며, 장축의 벽석은 약간
內傾하여 쌓았고, 연도는
약간 우편재이다. 바닥에
는 동쪽 측면으로 관대가
마련되어 있으며, 頭向은
남침을 하고 있다.

출토유물은 금동관을
비롯해 금동신발, 금동과
대, 중국제 도자기 4점
(흑갈유계수호, 양이부
반구호, 흑갈유호, 청자

수촌리고분군 4호분

잔), 살포, 마구류, 관옥, 각종 토기류 등이다.

고분의 조영시기와 구조에 있어서 차이는 있지만 부장유물로 볼 때 4호분 피장자의 정치적 위상이 가장 높았던 것으로 추정해 볼 수 있다. 다만 금동관모와 금동식리, 중국제 청자사이호가 출토된 1호분의 경우에도 그 정치적 위상은 최고위급에 해당되는 것으로 파악할 수 있다.

⑤ 5호 횡혈식석실분

횡혈식석실분이며, 평면형태는 거의 방형에 가깝다. 연도는 남쪽을 향하고 있는데, 약간 우편재이다. 바닥은 교란이 매우 심하여 관대는 확인되지 않으나, 서편에서 귀걸이 2점이 수습된 것으로 보아 頭向은 서쪽을 향했을 것으로 추정된다. 천정은 모두 붕괴되었는데, 墓室 안에 떨어져 내린 蓋石이나 함몰상태로 볼 때 穹窿狀으로 추정된다. 내부는 대부분 천정석의 붕괴로 인해 교란되었다.

5호석실분은 축조방법에 있어서는 4호분과 유사하지만 출토유물의 성격은 확연히 다른데, 다수의 고배류가 출토되었다. 특징적인 유물로는 삼족이 달린 토기가 있으며, 유물의 부장양상은 3·4호분과 비교해 보아도 확연하게 다른 점을 찾아볼 수 있다.

특징적인 점은 출토된 관옥 1점이 4호분에서 출토된 관옥과 접합되는 사실인데, 1개를 둘로 잘라서 각각 매납한 것으로 보인다. 따라서 5호분의 피장자는 4호분 피장자와 매우 밀접한 친연관계에 있는 인물이었던 것으로 추정된다.

출토유물은 금제이식, 관옥, 마구류, 유개삼족토기를 포함한 각종의 토기류 등이다.

그런데 5호분은 頭向을 비롯해 관대의 설치, 유물의 부장양상 등에서 4호분과는 많은 차이점을 보인다. 이와 같은 차이는 고분의 축조시점과 토기류가 부장된 시점이 일치하지 않을 개연성을 보여주거나 또는 관옥이 지닌 상징적 의미에도 불구하고 5호분 피장자의 출신이나 성격이 4호분 피장자와는 다를 가능성을 추정해 볼 수 있다.

⑥ 6호 수혈식석곽묘

수혈식석곽묘인데, 묘광은 매우 세장하다. 목관의 흔적은 확인되지 않으며, 토기 3점이 부장되었다. 함께 조사된 5기와는 위상이 전혀 다른 일반적인 무덤이지만 공반된 토기로 보아 시기적으로 큰 차이는 없었을 것으로 판단된다.

수촌리 백제고분 유적의 경우 그 특징 가운데 하나는 좁은 지역에서 토광목곽묘를 비롯해 석곽묘, 횡구식석실분, 횡혈식석실분 등의 다양한 묘제가 확인되었다는 점이다. 이들 고분은 석곽묘를 제외하고 좁은 면적에 시계 반대방향으로 원을 이루면서 조성되어 있다. 토광목곽묘인 1호분과 2호분은 축조방법, 출토유물 등으로 보아 부부의 관계로 추정되며, 1 · 2호분을 포함하여 3호분 · 4호분 · 5호분의 피장자는 혈연적으로 밀접한 관계, 즉 家系의 구성원이었을 가능성이 높은 것으로 판단된다. 그리고 고분의 규모나 축조방식, 출토유물 등으로 볼 때 재지의 유력한 귀족의 무덤으로 볼 수 있다.

또한 수촌리 백제고분군에서는 마한의 전통적인 묘제인 토광묘와 함께 석실분이 확인되고 있어 묘제의 변화과정을 파악할 수 있다. 마한의 전통적인 묘제는 토광묘인데, 점차 석축분 계통의 분묘양식이 등장하게 된다. 금강 중 · 하류 지역에 이들 석축분이 유입되는 시기는 지역에 따라 차이는 있지만 석곽묘는 4세기 말부터, 석실분은 5세기 중엽을 전후해 출현하는 것으로 보는 견해[44]가 일반적이었다고 할 수 있다. 특히 공주지역은

44 성정용, 1998, 「3~5세기 금강유역 마한 · 백제묘제의 변천」, 『3~5세기 금강유역의 고고학』. 김성남, 2003, 「신봉동고분군 축조집단의 성격시론」, 『호서고고학』8, 59쪽.

천도와 함께 횡혈식석실분이 유입되었을 것으로 추정되었는데,[45] 수촌리 백제고분을 통해서 볼 때 웅진천도 이전에 이미 금강 중하류지역에 횡혈식석실분이 수용되었음을 알 수 있다. 이들 수촌리 백제고분군의 조영시기는 4세기 후반에서 5세기 중반으로 비정되기 때문이다.[46]

(2) 출토유물의 성격

수촌리유적 가운데 백제시대 고분에서 피장자의 사회 · 정치적 성격을 알 수 있는 중요한 유물들이 다수 출토되었다. 이들 유물은 흔히 威勢品으로 불리고 있는데, 피장자의 신분을 비롯해 피장자 및 출토지역의 정치적 위상, 중앙과의 교류관계 등을 파악하는데 있어서 유용한 자료를 제공한다. 특히 부장유물의 용도가 유물의 사회적 기능을 대변하고, 나아가서는 피장자의 사회적 기능과 밀접한 관계가 있다는 점[47]에서 수촌리 백제고분에서 출토된 유물 가운데 위세품을 통해 피장자와 조영집단의 사회 · 정치적 성격을 파악해 볼 수 있을 것이다. 여기에서는 이들 유물 가운데 피장자의 성격을 파악할 수 있는 중요유물들을 중심으로 살펴보기로 하겠다.

① 금동제 유물

금동제 유물로는 금동관모 2점, 금동식리 3세트, 금동과대 2세트 등이 출토되었다. 이들 금동제품은 최고의 위상을 보여주는 威勢品으로 피장자의 신분을 상징적으로 보여주는 유물들이다. 이와 같은 유물이 출토된 유적으로는 원주 법천리,[48] 천안 용원리,[49] 익산 입점리, 공주 무령왕릉,

---

45 이남석, 1999, 「백제의 횡혈식석실분 수용양상에 대하여」, 『한국고대사연구』16.
46 이훈, 2004, 「묘제를 통해 본 수촌리유적의 연대와 성격」, 『백제문화』33, 95~99쪽.
47 박보현, 1995, 「위세품으로 본 고신라사회의 구조」, 경북대 박사학위논문, 17~39쪽.
48 국립중앙박물관, 2000, 『법천리 I』.
49 공주대학교박물관, 2000, 『용원리고분군』.

전 공주 송산리, 나주 신촌리, 서산 부장리 등이 있다. 먼저, 법천리에서는 1호분과 4호분에서 금동신발의 편들이 확인되었으며, 천안 용원리에서는 9호 석곽묘에서 금동제 관모장식(계수호 및 흑색마연토기, 심엽형 금구 등)이 출토되었다. 익산 입점리 1호 횡혈식석실분과 신촌리 9호분에서는 금동관모와 금동신발이 각각 1세트씩 출토되었으며, 서산 부장리에서 조사된 분구묘에서도 금동관과 금동신발이 확인되었다. 비록 시기적으로나 신분상에 차이는 있지만 공주 무령왕릉의 경우에도 금제관식과 금동신발이 왕과 왕비의 것 각각 2세트가 출토되었다. 이들 고분은 축조시기와 성격에 다소의 차이는 있지만 피장자가 당시 최고위급의 신분이었다는 점은 재론의 여지가 없다.

특히 1호 토광목곽묘 출토 금동식리는 凸字型으로 법천리 4호분 및 전송산리출토품과 유사하며, 3호 횡구식석실분 출토품은 凸字型에 바닥은 용문양과 비슷한 문양이 있어 법천리 1호분과 유사성을 지닌다. 그리고 4호 횡혈식석실분 출토품은 인동당초문으로 무령왕릉 출토품과 유사성을 보이고 있다. 금동과대는 1호 토광목관묘와 4호 횡혈식석실분에서 출토되었다. 이들 금동과대는 잔존상태가 극히 불량하여 1호분의 경우 심엽형 과대장식만이 남아 있으며, 5호분의 경우에는 帶鉤의 일부만이 확인되었다. 금동제 과대는 당시 최고위급의 위세품으로 알려져 있다. 이제까지 백제지역에서 발견된 이른 시기의 금동과대로는 몽촌토성에서 출토된 晉代 과대가 있으며, 보다 늦은 시기의 것으로 무령왕릉, 능안골고분군, 부여 가곡리, 나주 복암리 출토 과대 등이 있다.[50] 이 과대를 패용한 인물은 왕을 포함하여 최고위급의 중앙귀족으로 이해되는데,[51] 왕 이외에 금동과대가 착장된 피장자는 대부분 사회적 위상이 비슷한 성격의 인물들이었음

50 국립부여박물관, 2005, 『백제인과 복식』, 120~133쪽.
51 박순발, 2004, 「한성기 백제 대중교섭 일례」, 『호서고고학』 11, 12~13쪽.

을 알 수 있다.

이들 유물이 출토된 고분은 출토지역과 조영시기에 차이가 있지만 형식상에 있어서 상호 유사성을 지니고 있다고 하겠다. 따라서 이들 금동제 유물은 피장자가 지닌 사회적 · 정치적 성격을 이해하는데 유용한 자료를 제공한다.

② 환두대도

피장자의 정치적 성격을 보여 주는 철제유물로 주목되는 것은 환두대도, 마구류, 살포 등을 들 수 있다. 이 가운데 대표적인 유물은 환두대도라고 할 수 있다. 환두대도는 1호분, 3호분, 4호분에서 출토되었는데, 금동제품, 중국도자기 등과 함께 출토되어 피장자의 정치적 위상을 알 수 있다. 특히 1호분 출토품은 손잡이에 은장식이 있어 그 위상이 매우 높았음을 알 수 있다. 백제지역에서 손잡이에 장식이 있는 환두대도는 천안 용원리,[52] 논산 모촌리[53]와 표정리, 나주 신촌리,[54] 복암리[55] 등이 있을 뿐이다. 이들 각 지역에서 출토된 환두대도는 하사 또는 분여의 결과로 보는 견해[56] 또는 동맹과 신임의 징표로 해석하는 견해[57] 등이 있는데, 모두 위세품으로서의 성격을 지니고 있다는 점에는 같다고 하겠다.

③ 살포

피장자의 경제적 위상을 보여주는 상징적인 것으로 살포를 들 수 있

---

52 이남석, 2000, 『용원리고분군』, 공주대 박물관.
53 안승주 외, 1994, 『논산 모촌리 백제고분군 발굴조사 보고서(II)』.
54 서성훈 · 성락준, 1988, 『나주 반남고분군 종합조사보고서』, 국립광주박물관 외.
55 국립문화재연구소, 2001, 『나주 복암리 3호분』.
56 이한상, 2004, 「삼국시대 환두대도의 제작과 소유방식」, 『한국고대사연구』36, 280쪽.
57 김성태, 2000, 「삼국시대 도검의 연구」, 『인하사학』8.

다. 살포는 2지구 1·4·5호분에서 각 1점씩 출토되었다. 살포는 논의 물꼬를 조절하거나 김을 매는데 사용하는 농기구의 일종으로 재지유력층의 무덤에서 출토되고 있다. 살포가 출토된 유적으로 백제권역에서는 천안 용원리 1호석곽묘, 청원 주성리 7호토광묘 등이 있으며, 금산 수당리 백제 고분에서도 2개가 확인되었다. 살포는 옥전 M3호분과 같이 가야지역의 고분에서도 확인되고 있는데, 피장자는 유력한 수장계층으로 추정된다. 살포가 부장된 사실을 통해 피장자가 경제력을 소유하고 있었음을 추정할 수 있다.

④ 마구류

마구류는 1·2·3·4·5호분에서 출토되었다. 등자와 재갈, 교구류 등이 일괄로 확인되었는데, 이들 고분의 피장자가 騎馬에 익숙한 무사적 성격의 인물이었을 것으로 추정해 볼 수 있다. 그리고 1호분과 3·4호분 에서는 각종 무기류를 포함해 儀器的인 유물이 함께 출토되고 있을 뿐만 아니라 각종 위세품과 함께 부장되고 있는 것으로 보아 군사권을 소유하고 있었던 것으로 파악된다. 특히 3호분에서 출토된 壺鐙은 현재까지 조사된 것 가운데 제일 빠른 시기로 추정되는데, 아직 유입경로는 파악할 수 없지만 이른 시기에 선진적인 기마문화가 유입된 사실을 알 수 있다.

⑤ 중국제 도자기류

중국제 도자기는 1호분에서 청자사이호 1점, 4호분에서 계수호·양이 부병·흑갈유호·청자잔 각 1점 등 모두 5점이 출토되었다. 이들 도자기 는 현재 백제권역에서 출토되고 있는 중국제 도자기류 가운데 가장 수준 높은 유물로 볼 수 있으며, 청자사이호와 흑유계수호의 경우에는 당시 최고의 위세품적 성격을 지녔을 것으로 생각된다. 특히 1호분에서 출토된 청자사이호와 유사한 것이 석촌동 8호 토광묘 외부[58]와 익산 입점리 1호분[59])에서도 출토된 바가 있으며, 흑유계수호는 천안 용원리 9호분에서 출토된 것과 유사하다. 용원리 출토 흑유계수호는 東晉代 제작된 것으로 연대는 4세기 후반, 늦어도 400년을 넘지 않을 것으로 비정되고 있는데,[60]) 수촌리 출토 흑유계수호가 그보다 후행하는 양식으로 보더라도 편년은 여기에서 크게 벗어나지 않을 것으로 판단된다.

중국제 도자기는 백제 각 지역에서 출토되고 있는데, 이들 유물이 출토되고 있는 유적의 편년과 성격을 이해할 수 있는 유물이기도 하다. 중국제 도자기를 소유하게 된 계기는 다양한 측면에서 고려해 볼 수 있다. 첫째는 백제 중앙에서 사여된 물품, 둘째는 중국과의 직접 교류에 의해 입수되었을 가능성, 셋째는 무역활동 내지는 유통과정에서 경제적 대가를 지불하고 입수했을 가능성 등이다. 이 가운데 세 번째는 당시 무역활동 등을 구체적으로 파악할 수 없다는 점에서 그 가능성을 상정하는데 어려움이 있으며, 직접 교역의 경우에도 백제권역에서 발견되고 있는 중국자기의 출토상황, 공반유물상 등으로 볼 때 그 가능성이 적다고 생각된다. 따라서 이들 도자기는 중앙정부에서 수입하여 지방의 유력한 세력들에게 일정한 정치적 목적 하에서 賜與되었을 가능성이 제일 높다고 생각한다.[61]) 따라서 중국도자기는 수촌리 백제고분의 조영집단과 중앙과의 정치적 관계를 비롯해 이 지역의 위상을 상징적으로 보여주는 대표적인 유물 가운데 하나라고 할 수 있다.

---

58 서울대박물관, 1986, 『석촌동3호분 동쪽 고분군 정리조사보고서』.
    석촌동출토품은 4세기경에 동진에서 제작된 것이 유입된 것으로 추정된다(이종민, 1997, 「백제시대 수입도자의 영향과 도자사적 의의」, 『백제연구』27, 168쪽).
59 문화재연구소, 1989, 『익산 입점리고분군』.
60 이남석, 1999, 「고분출토 흑유계수호의 편년적 위치」, 『호서고고학』창간호, 134~135쪽.
61 성정용, 2003, 「백제와 중국의 무역도자」, 『백제연구』38, 40쪽.

⑥ 장신구류

장신구류로는 귀걸이와 목걸이, 머리장식 등을 들 수 있다. 귀걸이는 1호분과 2호분, 그리고 5호분에서 확인되었다.

특히 2호분에서 출토된 목걸이는 수백 점의 구슬로 이루어져 있으며, 아주 작은 붉은 구슬은 머리부분을 장식했던 것으로 추정된다. 따라서 2호분의 피장자는 여성의 무덤으로 판단되며, 당시 귀족층 여성의 머리장식을 이해할 수 있는 귀중한 자료라고 할 수 있다.

수촌리 백제고분군에서 출토된 위세품은 천안 용원리고분, 익산 입점리고분, 나주 신촌리고분, 그리고 원주 법천리고분 등의 출토품과 그 양상이 유사하며, 당시 유력한 지방세력의 착장품이나 매납품에 있어서 일정한 통일성을 찾아볼 수 있다. 당시 고분의 출토유물을 토대로 분묘의 위상을 크게 4등급으로 구분한 연구[62]에 따르면 수촌리 백제고분 가운데 토광목곽묘 1호분과 횡구식석실분 3호분, 횡혈식석실분 4호분 등 3기는 A계층 중에서도 최상위급에 속한다고 할 수 있다. 따라서 이들 고분은 다른 지역에서 확인된 유적·유물과 비교해 볼 때 피장자 및 조영세력은 높은 사회적 신분을 지니고 있었으며, 이 지역의 정치적 위상 또한 매우 높았음을 알 수 있다.

또한 이들 위세품 가운데 着裝具는 착장자의 신분 내지는 위상을 파악할 수 있는 좋은 자료라고 할 수 있는데, 『三國史記』고이왕대의 다음 기록은 그러한 사실을 보여준다.

A-1. 2월에 명을 내려 6품 이상은 자주색 옷을 입고 은꽃으로 장식하며, 11품 이상은 다홍색 옷을 입고, 16품 이상은 푸른색 옷을 입게 하였다.(『三國史記』

---

62 성정용, 2000, 「중서부 마한지역의 백제영역화과정 연구」, 서울대대학원 박사학위 논문, 133~137쪽.

권24 고이왕 27년)

2. 봄 정월 초하룻날에 왕이 소매가 큰 자주색 두루마기와 푸른색 비단바지를 입고, 금꽃으로 장식한 검은 비단관을 쓰고, 흰 가죽띠를 두르고, 검은 가죽 신을 신고 南堂에 앉아서 정사를 보았다.(위의 책, 권24 고이왕 28년)

    고이왕대 정비된 것으로 기록된 사료 A의 내용은 그대로 수용하는데 문제는 있지만 복식제도가 고이왕대 이미 성립되기 시작한 것으로 이해된다. 고이왕 28년조의 내용은 『舊唐書』백제전의 내용과 동일한 것으로 보아 사비기의 服飾制를 보여주는 것으로 이해되지만 한성기의 복식을 연구하는데 참고할 수 있을 것이다. 따라서 정비된 복식제도는 피장자의 着裝具를 통해 신분을 파악할 수 있는 근거를 제공해 주며, 또한 정치적 위상까지도 알 수 있게 한다. 비록 사비기의 고분이지만 부여 능산리 36호분에서 출토된 銀製冠飾은 이들 기록을 실증적으로 확인시켜 주고 있다.[63]

    백제의 관등제도는 고이왕대부터 정비된 것으로 기록에 보이고 있다. 수촌리고분군 피장자 및 조영집단도 백제의 중앙통치체제가 정비되는 과정에서 중앙의 관등체계에 편제되었으며, 아울러 服飾制度의 일정한 규제를 받게 되었을 것이다. 따라서 수촌리 백제고분군에서 출토된 각종 착장구는 피장자의 신분과 조영집단의 성격, 중앙과의 정치적 관계 등을 구명할 수 있는 근거를 제공해 주고 있다고 하겠다. 이러한 관점에서 볼 때 수촌리 백제고분군 피장자 및 조영세력은 왕 다음 가는 위상을 지닌 세력이었음을 추정할 수 있다.

---

63 최맹식, 1998, 「능산리 백제고분출토 장식구에 관한 일고」, 『백제문화』27, 160~162쪽.

3) 수촌리 백제고분군의 造營勢力

(1) 조영세력에 대한 검토

수촌리 백제고분군은 금강 중류지역에 존재하였던 재지세력의 고고학적 유산이라는 점에서 웅진천도 이전 공주지역의 역사상을 구명할 수 있는 매우 귀중한 자료로 평가받고 있다. 그러면 이들 고분을 조영한 세력은 누구일까? 고분의 구조나 출토유물로 보아 피장자는 당시 백제 지방세력 가운데 최고의 위상을 지닌 인물이었음을 알 수 있다. 따라서 이들 고분의 조영세력은 공주지역을 대표할 수 있는 세력 가운데 하나였을 것으로 추정된다. 그리고 이들 세력은 百濟史上에서 일정한 역할을 하였을 것이며, 특히 웅진천도 과정에서 유력한 정치세력으로 활동할 수 있는 기회를 갖게 되었을 것이다.

百濟史上에서 공주지역이 주목을 받기 시작한 것은 475년 천도 이후라고 할 수 있다. 웅진천도 이후 금강유역의 재지세력들이 다수 중앙정치에 등장하고 있는데, 각종 기록을 통해 그 존재를 확인할 수 있다. 그러나 이들 세력이 중앙과 정치적 관계를 맺는 것은 백제의 중앙집권화가 진행되는 과정에서 이미 이루어졌을 것으로 추정된다. 다만 관련 자료의 미흡으로 그 구체적인 실상을 파악하는 데에는 한계가 있을 수밖에 없겠지만 문헌기록에 보이고 있는 내용을 중심으로 공주지역 재지세력의 존재를 도출하고, 이를 토대로 수촌리 백제고분군의 조영세력 문제를 검토해 보기로 하겠다.

먼저, 웅진천도를 전후하여 문헌에 나타나는 인물들에 대한 검토를 통해 재지세력 문제를 검토해 보기로 하겠다. 일반적으로 백제시대의 유력한 귀족은 大姓八族으로 불리는 沙氏・燕氏・劦氏・解氏・眞氏・國氏・木氏・苩氏 등이다.[64] 이 가운데 금강유역의 토착세력으로는 웅진천도 이후 국정에 참여하는 사씨・연씨・백씨 등이 있다. 그렇지만 그들 세력의 재지기반이 어디인가에 대해서는 다양한 의견이 제시되고 있다.

웅진천도를 전후한 시기 및 웅진기에 등장하는 인물들을 찾아보면 다음과 같다.

B-1. 文周는 이에 木劦滿致·祖彌桀取[木劦·祖彌는 모두 複姓이다. 『隋書』에는 木劦을 두 개의 姓으로 하였으니 어느 것이 옳은지 알 수 없다]와 함께 남쪽으로 갔다.(『三國史記』권25 개로왕 21년)

2. 봄에 좌평 解仇가 은솔 燕信과 함께 무리를 모아 大豆城을 근거로 하여 반란을 일으켰다. 왕은 좌평 眞男에게 명령하여 군사 2천 명으로 토벌하게 하였으나 이기지 못하였다. 다시 덕솔 眞老에게 명령하여 정예 군사 500명을 이끌고 가서 解仇를 공격하여 죽였다. 燕信이 고구려로 달아나자 그 처자를 잡아다가 웅진 저자에서 목을 베었다.(위의 책, 권 26 삼근왕 2년)

3. 봄 2월에 苩加를 위사좌평에 임명하였다.(위의 책, 권 26 동성왕 8년)

4. 9월에 왕은 나라 서쪽의 사비벌판에서 사냥하였다. 燕突을 달솔로 삼았다.(위의 책, 권 26 동성왕 12년)

5. 여름 5월에 병관좌평 眞老가 죽었다. 달솔 燕突을 병관좌평에 임명하였다.(위의 책, 권 26 동성왕 19년)

6. 8월에 加林城을 쌓고 위사좌평 苩加에게 지키게 하였다. 겨울 10월에 왕이 사비의 동쪽 벌판에서 사냥을 하였다. 11월에 웅천의 북쪽 벌판에서 사냥을 하였고, 또 사비의 서쪽 벌판에서 사냥을 하였는데, 큰 눈에 막혀 馬浦村에서 묵었다. 이에 앞서 왕이 백가에게 가림성을 지키게 하였는데, 백가는 가지 않으려고 병을 핑계 삼아 사양하였으나 왕이 허락하지 않았다. 이 때문에 왕을 원망하였는데, 이때에 사람을 시켜 왕을 칼로 찔렀다.(위의 책, 권 26 동성왕 23년)

7. 봄 정월에 좌평 苩加가 加林城을 근거로 하여 반란을 일으켰다. 왕은 군사를 이끌고 牛頭城에 이르러 한솔 解明에게 명령하여 토벌하게 하였다. 백가가 나와서 항복하자 왕은 그의 목을 베어 백강에 던져버렸다.(위의 책, 권 26 무령왕 즉위년)

---

64 『通典』邊防 百濟條.

8. 겨울 11월에 달솔 優永을 보내 군사 5천 명을 거느리고 고구려의 水谷城을 습격하였다.(위의 책, 권26 무령왕 즉위년)

9. 봄 2월에 왕이 漢城으로 행차하여 좌평 因友와 달솔 沙烏 등에게 명령을 내려 한강 북쪽 주·군의 백성으로서 나이 15세 이상을 징발하여 雙峴城을 쌓게 하였다. 3월에 한성으로부터 돌아왔다. 여름 5월에 왕이 돌아가셨다. 시호를 武寧이라 하였다.(위의 책, 권26 무령왕 23년)

10. 겨울 10월에 고구려 왕 興安(안장왕)이 몸소 군사를 이끌고 쳐들어와서 북쪽 변경의 穴城을 빼앗았다. 좌평 燕謨에게 명령하여 보병과 기병 3만 명을 거느리고 五谷의 벌판에서 막아 싸웠으나 이기지 못하였는데, 죽은 자가 2천여 명이었다.(위의 책, 권26 성왕 7년)

위의 사료는 웅진도읍기 『三國史記』에 보이고 있는 인명관련 자료인데, 대부분 大姓八族에 해당되는 인물임을 알 수 있다. 즉, 대성팔족 중 목씨·진씨·해씨·백씨·연씨·사씨 등이 중앙정치에 등장하고 있는 것이다. 이와 같이 웅진기에는 다양한 정치세력들이 중앙정치에 진출하였는데, 이는 왕권을 강화하고자 했던 정치적 의도에서 비롯되었던 것으로 이해된다.

다음은 이들 인물들의 활동을 통해 웅진도읍기 공주지역의 재지세력 문제를 검토해보고, 나아가 수촌리고분군 조영세력 문제에 접근해 보도록 하겠다. 먼저, 사료 B-1을 보면, 475년 문주왕이 웅진으로 천도할 당시 목협만치와 조미걸취 등이 함께 수행하고 있다. 이들은 당시 문주왕의 최측근으로 이해할 수 있는데, 이들의 세력기반을 살펴 볼 필요가 있다.

목씨가 기록에 처음 보이는 것은 근초고왕 24년(369)으로 목라근자가 백제의 장군으로 기록되어 있다.[65] 그리고 구이신왕대에는 목만치가 국정을 장악한 사실이 있는데,[66] 목만치는 목라근자가 신라를 토벌할 당시

---

65 『日本書紀』권9 신공기 49년조.
66 『日本書紀』권10 웅신기 25년조.

신라의 여자와 결혼하여 낳은 것으로 전해지고 있다. 그런데 목씨의 출자는 목지국,[67] 또는 가야계 귀화인으로 보는 견해[68] 등이 있으며, 이를 공주 수촌리 백제고분의 조영집단과 연결시키는 견해[69]도 제기되었다. 목씨의 재지기반 문제는 보다 진전된 검토가 필요하지만, 목씨의 주 활동기반이 가야지역인 점, 그리고 목협만치가 문주왕을 보필하여 웅진으로 천도하였음에도 불구하고 천도 후 두각을 나타내지 못하고 해씨세력이 다시 권력을 장악하고 있는 점 등으로 볼 때 웅진지역의 토착세력으로 보기에는 어려움이 있다. 그리고 조미걸취는 더 이상 기록에 등장하고 있지 않을 뿐만 아니라 관련내용도 찾아볼 수 없어 구체적인 활동상황을 알 수 없으나 웅진지역의 재지세력으로 볼만한 자료는 찾아지지 않는다.

삼근왕 2년에 등장하는 해씨는 王妃族으로서 한성에 기반을 둔 귀족세력이었다.[70] 따라서 해씨는 웅진지역과 관련시킬만한 연고가 확인되지 않는다. 해씨와 함께 王妃族이었던 진씨는 삼근왕 2년에 등장하는 진남을 비롯해 진로 등이 있는데, 이들의 경우에도 해씨와 마찬가지로 구귀족세력으로 재지기반은 北部였다.

다음으로 연씨는 웅진천도 이후에 중앙의 귀족세력으로 등장하고 있다. 그런데 삼근왕 2년 당시 은솔이었던 연신은 해구와 함께 반란을 일으키고 있다. 반란이 진압된 이후 연신은 고구려로 달아나고 그의 죄로 인해 가족이 모두 죽임을 당하였다. 그럼에도 불구하고 연씨는 동성왕 12년 연돌이 달솔의 직에 오르고 있다. 이는 동성왕이 왕권을 강화하는 과정에서 新進貴族들을 대거 중용한 결과로 생각된다. 삼근왕대 연신이 반란에 참

---

67 노중국, 1994, 「백제의 귀족가문연구」, 『대구사학』48, 6~7쪽.
68 정재윤, 1999, 「웅진시대 백제정치사의 전개와 그 특징」, 서강대 박사학위논문, 50쪽·58쪽.
69 김수태, 2004, 「백제의 천도」, 『한국고대사연구』36, 35~36쪽.
70 강종원, 1997, 「백제 한성시대 정치세력의 존재양태」, 『충남사학』9, 18~19쪽.

여했음에도 불구하고 동성왕대 연씨가 다시 중용될 수 있었던 것은 재지적 기반이 있었기 때문에 가능하였을 것이다. 그러면 연씨세력의 재지기반은 어디일까? 이 문제는 삼근왕대 연신이 해구와 함께 반란을 일으킨 대두산성과 깊은 관련이 있을 것이다. 왜냐하면 해씨는 웅진천도로 인해 재지기반을 상실한 상황이었기 때문에 반란을 일으키기 위해서는 강력한 재지기반을 가진 유력한 귀족세력과 결탁하지 않을 수 없었을 것이기 때문이다. 이때 해씨가 택한 세력이 연씨였으며, 그들이 반란을 일으킨 대두산성은 연씨의 재지기반이었을 가능성이 매우 높다. 대두산성의 존재는 이른 시기에 기록에 보이고 있다.

C-1. 여름 4월에 두 성이 항복하자 그 백성들을 한산의 북쪽으로 옮기니 마한은 드디어 멸망하였다. 가을 7월에 大豆山城을 쌓았다.(『三國史記』권23 온조왕 27년)
 2. 가을 7월에 湯井城을 쌓고 大豆城의 백성들을 나누어 살게 하였다. 8월에 圓山·錦峴의 두 성을 수리하고, 古沙夫里城을 쌓았다.(위의 책, 권23 온조왕 36년)

사료 C-1을 보면, 온조왕이 마한을 멸하고 대두산성을 축조하고 있다. 여기서 대두산성은 馬韓故地를 지배하기 위해 축조한 治所로서의 성격을 지닌 성으로 보인다. 그리고 이와 관련하여 사료 C-2의 온조왕 36년 기록이 주목되는데, 탕정성을 쌓고 대두성의 民戶를 나누어 거주하게 하고 있다. 그런데 탕정성은 온양에 비정된다. 따라서 대두성은 탕정성에 비정되고 있는 온양 인근에 위치하였을 것으로 추정된다. 현재 대두산성의 위치를 아산의 영인산성에 비정하여 연씨의 재지기반이었을 것으로 추정하는 견해가 있다.[71] 이 외에도 킁仍只 즉 충남 연기지역[72] 또는 공주부근,[73]

---

71 유원재, 1992, 「백제 탕정성 연구」, 『백제논총』3, 80~86쪽.

그리고 탕정성과의 관계를 통해 온양 북쪽의 아산 지역으로 비정[74]하는 견해 등 다양하다. 현재 대두산성의 위치를 구체적으로 비정할 수는 없지만 아산 일대로 보는데 문제는 없다고 생각한다.

즉, 해구가 연신을 끌어들여 함께 반란을 획책한 것은 웅진천도로 인해 자신의 재지기반을 상실한 상황에서 반란을 일으키는데 필요한 군사력을 확보하기 위해 대두산성 일대를 재지적 기반으로 하고 있었던 연씨와 연합한 것으로 추정할 수 있다. 따라서 연씨의 재지기반은 금강유역 보다는 아산일대에 비정하는 것이 보다 설득력이 있다고 하겠다.[75]

다음은 동성왕 8년에 등장하는 백가의 백씨세력이다. 백씨는 웅진천도 이후에 처음 등장하고 있는데, 위사좌평의 직에 임명되고 있다. 좌평직은 최상위의 관등이자 관직이었으므로 백가가 좌평에 임명되었다는 사실은 매우 특기할 만한 점이라고 할 수 있다. 따라서 백씨세력의 재지기반이 공주일원이었을 것으로 추정되어 왔다. 이를 보다 구체적으로 의당지역에 비정하는 견해가 제기되기도 하였다.[76] 특히 사료 B-6에서 볼 수 있는 바와 같이 동성왕대 백가를 가림성에 진수시키고자 할 때 백가가 이를 거부하고자 했던 이유는 그가 공주지역에 재지기반을 두고 있었기 때문으로 이해된다. 아울러 이들은 중앙정부와 일정한 관계를 유지함으로써 웅진천도, 나아가 신흥세력으로 대두하는데 일익을 담당하게 되었다는 견해가 이미 제기된 바 있다.[77] 그렇지만 이를 실증적으로 보여주는 구체적인 고

---

72 천관우, 1989, 『고조선사·삼한사연구』, 320쪽.
73 노중국, 1978, 「백제왕실의 남천과 지배세력의 변천」, 『한국사론』4, 102쪽.
74 이기백, 1978, 「웅진시대 백제의 귀족세력」, 『백제연구』9, 36쪽.
75 연씨의 재지기반은 본래 웅진 이북이었는데, 해구의 반란 이후 사비지역으로 徙民된 것으로 이해하는 견해도 있다(정재윤, 1999, 앞의 글, 106~107쪽). 그러나 동성왕대 들어와 다시 중앙정치에 등장하고 있는 것으로 보아 재지기반을 그대로 유지하고 있었던 것으로 보인다.
76 유원재, 1997, 『웅진백제사연구』, 32~34쪽.

고학적 자료가 발굴조사를 통해 확인된 바는 없었다.

사씨는 아신왕 7년(398) 사두가 좌장에 임명되면서 처음 중앙정치에 등장하고 있다. 사씨세력이 좌장에 임명되는 시기는 고구려 장수왕의 남진으로 인해 한강 이북의 영토 대부분을 상실하는 시점이기도 하다. 따라서 사씨의 등장배경은 당시 진씨의 세력기반이었던 한강 이북지역을 상실함에 따라 새로운 세력인 사씨를 좌장에 등용, 이들이 소유한 군사력을 중앙의 군사조직에 편제하여 대고구려전을 수행하고자 한 것으로 이해된다.[78] 그런데 사씨의 재지기반은 부여지역으로 비정되어 왔다. 그 이유는 사씨가 사비기에 大姓八族 가운데 가장 유력한 정치세력으로 등장하고 있으며, 사택지적비에 등장하고 있는 사택지적이 은퇴한 奈祇城이 부여군 은산면 내지리에 비정되는 있는 점 등이다.[79]

그런데 이와 관련하여 금강 하류지역에서 조사된 고고학적 성과가 주목된다. 금강 하류지역인 서천지역에서 대규모의 발굴이 이루어졌는데, 백제시대 주거지를 비롯해 고분 등 많은 유적이 확인되었다.[80] 이들 유적 가운데 봉선리유적의 경우 환두대도 22점을 비롯해 다양한 무기류와 토기류가 출토되었다. 유적의 조성연대는 그 폭이 넓은 편이나 중심연대는 웅진·사비기에 해당되며, 그 보다 이른 원삼국시대 주구묘 등도 확인되

---

77 유원재, 1997, 앞의 책, 34쪽.
78 양기석, 1990, 「백제 전제왕권 성립과정 연구」, 단국대 박사학위논문, 70쪽.
79 홍사준, 1954, 「백제 사택지적비에 대하여」, 『역사학보』6, 256쪽. 이 외에도 사씨의 재지기반으로는 가림성으로 비정되고 있는 성흥산성 주변(유원재, 1996, 「백제 가림성 연구」, 『백제논총』5, 83~86쪽), 또는 부여지역에 대한 고고학적 검토결과를 바탕으로 대전 유성구 일대에 비정하기도 한다(이도학, 2003, 「백제 사비천도의 재검토」, 『동국사학』39). 그리고 沙法名에게 주어진 '行征虜將軍邁羅王'의 작호명과의 관계에서 '邁羅' 지역으로 비정하고, 궁남지에서 출토된 목간에 기록된 매라와 동일지역으로 보아 부여와 가까운 곳에 비정하기도 한다(서정석, 2002, 『백제의 성곽』, 118쪽).
80 충남역사문화원, 2005, 『서천 봉선리유적』.
공주대학교 박물관, 2003, 「서천 지선리유적」 현장설명회 자료.

었다. 이들 유적의 조영세력은 금강 하류지역의 재지세력으로 이해된다. 그런데 유적의 입지와 마구류 등이 전혀 출토되지 않는 등 유물상으로 볼 때 이들 유적의 조영집단이 해상활동과 관련된 세력이 아닌가 추정된다.[81]

이와 관련하여 사씨세력의 활동이 주목된다. 사씨가 처음 기록에 보이는 것은 근초고왕대이다. 『日本書紀』신공기 49년조에 沙沙奴跪라는 인물이 등장하고 있는데, 목라근자와 함께 활동하고 있는 것으로 보아 백제 장군으로 추정된다.[82] 이후 다시 기록에 보이는 것은 아신왕 7년(398)인데, 이 시기는 광개토왕의 南進으로 한강 이북의 대부분 영토를 상실한 상황이었다. 그런데 이때 광개토왕이 이끄는 고구려군의 성격을 주목할 필요가 있다. 당시 광개토왕은 수군을 이용하여 백제를 대대적으로 공격하였으며, 백제의 주요 거점성이 함락되었다. 아신왕 2년조를 보면, 「關彌城者我北鄙之襟要也 今爲高句麗所有 此寡人之所痛惜…」[83]이라는 내용이 보이고 있어 관미성이 북방의 요충지임을 알 수 있다. 그런데 관미성은 고구려본기 광개토왕 즉위년 10월조에 「攻陷百濟關彌城 其城四面峭絶 海水環繞 王分軍七道 攻擊二十日乃拔」[84]이라고 하여 관미성이 서해 북방의 섬에 위치한 성이었음을 알 수 있다. 따라서 이 성을 공격하는데 수군이 동원되었을 것이며, 아신왕은 이 성을 되찾기 위해 고구려에 대한 공격을 계속하였다.

---

81 출토유물에 있어서도 마구류가 전혀 확인되고 있지 않은데, 이를 통해서 이들이 해양활동과 관련된 세력이 아닐까 추정해 볼 수 있다. 다만 묘장제의 차이에 기인할 가능성도 배제할 수 없다. 그러나 공주 수촌리를 비롯해 청주, 천안 등지에서 조사된 비슷한 시기의 고분군에서 마구류가 부장되고 있는 양상을 통해 볼 때 서천 봉선리유적에서 마구류가 전혀 출토되지 않는다는 점은 주목할만한 일이라고 할 수 있다.

82 김현구, 1993, 『임나일본부연구』, 33~34쪽.

83 『三國史記』권25 아신왕 2년조.

84 『三國史記』권18 광개토왕 즉위년조.

사씨가 이와 같은 상황에서 중앙의 군사체계에 편제되었기 때문에 고구려의 수군에 대항하기 위한 목적과 밀접한 관련이 있지 않을까 생각된다. 또한 동성왕 6년 사약사가 내법좌평에 임명된 후 남제에 사신으로 파견되었다가 바다에서 고구려군을 만나 다시 되돌아오는 사건이 있었다.[85] 당시는 고구려군에 의해 해로가 봉쇄되고 있는 상황이었는데, 이러한 시기에 사씨가 사신으로 파견되었다는 것은 그들 세력의 해상활동과 관련이 있지 않을까 추정된다. 이제까지 사씨세력을 해상활동과 관련하여 이해한 견해[86]는 있었지만 그 재지기반은 사비지역 내지는 유성 등지에 비정되었을 뿐 구체적인 유적과 연계시켜 설명되지는 못하였다. 그렇지만 사씨의 중앙 진출 과정과 금강 하류지역의 고고학적 양상, 웅진기 사씨의 역할, 사비기 사씨의 위상 등으로 볼 때 사씨의 재지기반을 금강 하류지역인 서천일대로 비정할 수 있지 않을까 한다. 또한 동성왕 17년(495) 남제에 작위를 요청함에 있어 沙法名이 邁羅王에 제수받았다. 그런데 궁남지에서 출토된 목간에 보이는 「邁羅城法利源」의 매라와 동일지명이라고 한다면, 이는 보령시 남포에 비정될 가능성이 있다.[87] 그렇다면 사씨세력이 보령 남포지역까지 세력기반으로 확보하였을 가능성을 추정할 수 있는데, 그 배경은 사씨세력의 해상활동과 관련이 있지 않을까 한다.

이와 같이 웅진천도 이후 중앙정치에 등장한 세력으로는 연씨·백씨·사씨 등을 들 수 있다. 사씨는 한성기에 이미 등장하고 있으며, 재지기반도 서천일대로 추정해 볼 수 있다. 따라서 웅진천도 이후 등장하는 新進勢力은 연씨와 백씨인데, 연씨의 재지기반은 아산일대로 비정되므로 웅진지역에 재지기반을 둔 세력으로는 백씨를 들 수 있다. 즉, 수촌리 백제

---

85 『三國史記』권26 동성왕 6년조.
86 정재윤, 1999, 「웅진시대 백제 정치사의 전개와 그 특성」, 서강대대학원 박사학위논문, 93쪽.
87 최맹식·김용민, 1995, 「부여 궁남지내부 발굴조사 개보」, 『한국상고사학보』20.

고분군의 조영세력은 백씨로 비정될 수 있을 것이다. 그 이유는 웅진천도 이후에 등장하는 신진귀족으로 백씨세력이 주목되며, 동성왕 8년 백가의 위사좌평 임명도 이와 관련이 있을 것이기 때문이다. 특히 백가는 사료 B-6에서 보듯이 동성왕이 가림성에 진수시키려고 하자 병을 핑계로 가지 않으려 하였는데, 이는 그의 재지기반이 공주일대였기 때문으로 이해할 수 있다.

(2) 조영세력의 정치적 성격

앞에서 유구와 유물을 통해 피장자의 신분과 성격에 대해 간략하게 살펴보았다. 그러면 이들 고분을 조영한 집단의 재지적 기반은 무엇이었으며, 어떠한 정치적 성격을 가진 세력이었는가 검토해 보기로 하겠다.

수촌리 백제고분에서 출토된 유물을 통해 볼 때 이들 고분 조영세력은 웅진천도 이전에 이 지역에서 상당한 재지적 기반을 가진 귀족세력이었음을 알 수 있다. 그리고 출토된 유물은 이제까지 백제권역에서 출토된 유물 가운데 최상위급에 해당된다. 따라서 수촌리 백제고분군이 위치하고 있는 의당지역에는 당시 최고의 위상을 지닌 정치세력이 존재하였다는 사실을 알 수 있다. 그러면 그들의 재지적 기반은 무엇이었을까? 이와 관련하여 주목되는 것이 1·2호분의 토광목곽묘이다. 토광묘는 마한사회의 전통적인 묘제로 이해되고 있다. 따라서 이들 고분의 조영세력은 마한의 문화적 전통을 계승하고 있는 세력이라고 할 수 있다. 당시 공주지역에는 마한 소국 중 監奚卑離國이 위치했던 것으로 알려지고 있는데,[88] 이들 諸小國은 백제의 중앙집권적 지배체제가 성립되면서 중앙에 편제되었다. 이 과정에서 백제에 저항한 세력은 徙民 등을 통해 그들의 재지적 기반을 해

---

88 천관우, 1989, 「마한제국의 위치시론」, 『고조선사·삼한사 연구』, 390~392쪽.

체시켰지만,[89] 순응한 경우에는 그대로 존치시켰던 것으로 보인다. 따라서 마한의 여러 故地에는 이들 小國의 권위와 전통을 계승한 유력한 재지세력들이 존재하였으며, 이들은 중앙과의 일정한 정치적 관계 속에서 지방세력화의 길을 걷게 되었을 것이다. 그리고 이들 재지세력은 중앙의 관등체계에 편제되어 지방관적인 성격을 가지고 토착사회를 지배해 나갔던 것으로 추정된다.

이와 관련하여 탐라국의 사례가 참고된다. 문주왕 2년 탐라국에서 사신을 보내 方物을 바쳤는데, 이때 문주왕은 사신에게 은솔의 관등을 하사하였다.[90] 그리고 탐라국주는 좌평의 직을 띠고 있음이 확인된다. 『三國史記』신라본기 문무왕 2년조에 보면, 「耽羅國主佐平徒冬音律[一作津]來降 耽羅 自武德以來 臣屬百濟 故以佐平爲官號 至是降爲屬國」[91]이라는 내용이 보인다. 그런데 신라본기 문무왕조의 기록에는 탐라국이 武德이후부터 백제에 臣屬한 것으로 기록되어 있는데, 武德은 당 高祖의 연호로 618~626년이다. 그렇지만 이때 탐라국이 백제에 臣屬되었다기 보다는 『三國史記』백제본기의 내용에 의해 문주왕대 신속된 것으로 보아야 하며, 사신에게 은솔의 관등을 주면서 탐라국주에게는 좌평의 직을 주었던 것이 아닌가 한다. 즉, 탐라국을 중앙의 통치체제에 편제는 시켰지만 그 지배권은 유지시켜 준 사실을 확인할 수 있는 것이다.

그러면 수촌리 백제고분군 조영세력은 중앙과는 어떠한 정치적 관계에 놓여있었을까? 수촌리 백제고분군에서 석실분이라는 묘제를 비롯해 출토유물 가운데 금동관 및 금동식리, 환두대도, 중국제 도자기 등은 중앙으로부터 유입되었을 가능성이 높은데,[92] 이는 당시 피장자가 중앙과 일

---

89 『三國史記』권23 온조왕 27년조.
90 『三國史記』권26 문주왕 2년조.
91 『三國史記』권7 문무왕 2년조.

정한 정치적 관계를 맺고 있었음을 보여준다.

이 문제를 구명하기 위해서는 당시 지방지배체제가 어떠하였는가에 대한 이해가 필요하다. 백제의 지방통치체제 속에 이들 지역이 어떠한 방식으로 편제되어 있었는가를 알면 이들 세력의 정치적 성격도 보다 선명하게 그려볼 수 있을 것이기 때문이다.

백제는 4세기 중반 근초고왕대를 거치면서 중앙집권적인 국가체제를 성립시켰으며, 영역은 전라남도 일대까지 확대되었다. 다만 지배방식에 있어서 다양한 견해가 제기되고 있는데, 크게 직접지배와 간접지배의 형태로 이루어진 것으로 파악된다. 즉, 노령산맥 이북의 지역은 직접지배가 이루어진 반면, 노령산맥 이남의 영산강 유역이나 남해안 일대는 간접지배 방식이 취해졌던 것이다.[93] 고고학적인 측면에서는 한성기 백제의 직접지배 영역은 금강 이북으로 한정되는 것으로 파악하기도 한다. 어느 견해를 따르더라도 의당지역은 당시 백제의 직접지배 영역에 포함되었다고 하겠다.

그런데 출토유물 가운데 최상급의 위세품에 해당되는 것으로 금동관모, 금동신발, 환두대도, 중국제 도자기 등이 있는데, 이러한 유물은 수촌리고분군뿐만 아니라 다른 지역에서도 다수 출토되고 있다.[94] 이들 위세품 부장자의 신분을 王·侯號라는 爵號制와의 관련 속에서 檐魯制와 연계시켜 이해하면서 실시시기를 근초고왕대로 보는 견해도 있지만[95] 기록상

---

92 吉井秀夫, 1997, 「횡혈식석실분으로 본 백제의 중앙과 지방」, 『백제의 중앙과 지방』, 189쪽.
93 강종원, 2002, 『4세기 백제사 연구』, 236~255쪽.
94 4세기 중·후반에서 5세기대로 비정되는 천안 용원리·화성리, 청주 신봉동, 익산 입점리고분 등 威勢品이 다수 부장되고 있는 양상을 백제 지배체제의 새로운 변화로 이해하는 견해(성정용, 2000, 앞의 글, 143쪽)는 지방세력의 중앙귀족화와 관련하여 주목된다고 하겠다.
95 노중국, 2001, 「익산지역 정치체의 사적 전개와 백제사상의 익산세력」, 『마한·백제문화』15, 29~32쪽.

에서 王·侯號가 보이는 것은 개로왕대[96)와 동성왕대[97)이다.[98) 그리고 담로제가 일반화된 것은 무령왕대를 전후한 웅진기로 이해되고 있다.[99) 그렇다고 하면 5세기 중·후반에서 6세기대의 고분 중에서 이와 같은 성격을 지닌 위세품을 부장한 고분이 확인되어야 할 것이다. 그렇지만 아직 웅진기의 고분에서 이와 같은 성격의 유적이 조사된 사례는 거의 없는 것으로 파악된다. 뿐만 아니라 지방통치조직으로서 담로제의 실시 시기는 개로왕대로 추정된다.[100) 따라서 담로제와 수촌리 백제고분군 조영세력과 직접적으로 관련시켜 이해하기에는 어려움이 있다.

그러면 수촌리 백제고분군 조영세력은 어떠한 위치에 있었을까? 유적과 유물을 통해 볼 때 고분군 조영세력은 사회적·경제적·군사적으로 상당한 독립성을 지니고 있었던 것으로 파악된다. 다만 정치적으로는 중앙과 일정한 관계를 맺고 있었음을 알 수 있다. 백제는 근초고왕대를 경과하면서 중앙집권적인 지배체제를 구축하였다. 이 과정에서 일부 재지적 기반을 가진 세력은 중앙의 관등체제에 편제되어 중앙귀족화의 길을 걷게 되었다. 그렇지만 각 지역에 존재하고 있었던 대부분의 재지세력들은 토착사회 안에서의 전통적인 지배권을 어느 정도 보장받으면서 중앙 관등에 편제되어 지방관으로서의 역할도 담당하였던 것으로 보인다.[101) 수촌리 백제고분군 조영세력의 경우에도 마한 小國의 권위와 전통을 계승하면서 중앙의 관등에 편제된 지방관적 성격을 가진 지방세력으로 볼 수 있지 않

---

96 『宋書』권97 열전57 백제조 및 『魏書』권100 열전88 백제조.
97 『南齊書』권58 열전39 백제조.
98 양기석, 1984, 「5세기 백제의 왕·후·태수제에 대하여」, 『사학연구』38.
99 『梁書』동이전 백제조 및 『梁職貢圖』백제국사조.
100 최근 신봉동석실분의 수용과 관련하여 이를 지방통치체제로서 담로제의 채택과 관련하여 이해하는 견해도 제기되고 있어 참고된다(양기석, 2005, 「한성백제의 청주지역 지배」, 『백제 지방세력의 존재양태-청주 신봉동유적을 중심으로-』, 한국학중앙연구원).

을까 한다.

그런데 백제 중앙과 수촌리 세력과의 관계, 또는 이들 지역에 대한 지배방식에는 시기별 변화가 있었던 것으로 보인다. 즉, 중앙과의 관계를 보여주는 유물인 각종 威勢品이 전통적인 묘제인 토광목곽묘를 비롯해 석실분에서도 출토되고 있는데, 이들 고분은 조영시기에 서로 차이가 있기 때문이다. 그러나 전통적인 묘제에서 석실분으로의 묘제변화 과정에서 나타나는 지방통치방식의 변화, 특히 4세기 말에서 5세기 전반기 중앙과의 관계변화를 구체적으로 설명하기에는 어려움이 있다. 다만 수촌리 세력의 중앙 예속화 내지는 긴밀성이 보다 증대되었을 것이라는 점은 추정할 수 있을 것이다.

다음은 수촌리 백제고분 조영집단과 웅진천도와의 관련성 문제이다. 백제는 475년 한성함락과 개로왕의 죽음으로 갑자기 문주왕에 의해 천도가 이루어지고 있다. 이때 공주가 遷都地로 정해졌는데, 천도의 배경에 대한 구체적인 논의는 부족하였다. 기존에는 단지 방어상 유리하다는 점과 이 지역에 유력한 토착세력이 존재하지 않았기 때문으로 이해하는 견해[102]가 주류를 이루었고, 금강유역에 토착한 재지세력, 구체적으로 수촌리 토성을 근거로 의당일대에 기반을 둔 세력이 천도를 이끌었을 것이라는 견해가 제기되는 정도였다.[103] 그리고 중앙세력으로는 목협만치, 조미걸취, 해씨 등이 언급되는 정도에 지나지 않았다.[104]

---

101 지방통치방식에 있어 견해 차이는 있지만 한성말기 토착세력의 일반민에 대한 지배권이 매우 강고하였던 것으로 이해하면서 그 원인을 중앙에서 이들 토착세력에 대한 권한을 통치권 속에 완전히 편제 또는 흡수하지 못하였기 때문으로 이해하는 견해가 있는데 (김주성, 1992, 「백제 지방통치조직의 변화와 지방사회의 재편」, 『국사관논총』35, 47쪽), 수촌리 백제고분군 조영세력의 성격을 이해하는데 참고된다.

102 이남석, 1997, 「웅진지역 백제유적의 존재의미」, 『백제문화』26, 51쪽.

103 유원재, 1997, 앞의 책, 32~34쪽.

104 정재윤, 1999, 앞의 글, 49~52쪽.

그렇지만 이를 고고학적으로 증명할 수 있는 구체적인 유적과 유물의 실체가 확인되지 않았었다. 그러나 수촌리 백제고분군을 통해 그 실체가 분명하게 드러나게 된 것이다. 앞에서 수촌리 백제고분군의 조영세력을 백씨로 비정하였는데, 그 경우 공주가 遷都地로 선택된 배경을 이해하는 데 실마리를 얻을 수 있다. 수촌리 백제고분군의 조영 시기는 4세기말에서 5세기 전반기로 웅진천도 이전에 조성된 유적이다. 그리고 이들 고분에서 출토된 금동관을 비롯하여 금동신발, 환두대도, 중국제 도자기 등 최상위급에 해당되는 威勢品들은 당시 중앙과의 긴밀한 관계를 보여주고 있기 때문이다. 즉, 중앙에서 의당지역의 귀족세력에게 이들 물품을 賜與했을 가능성이 매우 높다.[105] 이러한 점은 당시 중앙과 수촌리 백제고분군 피장자 집단과 일정한 정치적 관계가 형성되어 있었음을 의미한다. 이는 475년 웅진으로의 천도가 의당지역의 재지세력과 밀접한 관계가 있었을 것으로 추정되는 부분이다. 즉, 한성기부터 공주지역의 재지세력과 긴밀한 정치적 유대관계를 맺고 있었기 때문에 475년 한성이 고구려에 의해 함락된 이후 갑작스런 천도에서 공주지역이 왕도로 선택될 수 있었으며, 천도과정에서 수촌리 백제고분군 조영세력의 역할이 크게 작용하였을 것으로 파악된다. 그 결과 백씨는 웅진도읍기 유력한 신진세력으로 중앙정치에 등장할 수 있게 되었다.

4) 맺음말

공주 수촌리유적은 의당농공단지 조성부지에 대한 발굴과정에서 확인

---

105 이는 거의 비슷한 시기에 다른 지역에서도 이와 유사한 위상을 지닌 유물들이 다수 출토되고 있는 상황을 통해서 확인된다.

된 유적이다. 본고에서 검토의 대상으로 삼은 백제고분군은 수촌리유적 II지역에서 확인되었는데, 이들 고분은 한성말기 귀족세력의 무덤으로 피장자 및 조영세력은 공주지역의 유력한 재지세력이었을 것으로 추정된다.

본고에서는 웅진천도 이전 공주지역의 유력한 재지세력의 분묘군인 수촌리 백제고분군에서 확인된 유적과 유물을 통해 이들 고분군의 조영세력을 살펴보고, 나아가 피장자 및 조영세력의 정치적 성격 등을 구체적으로 파악해 보고자 하였다. 다만 유구·유물에 대한 개별적인 穿鑿보다는 수촌리 백제고분이 지닌 사회·정치적 성격을 살펴보는데 초점을 맞추었다. 앞에서 검토된 내용을 정리하면 다음과 같다.

첫째, 수촌리 백제고분군은 좁은 지역에서 시간성을 반영하고 있는 다양한 묘제가 일정한 방식에 따라 조영되었는데, 이는 피장자가 혈연적으로 밀접한 관계에 놓여 있었다는 사실을 보여주는 것으로 판단된다. 좀더 구체적으로 언급하자면 家系의 구성원이었을 것으로 추정되며, 특히 1호분과 2호분의 피장자는 부부관계, 4호분과 5호분의 경우에도 밀접한 관계가 상정된다.

둘째, 고분의 부장유물은 피장자의 사회적 기능과 밀접한 관련이 있는데, 수촌리 백제고분군에서 출토된 유물중 이와 같은 성격을 파악할 수 있는 유물로는 금동제 유물을 비롯해 환두대도, 살포, 마구류, 중국제 도자기, 장신구류 등을 들 수 있다. 이들 유물은 당시 최고의 위상을 지닌 威勢品으로 피장자 및 조영세력의 사회적 신분뿐만 아니라 정치적 성격까지도 보여준다. 이들 유물을 통해 볼 때 수촌리 백제고분군 피장자는 왕 다음 가는 위상을 지니고 있었으며, 경제적·정치적으로 상당히 독립적인 성격과 재지적 기반을 가진 유력한 귀족세력이었던 것으로 파악된다.

셋째, 웅진천도 이후 금강유역에 재지기반을 둔 귀족세력이 유력한 정치세력으로 등장하고 있는데, 대표적인 세력으로 사씨·연씨·백씨 등을 들 수 있다. 이들 가운데 공주지역을 재지기반으로 한 세력은 백씨로 비정된다. 따라서 수촌리 백제고분군을 조영한 세력은 백씨일 가능성이 높다고 하겠다. 동성왕대 가림성주로 파견된 위사좌평 백가의 경우 파견당시 병을 핑계로 가지 않으려고 한 점이나 이후 동성왕을 시해하게 된 것도 바로 그의 재지기반이 공주지역이었기 때문이 아닌가 생각된다.

넷째, 고분군 조영세력은 마한 小國의 권위와 전통을 계승한 세력으로서 웅진천도 이전부터 유력한 귀족세력을 형성하고 있었다. 이들은 중앙관등에 편제된 지방관적 성격을 가지고 토착사회를 실질적으로 지배하였으며, 점차 중앙과의 예속성이 증대되어 갔던 것으로 파악된다.

끝으로 이들 세력은 한성이 함락된 이후 문주왕에 의해 천도가 단행될 때 도읍을 웅진에 정하도록 영향력을 끼친 세력이었다고 추정된다. 즉, 이들 세력에 의해 웅진으로의 천도가 가능했던 것이 아닌가 한다.

3. 漢城期 百濟의 서산지역 進出과 在地勢力

1) 머리말

百濟史上에 있어서 서산지역을 위치지우는 것은 그리 간단한 문제가 아니다. 자료가 매우 한정되어 있기 때문이다. 그렇지만 서산지역에서 확인되는 다양한 유형의 고고유적과 유물, 그리고 백제 불교미술의 정수인 서산마애삼존불의 존재로 보아 백제시대 이들 지역에 유력한 在地勢力이 존재하였으며, 또한 시기별 차이는 있었지만 중앙과 밀접한 관계를 맺고 있었던 사실을 알 수 있다.

百濟는 각 시기별 변화는 있었지만 경기·충청·전라도를 지배영역으로 하여 성장·발전한 고대국가이다. 그렇지만 이들 지역에는 삼한시대에 馬韓 54國이 분포하고 있었다. 한강 중하류 일대를 기반으로 성장한 伯濟는 이들 小國을 병합하는 과정을 거치고 있다. 서산지역은 해안과 구릉지를 끼고 있어 사람들이 생활하기에 좋은 자연환경을 지니고 있다. 따라서 서산지역에도 소국이 위치하였을 것이며, 다른 소국들과 마찬가지로 백제의 중앙집권적 통치체제 정비과정에서 지방으로 편제되었다. 그렇지만 서산지역이 언제 백제의 영역으로 편제되었으며, 재지세력과의 관계는 어떻게 설정되고 있었는지, 그리고 서산지역의 위상은 어떠했는지에 대해서는 분명하지 않다. 특히 남겨진 기록을 통해서 그에 대한 사실을 파악해 내는 것은 상당한 어려움을 수반하며, 구체적이지도 못하다. 그렇지만 고고학적인 연구성과를 통해 백제시대 서산지역 재지세력의 성격과 중앙과의 관계를 어느 정도 이해할 수 있는 단계에는 이르렀다고 생각된다.

본 글에서는 서산지역에 남겨진 고고학적 자료를 토대로 재지세력의 존재양태와 백제로의 편제과정, 그리고 중앙과의 정치적 관계를 살펴보기로 하겠다. 이를 통해 백제시대 서산지역 재지세력의 정치적 성격과 서산지역의 위치를 가늠해 볼 수 있을 것으로 기대한다.

2) 서산지역 在地勢力 檢討

백제는 大姓八族이라고 하여 유력한 귀족의 존재가 확인된다. 이들 大姓貴族은 주로 한성과 금강유역을 중심으로 재지기반을 두고 있었는데, 이는 왕도가 위치하였기 때문이다. 그렇지만 한성과 금강유역 이외에도 전역에 유력한 재지세력들의 존재가 확인되며, 서산지역의 경우에도 예외가 아니다.

백제시대 서산지역에 대한 문헌기록은 『三國史記』지리지에 행정구역의 변천에 대한 간략한 내용만이 전해지고 있다. 내용을 살펴보면 다음과 같다.

富城郡은 본래 백제 基郡으로, 景德王이 이름을 고쳤는데 지금도 그대로 쓴다. 영현이 둘이다. 蘇泰縣은 본래 백제 省大兮縣으로, 경덕왕이 이름을 고쳤는데, 지금도 그대로 쓴다. 地育縣은 본래 백제 知六縣으로 경덕왕이 이름을 고쳤는데, 지금의 北谷縣이다.[106]

서산지역에 郡과 縣이 두어졌다는 것은 이들 지역에 토착 재지기반을 두었던 정치체가 존재한 사실을 의미한다. 行政村이 自然村의 성장을 바탕으로 한다는 점[107]에서 서산지역은 청동기를 문화적 기반으로 형성된 선진적인 촌락을 토대로 마한 小國이 성장하였기 때문이다.[108] 그리고 소국을 형성하고 있었던 이들 정치체가 해체되지 않았다고 한다면, 소국의 전통적 기반을 계승한 유력한 재지세력의 존재를 상정할 수 있다.

또한 서산지역에서는 고고 유적·유물이 다수 확인되고 있어 재지세력의 존재뿐만 아니라 그들의 정치적 성격과 위상 등을 어느 정도는 파악할 수 있다. 일반적으로 유력한 귀족세력들이 세거했던 각 지역에는 정치적·사회적 위상을 반영하고 있는 고고유적들이 확인되는데, 이를 토대로 재지세력에 대한 연구[109]가 활발하게 진행되고 있기도 하다. 서산지역에서 확인된 유적과 유물을 통해 바로 이 지역을 재지기반으로 하고 있었던 세력들의 존재와 그 성격을 파악할 수 있는 것이다.

(1) 서산지역의 百濟遺蹟 檢討

현재까지 알려진 서산지역의 백제시대 고고유적은 고분·산성·주거

---

106 『三國史記』권36 지리3 웅주조.
107 김수태, 2005, 「청주 신봉동고분의 재지세력」, 『백제 지방세력의 존재양태 -청주 신봉동 유적을 중심으로-』, 한국학중앙연구원.
108 이현혜, 1989, 『삼한사회 형성과정 연구』, 7~47쪽.
109 양기석 외, 2005, 『백제 지방세력의 존재양태 -청주 신봉동유적을 중심으로-』, 한국학중앙연구원.

지·불교유적 등으로 구분된다. 이 가운데 많은 수를 차지하고 있는 것이 고분유적이며, 최근 급속하게 추진되고 있는 각종 개발로 인해 그 사례는 점차 증가하고 있다. 이제까지 조사된 유적의 성격에 대해서는 그 동안 많은 연구성과[110]를 통해 어느 정도 밝혀졌다고 생각된다. 따라서 이 글에서는 재지세력의 존재와 그 성격을 파악할 수 있는 중요 유적을 중심으로 검토하기로 한다. 먼저, 서산지역에 분포하고 있는 백제시대 중요 유적을 살펴보면 다음과 같다.

연번	유적명	위치	유구 및 출토유물
1	부장리고분군	음암면 부장리	분구묘, 금동관, 금동신발, 환두대도, 중국제도자기, 철제초두, 주거지, 각종 토기류
2	기지리고분군	해미면 기지리	분구묘, 환두대도, 동경, 흑색마연토기
3	여미리고분군	운산면 여미리	토광묘, 석실분, 옹관묘, 와관묘,
4	방죽골고분군	운산면 여미리	석실분
5	명지리고분군	대산읍 대로2리	토광묘, 환두대도, 철겸, 철부, 회흑색원저호, 적갈색원저호
6	기은리토광묘	대산읍 기은리	토광묘, 회청색경질원저호, 발 등
7	성리고분군	인지면 성리	고분석재, 토기편
8	애정리 고분군	인지면 애정1리	고분석재, 토기편
9	애정리고분군	인지면 애정2리	고분석재,
10	금학리고분	팔봉면 금학리	횡혈식석실분
11	산성리고분군	지곡면 산성리	고분석재
12	산수리고분군	해미면 산수리	고분석재
13	부성산성	지곡면 산성리	석축산성, 백제토기편, 와편
14	고성산성	팔봉면 진장리	석축산성, 백제토기
15	반양리산성	해미면 반양리	석축산성, 백제토기편, 와편

---

110 서정석, 2004, 「서산지역의 산성과 부성산성」, 『백제문화』33.
　　이남석, 2005, 「고고학 자료로 본 백제시대의 서산지역」, 『서산문화춘추』1, 서산문화발전연구원.
　　이상엽, 2007, 「최근 연구성과를 통해 본 서산지역의 문화적 성격 검토」, 『서산의 문화』19, 서산향토문화연구회.

16	신송리산성	고북면 신송리	석축산성, 와편
17	북주산성	서산시 읍내동	석축산성
18	전라산성111)	운산면 안호리	석축산성
19	보원사지	운산면 용현리	사지, 금동불상
20	서산마애삼존불	운산면 용현리	마애불

　　서산지역에서 확인된 백제시대 고고유적의 유형을 살펴보면, 고분유
적·산성·주거지·불교유적 등이며, 이외에 성격을 분명하게 파악할 수
없는 유물산포지112) 등이 있다. 다만 상당수의 유적은 지표조사를 통해
확인된 것으로 시기나 성격을 파악하는데 어려움이 있다. 또한 산성의 경
우 재지세력 문제 및 지방통치방식 등을 구명하는데 있어서 매우 중요한
고고학적 요소임에도 불구하고 발굴조사가 이루어지지 않아 축조 및 사용
시기와 활용과정 등을 파악하기가 어렵기 때문에 이를 통해 백제시대의
역사상을 도출하는데 한계가 있는 것도 사실이다. 이 가운데 발굴조사를
통해 시기와 성격을 파악할 수 있는 것은 고분유적이다. 최근에 와서 각종
개발과정에서 다수의 고분유적이 발굴됨으로써 축조시기를 비롯해 피장
자, 그리고 조영세력의 실체를 어느 정도 파악할 수 있게 되었으며, 출토
유물은 피장자의 정치적·사회적 성격과 위상을 보여주고 있기 때문에 재
지세력 문제를 검토하는데 많은 자료를 제공해 주고 있다. 특히 이들 고분
유적 가운데 해미 기지리유적, 음암 부장리유적 등은 서산지역 재지세력
의 성격을 파악할 수 있는 유적으로 주목된다.
　　다음은 고분유적을 중심으로 그 특성을 검토해 보기로 하겠다.

---

111 전라산성은 통일신라시대 축성된 것으로 보고된 바가 있지만(서정석, 2002, 「서산 전라
　　산성에 대한 고찰」, 『서산의 문화』14), 아직 발굴조사를 통해 확인된 바가 없어 기존의
　　견해를 수용하여 포함시켰으며, 다른 산성의 경우에도 초축시기를 분명하게 파악하는
　　데 한계가 있음을 밝혀 둔다.
112 충남발전연구원, 1998, 『문화유적분포지도 -서산시-』.

서산 부장리 분구묘

　먼저, 이른 시기의 유적으로 대산의 명지부락 고분군이 주목된다.[113] 토광묘인 명지부락 고분군은 모두 18기의 토광묘가 확인되었지만, 그 가운데 3기만이 조사되었다. 출토유물은 환두대도를 비롯해 철겸·토기 등이 있는데, 환두대도의 존재는 피장자가 일정한 위상을 가진 인물이었음을 의미한다.

　서산지역 재지세력의 존재와 위상을 보여주는 대표적인 유적은 음암면 부장리에서 조사된 분구묘라고 할 수 있다.[114] 분구묘는 모두 13기가 조사되었는데 대형의 분구에 1기부터 10기에 이르는 매장주체부가 조성되었고, 주변에는 20~40m에 이르는 溝가 돌아가고 있다. 이 고분유적이

113　한병삼 외, 1969, 「서산 대산읍 백제토광묘 발굴보고」, 『고고학』 2.
114　이훈, 2006, 「서산 부장리의 백제 분구묘」, 『서산문화춘추』 2.

주목되는 것은 피장자의 신분을 파악할 수 있는 최고의 위상을 지닌 유물이 출토되었기 때문인데, 금동관을 비롯하여 금동신발, 철제초두, 중국제 도자기편, 환두대도, 다수의 장신구류, 토기류 등이 확인되었다. 이 가운데 금동제품과 중국제 자기 등은 당시 최고급의 위세품으로 피장자의 신분과 정치적 성격을 파악할 수 있는 자료이기도 하다. 부장리유적에서는 백제시대 주거지가 39기 확인된 것도 중요한 의미를 가진다. 이들 주거지는 대부분 기둥의 배치가 4주식의 주거지인데, 이는 마한의 전형적인 주거지라는 점에서 문화적 전통을 파악할 수 있다. 부장리분구묘의 조영시기는 5세기 중반 전후로 파악되고 있지만 천안 용원리 출토 흑색마연토기[115]를 비롯해 공주 수촌리 출토 중국제 청자[116] 등의 사례를 통해 볼 때 400년 전후한 시점까지도 소급될 가능성을 배제할 수 없다. 특히 분구묘 13기가 상호 중복없이 조성되어 있을 뿐만 아니라 한 봉분 안에 매장주체부가 10기(3호분)에 이르고, 2·4호분의 경우처럼 분구가 확장된 사실 등을 통해 볼 때 이들 분묘가 단기간에 조영된 것으로 볼 수 없다. 따라서 분구묘의 조영시기는 어느 정도의 시간적 폭을 상정할 수 있을 것이다.

다음은 해미면 기지리에서 조사된 분구묘가 주목된다. 이들 지역에서는 60여기의 분구묘가 조사되었는데, 10~15m 정도의 溝가 돌려져 있다. 매장주체부는 말각방형으로 굴광한 후 목관을 사용한 것으로 조사되었다. 유물은 21호 분구묘에서 출토된 청동제 거울과 환, 그리고 방울 등을 비롯해 흑색마연토기·환두대도·철정, 각종 옥류·토기류 등이 있다. 이 가운데 특징적인 유물로는 청동제 거울을 들 수 있는데, 피장자의 신분을 보여준다. 또한 유물 가운데 중앙과 밀접한 연관성을 가진 자료가 확인

---

115 공주대학교 박물관, 2000, 『용원리고분군』.
116 충남역사문화연구원, 2007, 『공주 수촌리유적』.

서산 해미면 기지리 주구묘

되고 있다는 점도 이 지역의 지리적 위치와 관련하여 주목되는 점이라고 하겠다.[117] 기지리고분군의 경우 편년은 5세기 후반 이전, 즉 웅진천도 이전으로 추정되고 있다.

운산면 여미리 방죽골유적의 경우 원삼국시대 주구묘 16기, 토광묘 7기를 포함해 백제시대 석실분 2기, 석곽묘 2기 등이 확인되었다. 이 유적은 원삼국에서 백제로의 계기적인 흐름을 이해할 수 있는 자료를 제공하고 있다는 점에서 의미있다. 특히 주구토광묘는 3세기 중반에서 4세기 중반으로 편년되는데,[118] 묘광의 주위에 구를 가진 것으로, 분구묘의 축조방식과 같다는 점에서 계기성을 파악할 수 있다.

---

117 이남석 · 이현숙, 2006, 「서산 해미 기지리 분구묘 검토」, 『서산문화춘추』2, 51쪽.
118 이호형, 2006, 「서산 여미리 방죽골유적 주구토광묘 검토」, 『서산문화춘추』2.

그리고 여미리유적에서 백제시대 토광묘 8기, 석실분 20기, 옹관묘 4기, 와관묘 5기 등이 확인되었는데, 석실분의 경우 6세기 중반경부터 백제 말기까지로 편년되고 있지만[119] 대부분 6세기를 전후한 시기에 조성된 것으로 추정된다. 그리고 일부 석실분의 경우 토광묘에서 변화된 것으로 보아 웅진천도 직후 중앙문화가 바로 유입되었을 것으로 추정되는데,[120] 이는 한성기와 웅진기 서산지역의 문화양상이 변화하고 있다는 사실을 보여 주고 있다는 점에서 의미가 있다.

다음은 산성유적이 있다. 백제시대 산성은 크게 두 가지 기능을 하였는데, 외적방어의 기능과 지방통치를 위한 행정치소로서의 기능이 그것이다. 따라서 산성은 외적의 침입을 방어하기 위한 국경지대나 교통의 요지, 그리고 각 행정구역의 중심에 축조되었다. 따라서 백제시대 군과 현으로 편제되고, 서해안지역에 위치하고 있어 교통로의 역할을 하였던 서산지역에도 다수의 산성이 축조되었을 것으로 추정된다. 현재까지 백제시대에 축조된 것으로 알려진 산성으로는 지표조사가 이루어진 부성산성을 포함해 북주산성·신송리산성·고성산성·방양리산성 등이 있다.

이들 산성 가운데 정밀지표조사에 의해 백제시대 초축이 비교적 분명하게 밝혀진 것이 부성산성이다.[121] 부성산성은 지곡면 산성리에 위치하고 있는데, 이 산성은 백제시대 知六縣의 치소일 가능성이 높은 것으로 알려져 있다.[122] 그 외에 북주산성은 基郡의 치소, 태안 백화산성은 省大兮縣의 치소에 각각 비정되고 있다.

또한 상왕산의 대성은 백제 부흥운동의 거점성 가운데 하나였던 주류

---

119 충청매장문화재연구원, 2001, 『서산 여미리유적』.
120 이상엽, 2007, 앞의 글, 59~60쪽.
121 공주대학교 박물관, 2004, 『부성산성』.
122 서정석, 2004, 앞의 글, 286~287쪽.

성에 비정되어,[123] 정밀지표조사가 실시되었지만 백제이후에 축조된 것으로 조사되었다.[124] 이 외에도 시대미상이지만 음암의 상홍리산성이 주목된다.[125] 이 산성은 부장리 분구묘에서 북쪽으로 약 1km 정도 떨어져 축조되어 있다. 산성은 표고 70m의 구릉에 위치하며, 둘레는 약 500m 정도이다. 내부는 대부분 평탄지를 형성하고 있으며, 출토유물이 없어 축조시기를 파악할 수 없다. 그런데 성이 낮은 지대에 위치하고 있는 것으로 보아 군사적 목적으로 축조하였다고 보기 어려우며, 行政城으로서 기능하였을 가능성이 높다. 그렇다고 하면 이 성은 마한 소국의 치소 내지는 이 지역 수장층의 거점성이었을 가능성을 배제할 수 없다.

따라서 서산지역에서 백제시대 축조된 산성의 경우 치소로서의 기능이 주된 것이었으며, 그 외에 방어성으로서의 산성도 존재했을 것으로 추정된다. 그러나 이들 산성은 모두 발굴조사가 이루어지지 않아 축조 및 사용 시기를 분명하게 파악할 수 없다는 점에서 한계가 있다.

서산지역 백제유적을 거론함에 있어서 빼놓을 수 없는 것이 운산의 마애삼존불과 보원사지이다. 백제 불교미술의 정수를 보여주는 서산의 마애삼존불, 백제시대 창건된 것으로 추정되는 보원사지는 서산지역의 문화적 성격과 함께 위상을 보여주는 상징적인 유적이라고 할 수 있다. 다만 보원사지의 경우 발굴조사가 진행 중이어서 창건시기에 대한 문제가 남아 있지만 백제시대 조상이 확실한 마애삼존불, 그리고 6세기로 추정되는 금동불상의 출토[126]를 통해 볼 때 초창시기를 백제시대로 보아도 큰 문제는 없을 것으로 생각된다. 서산 마애삼존불은 '백제의 미소'로 불릴 정도로

---

123 이은우, 2001, 「주류성은 상왕산성이다」, 『서산의 문화』 13.
124 공주대학교 박물관, 2006, 『서산 상왕산 대성 정밀지표조사 보고서』.
125 충남발전연구원, 1998, 앞의 책.
126 김춘실, 2007, 「불상」, 『백제의 미술』, 백제문화사대계연구총서 14, 69~70쪽.

백제시대 불교
미술을 대표하
고 있다는 점에
서 이를 조성한
세력을 이해하
는데 귀중한 자
료라고 할 수
있지만 그 세력
의 성격에 대해
서는 잘 알려져
있지 않다. 대
개 서산마애삼
존불의 역사적
성격과 관련해
서는 이 지역이
중국과 교섭의
관문이며, 불교

서산 마애삼존불

문화의 유입처로 기능하였다는 점이 주목되었다. 서산 마애삼존불보다
조성시기가 앞서는 태안 백화산에 있는 마애삼존불의 존재는 이러한 견해
에 설득력을 더해 주고 있다. 특히 백제시대 불교유적의 경우 왕도를 포함
하여 익산지역을 제외하고는 거의 확인되지 않는다는 점에서 서산지역 불
교관련 유적은 매우 주목된다. 서산 마애삼존불의 조성세력을 중앙세력
과 관련시켜 이해하고자 하는 것도 바로 그러한 이유이기도 하다.

그렇지만 이들 불상의 조성 배경이나 조성세력에 대한 구체적인 설명
은 부족하다. 이제까지 마애불의 조성문제는 세련됨과 우수성으로 볼 때
왕도와의 관련성이 제기되고 있으며, 그 세력으로는 왕도와 연결된 재지

세력, 또는 왕실이나 중앙의 유력한 귀족세력[127] 등이 언급되어 왔다. 그러나 구체적인 자료의 제시는 한계가 있었던 것이 사실이다. 그런데 마애불이 위치하고 있는 운산면과 인접된 지역에 분포하고 있는 부장리고분군의 경우 재지세력의 무덤으로 내용상 유력한 귀족세력의 무덤으로 추정된다. 비록 이들 유적의 조성시기에 있어서 마애불은 7세기 초[128]이고, 부장리고분군은 5세기 중반이라는 점에서 시기적인 차이가 존재하지만 유력한 재지세력의 경우 한성기부터 형성된 재지적 기반이 백제시대 말기까지 지속된다는 점[129]에서 부장리고분군 피장자 집단과 마애삼존불 조성 집단간에 일정한 관련성이 있었을 것으로 추정된다.

이상에서 서산지역에서 조사된 유적과 유물의 특징을 살펴보았다. 이들 고고자료는 서산지역의 재지세력과 그 성격을 살펴보는데 있어서 많은 자료를 제공해 주고 있으며, 그 가운데서도 고분유적과 이들 유적에서 출토된 각종 유물은 재지세력의 정치적·사회적 성격을 파악할 수 있는 구체적인 정보를 담고 있다.

(2) 在地勢力의 性格

앞에서 검토한 바와 같이 서산지역에는 많은 유적이 확인되고 있으며, 이들 유적에서는 상당한 위상을 지닌 유물이 다수 출토되었다. 이들 유물은 피장자의 사회적 기능과 밀접한 관계를 가지고 있기 때문에[130] 피장자의 신분과 정치적 위상을 파악할 수 있다. 고이왕 27년 官制 및 服飾 정비[131]의 내용을 통해 보더라도 각 신분별 着裝品에 차이가 있었다는 사실을

---

127 노중국, 2004, 「백제의 대중교류」, 『서산지역의 백제문화』, 학술회의 요지문.
128 김춘실, 2004, 「백제 서산마애삼존불상」, 『서산지역의 백제문화』, 학술회의 요지문.
129 강종원, 2007, 「백제 대성귀족의 형성과 금강유역 재지세력」, 『백제와 금강』.
130 박보현, 1995, 「위세품으로 본 고신라사회의 구조」, 경북대 박사학위논문, 17~39쪽.
131 『三國史記』권24 고이왕 27년 및 권33 잡지2 색복조, 「二月 下令六品以上服紫 以銀花飾冠」.

알 수 있으며, 이러한 규정은 장례의식에서도 적용되었을 것이기 때문에 착장품과 부장유물은 신분에 따라 차이가 있었다. 또한 부장유물을 통해 피장자를 포함한 고분 조영세력의 사회·경제적 성격까지도 파악할 수 있다.[132]

그렇지만 토착세력의 경우 지역마다 다양한 성격을 지닌 세력이 존재하였으며, 이들 존재를 세부적으로 파악하기에는 한계가 있다. 또한 백제 전시기를 계기적으로 파악하기에도 한계가 있다. 따라서 재지세력의 문제는 한성기를 중심으로 살펴보고자 한다.

먼저, 한성기 서산지역 재지세력의 성격을 이해하는데 주목되는 유적은 土壙墓와 墳丘墓이다. 토광묘와 분구묘는 마한문화의 전통을 잇고 있는 재지세력의 무덤이기 때문이다. 또한 이들 분묘에서 출토된 유물은 피장자의 신분뿐만 아니라 조영세력의 정치적·사회적 위상도 파악할 수 있기 때문에 출토유물을 중심으로 재지세력의 성격을 이해할 수 있다.

먼저, 확인된 분묘유적 가운데 제일 이른 시기의 유적은 명지리토광묘로 대략 4세기경으로 추정되고 있다. 출토유물 가운데 특징적인 것은 환두대도인데, 일반적으로 환두대도는 각 지역의 재지세력 가운데 일정한 위상을 지닌 세력들에게 하사한 威勢品으로 판단되기 때문이다.[133] 이때 세력의 크기 또는 권위에 따라 다른 종류의 환두대도가 하사되었는데, 소문환두대도는 낮은 등급이라는 점에서 명지리토광묘 조영세력의 위상은

---

132 예를 들면, 청주 신봉동고분군의 조영집단이 군사적 성격이 강한 집단이었을 것으로 추정하는 점이 그것이다.
133 위신재를 하사한 목적은 지방의 수장층을 통제하기 위한 것으로 이해된다(이한상, 2004, 「삼국시대 환두대도의 제작과 소유방식」, 『한국고대사연구』 36). 다만 소문환두대도의 경우 중앙에서 지방세력에게 하사된 위세품인가에 대해서는 보다 면밀한 검토가 필요하지만 명지리고분군 부장유물 가운데 우위를 점하고 있다는 점에서 위세품으로 보고자 한다.

그다지 높지는 않았던 것으로 추정된다. 이 외에도 쇠스랑 · 철겸 · 철부 등 농경과 관련된 유물이 다수 출토되었는데, 분묘가 조성된 곳이 바다와 인접한 지역이지만 농경관련 출토유물로 볼 때 피장자 집단은 농경을 주된 생업으로 하지 않았나 추정된다. 그리고 환두대도가 중앙에서 하사된 것이라고 한다면 명지리고분군 조영세력은 이미 4세기 초기에 중앙과 일정한 정치적 관계가 형성되어 있었을 가능성을 배제할 수 없다.

서산지역에서 조사된 고분유적 가운데 최고의 위상을 보여주는 것은 부장리분구묘이다. 부장리분구묘는 봉분의 크기뿐만 아니라 출토유물에 있어서도 피장자가 당시 최고의 위상을 가진 인물임을 알 수 있다. 출토유물을 살펴보면, 4호분에서 환두대도, 5호분에서는 금동관모 · 철제초두 · 환두대도 등이 출토되었으며, 6호분에서는 금동신발과 환두대도, 7호분에서는 은상감환두대도, 8호분에서는 금동신발과 은상감환두대도 등이 출토되었다. 이 외에도 흑색마연토기와 중국제 도자기 등이 출토되었다. 특히 출토유물 가운데 금동관과 금동신발, 그리고 은상감 환두대도 등은 중앙에서 사여된 위세품 가운데 최고 수준이라는 점에서 중앙과 이들 세력과의 관계를 이해하는데 중요하다. 그리고 4호분에서는 삼족토기가 출토되었는데, 삼족토기는 백제의 특징적인 기종으로 중앙과의 교류를 보여주는 상징적인 유물이라고 할 수 있다. 따라서 부장리고분군 조영세력은 중앙과 정치적인 관계뿐만 아니라 생활문화에 이르기까지 비교적 광범위한 교류가 이루어진 사실을 알 수 있다. 또한 분구묘의 규모와 출토유물을 통해 볼 때 부장리분구묘 조영세력은 당시 서산지역에서 제일 유력한 재지세력이었으며, 중앙과 긴밀한 정치적 관계를 맺고 있었던 세력으로 볼 수 있다.

부장리분구묘와 비교되는 유적으로 기지리분구묘가 있다. 기지리분구묘에서 출토된 특징적인 유물은 다량의 철정과 동경, 그리고 흑색마연토기라고 할 수 있다. 특히 철정은 대부분의 분구묘에서 출토되고 있어 피장

서산 부장리 5호 분구묘 유물 출토 모습

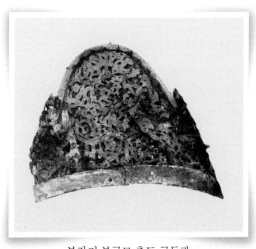

부장리 분구묘 출토 금동관

자집단의 성격을 파악하는데 있어서 유용한 자료이다. 이들 철정은 농공구와 관련된 것으로 추정되고 있지만[134] 원삼국시대에 철정은 화폐 대용으로 사용되었으며,[135] 백제의 경우에도 왜와 처음 교역관계를 맺는 과정에서 철정을 왜의 사신에게 하사한 사실[136]이 있다. 이와 같은 기록을 통해 볼 때 기지리분구묘 조영세력이 대외적인 교류를 활발하게 하였을 가능성도 추정해 볼 수 있으며, 동경 역시 대외교류라는 측면에서 이해할 수 있는 유물이라는 점에서 주목된다. 그렇지만 이와 같은 유물만으로는 이들 세력이 당시 백제 중앙과 직접적인 교류를 하였는가를 파악하기에는 한계가 있다. 왜냐하면 동경의 경우 倣製鏡으로 추정되고 있으며, 흑색마연토기의 경우에도 흑색마연계 토기로 倣製品으로 추정되고 있기 때문이다. 당시 백제는 중국과의 교류로 인해 중국제유물이 다수 백제로 유입되었는데, 비슷한 시기로 편년되는 부장리분구묘의 경우에는 중국제 도자기가 부장되고 있다. 따라서 倣製品이 매납되었다는 사실은 직접교류를 통한 입수라기보다는 모방해서 자체적으로 제작하였을 가능성이 있다고 볼 수 있다.

이들 고분유적을 통해 볼 때 서산지역은 이미 한성기에 중앙과 교류관계가 있었으며, 부장리분구묘 단계에 이르러서는 정치적으로 매우 밀접한 단계에까지 이르렀음을 알 수 있다.

비록 한성기 고고유적은 아니지만 서산지역 재지세력을 이해하는데 빼놓을 수 없는 것이 서산 마애삼존불과 보원사지이다. 마애삼존불과 보원사를 조영한 세력이 재지세력이라고 한다면 상당한 정치적 위상과 경제력을 가진 세력이었을 것이기 때문이다. 물론 마애불의 경우 기술적 수준

---

134 이남석, 2006, 앞의 글, 49쪽.
135 『三國志』한전 변진조, 「國出鐵 韓 · 濊 · 倭皆從取之 諸市買皆用鐵 如中國用錢」.
136 『日本書紀』권9 신공기 46년 3월조.

과 세련됨으로 보아 그것을 만든 기술자는 중앙에서 초빙되었을 것으로 생각된다. 그렇지만 施主者는 재지세력이었을 것이다. 서산 마애불의 위치는 부장리분구묘에서 대략 8km정도 떨어져 있다. 일반적으로 유력한 재지세력의 경우 세습적으로 그들의 신분과 지위를 계승하고 있다. 백제의 경우에도 4세기가 되면 귀족이 출현하게 되는데, 이들 귀족은 사회적·경제적·정치적으로 배타적 특권을 지니게 된다. 이때 중앙의 고위 官等과 官職은 유용한 수단이 된다. 부장리분구묘 조영세력의 경우에도 백제가 중앙집권적 귀족국가로 발전하는 과정에서 중앙과의 정치적 관계를 형성함으로써 고위 관등을 받았을 것이다. 분묘에서 출토되고 있는 위세품이 바로 그러한 사실을 물증으로 보여주고 있다. 그리고 웅진천도 이후 서산지역이 중앙의 직접적인 통치체제하에 편입되었더라도 부장리분구묘 조영세력은 그들의 신분을 유지하였을 것이며, 나아가 중앙으로부터 공식적으로 지위를 인정받았을 가능성이 매우 높다. 공주 수촌리고분군 조영세력을 통해서 볼 때 한성기에 형성되기 시작한 大姓貴族이 사비말기까지도 그들의 정치적 위상과 신분을 유지하였음이 확인된다. 따라서 서산의 마애삼존불과 보원사 조영세력을 부장리분구묘 조영세력과 연관지어 이해하는 것은 크게 무리하지 않다고 하겠다.

그리고 백제 한성기 서산지역 재지세력의 정치적·문화적 기반은 이 지역에 위치한 마한 小國에서 비롯되었을 것이다. 마한의 소국은 청동기문화의 전통을 계승하고 있는데,[137] 서산지역의 청동기문화는 일찍부터 그 존재가 알려졌으며, 특히 최근에 와서 다수의 유적이 확인되고 있다. 따라서 서산지역에서는 청동기문화를 바탕으로 여러 邑落들이 발전하였으며, 이를 토대로 마한의 소국이 형성되었을 것으로 생각된다. 이와 관련

---

137 이현혜, 1989, 앞의 책, 7~47쪽.

하여 익산 입점리고분군을 건마국 수장세력 가문과 관련시켜 이해하는 견해[138] 등은 참고된다. 서산지역의 경우에도 마한 小國으로 咨離牟盧國,[139] 또는 致利鞠國[140] 등이 지곡일대에 비정되고 있으며, 태안지역에는 臣蘇塗國이 비정된다. 이와 같은 견해를 따른다면 백제시대 서산지역의 유력한 재지세력의 존재도 마한 소국의 전통을 계승한 토착세력이었을 것으로 추정된다.

그런데 서산지역에 분포하고 있는 재지세력의 경우에도 그 사회적 위상이 각기 달랐을 것이다. 『三國志』한조에 보면, "國邑에는 수장이 있었지만 읍락이 잡거하여 서로 통제하지 못했다"라고 하여 각 소국 안에도 다양한 계층의 세력이 존재하였을 것이기 때문이다. 이 점은 비슷한 시기에 조영된 분묘유적인 기지리분구묘 조영세력과 부장리 분구묘 조영세력 간의 位相의 차이를 이해할 수 있는 부분이라고 하겠다.

3) 百濟의 서산지역 進出과 在地勢力

백제가 언제 서산지역에 진출했는가를 알 수 있는 기록은 확인되지 않는다. 따라서 문헌자료를 통해 그 실상을 이해하는데 어려움이 있다. 다만 백제의 마한 소국 병합기록과 남부 마한지역으로의 진출과정을 통해 그 전모를 이해할 수 있을 뿐이다. 따라서 서산지역의 백제 편제과정은 마한의 소멸과정과 그 흐름을 같이 한다고 하겠다. 백제는 마한 54국을 병합하

---

138 노중국, 2001, 「익산지역 정치체의 사적전개와 백제사상의 익산세력」, 『마한 · 백제문화』15, 27~32쪽.
139 천관우, 1989, 『고조선사 · 삼한사연구』, 422쪽.
140 이병도, 1976, 『한국고대사연구』.

면서 중앙집권적 고대국가를 성립시켰기 때문이다.

다음은 백제가 마한지역에 대한 복속 내지는 병합과정을 살펴볼 수 있는 사료이다.

A-1. 겨울 10월 왕이 군사를 출동시키면서 거짓 사냥을 하러 간다고 말하고 몰래 마한을 습격하여 국토를 병합하였는데, 다만 원산과 금현 두 성만은 굳게 지키고 항복하지 않았다.(『三國史記』권23 온조왕 26년)
   2. 4월 원산과 금현 두 성이 항복하므로 그 곳 백성들을 한산 북쪽으로 옮기니 마한은 마침내 멸망하였다. 7월에 대두산성을 쌓았다.(위의 책, 권23 온조왕 27년)
   3. 10월에 마한의 옛 장수인 주근이 우곡성에 웅거하여 반란을 일으켰다. 왕이 군사 5천을 거느리고 가서 치니 주근이 스스로 목매었다. 그 시체의 허리를 베고 그의 처자도 목베었다.(위의 책, 권23 온조왕 34년)
   4. 7월에 탕정성을 쌓고 대두성의 민호를 나누어 옮겨 살게 하였다. 8월에 원산과 금현의 2성을 수리하고 고사부리성을 쌓았다.(위의 책, 권23 온조왕 36년)

위의 사료를 통해 백제가 마한을 복속해 가는 과정을 어느 정도 파악해 볼 수 있다. 백제는 마한의 승인 하에 한강유역에 정착하였으며, 초기에는 마한의 정치적 영향력 하에 놓여있었다.[141] 그러나 온조왕 24년 안성천으로 비정되는 웅천에 목책을 세워 남부지역에 대한 경계를 강화하고자 하였다. 백제의 이러한 조치에 대해 마한왕이 책망한 것으로 보아 당시 熊川은 마한과 경계지역에 위치하였던 것으로 보이며, 백제가 결국 포기는 하였지만 마한을 병합하려는 의도를 갖게 되었다. 이후 머지않아 백제는 僞詭를 써서 마한을 병합하였으며, 단지 원산과 금현 2성만이 끝까지 저항하였으나 이듬해 결국 항복함으로써 마한에 대한 복속은 6개월만에 완료하였다.

---

141 『三國史記』권23 온조왕 8 · 10년조.

그런데 내용을 살펴보면, 온조왕대 마한 통합이 일단락 이루어진 것으로 기록되어 있다. 그러나 건국초기 마한의 정치적 영향력 하에 있었던 백제가 불과 수 년 만에 마한을 복속시켰다고 보는 것은 무리이다. 또한 『三國志』한전에는 3세기 중엽까지 마한의 존재가 보이고 있기도 하다. 이와 같은 모순을 해결하기 위해 온조왕대의 마한 통합 관련 기록의 시기를 조정해서 이해하는 견해가 일반적이다. 다만 이 경우에 있어서도 다양한 견해가 제기되고 있다. 이들 대부분의 견해는 연대를 내려 보고 있는데, 대체적으로 고이왕대로 보는 견해[142]와 근초고왕대로 보는 견해[143] 등이 있는데, 고이왕대로 보는 것이 타당하다고 생각된다. 그렇다고 한다면 고이왕대 탕정성으로 비정되는 아산지역에 대한 진출사실은 분명하다고 하겠으며, 이 경우 목지국이 마한의 맹주국이었다는 점에서 그 파동이 서산지역에도 미쳤을 것으로 생각된다. 특히 서산지역은 서해를 따라 보다 쉽게 접근할 수 있는 해상교통의 요지라는 점에서 그 가능성은 높다고 하겠다.

이와 관련하여 서해안 일대에서 조사된 고고자료가 참고된다. 홍성 결성의 신금성에서는 4세기 중엽에 해당되는 백제토기를 비롯해 중국제 전문토기편 등이 출토되었으며,[144] 비류왕대 김제에 벽골지를 축조한 사실[145]이 확인되고 있는 것이다.

이와 같은 내용이 사실이라고 한다면 서산지역은 4세기에는 이미 중앙의 정치적 영향력이 미치고 있었던 것으로 이해할 수 있다. 기록을 통해 이러한 사실을 확인할 수는 없지만 명지리고분군에서 출토된 환두대도 등이 그와 같은 정황을 반증하는 유물이 아닌가 한다. 특히 백제는 당시 거

---

142 이병도, 1987, 앞의 책, 481쪽.
143 이기동, 1990, 「백제국의 성장과 마한의 병합」, 『백제논총』 2, 56쪽.
144 이강승 외, 1994, 『신금성』, 충남대박물관.
145 윤무병, 1976, 「김제 벽골제 발굴보고」, 『백제연구』 7.

점 중심의 지배체제[146)를 유지하였는데, 서산지역에서 확인되고 있는 위세품을 부장하고 있는 유적의 경우 중앙과 정치적 관계를 맺었던 거점세력이었을 가능성이 높다.

그런데 남부지역에 남아있던 마한세력이 백제에 편제되고, 이들 재지세력들이 중앙의 관등에 편제되거나 관직에 진출함으로써 보다 긴밀한 정치적 관계가 형성되는 것은 근초고왕대였던 것으로 추정된다. 근초고왕대 백제의 남부지역 진출에 대한 사실은 『日本書紀』신공기 49년조의 내용[147)을 통해 확인된다. 이 내용은 근초고왕 24년(369)의 사실을 기록한 것으로 이해되고 있는데, 이를 통해 볼 경우 근초고왕대 남부 마한지역이 백제의 지배체제에 편제되었음을 알 수 있다. 다만 이들 지역이 모두 백제의 직접 지배체제에 편제되지는 않았던 것으로 이해된다. 영산강 유역에 남아있는 대형옹관묘를 통해 볼 때 재지세력의 존재와 재지문화가 여전히 남아있었음을 알 수 있기 때문이다. 그러나 근초고왕대 이미 이들 지역이 백제에 정치적으로 편제되었을 것이라는 점은 동성왕 20년(498) 耽羅國을 정벌하기 위해 武珍州까지 진출하고 있는 사실을 통해서도 추정해 볼 수 있다. 탐라국과 관련해서는 다음의 기록이 주목된다.

C-1. 여름 4월에 탐라국이 방물을 바치니 왕이 기뻐하여 사자를 배하여 은솔로 삼았다.(『三國史記』권26 문주왕 2년)
   2. 8월 왕은 탐라가 貢賦를 바치지 않으므로 친정하여 무진주에까지 이르렀다. 탐라가 이를 듣고 사신을 보내어 죄를 청하므로 그만두었다.(위의 책, 동성왕 20년)

탐라는 문주왕 2년 백제에 臣屬해 왔는데, 이는 아마도 백제가 웅진으

---

146 성정용, 1994, 「홍성 신금성지 출토 백제토기에 대한 고찰」, 『한국상고사학보』15.
147 『日本書紀』권9 신공기 49년 3월.

로 천도함에 따라 자국에 미칠 영향을 고려하여 미리 신속했던 것으로 보인다. 백제의 입장에서는 고구려의 남진에 밀려 부득이 남천함으로써 정치적으로 어려운 상황에서 이러한 탐라의 신속은 크게 고무적인 사건이었을 것이다. 그로 인해 사자에게 은솔의 관등을 주었는데, 탐라국주에게는 이보다 높은 관등이 제수되었을 것이다. 비록 후대의 기록이지만 탐라국주가 좌평의 관등을 칭한 사례가 보이고 있기 때문이다.[148] 물론 전남지역의 복속이 5세기 이후, 그것도 웅진천도 이후에 이루어진 것으로 보는 견해도 있다. 그렇지만 만일 전남지역이 백제의 영향력 하에 있지 않고 독립적인 위치에 있었다고 한다면 굳이 탐라국이 백제가 웅진으로 천도하자마자 곧바로 신속해 오지는 않았을 것이다. 이는 전남지역에 대한 복속이 이루어진 후에야 그들에게 직접 위협이 될 것이기 때문이다. 또한 동성왕 20년 탐라가 공부를 바치지 않자 이를 응징하기 위해 직접 무진주까지 행차하고 있는데, 이는 무진주가 당시 이미 백제의 강역에 포함되어 있었음을 의미한다. 설령 백제의 강역에 포함되지 않았거나 또는 직접적인 통치를 받지는 않았을지라도 백제의 정치적 영향력이 실제 미치고 있었기 때문에 가능하였던 것이다.[149] 그리고 이 지역이 백제의 영향력 하에 놓이게 되는 시점은 근초고왕대의 남진사실에서 찾을 수 있다. 이는 근초고왕·근구수왕대 이후부터는 고구려의 남진으로 백제가 계속 수세에 처하고 있었으며, 고구려의 남진을 막아내는 데에 급급하였기 때문에 백제 남부 지역에 대한 새로운 영역적 복속은 사실상 불가능하였을 것이기 때문이다. 따라서 이들 지역은 근초고왕이 남해안 지역까지 진출한 이후 자연스럽게 백제의 정치적 영향력 하에 놓여 있었던 것으로 보아야 한다.

그리고 근초고왕이 남부 마한세력을 병합하는 과정에 지방의 재지세

---

148 『三國史記』권7 문무왕 2년조.
149 김영심, 1997, 「백제 지방통치체제 연구」, 서울대대학원 박사학위논문, 61~63쪽.

력들이 참여한 것으로 파악되는데, 사씨와 목씨세력이 그들이다. 사씨의 재지기반은 세부적인 지역에 있어서는 차이가 있지만 금강유역 세력으로 이해되고 있으며, 목씨세력의 재지기반은 청주·천안·공주 등지에 비정되고 있다.[150] 백제의 영향력 확대과정에서 각 지역의 재지세력들은 중앙과의 관계를 통해 자신들의 정치적 위상을 확보하고자 했던 것으로 이해된다.

앞에서 검토한 내용을 통해 본다면 서산지역은 이미 3세기 중반 고이왕대를 전후하여 백제의 정치적 영향력이 미쳤을 가능성이 있으며, 4세기 초의 비류왕대에는 이미 영역으로 편제되었던 것으로 파악된다.

그러면 한성기 서산지역은 백제의 진출과정에서 어떠한 위치에 있었으며, 재지세력과의 관계는 어떻게 설정되고 있었는지 살펴보기로 한다.

백제는 마한의 여러 小國들을 병합하는 과정에서 소국의 지배층을 형성하고 있었던 계층들을 다양한 방식으로 중앙에 편제시켰는데, 그 과정에서 각 지역의 재지세력들은 중앙의 귀족으로 전환되거나 또는 지방세력화의 길을 걸었을 것으로 추정된다. 탐라국이 신속해 왔을 때 사신에게 은솔, 그리고 탐라국주에게 좌평의 관등을 주어 중앙의 관제에 편제시킨 사실은 이를 상징적으로 보여준다고 하겠다. 그 결과 중앙과 지방에는 다양한 성격의 귀족세력이 다수 존재하였다.[151] 서산지역 재지세력도 백제에 의한 마한 병합의 정치적 파동 속에서 자신들의 위상을 확보하기 위한 노력을 기울였을 것이며, 그 과정 속에서 다양한 위상을 지닌 재지세력이 나타났을 것이다. 또한 재지세력간에도 중앙과의 정치적 긴밀도에 따라 신분상의 변동이 있었을 것이다. 근초고왕대 군사적 활동에 참여한 사씨세

---

150 강종원, 2007, 앞의 글, 156~165쪽.
151 강종원, 2005, 「한성기 백제의 지방세력」, 『한성백제 사료연구』, 기전문화재연구원.

력과 목씨세력 등의 경우 大姓貴族으로 성장한 사례가 확인되고 있는 것이다. 이는 고고학적인 양상을 통해서도 확인되며,[152] 중앙에서 지방사회를 통제해 가는 과정에서 선택적으로 재지세력과 결탁하여 진행되었을 것이라는 점[153]도 그러한 사실을 방증한다.

우선 서산지역 재지세력의 정치적 위상을 알 수 있는 것으로 부장리유적이 주목된다. 부장리유적에서 출토된 금동관 및 금동식리, 환두대도, 중국제 도자기 등은 중앙으로부터 유입되었을 가능성이 높은데,[154] 이는 당시 피장자가 중앙과 긴밀한 정치적 관계를 맺고 있었음을 보여준다. 물론 위세품의 존재를 통해 중앙과의 관계를 설정하는 것에 대해 이론이 없는 것은 아니다. 고흥 길두리의 안동고분에서 금동관을 비롯해 금동신발, 환두도 등이 출토되었는데, 피장자는 당시 그 지역의 수장층이었을 것으로 추정된다. 그렇지만 그 지역이 백제의 직접적인 영향력 하에 놓여있었을 가능성을 배제하면서, 수장층을 독자성을 지닌 정치체로 이해하는 것이다.[155] 그러나 위세품을 부장하고 있는 원주 법천리고분군, 천안 용원리고분군, 공주 수촌리고분군, 익산 입점리고분군 등을 통해 볼 때 이들 고분군 조영세력을 백제와 무관한 정치세력으로 보는 것은 곤란하다.[156] 다만 고분군의 규모가 비교되지는 않지만 출토유물의 성격에 있어서 비슷한 시기 가야지역의 수장층 분묘와 비교될 수 있다는 점에서 상당한 정치적 위상과 배타적 권력을 소유하고 있었던 것은 분명하다.

---

152 박순발, 1997, 「한성백제의 중앙과 지방」, 『백제의 중앙과 지방』, 충남대 백제연구소.
  김기범, 2005, 「한성시기 백제 횡혈식석실분의 수용」, 『백제연구』 40.
153 이남석, 2002, 『백제의 고분문화』, 337~340쪽.
154 吉井秀夫, 1997, 「횡혈식석실분으로 본 백제의 중앙과 지방」, 『백제의 중앙과 지방』, 189쪽.
155 임영진, 2006, 「고흥 길두리 안동고분 출토 금동관의 의의」, 『충청학과 충청문화』 5-2, 41~46쪽.
156 이들 위세품이 부장되는 양상은 백제 지배체제의 새로운 변화로 이해되고 있기도 하다 (성정용, 2000, 「중서부 마한지역의 백제영역화과정연구」, 서울대 박사학위논문, 143쪽).

그런데 한성기 중앙과 지방과의 관계를 파악하기 위해서는 당시 지방
통치체제에 대한 이해가 필요하다. 한성기 백제의 지방통치방식에 대해
서는 다양한 견해가 제시되었지만 部城體制로 이해하는데 무리는 없어 보
인다.[157] 백제는 영역을 인위적 영역분할인 部와 지방 통치거점으로써의
기능을 가진 城으로 편제하여 지방지배를 실현해 나갔던 것이다. 다만 이
와 같은 지배방식은 시기와 지역에 따라 다소 차이는 있었다. 백제는 4세
기 중반 근초고왕대를 거치면서 중앙집권적인 국가체제를 성립시켰는데,
영역은 전라남도 일대까지 확대되었다. 그렇지만 이들 지역에 대한 지배
방식이 논란이 되고 있으며, 직접지배와 간접지배의 형태로 이루어진 것
으로 파악된다. 즉, 노령산맥 이북의 지역은 직접지배가 이루어진 반면,
노령산맥 이남의 영산강 유역이나 남해안 일대는 간접지배 방식이 취해졌
다고 보는 것이다.[158] 고고학적인 측면에서는 한성기 백제의 직접지배 영
역을 금강 이북으로 한정하여 보는 견해도 있지만 이는 직접지배의 방식
에 있어서도 차이가 있었음을 보여준다고 하겠다. 또한 위세품을 부장한
피장자의 신분을 王·侯號라는 爵號制와의 관련 속에서 檐魯制와 연계시
켜 이해하기도 한다. 다만 실시시기를 근초고왕대로 보기도 하는데[159] 기
록상에서 王·侯號가 보이는 것은 개로왕대[160]와 동성왕대[161]이다.[162]
그리고 담로제가 일반화된 것은 무령왕대를 전후한 웅진기로 이해되고 있
지만,[163] 위세품은 4세기 말에서 5세기 중반에 해당되는 유적에서 확인되

---

157 강종원, 2006, 「백제 한성기 지방통치제도와 그 성격」, 『서산문화춘추』2.
158 강종원, 2002, 『4세기 백제사 연구』, 236~255쪽.
159 노중국, 2001, 「익산지역 정치체의 사적 전개와 백제사상의 익산세력」, 『마한·백제문
    화』15, 29~32쪽.
160 『宋書』권97 열전57 백제조 및 『魏書』권100 열전88 백제조.
161 『南齊書』권58 열전39 백제조.
162 양기석, 1984, 「5세기 백제의 왕·후·태수제에 대하여」, 『사학연구』38.
163 『梁書』동이전 백제조 및 『梁職貢圖』백제국사조.

고 있을 뿐이다. 따라서 담로제와 위세품 출토고분의 조영세력을 직접적으로 관련시켜 이해하기에는 어려움이 있다.

그러면 최고수준의 위세품을 부장하고 있는 부장리분구묘 조영세력은 중앙과 어떤 관계에 있었을까? 앞에서 검토한 바와 같이 최고 수준의 위세품이 출토되고 있는 지역의 재지세력은 중앙과 긴밀한 정치적 관계를 형성한 세력이었음을 알 수 있다. 이들 가운데는 중앙의 지배체제에 편제되어 고위 관등과 관직을 부여받은 세력이거나 또는 군사력을 바탕으로 일정한 공헌을 한 세력이었다. 특히 위세품이 출토되는 분묘의 경우 대부분 마구류가 출토되고 있기 때문에 군사적 성격을 이해할 수 있고, 수촌리유적의 경우 선진적인 기마구인 호등의 존재 등으로 보아 이들 세력이 매우 우수한 군사적 기반을 지니고 있었음을 추정할 수 있다. 그런데 부장리분구묘에서는 마구류가 전혀 확인되고 있지 않다. 물론 마구류의 출토가 기마습속이나 군사적 우세를 평가하는 절대적인 기준이 될 수는 없지만, 위세품이 출토되는 다른 고분 피장자와는 성격에 차이가 있었을 가능성을 배제할 수는 없다. 따라서 이와 같은 특징을 토대로 부장리세력을 이해할 경우 군사적으로 중앙에 기여하였을 가능성은 낮다고 생각된다.

그런데 위세품이 출토되는 지역의 특징 가운데 하나는 한성에서 대외진출에 중요한 거점지역이라는 점이다. 이와 관련시켜 볼 때 서산지역이 서해안을 따라 남하하는데 있어서 중요한 해상교통로상에 위치하고 있다는 점이 주목된다. 물론 3~4세기경 백제가 남부지역으로 진출하는데 있어서도 중요한 거점이었을 것이지만 당시는 거점지배의 형태를 취하였기 때문에 경유지로써의 성격을 지니고 있었을 것이다. 그런데 4세기 말에서 5세기에 오면 정치적 상황이 급변하게 된다. 백제는 근초고왕대 이후 4세기 말이 되면 고구려의 남진으로 한강 이북지역에 대한 지배력을 상실하게 된다. 그 결과 한강 이남지역에 대한 직접지배의 중요성이 증가하게 되는데, 이 과정에서 백제는 기존의 據點 지배방식에서 面的 지배방식으로 전환하게 되었을 것이다. 그로 인해 각 지방의 유력한 재지세력과 보다 긴밀한 정치적 관계가 형성되었을 것이다. 이 과정에서 인적·물적교류가 급격하게 이루어짐으로써 중앙의 정치적 영향력뿐만 아니라 문화적 영향까지 미치게 되었을 것으로 이해된다. 명지리토광묘 단계가 거점 지배 단계라고 한다면, 부장리분구묘 단계는 백제의 면적 지배 단계로 볼 수 있겠다.

서산지역 재지세력과 중앙과의 관계는 웅진천도로 인해 급격한 변화를 초래하였을 것이다. 백제는 웅진천도 이후 한강유역의 상실로 對中交通路를 고구려에 의해 저지당함으로써 상대적으로 서산지역을 중심으로 한 서해안 교통로의 중요성이 증대되었을 것이기 때문이다. 그 결과 웅진기에 오면 재지적 성격의 분구묘가 석실분 계통의 묘제로 변화하고, 토기를 비롯한 부장유물에 있어서도 백제적인 요소가 빠르게 유입되고 있는 것으로 볼 수 있다. 그렇지만 서산지역의 유력한 재지세력의 경우 그 기반이 해체되지 않고 그대로 계승되었을 것으로 생각된다. 백제 大姓貴族의 경우에도 그 정치적 기반이 한성기에 형성되어 사비기까지 유지되고 있기 때문이다. 다만 중앙과의 정치적 관계에 의해 세력의 부침과 중요거점의 이동은 있었을 것이지만 기반 자체가 해체되지는 않았을 것이다. 이 점은 부장리 분구묘 조영세력이 운산의 마애삼존불을 조영한 세력과 계기성을 가지고 있을 가능성을 의미하는 것이기도 하다.

4) 맺음말

백제시대 서산지역은 해상교통로로의 지리적 중요성으로 인해 일찍부터 중앙의 지배체제에 편제되었을 것으로 이해된다. 그렇지만 문헌자료의 부족으로 그 실상을 파악하는데 한계가 있다. 반면에 백제시대 고고자료가 다수 남아 있기 때문에 유적·유물을 통해 백제시대 서산지역의 성격을 어느 정도는 이해할 수 있다. 현재까지 서산지역에서 확인된 백제시대 고고유적의 유형을 살펴보면, 고분유적 · 산성 · 주거지 · 불교유적 등이며, 이외에 성격을 분명하게 파악할 수 없는 유물산포지 등이 있다. 그렇지만 이들 유적 가운데 고분을 제외하고는 그 시기나 성격이 불분명하여 자료로 이용하는데 한계가 있다. 따라서 고분자료를 중심으로 한성기 서산지역의 재지세력과 중앙의 관계를 살펴보았다.

한성기 서산지역 재지세력의 존재를 살펴볼 수 있는 유적으로는 명암리고분군을 비롯해 부장리분구묘, 기지리분구묘, 여미리백제고분군, 그리고 비록 후대의 자료이지만 서산 마애삼존불과 보원사지 등이 있다. 이들 유적과 출토유물을 통해 볼 때 조영세력은 당시 일정한 위상을 지닌 세력이었으며, 중앙과도 직 · 간접적인 정치적 관계를 형성하고 있었음을 알 수 있다.

그리고 백제 한성기에 서산지역에 중앙의 정치적 영향력이 확대되는 시기는 크게 3단계로 이해할 수 있다. 1단계는 3세기 고이왕대로 마한의 맹주국인 目支國이 백제에 병합되는 시기로 볼 수 있으며, 이때 서산지역에는 중앙의 정치적 영향력이 미치게 되었을 것으로 추정된다. 2단계는 홍성 신금성유적과 김제 벽골지의 축조 등을 통해 추정할 수 있는데, 이 시기는 백제의 영역으로 편제되었을 것이다. 다만 명암리고분에서 출토된 유물을 통해 볼 때 거점을 중심으로 한 간접지배의 단계로 정치적으로 밀접한 관계가 형성되어 있지는 않았던 것으로 추정된다. 3단계는 부장리분구묘 단계로 중앙의 정치적 영향력이 직접 미쳤던 시기라고 하겠다. 이 단계는 부장리분구묘 조영세력과 같은 유력한 재지세력이 중앙의 관등과 관직 등을 부여받고, 지방관적인 역할을 부여받을 정도로 정치적으로 매우 밀접한 관계를 형성함으로써 서산지역에 대한 중앙의 직접지배가 실현된 단계라고 할 수 있다.

이와 같은 정치적 영향력은 웅진천도를 계기로 문화적인 측면까지 확대되고 있는데, 여미리백제고분군을 통해 그 사실을 확인할 수 있다. 그리고 서산 마애삼존불을 통해 중앙과의 정치ㆍ문화적 관계가 사비기까지 지속되었음을 확인할 수 있다.

IV.
귀족세력의
형성과 재지기반

1. 百濟 大姓貴族의 形成과 금강유역 在地勢力

1) 머리말

백제사를 이해하기 위해서는 '大姓八族'으로 불리는 유력한 貴族의 존재와 그들의 활동상을 보다 구체적으로 파악하는 것이 매우 중요하다. 이들 大姓貴族들 가운데 일부는 백제초기부터 중앙의 정치무대에서 중요한 위치를 점하고 있으며, 그들의 활동은 두드러진 것이었다. 이들은 백제에서 사회적·정치적으로 영향력을 가진 유력귀족이었는데, 『隋書』에는 大姓八族으로 「沙氏·燕氏·劦氏·解氏·眞氏·國氏·木氏·苩氏」 등을 기록하고 있다. 이들 대성귀족은 시기적으로 浮沈은 있었지만 대부분 한성기부터 등장하여 사비기까지 사회적 지위와 정치적 영향력을 유지해 갔다. 그들이 배타적인 지위를 유지할 수 있었던 중요한 배경은 전통적 재지기반에 토대를 둔 경제력과 군사력에 있으며, 중앙집권적 지배체제가 성립된 이후에는 중앙의 고위 관등과 관직을 세습적으로 획득할 수 있었기 때문이었다. 그 결과 유력한 귀족세력들이 세거했던 각 지역에는 정치적 · 사회적 위상을 반영하고 있는 고고학적 물질자료들이 확인되고 있으며, 이를 토대로 재지세력에 대한 연구[1]가 진행되고 있기도 하다.

이제까지 大姓貴族에 대해서는 많은 관심이 있어 왔다.[2] 특히 王妃族에 대한 연구과정에서 진씨와 해씨에 대한 어느 정도의 이해를 갖게 되었으며,[3] 천도에 따른 지배세력의 변천문제와 함께 왕권과 대성귀족과의 정치적 역학관계 등에 관한 연구,[4] 그리고 목씨와 백씨 · 연씨 · 사씨 등의 개별 성씨에 대한 연구도 진행되었다.[5]

다만 大姓八族의 문제를 백제 정치환경의 변화과정 속에서 전체적이고, 계기적으로 다루고 있지는 않은 것 같다. 또한 이들 대성귀족의 구체적인 재지기반과 성립문제 등을 구명하려는 노력이 미흡한 것도 사실이다. 본고에서는 진씨와 해씨를 중심으로 한성기 大姓貴族의 출현과 성립문제를 살펴보고, 이를 바탕으로 웅진천도 이후 금강유역을 재지기반으로 하고 있는 재지세력들의 대성귀족화 과정을 활동상을 중심으로 구체적으로 검토하고자 한다. 아울러 금강유역 재지세력의 중앙 편제과정 및 성격

---

1 양기석 외, 2005, 『백제 지방세력의 존재양태 -청주 신봉동유적을 중심으로-』, 한국학중앙연구원.
2 유인춘, 1984, 「백제성씨고」, 『한국학논총』5.
   이홍직, 1987, 「백제인명고」, 『한국고대사의 연구』.
   노중국, 1978, 「백제왕실의 남천과 지배세력의 변천」, 『한국사론』4, 101~105쪽.
   이기백, 1978, 「웅진시대 백제의 귀족세력」, 『백제연구』9.
3 이기백, 1959, 「백제 왕위계승고」, 『역사학보』11.
   강종원, 1997, 「백제 한성시대 정치세력의 존재양태」, 『충남사학』9.
4 양기석, 1980, 「웅진시대의 백제 지배층 연구」, 『사학지』14.
   김주성, 1988, 「의자왕대 정치세력의 동향과 백제멸망」, 『백제연구』19.
5 노중국, 1994, 「백제의 귀족가문 연구」, 『대구사학』48.
   김수태, 2004, 「백제의 천도」, 『한국고대사연구』36.
   강종원, 2005, 「수촌리 백제고분군 조영세력 검토」, 『백제연구』42.
   문동석, 2007, 『백제 지배세력 연구』.

등을 살펴보기로 하겠다.

2) 漢城期 大姓貴族의 形成

고대사회에서 정치는 왕을 중심으로 고위 관등 및 관직을 차지한 귀족
세력에 의해 운영되었다. 백제의 경우 귀족세력은 시대적 변천과 정치적
상황에 따라 권력의 浮沈을 거듭하였지만 그 귀족적 기반은 큰 변화없이
유지되었던 것으로 이해된다. 그 존재가 바로 大姓八族이다. 大姓八族으
로는 『通典』을 비롯해 『隋書』 등에 「沙氏 · 燕氏 · 劦氏 · 解氏 · 眞氏 · 國
氏 · 木氏 · 苩氏」의 성씨가 기록되었다. 이들 대성8족에 대한 기록은 사
비기의 사실을 보여주는 것이지만 일반적으로 大姓貴族은 한성기에 기본
틀이 마련되어 궁극적으로는 관산성의 패전을 계기로 재편제되어 성립된
것으로 이해되고 있다.[6] 물론 이들 대성귀족이 처음부터 정제된 상태로
성립된 것이 아니라는 점은 다수의 복성을 칭하고 있는 인물들을 통해 확
인된다.[7]

대성팔족에 포함된 귀족세력들은 한성 초기부터 보이는데, 『三國史
記』 백제본기를 비롯해 『日本書紀』 등에 그 활동상이 기록되고 있다. 그런
데 각종 기록을 보면 이들 이외에도 많은 異姓의 정치세력들의 활약하고
있으며, 시기에 따라 浮沈을 거듭하고 있다. 특히 백제는 마한 54국이라고
하는 많은 小國들을 통합하여 성장 · 발전한 국가이다. 이들 소국의 지배
층을 형성하고 있었던 계층들은 다양한 방식으로 중앙과 정치적 관계를

---

6 노중국, 1994, 앞의 글, 1쪽.
7 노중국, 1994, 앞의 글, 3~6쪽. 沙氏는 沙吒(宅)氏, 木氏는 木劦氏, 眞氏는 眞慕氏 또는 眞牟
  氏 등에서 出自한 것으로 이해하는 것 등이 그것이다.

형성하면서 중앙의 귀족으로 전환하거나 또는 지방세력화의 길을 걸었을 것으로 추정된다. 그 결과 중앙과 지방에는 다양한 성격의 귀족세력이 다수 존재하였다. 이와 같이 수많은 다양한 귀족세력의 존재에도 불구하고 궁극적으로 大姓 8族이 성립될 수 있었던 것은 그들 세력이 지닌 정치적 위치와 함께 경제적·군사적 요소 등 재지기반이 중요하게 작용하였을 것이다.

다만 이들 세력이 모두 백제의 토착세력인가는 분명하지 않다. 왜냐하면 『隋書』백제전에 보면,「其人雜有新羅高麗倭等 亦有中國人」[8]이라는 기록이 있는 점이나 해씨가 원래 부여인이었다고 한 점[9] 등으로 볼 때 백제의 국가형성 및 중앙집권화 과정에서 관직이나 관등을 통해 중앙귀족으로 성장한 세력이 있었기 때문이다. 또한 대성팔족에는 포함되지 않지만 고이왕 28년 위사좌평에 임명되는 고수의 존재[10]나 근초고왕대 『書記』를 편찬한 박사 고흥, 그리고 왜와 중국 등과의 외교관계에서 활동하고 있는 인물 가운데 다수가 중국계로 추정되고 있기도 하다.

그렇지만 대성팔족에 포함된 귀족세력의 경우 그 활동상이 다른 성씨의 인물들에 비해 비교적 구체적이고 지속적으로 나타나고 있다는 점에서 특별한 존재였음은 분명하다. 이들 가운데 한성기에 보이는 성씨는 解氏·眞氏·木氏·沙氏 등인데, 한성기의 대성귀족을 이해하는데 있어서 주목되는 것은 진씨와 해씨이다. 따라서 이들을 중심으로 한성기 대성귀족의 형성과정과 그 성격을 파악해 보기로 하겠다.

사료를 통해 제일 먼저 확인되는 인물은 北部의 解婁이다. 해루는 王族 이외에 중앙의 관직에 제일 먼저 등용되는데, 온조왕 41년 우보에 임명

---

8 『隋書』권81 백제전.
9 『三國史記』권23 온조왕 41년,「拜北部解婁爲右輔 解婁本扶餘人也」.
10 『三國史記』권24 고이왕 28년조.

되고 있다. 이는 해루가 본래 扶餘人이었다는 사실[11]로 보아 백제 건국세력과 같은 扶餘族 출신으로서 온조가 백제를 건국할 당시 함께 건국과정에 참여하였기 때문으로 생각된다. 또한 본래 부여인이었다고 한 점으로 볼 때 북부의 토착세력이 아니라 부여지역으로부터 이주해 와서 북부에 정착한 세력이었던 것으로 파악된다.[12] 그런데 다루왕 7년 해루 사망이후 중앙에서 해씨의 활동이 보이지 않다가 비류왕 9년에 해구라는 인물이 군사권을 관장하는 직인 병관좌평에 임명되고 있다.[13] 비류왕은 민간에서 오래 활동하다가 臣民의 추대에 의해 왕위에 오른 인물인데,[14] 해씨의 등장은 비류왕의 왕위계승과 밀접한 관련이 있을 것으로 이해된다. 이후 해씨는 전지왕의 즉위과정에서 일어난 왕권쟁탈과정에서 공을 세워 결국 王妃族이 된다. 다음 사료는 해씨가 왕비족으로 등장하는 과정을 보여준다.

A-1. 국경에 이르자 漢城人 解忠이 와서 고하였다. "대왕께서 돌아가시자 왕의 동생 설례가 형을 죽이고 스스로 왕이 되었습니다. 원컨대 태자께서는 경솔히 들어가지 마십시오." (『三國史記』권25 전지왕 원년)

2. 가을 9월에 解忠을 달솔에 임명하고 한성의 조 1천석을 하사하였다.(위의 책, 전지왕 2년)

3. 봄 2월에 이복동생 餘信을 내신좌평으로 삼고, 解須를 내법좌평으로 삼고, 解丘를 병관좌평으로 삼았는데, 모두 왕의 친척이다.(위의 책, 전지왕 3년)

4. 겨울 10월에 상좌평 餘信이 죽었다. 解須를 상좌평에 임명하였다.(위의 책, 비유왕 3년)

사료 A-1을 보면, 해충의 경우 한성인으로 기록되고 있다. 해씨는 원래

---

11 『三國史記』권23 온조왕 41년조.
12 강종원, 1997, 앞의 글, 18쪽.
13 『三國史記』권25 비류왕 9년조.
14 『三國史記』권25 비류왕 즉위년조.

부여계 출신으로 北部를 관칭하였는데, 부여로부터 이주해 올 당시 북부에 정착하였기 때문일 것이다. 그런데 해충의 경우 한성인으로 기록된 것으로 보아 언제인가 그 재지기반을 다시 한성으로 옮겼던 것으로 추정된다. 해씨가 한성에 정착한 시기에 관해서는 분명하게 알 수 없지만 온조왕 41년 해루가 우보에 임명된 이후가 아닐까 한다. 해루가 중앙의 최고위직인 우보에 임명되면서 해씨는 한성으로 재지기반을 옮겼으며, 그 결과 전지왕의 즉위과정에도 개입할 수 있었을 것이다.

해씨는 전지왕 3년에 해수가 내법좌평, 해구가 병관좌평에 임명되는데, 모두 王戚으로 기록되고 있다. 즉, 해씨가 王妃族으로서의 정치적 위상을 확보한 사실을 의미한다. 이후 해씨세력은 비유왕 3년 해수가 상좌평에 오르는 등 최고위 귀족으로서의 신분을 유지하였다. 그리고 한성의 함락과 웅진천도로 인해 그의 재지기반이 붕괴되는 심각한 타격을 입었음에도 불구하고 왕비족으로서의 정치적 위상과 고위 관등의 세습적 계승을 통해 문주왕대 해구가 병관좌평이 되어 전권을 행사할 수 있었던 것으로 파악된다.[15]

그런데 해씨보다 먼저 王妃族의 지위를 차지한 세력이 있었는데, 바로 진씨이다. 진씨는 다루왕 10년(37) 眞會가 右輔에 임명됨으로써 처음 기록에 보이고 있다.[16] 그리고 초고왕 49년에는 部兵 1천을 거느리고 말갈과 전투를 벌이기도 하였으며, 고이왕대에는 진충과 진물 등이 군사권을 운용하는 직인 좌장에 임명되고 있는 점으로 보아 상당한 군사력을 소유하고 있었던 것으로 추정된다.[17] 이와 같은 역사적 정황을 토대로 진씨를 마한의 유력한 소국 가운데 하나인 신분고국의 지배세력으로 이해하려는 견

---

15 『三國史記』권26 문주왕 2 · 3년조
16 『三國史記』권25 다루왕 10년조.
17 강종원, 1999, 「백제 좌장의 정치적 성격」, 『백제연구』 29.

해도 제기되었다.[18] 진씨는 근초고왕대 이후 왕비족으로 등장하고 있다.

B-1. 봄 정월에 천지신에게 제사를 지냈다. 眞淨을 朝廷佐平에 임명하였다. 淨은
　　왕후의 친척으로서 성품이 사납고 어질지 못하였으며, 일할 때 가혹하고 까
　　다로웠다. 권세를 믿고 제 마음대로 하니 나라사람들이 미워하였다.(『三國
　　史記』권25, 근초고왕 2년)
　2. 왕의 장인 眞高道를 內臣佐平에 임명하여 정사를 맡겼다.(위의 책, 근구수
　　왕 2년)
　3. 봄 정월에 眞嘉謨를 達率에 임명하고, 豆知를 은솔에 임명하였다.(위의 책,
　　진사왕 3년)
　4. 9월에 왕이 달솔 眞嘉謨에게 명하여 고구려를 쳐서 都坤城을 빼앗고, 200인
　　을 사로잡았다. 왕은 眞嘉謨를 兵官佐平에 임명하였다.(위의 책, 진사왕 6년)
　5. 봄 전월에 東明廟에 배알하였다. 또 남쪽 제단에서 天地에 제사하였다. 眞
　　武를 左將에 임명하여 군사의 업무를 맡겼다. 진무는 왕의 國舅로 침착하고
　　굳세며 큰 지략이 있어 당시 사람들이 복종하였다.(위의 책, 아신왕 2년)

　　사료 B-1을 보면, 조정좌평인 진정이 왕후의 친척으로 기록되고 있는
데, 당시에 이미 왕비족의 지위를 확보하였던 것으로 판단되며, 그 신분은
전지왕대 해씨가 왕비족이 될 때까지 지속되었다. 진씨가 왕비족이 될 수
있었던 배경은 肖古系 直系인 근초고왕의 왕위계승과 관련이 있었으며,
이는 북부지역을 전통적 재지기반으로 하면서 상당한 군사력과 정치적 독
립성을 가지고 있었기 때문에 가능하였을 것이다.[19] 특히 비류왕대 中國
郡縣勢力이 고구려에 의해 복속되는 군사적 긴장관계 속에서 진씨세력의
位相이 크게 증가되었을 것이다. 즉, 진씨가 王妃族이 될 수 있었던 직접
적인 이유는 北部라고 하는 재지기반과 그를 토대로 우수한 군사력을 소
유하고 있었기 때문으로 판단된다.[20]

18 정재윤, 2007, 「초기백제의 성장과 진씨세력의 동향」, 『역사학연구』29.
19 강종원, 1997, 앞의 글, 9쪽.

그러면 진씨가 유력한 귀족세력을 형성할 수 있었던 배경은 어디에 있었을까. 먼저, 중앙정치에 등장하고 있는 인물들을 보면 초고왕대까지는 대부분 部나 城을 冠稱하고 있으며, 고이왕 이후로는 官職이나 官等을 띠고 있다는 사실을 알 수 있다. 일반적으로 관등체계가 정비된 이후에 신분상의 위치를 나타내는 것은 관등과 관직이었다. 그렇지만 관등체계가 정비되지 않은 경우 사회적 신분 및 정치적 위상은 재지기반을 통해 표시하였던 것으로 보인다. 백제에서 관등제가 정비되는 고이왕 이전의 경우 部名이나 城名을 관칭한 것은 그 때문이라고 하겠다. 이는 귀족세력들의 정치적 위상이 그들의 재지기반으로부터 나오고 있다는 사실을 의미한다. 해씨의 경우 제일 먼저 중앙의 고위관직에 진출하였지만 왕족 다음의 고위귀족이라고 할 수 있는 王妃族에는 진씨가 먼저 오르고 있다. 즉, 해씨는 세력경쟁에서 진씨에게 밀린 것으로 볼 수 있다. 그 이유는 진씨가 북부라는 재지기반을 토대로 하고 있었던 반면에 해씨는 부여로부터 이주해 와서 일시적으로 북부에 정착하였다가 다시 한성으로 재지기반을 옮김으로써 확고한 재지기반을 확보하지 못한데 기인하는 것으로 이해된다.

이상에서 검토한 결과 한성기 대성귀족의 특성은 먼저, 재지적 기반을 토대로 한 경제적·군사적 배경을 바탕으로 대외팽창과정에서 핵심적인 역할을 함으로써 정치적 위상을 확보한 진씨, 왕족과 같은 부여계 출신으로 일찍부터 백제의 국가형성에 참여하여 한성에 정착하고, 중앙에 진출하여 고위 관등과 관직을 차지함으로써 정치적 위상을 확보한 해씨의 사례가 확인된다. 이 외에도 지방에 재지적 기반을 가지고 있으면서 근초고왕대 백제가 대외적인 팽창을 하는 과정에서 군사적 활동을 통해 유력한

---

20 진씨는 고이왕대 활발한 군사적 활동을 보이고 있는데, 왕 13년 진충이 낙랑의 변민을 습취한 사건은 주목된다.

귀족으로 성장한 목씨·사씨 등의 사례가 찾아지지만 이들은 금강유역에 재지기반을 둔 세력으로 다음 장에서 구체적으로 살펴보기로 하겠다.

3) 금강유역 在地勢力 檢討

백제 한성기에 있어서 在地基盤은 귀족세력의 경제적 토대이자 社會的·政治的 위상을 확보할 수 있는 근거이기도 하였는데, 475년 웅진천도는 금강유역에 재지기반을 두고 있었던 세력들의 정치적 위상을 높이는 계기로 작용하였을 것이다. 그 동안 금강유역의 재지세력으로는 대개 웅진천도 이후에 중앙에 등장하는 새로운 정치세력을 중심으로 이해되어 왔으며, 백씨·사씨·연씨 등이 주목되었다. 그 이외에는 목씨가 공주 의당 지역에 비정되거나 또는 익산 입점리 등이 유력한 세력의 재지기반 등으로 이해되는 정도였다.

그렇지만 웅진·사비기에 등장하는 인물들을 보면, 매우 다양하다. 동성왕이 남제에 보낸 國書에 보면, 많은 인물들의 이름이 나타나고 있는데, 姐瑾·餘古·餘歷·餘固·高達·楊茂·會邁 등[21]을 포함해 沙法名·贊首流·解禮昆·木干那·慕遺·王茂·張塞 등[22]이 보이고 있다. 그리고 왜에 파견된 5경 박사의 경우 王·段·高 氏가 많이 보이고 있기도 하다. 이 가운데 여씨는 왕족이므로 제외를 하더라도 앞에서 언급한 苩·沙·燕·木 氏를 포함해 다양한 성씨가 등장하고 있음을 볼 수 있다. 특히 최근 확인된 禰寔進의 墓誌는 향후 새로운 자료의 출현을 기대할 수 있게 한다.

---

21 『南齊書』권58 백제조(동성왕 12년).
22 『南齊書』권58 백제조(동성왕 17년).

그렇지만 大姓八族에 포함된 인물을 제외하고는 대부분 구체적인 활동상이 지속적으로 나타나고 있지 않아 재지기반을 검토하는데 어려움이 따른다. 따라서 구체적인 활동상이 보이고 있는 대성팔족을 중심으로 금강유역의 재지세력을 살펴보고자 한다.

웅진·사비기에 와서 등장하는 大姓貴族으로는 한성기에 이미 보이고 있는 해씨·진씨·사씨·목씨·백씨·국씨를 포함해서 새롭게 연씨가 있다. 그렇지만 웅진·사비기에 와서 정치적 활동상이 구체적으로 확인되는 세력으로 연씨·백씨·사씨를 들 수 있다. 그로 인해 이들의 재지기반을 금강유역으로 이해하고 있다. 이 외에도 목씨와 예씨가 금강유역을 재지기반으로 한 세력으로 볼 수 있어 함께 다루기로 한다.

(1) 목씨세력

금강유역 재지세력으로 우선 주목되는 세력이 목씨이다. 목씨에 대한 기록은 『日本書紀』에 처음 보이고 있는데, 木羅斤資가 백제의 장군으로 기록되어 있으며,[23] 그 활동시기는 근초고왕 24년(369)이다. 즉, 목라근자라는 인물이 가야지역에서 군사적 활동을 한 사실을 기록하고 있다. 내용상으로는 왜의 활동으로 기록되어 있지만 백제국의 활동으로 이해하는 것이 일반적이다. 다만 목라근자의 출자 등에 대해서는 불분명한 것으로 처리하고 있다. 따라서 당시 목씨는 중앙의 유력귀족으로 편제되지는 않았던 것으로 판단되며, 재지기반도 한성 이외의 지역이었을 것으로 추정된다.

그런데 한성기 목씨의 성격과 관련하여 주목되는 것이 『日本書紀』에 기록된 다음의 내용이다.

---

23 『日本書紀』권9 신공기 49년조,「以荒田別 鹿我別爲將軍 則與久氏等 共勒兵而度之 至卓淳國 將襲新羅時 或曰 兵衆少之 不可破新羅 更復奉上沙白 蓋盧 請增軍士 卽命木羅斤資 沙沙奴跪[是二人 不知其姓人也 但木羅斤資者 百濟將也]」.

C. 백제의 直支王이 薨하였다. 이에 아들 久爾辛이 왕위에 올랐다. 왕의 나이가
어려 木滿致가 國政을 잡았는데, 王母와 밀통하여 무례한 행위를 많이 저질렀
다. 天皇이 이를 듣고 그를 불렀다.[百濟記에 이르기를 木滿致는 木羅斤資가
신라를 토벌할 때 그 나라의 부인을 취하여 낳은 자식이다. 그 아비의 공으로
임나에서 전횡하였다.…](『日本書紀』권10 응신기 25년)

내용을 보면, 久爾辛王(420~427)이 어려 木滿致가 國政을 잡고, 王母
와 相淫하여 무례를 행하였다고 한다. 木滿致는 木羅斤資의 아들로 신라
를 토벌할 당시 신라의 여자를 취하여 낳은 것으로 전해지고 있다. 이들
내용이 왜의 활동으로 기록되어 있지만 목라근자는 百濟將으로 표기되고
있어 이를 百濟人으로 보는 데는 이견이 없다. 이후 목씨는 개로왕대 다시
보이고 있는데, 木劦滿致는 문주왕의 웅진천도를 도왔다. 그러나 웅진기
목씨는 동성왕대 목간나의 활동 이외에는 보이지 않다가 성왕대에 이르러
서야 다수 확인된다. 성왕대 목씨의 활동이 두드러진 사실은 가야지역을
그들의 정치적 기반으로 하였던 경험과 성왕의 가야진출 의지와 밀접한
관련이 있을 것이다.

그런데 목씨의 출자는 목지국과 관련시켜 천안지역,[24] 또는 가야계 귀
화인으로 보는 견해,[25] 왕실세력으로 보는 견해[26] 등이 있으며, 이를 공주
수촌리 백제고분의 조영집단[27]이나 또는 청주지역의 신봉동고분 조영세
력[28] 등과 관련시켜 이해하기도 한다. 목씨의 재지기반 문제는 보다 진전

---

24 노중국, 1994, 앞의 글, 6~7쪽.
25 정재윤, 1999, 「웅진시대 백제정치사의 전개와 그 특징」, 서강대학교 대학원 박사학위논
   문, 50 · 58쪽.
26 김주성, 2000, 「성왕의 한강유역 점령과 상실」, 『백제사상의 전쟁』, 309쪽.
27 김수태, 2004, 「백제의 천도」, 『한국고대사연구』36, 35~36쪽.
28 박순발, 2000, 「백제의 남천과 영산강유역 정치체의 재편」, 『한국의 전방후원분』,
   130~131쪽.

된 검토가 필요하지만, 우선 한성을 포함한 그 주변지역은 아니었을 것으로 판단된다. 그 이유는 『日本書紀』에 기록된 목라근자의 출자가 불분명하게 처리된 점이나 구이신왕대 목만치가 가야지역을 정치적 기반으로 한 사실 등에 있다. 또한 목씨의 주 활동기반이 가야지역인 점, 그리고 목협만치가 문주왕을 보필하여 웅진으로 천도하였음에도 불구하고 천도 후 두각을 나타내지 못하고 해씨세력이 다시 권력을 장악하고 있는 점 등으로 볼 때 웅진지역의 토착세력으로 보기에도 어려움이 있다. 오히려 목씨세력의 중앙진출 시기를 비롯해 가야지역에서의 활동, 특히 신봉동90B-1호분에서 외래계 유물이 다수 출토되었는데, 이때 출토된 외래계 유물을 목씨세력의 활동상과 연계하여 이해할 경우 청주지역으로 보는 것이 합리적이지 않을까 생각된다. 비록 목씨세력의 청주지역 재지설에 대해서는 구체적인 비판이 제기되고 있지만[29] 청주출토 청자계수호의 존재는 당시 청주지역 재지세력의 정치적 위상이 대단히 높았음을 보여주고 있으며, 또한 청자계수호의 편년이 대부분 4세기 말에서 5세기 중반에 해당되는 점[30]도 목씨세력의 활동시기와 관련하여 참고된다. 당시 목씨세력이 중앙의 관등체계에 편제되지는 않았지만 지역적 기반을 토대로 근초고왕의 영역확장 및 대외팽창 과정에서 정치적 위상을 확보할 수 있었던 것으로 추정된다. 특히 목씨세력이 가야지역에 구축한 기반은 근초고왕의 대왜 외교 창구로서의 역할을 할 정도였으며, 이는 목씨의 활동과 무관하지 않을 것이다.[31]

---

29 김수태, 2005, 「청주 신봉동지역의 재지세력」, 『백제 지방세력의 존재양태』, 177~181쪽.
30 성정용, 2003, 「백제와 중국의 무역도자」, 『백제연구』38, 28~30쪽.
31 문동석, 2007, 앞의 책, 65~68쪽. 그리고 목씨세력의 구체적인 활동상에 대해서는 노중국의 「백제의 귀족가문 연구-목협(목)씨세력을 중심으로」에서 상세하게 연구된 바가 있어 참고된다.

(2) 연씨 세력

연씨는 웅진천도 이후 제일 먼저 기록에 나타나고 있다. 따라서 연씨는 웅진천도 이후 중앙정치에 등장한 신진정치세력으로 이해된다.[32] 웅진천도 이후에 등장하는 연씨 인물들을 찾아보면 다음과 같다.

> D-1. 봄에 좌평 解仇가 은솔 燕信과 함께 무리를 모아 大豆城을 근거로 하여 반란을 일으켰다. 왕은 좌평 眞男에게 명령하여 군사 2천 명으로 토벌하게 하였으나 이기지 못하였다. 다시 덕솔 眞老에게 명령하여 정예군사 500명을 이끌고 가서 解仇를 공격하여 죽였다. 燕信이 고구려로 달아나자 그 처자를 잡아다가 웅진 저자에서 목을 베었다.(『三國史記』권26 삼근왕 2년)
>
> 2. 9월에 왕은 나라 서쪽의 사비 벌판에서 사냥하였다. 燕突을 達率에 임명하였다.(위의 책, 권26 동성왕 12년)
>
> 3. 여름 5월에 병관좌평 眞老가 죽자 달솔 燕突을 병관좌평에 임명하였다.(위의 책, 권26 동성왕 19년)
>
> 4. 겨울 10월에 고구려왕 安(안장왕)이 몸소 군사를 이끌고 쳐들어와서 북쪽 변경의 穴城을 빼앗았다. 좌평 燕謨에게 명령하여 보명과 기병 3만 명을 거느리고 五谷의 벌판에서 막아 싸웠으나 이기지 못하였는데, 죽은 자가 2천여 명이었다.(위의 책, 권 26 성왕 7년)
>
> 5. 가을 9월에 왕은 장군 燕會에게 명령하여 고구려 牛山城을 공격하게 하였으나 이기지 못하였다.(위의 책, 성왕 18년)
>
> 6. 봄 3월에 한솔 燕文進을 수나라에 보내 조공하였다. 또 좌평 王孝隣을 보내 조공하고 아울러 고구려를 칠 것을 요청하였다.(위의 책, 무왕 8년)

연씨는 삼근왕 2년 은솔 연신이 처음 확인된다. 내용은 연신이 해구와 함께 반란을 일으켰다는 것이다. 그런데 웅진초기에 연씨세력이 구귀족 세력 가운데 하나인 해구와 함께 반란을 일으킨 이유는 분명하게 기록되고 있지 않다. 다만 한 가지 석연치 못한 점이 있다면 연신이 은솔의 관등

---

32 이기백, 1978, 앞의 글, 39~41쪽.

을 띠고 있다는 점이다. 은솔은 제3위로 낮은 관등이라고 할 수는 없다. 그렇지만 웅진기에 처음 확인되는 백가의 경우 좌평의 직을 띠었던 점이나 당시 유력한 재지기반을 가진 귀족세력이 좌평의 직을 받았다는 사실을 주목할 필요가 있을 것이다. 참고로 은솔의 경우 문주왕 2년 탐라국주가 조공을 바쳐오자 그 신하에게 수여한 관등과 같다.[33] 탐라국주에게는 좌평의 관등이 주어졌던 것으로 파악된다.[34] 즉, 연신의 경우 문주왕으로부터 그 위상에 맞는 대우를 받지 못했을 가능성이 있다. 이에 불만을 가진 연신이 해구와 연합하여 반란을 일으켰을 가능성을 배제할 수 없다. 반란이 진압된 이후 연신은 고구려로 달아나고 그의 죄로 인해 가족이 모두 죽임을 당하였다.

그런데 연씨는 동성왕 12년 연돌이 달솔의 관등을 띠고 다시 등장한다. 삼근왕대 연신이 반란에 참여했음에도 불구하고 연돌이 달솔의 관등에 등용된 것이다. 그리고 동성왕 19년 南來貴族인 진씨가 죽자 병권을 관장하는 직인 병관좌평에 연돌이 임명된 사실은 매우 파격적이라고 할 수 있다. 이는 동성왕이 왕권을 강화하는 과정에서 新進貴族들을 대거 중용한 결과이다. 특히 해구의 반란을 진압한 진씨와 웅진의 재지세력으로 천도를 주도한 백씨세력 등의 위상강화로 인해 왕권이 위축되는 정치상황 속에서 반란에 가담했다가 실패함으로써 정치적으로 소외되었던 연씨를 중용하여 친왕세력으로 삼고자 한 동성왕의 정치적 의도가 반영된 것으로 이해된다. 이후 연씨는 성왕 7년과 18년에 좌평 또는 장군의 직을 띠고 고구려와의 전쟁에서 주도적인 역할을 수행한다. 연씨의 이와 같은 활동이 가능했던 배경은 그의 재지기반이 북쪽에 위치하고, 군사적 기반을 가지고 있었기 때문이었을 것이다. 그러나 성왕의 대북정책은 신라에 의해 실

---

33 『三國史記』권26 문주왕 2년조.
34 『三國史記』권7 문무왕 2년조.

패하게 된다. 이후 백제의 대외정책은 신라와의 전쟁에 초점이 맞춰지게 되면서 대고구려전에서 주도적인 역할을 담당했던 연씨의 정치적 위상은 크게 약화되었던 것으로 보인다. 이후 연씨의 활동상을 보면, 무왕 8년에 다시 등장하는 연문이 한솔의 관등을 띠고 수에 사신으로 파견되었고, 『日本書紀』에도 성왕 18년 연비라는 인물이 보이는데, 나솔의 관등을 띠고 있다. 즉, 사비기에 와서 연씨는 대체로 최고위의 관등을 칭한 인물이 확인되지 않는다. 그렇지만 『隋書』백제전의 대성팔족 기록에는 사씨에 이어 2번째로 기록되고 있는 것으로 보아 재지적 기반 자체가 해체되거나 신분상의 변화가 있었던 것은 아닌 것으로 판단된다.

그러면 연씨세력의 재지기반은 어디일까? 이는 삼근왕대 연신이 해구와 함께 반란을 일으킨 대두산성의 위치를 통해 찾을 수 있을 것이다. 왜냐하면 해씨는 웅진천도로 인해 재지기반을 상실한 상황이었기 때문에 반란을 일으키기 위해서는 재지기반을 가진 유력한 귀족세력과 결탁하지 않을 수 없었을 것이기 때문이다. 이때 해씨가 택한 세력이 연씨였으며, 그들이 반란을 일으킨 대두산성은 연씨의 재지기반과 밀접한 관련이 있었을 가능성이 매우 높다. 대두산성의 존재는 이른 시기에 기록에 보이고 있다.

E-1. 여름 4월에 두 성이 항복하자 그 백성들을 한산 북쪽으로 옮기니 마한은 드디어 멸망하였다. 가을 7월에 大豆山城을 쌓았다.(『三國史記』권23 온조왕 27년)

　2. 가을 7월에 湯井城을 쌓고 大豆城의 백성들을 나누어 살게 하였다. 8월 圓山·錦峴의 두 성을 수리하고, 古沙夫里城을 쌓았다.(위의 책, 권23 온조왕 36년)

사료 E-1을 보면, 온조왕이 마한을 멸하고 대두산성을 축조하고 있다. 여기에서 대두산성은 馬韓故地를 지배하기 위해 축조한 治所로서의 성격을 지닌 성으로 보인다. 이와 관련하여 사료 E-2의 온조왕 36년 기록이 주목되는데, 탕정성을 쌓고 대두성의 民戶를 나누어 거주하게 하고 있다. 따라서 탕정성과 대두성을 구성하고 있는 주민들의 재지기반은 같으며, 이후 이들 두 지역은 매우 긴밀한 관계를 유지했을 가능성이 있다. 해씨가 대두성에서 반란을 일으킨 이유가 이곳이 한성함락 이후 새로운 거주지였기 때문으로 이해되는데,[35] 연씨가 해구의 반란에 동참하게 된 배경도 대두성 지역이 연씨 재지기반과 무관하지 않기 때문이라고 하겠다. 현재 대두산성의 위치를 아산의 영인산성에 비정하여 연씨의 재지기반이었을 것으로 추정하는 견해가 있다.[36] 이 외에도 豆仍只 즉 충남 연기지역,[37] 또는 공주부근,[38] 사비(부여)지역,[39] 그리고 온양에 비정하는[40] 견해 등 다양하다. 대두성을 축조한 것이 목지국을 병합하고 이들 지역을 관할하기 위한 목적이라고 할 경우 대두성의 위치는 目支國의 위치를 통해 비정될 수 있다. 目支國의 위치는 천안 청당동유적을 근거로 해서 이들 지역에 비정되고 있다.[41]

그런데 목지국이 백제에 복속될 당시 원산과 금현 2성이 끝까지 저항하였으며, 결국 항복한 이후에는 이들 두 성의 백성들은 한산의 북쪽으로 사민되고, 목지국의 지배세력은 해체되었던 것으로 보인다. 그렇지만 곧 대두성이 축성되고, 온조왕 36년에는 탕정성을 축조하여 대두성민을 이주시켰다. 또한 당시 목지국의 중심지였던 원산과 금현의 2성을 다시 수축하게 되는데, 이 과정에서 목지국의 지배층을 대신하여 새로운 정치세력

---

35 이기백, 1978, 앞의 글, 40쪽.
36 유원재, 1992, 「백제 탕정성 연구」, 『백제논총』3, 80~86쪽.
37 천관우, 1989, 『고조선사 · 삼한사연구』, 320쪽.
38 노중국, 1978, 앞의 글, 102쪽.
39 이종욱, 1978, 「백제의 좌평」, 『진단학보』45, 43쪽.
40 이기백, 1978, 앞의 글, 36쪽.
41 권오영, 1996, 「삼한의 「國」에 대한 연구」, 서울대학교대학원 박사학위논문, 202쪽.

으로 성장한 것이 연씨세력이 아니었나 추정된다. 그렇다고 한다면 연씨세력은 목지국의 故地 상당부분을 재지기반으로 하였을 가능성이 있으며, 그 중심은 목지국 멸망이후 故地를 통제하기 위해 축조한 대두성과 탕정성이 위치한 지역일 것이다. 그리고 금강의 지류인 미호천에서 분지한 승천천 유역에 위치하고 있는 천안 화성리·용원리유적은 목지국의 지배층을 대신하여 성장한 재지세력이 남긴 유적으로 이해할 수 있지 않을까 한다. 웅진천도 직후 연신이 반란에 가담한 것도 마한 맹주국이었던 목지국의 故地라고 하는 지역적 위상에 맞는 대우를 받지 못한데 그 원인이 있었던 것으로 추정된다.[42]

(3) 사씨세력

사씨는 대성팔족 가운데 제일 먼저 기록될 정도로 유력한 귀족세력이었다. 사씨는 한성기에 이미 그 활동상이 나타나고 있다. 사씨에 대한 기록이 처음 보이는 것은 근초고왕대이다.

F-1. 신라를 공격하고자 할 때 누군가가 "군사의 수가 적어서 신라를 깨뜨릴 수 없습니다. 그러니 다시 沙白蓋盧를 보내 군사를 증원해 달라고 요청하십시오"라고 말하였다. 곧 木羅斤資·沙沙奴跪[이 두 사람의 성은 알 수 없다. 다만 木羅斤資는 백제의 장군이다]에게 명령하여 정병을 이끌고 沙白蓋盧와 함께 가도록 하였다. 모두 卓淳에 모여 신라를 공격하여 깨뜨렸다.(『日本書紀』권9 神功紀 49년)
  2. 백제기에 이르기를, 임오년에 신라가 귀국을 받들지 않았으므로 귀국이 사지비궤를 보내어 토벌하게 하였는데, 신라인은 미녀 두 사람을 단장시켜 나

---

42 그리고 웅진천도 직후에 해씨가 연씨와 함께 대두성에서 반란을 일으킬 수 있었던 것은 해씨의 재지기반이 한성이었으며, 목지국의 유민들이 한산의 북쪽에 사민된 사실과도 관련이 있지 않을까 생각된다. 즉, 해씨세력과 목지국 구지배층과의 일정한 교류 가능성, 그리고 고지에서 새롭게 성장한 신진 재지세력과의 유기적인 교류를 상정할 수 있기 때문이다.

루에서 맞아 유혹하게 하였다. 사지비궤는 그 미녀를 받아들이고 오히려 가라국을 쳤다. 가라국왕 기본한기와 아들 백구지·아수지·국사리·이라마주·이문지 등이 그 백성을 데리고 백제로 도망하여 오니 백제는 후대하였다.…천황이 크게 노하여 "목라근자를 보내어 군대를 거느리고 가라에 모여 그 사직을 회복시켰다고 한다.(위의 책, 神功紀 62년)

즉, 『日本書紀』신공기 49년 및 62년조에 沙白蓋盧[43]를 비롯해 沙沙奴跪와 沙至比跪 등의 인물이 보이고 있다. 신공기 49년은 근초고왕 24년(369)이고, 신공기 62년은 근구수왕 8년(382)에 해당된다. 그런데 목라근자는 백제의 장군으로 기록된 데 비해 사사노궤의 경우 그 姓人이 불분명하다고 한다. 다만 사백개로의 경우에 지속적인 활동을 한 것으로 보이지만 구체적인 성격을 파악하는데 어려움이 있다.

사씨가 중앙정치에 본격적으로 등장하는 것은 아신왕 7년 사두가 左將에 임명되면서부터이다. 즉, 『三國史記』백제본기에 「以眞武爲兵官佐平沙豆爲左將」이라고 하여[44] 아신왕 7년에 군사권을 관장하는 좌장에 임명되었다. 사씨의 좌장 임명은 고구려의 남진과정에서 비롯된 것으로 볼 수 있지만 이미 그 이전부터 중앙과 밀접한 관계에 있었음을 파악할 수 있다.

백제는 고이왕대 각종 중앙관제 및 신분제도가 마련되기 시작하여 근초고왕대 와서 체계적인 정비가 이루어졌다. 특히 영역의 확대로 인해 지방에 대한 지배체제가 마련되었는데, 각 지방세력에게 중앙의 관등이 부여되었으며, 각 지방에 재지기반을 두고 있었던 세력은 중앙과 일정한 정치적 관계를 형성하게 되었을 것이다. 목라근자와 사사노궤의 경우에도 바로 이와 같은 정치적 관계 속에서 군사적 활동에 참여한 세력으로 볼 수

---

43 沙白蓋盧의 경우 사백과 개로 2인, 또는 사씨와 관련된 복성으로 보는 견해(노중국, 1994, 앞의 글, 4쪽) 등이 있지만 여기서는 다만 사씨세력의 한 명으로 언급해 두는데 그친다.
44 『三國史記』권25 아신왕 7년조.

있지 않을까 한다. 그렇다고 한다면 사씨세력은 당시 중앙의 정치세력으로 활동한 것이 아니라 지방에 재지기반을 가진 귀족세력으로서 중앙과의 일정한 정치적 예속관계 속에서 활동하였던 것으로 보이며, 사두는 근초고왕 이후 형성된 중앙과의 정치적 관계와 군사적 기반을 토대로 좌장의 직에 임명될 수 있었다.[45] 이 때문에 사씨가 한성기부터 지배층의 일원으로 편제되었을 것으로 보기도 하지만[46] 고구려의 강력한 남진정책에 따른 정국의 혼란 속에서 중앙귀족으로 성장하지 못했으며, 웅진천도 이후에 본격적으로 중앙정치에 참여하게 되었던 것으로 파악된다.

다음은 웅진기 사씨세력의 정치적 위상을 보여주는 기록이다.

G-1. 가을 7월에 내법좌평 沙若思를 남제에 보내 조공하려 하였으나 若思는 서해 바다에 이르러 고구려의 군사를 만나 가지 못하였다.(『三國史記』권26 동성왕 6년)

2. 이 해에 魏虜가 기병 수십만을 보내 백제를 공격하여 그 나라 경계에 들어오자 모대(동성왕)가 장군 沙法名 · 贊首流 · 解禮昆 · 木干那 등을 보내 무리를 이끌고 오랑캐 군사를 습격하여 크게 무찔렀다.(『南齊書』권58, 열전39 백제조)

3. 建武 2년…지난 庚午年에도 獫狁이 잘못을 깨닫지 못하고 군사를 일으켜 심히 핍박하니 신이 沙法名 등을 보내 군사를 거느리고 역습하여…이제 沙法名에게 임시로 行征虜將軍邁羅王으로…(위의 책, 열전39 백제조)

4. 봄 2월에 왕이 漢城에 행차하여 좌평 因友, 달솔 沙烏 등에게 명령하여 한강 북쪽의 州 · 郡 백성으로 나이가 15세 이상을 징발하여 雙峴城을 쌓게 하였다. 3월에 漢城으로부터 돌아왔다. 여름 5월에 왕이 돌아가셨다. 시호를 武寧이라 하였다.(『三國史記』권26 무령왕 23년)

---

45 사두가 좌장에 등용될 수 있었던 배경을 사씨가 가야원정 이후 그 지역에 대한 군사적 기반과 공부수취를 관장하는 권한을 바탕으로 영향력을 행사한 결과로 이해하는 견해도 있다(문동석, 2005, 「5~6세기 백제의 지배세력 연구」, 『역사와 현실』55, 190쪽).
46 문동석, 2007, 앞의 책, 166쪽.

사씨세력은 동성왕대 들어와 활발하게 활동하고 있다. 특히 동성왕은 南來한 구귀족들의 전횡을 차단하기 위해 다양한 정치세력을 등용함으로써 왕권강화를 도모하였을 뿐만 아니라 사비로의 천도를 추진했던 인물이었다. 이 과정에서 공주지역을 재지기반으로 하였던 백씨세력이 위축되고 사씨세력이 크게 부상하였을 것이다. 비록 사료를 통해 사씨세력이 사비천도에 관여한 사실은 확인되지 않지만 핵심적인 역할을 하였을 것으로 추정된다. 이 외에도 무령왕대 달솔 사오의 존재 등을 통해 웅진기 내내 유력한 정치세력으로서의 위상을 유지한 사실을 알 수 있다.[47]

사씨세력이 최고의 정치적 위상을 확보했던 시기는 사비기였다. 大姓八族을 기록한 『隋書』에 따르면, 「沙氏 · 燕氏 · 劦氏 · 解氏 · 眞氏 · 國氏 · 木氏 · 苩氏」로 사씨가 제일 먼저 기록되고 있는 것이다. 실제로 사비기의 기록 가운데 사씨세력이 최고위직을 띠고 활동하고 있는 사례를 다수 확인할 수 있다

H-1. 12월, 백제 성명왕이 이전의 조서를 군신들에게 두루 보이며 " 천황의 조칙이 이와 같다. 어찌하면 좋은가?"라고 물었다. 상좌평 沙宅己婁, 중좌평 木劦麻那, 하좌평 木尹貴….(『日本書紀』권19 흠명기 4년 12월)

2. 가을 7월에 왕은 장군 沙乙에게 명령하여 신라의 서쪽 변경의 두 성을 빼앗고 남녀 300여 명을 사로잡았다.(『三國史記』권27 무왕 28년)

3. 백제 조문사의 종자 등이 "지난해 11월에 대좌평 智積이 죽었습니다."(『日本書紀』권24 황극기 元年 2월)

4. 백제 사신 대좌평 智積 등에게 조정에서 연회를 베풀었다.(或本에는 백제 사신 대좌평 智積과 그의 아들 달솔 이름은 빠졌다. 은솔 軍善이 참석했다고 한다.) 이에 건강한 아이에게 명해서 翹岐 앞에서 씨름을 하도록 하였다.

---

47 사오는 좌평 곤우가 이름만 표기된 것으로 보아 성씨를 표기하지 않은 이름으로 보기도 하지만(이홍직, 1987, 앞의 글, 334쪽), 백제 인명에서 외자 이름이 다수 보이고 있기 때문에 사씨로 보는데 문제는 없을 것이다.

智積 등은 연회가 끝난 후 물러나와 翹岐의 문전에서 절하였다.(『日本書紀』
권24 황극기 元年 6月)

5. □寅年 正月 九日 奈祇城의 砂宅智積은 몸이 세월과 함께 쉽게 가버리고,
다시 돌아오기 어려움을 슬프게 여기노라. 이에 금을 뚫어 진기한 堂을 세
우고,…(〈砂宅智積碑〉)

6. 13일에 의자는 좌우 근신을 데리고 밤에 달아나 웅진성으로 피난하고, 의자
왕의 아들 융은 대좌평 千福 등과 함께 나와 항복하였다.…(『三國史記』권5
태종무렬왕 7년)

7. 11월 1일 장군 蘇定方 등을 위하여…대좌평 沙宅千福, 國辨成…(『日本書
紀』권26 제명기 6년 7월)

8. 앞서 백제의 首領 沙吒常如와 黑齒常之는 蘇定方의 군대가 돌아간 뒤부터
망명하여 흩어진 사람들을 모아 각기 험한 지역을 차지해서 복신에게 호응
하고 있다가 이때에 이르러 그 무리를 이끌고 항복하였다.(『舊唐書』권84 열
전34 유인궤전)

사씨는 성왕의 사비천도를 적극적으로 지지했던 세력으로[48] 沙宅己婁
가 大佐平의 직을 띠고 있는 사실로 보아 사씨세력이 핵심 정치세력으로
부상하였음을 알 수 있다. 비록 사비말기에 이르러 사택지적과 같이 일부
가 정치적으로 몰락하거나 중앙정치에서 배제되었을 가능성은 있지만 사
씨세력은 사비기 내내 최고위의 귀족이자 유력한 정치세력으로서의 위상
을 여전히 확보하고 있었다.

그런데 사씨의 재지기반은 주로 부여지역이 비정되어 왔는데,[49] 보다
구체적으로는 가림성으로 비정되는 성흥산성 주변[50]이나 부여와 가까운
지역[51] 등이 언급되었다. 이 외에도 사택지적이 은퇴한 내지성을 내사지

---

48 노중국, 1978, 앞의 글, 97~99쪽.
49 홍사준, 1954, 「백제 사택지적비에 대하여」, 『역사학보』6, 256쪽.
50 유원재, 1996, 「백제 가림성 연구」, 『백제논총』5, 83~86쪽.
51 서정석, 2002, 『백제의 성곽』, 118쪽.

성으로 보아 유성구 일원에 비정하기도 한다.[52]

그렇지만 구체적인 사료를 통해 사씨의 재지기반을 확인할 수는 없다. 다만 사씨의 재지기반을 추정해 볼 수 있는 자료로 다음이 참고된다.

> I-1. 장군들에게 각각 명하여 여러 길로 일제히 나아가라, 구름이 모이고 번개 치는 것과 같이 沙喙에 모여 악인들을 베고 쓰러져가는 백제를 구하라.(『日本書紀』권26 제명기 6년 10월)
> 2. 常之와 別部將 沙吒相如는 각각 험한 곳에 웅거하여 福信과 호응하였다.(『資治通鑑』권201 당기17 고종)

사료 I-1은 660년 10월 백제부흥운동 과정에서 귀실복신 등이 구원병 요청시 왜왕이 교서를 내린 내용 가운데 일부인데, 여기에 沙喙라는 지명이 보이고 있다. 여기에서 沙喙는 백제 내에 있는 지명으로 볼 수 있는데,[53] 이를 부여 어느 지방의 명칭으로 보기도 한다.[54] 따라서 이 지명을 沙(砂)씨 또는 沙宅(吒)씨와 관련지어 이해할 경우 사씨의 재지기반은 부여와 가까운 지역에서 찾을 수 있을 것이다. 그런데 이 지명의 위치와 관련하여 주목되는 점이 663년 왜의 원군이 기벌포인 백강구에서 나당군과 전투를 벌인 역사적 사실이다. 즉, 사비도성이 함락된 시점에서 왜의 원군이 백제 부흥군과 연합하기 위해 집결할 수 있는 위치로는 금강의 하류지역이 적당하였을 것이다. 그렇다고 할 경우 沙喙는 금강 하류지역의 어느 지역으로 볼 수 있다.

그리고 사료 I-2는 흑치상지가 사타상여 등과 부흥운동을 한 사실을 기록한 것이다. 사료를 통해 볼 때 흑치상지와 사타상여가 각각 험한 지형을

---

52 이도학, 2003, 「백제 사비 천도의 재검토」, 『동국사학』39, 45~46쪽.
53 이홍직, 1987, 앞의 글, 339쪽.
54 노중국, 1994, 앞의 글, 31쪽.

토대로 부흥운동을 일으킨 것으로 이해할 수 있다. 그런데 주지하다시피 흑치상지가 부흥운동을 일으킨 곳은 예산 임존성으로 그의 재지기반이었다. 따라서 首領 또는 酋領 등으로 표기된 사타상여의 경우에도 그의 재지기반을 토대로 부흥운동을 일으켰을 가능성이 크다. 그런데 이들이 금강 하류지역에 비정되는 주류성을 거점으로 했던 복신과 호응한 사실로 보아 사타상여가 부흥운동을 일으킨 지역은 이와 가까운 지역에 위치하였을 것으로 추정된다. 이상의 검토를 통해 볼 때 사씨의 재지기반은 금강 하류지역으로 사비지역과는 그리 멀지 않은 곳에 비정될 수 있다.

사씨세력의 재지기반을 금강 하류지역으로 비정할 경우 관련된 유적으로는 서천지역에서 조사된 고분유적이 주목된다. 서천 봉선리일대에서 다수의 주거지 및 고분유적이 조사되었는데, 앞에서 언급한 바와 같이 다량의 철제대도를 비롯해 다양한 유물이 출토되어 상당한 위상을 지닌 재지세력의 존재를 확인할 수 있기 때문이다.[55]

(4) 백씨세력

백씨는 웅진기에 와서 처음 기록에 등장하고 있다. 백제시대 대부분의 귀족세력이 마한의 전통적 기반을 토대로 귀족화한 점을 고려할 때 유력한 귀족세력의 출현시점은 한성기까지 소급된다. 백씨의 존재가 웅진기에 와서 나타나고 있다는 점은 이들 세력이 한성기에는 중앙의 관직에 진출하지 않았음을 의미하는 것으로 받아들일 수 있다.[56] 다음은 웅진기에

---

55 충남역사문화원, 2005, 『서천 봉선리유적』.
56 다만 『日本書紀』 신공기 62년조에 百氏가 확인되고 있는데, 비록 苩氏와는 표기상 차이가 있지만 음상으로 볼 때 같은 성씨로 이해(이홍직, 1987, 앞의 글, 357쪽)되는 점이나 수촌리 백제고분군을 백씨세력과 관련지을 경우 이미 한성기에 중앙과 일정한 정치적 관계가 형성되어 있었음을 알 수 있다. 다만 기록을 통해 구체적인 활동상이 확인되지 않으므로 이 글에서는 웅진기 이후부터 다루기로 한다.

등장하고 있는 백씨세력에 대한 내용이다.

J-1. 봄 2월에 苜加를 위사좌평에 임명하였다.(『三國史記』권26 동성왕 8년).
　2. 8월에 加林城을 축조하고 위사좌평 苜加로 하여금 지키게 하였다. 겨울 10월
　　에 왕이 사비의 동쪽 벌판에서 사냥을 하였다. 11월에 웅천의 북쪽 벌판에서
　　사냥을 하였고, 또 사비의 서쪽 벌판에서 사냥을 하였는데, 큰 눈에 막혀서
　　馬浦村에서 묵었다. 이에 앞서 왕이 苜加에게 加林城을 지키게 하였는데, 백
　　가는 가지 않으려고 병을 핑계 삼아 사양하였으나 왕이 허락하지 않았다. 이
　　때문에 왕을 원망하였는데, 이때에 사람을 시켜 왕을 칼로 찔렀다. 12월에 이
　　르러 돌아가셨다.(위의 책, 권26 동성왕 23년)
　3. 봄 정월에 좌평 苜加가 加林城을 근거로 반란을 일으켰다. 왕은 군사를 이끌
　　고 牛頭城에 이르러 한솔 解明에게 명령하여 토벌하게 하였다. 백가가 나와
　　항복하자 왕은 그의 목을 베어 白江에 던져버렸다.(위의 책, 권26 무령왕 즉
　　위년)
　4. 겨울 10월에 달솔 苜奇에게 명령하여 군사 8천 명을 거느리고 신라의 母山城
　　을 공격하게 하였다.(위의 책, 권27 무왕 17년)

백씨세력은 동성왕 8년 위사좌평에 임명되고 있는 苜加라는 인물을 통
해 처음 확인되고 있다. 좌평직은 최상위의 관등이자 관직이었으므로 처
음부터 백가가 좌평의 직을 띠고 위사좌평에 임명된 점으로 볼 때 백씨세
력의 재지기반이 공주일원이었을 것으로 추정되어 왔다.[57] 특히 사료 J-2
에서 볼 수 있는 바와 같이 동성왕대 백가를 가림성에 진수시키고자 할 때
백가가 이를 거부했던 이유는 그가 공주지역에 재지기반을 두고 있었기
때문으로 이해된다. 아울러 이들은 중앙정부와 일정한 관계를 유지함으
로써 웅진천도, 나아가 신흥세력으로 대두하는데 일익을 담당하게 되었다
는 견해가 이미 제기된 바 있다.[58]

57　유원재, 1997, 『웅진백제사연구』, 32~34쪽.
58　유원재, 1997, 앞의 책, 34쪽.

특히 유력한 귀족세력의 존재를 확인할 수 있는 유적이 의당면 수촌리에서 확인되었는데, 수촌리 백제고분군이 그것이다. 수촌리 백제고분군의 조영세력에 대해서는 여러 이견이 있지만 백씨로 보는 것이 타당하다고 생각한다.[59] 수촌리 백제고분군의 조영 시기는 4세기말에서 5세기 전반기로 웅진천도 이전에 조성된 유적이다. 이들 고분에서는 금동관을 비롯하여 금동신발, 환두대도, 중국제 도자기 등 최상위급에 해당되는 威勢品들이 다수 출토되었는데, 이들 물품은 당시 중앙과의 긴밀한 관계를 보여주고 있다. 즉, 중앙에서 의당지역의 귀족세력에게 이들 물품을 賜與했을 가능성이 매우 높기 때문이다.[60]

그런데 동성왕 23년 백가는 가림성 진수를 거부한 바가 있으며, 왕 30년에는 마포촌에서 동성왕을 시해하기에 이른다. 그로 인해 무령왕이 즉위함과 동시에 백가는 죽임을 당하고, 이후 백씨는 한 동안 기록에 보이지 않다가 무왕 17년에 이르러 다시 기록에 등장한다. 물론 『日本書紀』에 백씨로 판단되는 白眛淳이라는 인물이 확인되고는 있지만 鑪盤博士의 직을 띠고 있으며, 관등도 장덕에 불과하여 기술직 관료임을 알 수 있다.[61]

웅진기 유력한 재지세력이었음에도 불구하고 동성왕대 이후 한동안 그 활동상이 확인되지 않는 것은 동성왕의 시해로 인해 중앙정치에서 배제되었기 때문으로 생각된다. 그렇지만 사비기에 다시 재기하고 있는 점으로 보아 그 재지적 기반은 해체되지 않았음을 알 수 있다.

---

59 강종원, 2005, 앞의 글.
60 이는 거의 비슷한 시기에 다른 지역에서도 이와 유사한 위상을 지닌 유물들이 다수 출토되고 있는 상황을 통해서 확인된다.
61 『日本書紀』권21 숭준기 원년조.

성흥산성

(5) 禰氏勢力

예씨에 대해서는 그동안 크게 주목하지 않았으며, 그 성씨에 대해서조차 의문을 갖고 있었다. 그런데 최근에 禰寔進이라는 인물의 墓誌가 알려지면서 사료적 가치가 부각되어 소개되었다.[62] 특히 예씨는 출자가 熊川人으로 기록되고 있어 웅진지역과의 관련성을 주목하지 않을 수 없다. 다음은 예씨 인물에 대한 기록이다

K-1. 大唐故左威衛大將軍來遠縣開國子柱國 禰公墓誌銘 公의 諱는 寔進으로 百

---

62 김영관, 2007,「백제유민 예식진 묘지 소개」,『신라사학보』10.
董延壽 · 趙振華, 2007,「洛陽 · 魯山 · 西安出土的唐代百濟人墓誌探索」,『東北史地』2007年 第2期.

濟 熊川人이다. 祖父는 좌평 譽多이고, 父는 좌평 思善으로 모두 蕃官 正一
品이다. …(「禰寔進 墓誌銘」)

2. 그 대장 禰植도 의자왕을 데리고 와서 항복하였으며, 태자 융도 여러 성주들
   과 함께 항복하였다.(『舊唐書』권83 열전33 소정방전)

3. 3년 海外國記에 이르기를, 天智天皇 3년 4월에 大唐의 손님이 내조하였
   다. …백제 좌평 禰軍 등 1백여 인이 對馬島에 이르렀다. …(『善隣國寶記』上
   卷 天智天皇)

4. 가을 7월 왕이 백제의 잔당이 배반할 것을 의심하여 대아찬 儒敦을 웅진도
   독부에 보내 화친을 청하니 듣지 않고 사마 禰軍을 보내 엿보게 하였다. 왕
   이 우리를 도모하려함을 알고 禰軍을 머물러 두어 보내지 않고, 군사를 움직
   여 백제를 토벌하였다.(『三國史記』권6 문무왕 10년 7월)

먼저, 禰寔進의 경우 묘지의 내용에 따르면, 出自는 백제 웅천인으로
기록되어 있다. 그리고 祖父는 좌평 譽多, 父는 좌평 思善으로 조부로부터
대대로 좌평의 직을 지낸 고위귀족이었던 것으로 기록하고 있다. 이 내용
이 사실이라면 그의 가문은 백제에서 유력한 귀족가문이었으며, 재지기반
은 웅천 즉, 웅진지역으로 추정할 수 있다. 그런데 예씨는 『三國史記』백제
본기에는 전혀 등장하지 않으며, 신라본기 문무왕 10년 7월조에 禰軍이라
는 인물, 그리고 『舊唐書』 소정방전에 禰植이라는 인물이 확인된다. 예식
은 大將으로 기록되고 있는데, 660년 사비도성이 함락될 당시 북방성인
웅진성으로 피신한 의자왕을 비롯하여 태자, 그리고 많은 고위귀족들을
데리고 사비성으로 와서 당에 항복한 인물이다. 이때 예식은 단지 대장으
로만 기록되어 있기 때문에 그 출신이나 신분 등을 파악할 수가 없는데,
이와 관련된 내용으로 보이는 기록이 『三國史記』신라본기 태종무열왕 7
년 7월조에 보이고 있다.[63] 내용을 보면, 의자왕과 태자, 그리고 웅진방령

---

63 十八日 義慈率太子及熊津方領軍等 自熊津城來降(『三國史記』권5 태종무열왕 7년 7월).

예식진묘지명(탁본)

군 등이 웅진성으로부터 항복해 왔다는 것이다. 이들 내용을 비교해 볼 경우 소정방전에 보이는 대장 예식이 바로 의자왕과 함께 항복해 온 웅진방령군의 책임자인 熊津方領일 것으로 보는 견해가 일반적이다. 그런데 이 웅진방령인 예식이 예식진과 동일인물로 추정된다.[64] 예식진

이 당에 건너가 짧은 시일에 대장군의 지위에 오를 수 있었던 점은 바로 백제에서 일정한 공이 있었기 때문이라고 보는 것이다. 이는 충분히 설득력이 있는 견해라고 하겠다.

이 외에도 예씨로 禰軍이라는 인물이 보이고 있다. 신라에서 670년에 백제인들의 봉기를 염려하여 대아찬 유돈을 웅진도독부에 보내 화친을 청한 일이 있었다. 이때 도독부에서는 거절하면서 司馬 禰軍을 보내어 신라의 내부를 염탐하게 한 일이 있었는데, 신라에서 예군을 붙잡아 두었다가 문무왕 12년인 672년 신라 사신과 함께 당시 억류하고 있었던 당의 포로들과 예군을 당에 보냈던 것이다.[65] 그런데 이미 그 이전에 예군은 왜에

---

64 김영관, 2007, 앞의 글.

65 九月 彗星七出北方 王以向者百濟往訴於唐 請兵侵我 事勢急迫 不獲申奏 出兵討之 由是獲罪大朝 遂遣級湌原川 奈麻邊山 及所留兵船郞將鉗耳大侯 萊州司馬王藝 本烈州長史王益 熊州都督府司馬禰軍 曾山司馬法聰 軍士一百七十人 上表乞罪曰(『三國史記』권7 문무왕 12년)

사신으로 간 기록이 확인된다.[66] 『善隣國寶記』에 의하면, 이때 예군은 백제 좌평을 칭했던 것으로 보인다. 이들 기록을 통해 볼 때 예군이라는 인물은 당의 웅진도독부 사마의 직을 띠고, 동시에 백제의 구관등인 좌평을 칭하면서 당의 백제고토 지배에 참여하여 신라와 왜 등에 특정한 임무를 띠고 파견되었던 것으로 파악된다.

이와 같이 예씨는 백제멸망기에 활동한 내용이 일부 확인되고 있는데, 그들이 칭한 관등을 통해서 볼 때 상당한 정치적 위상을 가진 유력한 귀족세력이었던 것으로 파악된다. 그런데 예씨가 웅진지역에 재지기반을 가진 유력한 귀족세력이었다고 한다면 웅진천도 이후 기록에 나타나고 있지 않은 점이나 예식진의 祖父나 父가 좌평의 직을 가지고 있었음에도 불구하고 대성귀족의 반열에 들지 못하였을 뿐만 아니라 그 활동상이 전혀 기록되고 있지 않은 점은 의문이다. 이는 예식진의 경우에도 마찬가지이다. 다만 禰軍의 경우에는 웅진도독부체제 하에서 백제의 구관료층으로 주도적인 활동을 하였던 것으로 보인다. 따라서 예씨세력이 칭하고 있는 좌평의 관등이 백제멸망 이전에 국가로부터 공식적으로 수여된 것인지에 대해서는 별도의 검토가 필요하다. 특히 예군의 경우 좌평의 직은 백제멸망 이후에 칭한 관등일 가능성이 높다고 생각되며, 예식진의 조부와 부가 띠고 있는 좌평의 관등 역시 그 사실성을 확인할 길이 없다. 오히려 예식진이 당에 건너간 이후 자신의 가문을 격상시킬 목적으로 부회하였을 가능성도 배제할 수 없다. 이는 백제말기 좌평의 관등이 남발되고 있는 사실과 부흥운동기에 다수의 인물들이 自稱 또는 他稱 좌평을 칭한 사례가 참고될 수 있지 않을까 한다. 예를 들면, 의자왕 17년 왕서자 41인의 좌평 임명이라든지,[67] 또는 660년 9월 부흥운동기에 귀실복신이 은솔의 관등을 띠고 있

---

66 『日本書紀』권27 천지기 4년 9월조.

었으나 그 해 10월에는 좌평의 관등을 띠고 있으며, 사람들이 복신과 여자진을 높여서 "좌평 복신 좌평 자진"이라고 하였다는 점[68] 등이 그것이다.

다만 흑치상지의 가문이 대대로 달솔을 지냈다는 사실과 비교해 볼 때 웅진방령일 가능성이 높은 예식진의 존재를 통해 백제말기 예씨세력의 정치적 성격을 추정해 볼 수 있는데, 만일 대대로 좌평을 지냈다고 할 경우 상당한 정치적 위상을 지닌 귀족가문이었을 가능성은 있다. 그러나 대부분의 대성귀족이 한성기에 이미 그 존재가 확인되고 있거나 재지기반이 형성된 점으로 볼 때 예씨의 경우에는 전혀 그 존재가 확인되지 않아 웅진지역의 토착세력으로 이해하기에 곤란한 점이 있다. 다만 예씨와 굳이 관련지어 본다면, 爾氏의 존재가 확인될 뿐이다. 『日本書紀』신공기 46년조에 보면 백제가 탁순을 통해 왜와 통교를 맺는 내용이 보인다. 이때 왜인 가운데 傔人으로 爾波移가 보이는데, 卓淳人과 함께 백제에 파견된 것으로 기록되고 있다.[69] 그렇지만 당시 가야에서 왜의 활동을 백제의 활동으로 볼 경우 이 인물을 가야인 내지는 백제인으로 볼 여지가 있는 것이다. 또한 『日本書紀』신공기 62년조의 백제기 내용 가운데 백제에 귀부해 온 가야인 가운데 가라국왕을 포함해 爾汶至라는 인물이 보인다. 가야지역은 근초고왕대 백제와 정치적 예속관계가 형성되었는데, 가야인이 백제에 귀부해 올 수 있었던 것은 그 때문이었다고 하겠다. 이들 2인의 경우 1인은 왜인, 1인은 가야인으로 기록하고 있지만 실제는 모두 가야인이었을 가능성도 배제할 수 없다. 그 경우 爾(이)가 禰(니)와 음상사한 점에서 관련이 있다고 할 경우 禰氏는 가야계 이주민세력이었을 가능성도 배제할 수 없겠다.[70]

---

67 『三國史記』권28 의자왕 17년조.
68 『日本書紀』권26 제명기 6년조.
69 『日本書紀』권9 신공기 46년 3월조.

(6) 기타

부소산성에서 출토된 금동불상의 광배에 새겨진 명문에 보면 鄭智遠과 趙思의 인명이 보이고 있다. 불상이 백제시대에 제작된 것이기 때문에 명문에 보이는 인물도 백제인으로 볼 수 있다. 이들이 중국식 성씨를 칭한 것은 백제가 일찍부터 중국의 문화를 수용하여 백제화한 사실을 보여주고 있으며, 이들 성씨가 대방계의 인명일 가능성도 언급된 바 있지만 백제인 명으로 보는데 문제는 없다고 하겠다.[71] 그런데 이들이 성씨를 칭하고 있다는 사실을 통해 상당한 사회적 신분의 인물이었으며, 정지원이라는 인물의 경우 죽은 부인을 위해 금동불상을 주조하였다는 점에서 경제적 기반도 지니고 있었음을 추정할 수 있다. 그리고 불상이 부소산성에서 출토되었다는 점으로 볼 때 사비도성 안에서 살았을 가능성이 높으며, 정지원이라는 인물은 王都人으로 볼 수 있을 것이다. 다만 그들의 정치적 활동상은 전혀 확인되지 않으며, 재지기반도 파악할 수 없다. 또한 재지기반이 왕도에 있었다고 단정할 수는 없으며, 별도의 기반을 가지고 있었을 가능성도 배제할 수 없다. 왜냐하면 大姓八族의 대부분이 왕도 이외의 지역을 재지기반으로 하고 있으면서 왕도에서 생활을 하였던 것으로 이해되고 있기 때문이다.

또한 비록 기록을 통해서는 확인되지 않지만 금동관과 금동신발 등이

---

70 예씨와 관련해서 최근에 禰寔進의 아들 禰素士와 손자 禰仁秀, 예식진의 형 禰軍의 묘지명이 학계에 소개되고(金榮官,「唐으로 간 百濟遺民의 活動」,『국경을 넘어서 이주와 이산의 역사』, 제54회 전국역사학대회조직위원회, 2011, 152~153쪽), 그에 대한 구체적인 고찰이 있었다(김영관, 2012,「중국 발견 백제 유민 예식진 가족 묘지명의 검토」,『신라사학회 제111차 학술발표회 자료집(2012.1.28)』). 禰素士 墓誌銘에는 '楚國 琅邪人', 祢仁秀墓誌銘에는 '東漢 平原處士之後也'라고 하여 중국 산동반도 동남부 琅邪 출신임을 알 수 있게 되었다.

71 이홍직, 1987, 앞의 글, 360쪽.

출토된 익산 입점리고분군의 조영세력도 금강유역 재지세력으로 주목된다. 이들 입점리고분군 조영세력은 무왕의 지지세력으로 사비기에 상당한 정치적 위상을 확보하였을 것으로 추정되는데,[72] 기록을 통한 구체적인 활동상이 나타나지 않아 더 이상의 논급은 하지 않기로 한다.

이 외에도 대성귀족으로 국씨세력이 있다. 국씨가 처음 기록에 보이는 것은 『日本書紀』신공기 62년조인데, 백제에 귀부한 인물 가운데 國沙利의 존재가 보이고 있다. 이후 성왕 21년 덕솔 國雖多, 의자왕 20년 國辨成 등의 존재가 보이지만 그 활동상이 전혀 확인되고 있지 않아 검토에 어려움이 있다. 또한 웅진 및 사비천도 과정에서 어떠한 역할도 확인되지 않아 금강유역의 재지세력으로 보기에도 어려운 점이 있다.

4) 금강유역 在地勢力의 政治的 性格

금강유역에 재지기반을 두고 있었던 세력들이 중앙의 지배체제에 편제되는 과정은 백제가 마한 전역에 대한 지배권을 확대해 가는 과정과 흐름을 같이한다. 백제의 마한 諸勢力에 대한 지배권 확대과정은 크게 3단계로 구분하여 이해할 수 있다. 1단계는 한강유역을 중심으로 성장한 백제가 고이왕대 마한의 맹주국인 目支國을 병합하면서 그 지배력을 주변지역까지 확대하는 시기이며, 2단계는 전라도지역까지 정치적 영향력을 확대하는 근초고왕대, 그리고 3단계는 웅진·사비천도 이후 方-郡-城의 지방 지배체제가 성립되면서 모든 지방이 중앙의 직접적인 통치체제에 편제되는 시기라고 할 수 있다.

---

72 강종원, 2007, 「백제말기의 정치상황과 익산 왕궁성」, 『마한·백제문화』17.

그러면 금강유역의 재지세력들은 어떠한 방식으로 중앙의 지배체제에 편제되었을까? 이를 위해서는 그들의 出自基盤이었을 것으로 생각되는 마한의 여러 小國 지배세력들이 중앙집권체제 정비과정에서 중앙에 어떠한 방식으로 편제되고 있는가를 이해할 필요가 있다. 마한의 소국들은 각각의 首長層에 의해 자치가 행해졌는데, 백제가 마한의 여러 소국들을 병합하면서 이들 수장층을 중앙통치체제 속에 어떤 방식으로 편제시켰는지에 대해서는 거의 알려져 있지 않다. 다만 『三國史記』백제본기 온조왕 26 · 27년조의 마한 병합기록을 통해 그들에 대한 정책을 추정해 볼 수 있는데,[73] 정벌에 의해 병합한 지역의 경우에는 사민 등을 통해 직접지배를 실현해 갔지만 반대로 순순히 백제의 지배체제에 편제된 세력은 그들의 재지기반에 그대로 溫存시켰던 것으로 파악된다.

그런데 백제는 4세기 후반 근초고왕대를 거치면서 중앙집권적인 국가체제를 성립시켰으며, 영역은 전라남도 일대까지 확대되었고,[74] 지방에는 지방관이 파견되었던 것으로 추정된다. 그렇지만 모든 지역에 지방관이 일률적으로 파견되지는 않았으며, 재지세력을 중앙의 관등 및 관직에 편제시키는 방법을 통해 지방지배를 실현해 나갔다.[75] 따라서 마한의 여러 故地에서는 이들 小國의 권위와 전통을 계승한 유력한 재지세력들이 중앙과의 일정한 정치적 관계 속에서 점차 중앙귀족화하거나 또는 지방세력화의 길을 걷게 되었을 것이다.[76] 지방의 재지세력들은 대부분 지방통

---

73 『三國史記』권23 온조왕 26 · 27년조.
74 『日本書紀』권9 신공기 49년 3월조.
75 강종원, 2005, 「한성말기 지방지배와 수촌리 백제고분군」, 『충청학과 충청문화』 4. 190~191쪽.
76 이와 관련하여 금동관이 출토된 신촌리 9호분 피장자가 목지국 말기의 지배자이거나 목지국의 전통을 이은 지방 호족일 것으로 추정하는 견해(최몽룡, 1990, 「마한-목지국 연구의 제문제」, 『백제논총』 2, 274~278쪽)가 참고된다.

치제도의 정비에 따라 지방지배자로서의 지위는 해체되고 점차 재지유력층으로서 지방관을 보좌하는 역할을 담당하는 존재로 전환되는 것으로 이해되고 있다.[77] 그렇지만 각 지역에서 출토되고 있는 위세품을 통해 볼 때 이들 고분군 피장자는 재지세력으로서 상당한 독립성을 지닌 지방지배자로서의 지위를 유지시켜 갔음을 알 수 있다.

특히 수촌리고분군의 경우 토광묘에서 석실분으로의 묘제변화에도 불구하고 동일한 성격의 위세품을 공반하고 있다는 점은 매우 주목된다. 그것은 피장자 집단이 중앙으로부터 권위와 지위를 공식적·세습적으로 인정받고 있었다는 사실을 의미하기 때문이다. 그리고 이들 재지세력은 중앙의 관등체계에 편제되어 지방관적인 성격을 가지고 재지사회를 지배해 나갔던 지방세력으로 볼 수 있다.[78] 금동이식과 관모 등 착장형 위신재의 경우 중앙귀족화의 모습을 보여주는 것으로 이해[79]되기도 하지만, 피장자 집단은 당시 금강유역에 재지기반을 가진 귀족세력으로 분류할 수 있을 것이다.

그런데 앞에서 검토한 결과 금강유역 재지세력의 경우에도 일부의 경우 한성기에 이미 중앙과 밀접한 정치적·군사적 관계를 맺고 있었던 것으로 파악된다. 다만 한성기에 일원적인 중앙집권적 지방지배체제가 시행되지 못하였기 때문에 금강유역에 대한 직접지배는 이루어지지 않았으며, 결과적으로 이들 지역에 기반을 둔 정치세력들은 상당히 독립적인 신분적·정치적 지위를 견지하고 있었던 것으로 파악된다. 실제 각 지역의 재지적 문화와 백제 중심지역의 문화에 상당한 차이가 있었다. 주거지나

---

77 노중국, 1985, 「한성시대 백제의 지방통치」, 『변태섭박사 화갑기념논총』, 152쪽.
78 이들의 존재는 문화적으로는 마한의 전통을 계승하고 있으며, 정치적으로는 백제의 통치체제에 편제된 토착세력으로서 엄밀한 의미에서 지방세력으로 볼 수 있다고 하겠다.
79 성정용, 2000, 앞의 글, 143쪽.

분묘양식에 있어서도 마찬가지이다. 예를 들면 분묘의 경우 금강유역에 광범위하게 분포하고 있는 주구토광묘의 존재, 그리고 주거의 경우에 있어서는 4주식 수혈주거지를 비롯해 공주 장선리에서 확인된 토실유적 등은 4세기 경까지도 금강유역에 중앙의 문화가 침투하지 않았음을 보여주고 있다. 이러한 상황은 마한의 습속을 기록한 『三國志』위지 동이전 한조의 「其北方近郡諸國差曉禮俗 其遠處直如囚徒奴婢相聚」라는 내용[80]을 통해서도 중앙과 지방의 문화상의 차이를 이해할 수 있다. 또한 『周書』와 『北史』백제전에도 「王姓夫餘氏 號於羅瑕 民呼爲鞬吉支 夏言竝王也」라고 하여 왕에 대한 호칭이 지배층과 일반민들 사이에 서로 달랐음을 알 수 있는데, 이는 백제 중앙문화가 일반화된 이후에도 여전히 토착사회의 문화가 잔존한 사실을 의미한다. 이는 금강유역 재지세력의 경우에도 예외가 아니었다.

그렇지만 이들 세력은 상당한 정치적 독립성을 유지하고 있었음에도 불구하고 이미 한성기부터 중앙에 진출하였는데, 근초고왕의 대외팽창과정에 참여하여 군사적 · 경제적으로 일정한 역할을 한 사실이 확인된다. 그리고 고구려의 남진과정에서 군사적으로 그 역할이 크게 증대되었으며, 따라서 정치적 위상도 높아졌던 것으로 파악된다. 금강유역 재지세력들의 분묘유적에 威勢品이 다량 부장된 사실이 이를 말해준다.

그러나 금강유역 재지세력이 본격적으로 중앙정치에 등장하게 된 직접적인 배경은 웅진천도라고 하겠다. 백제는 한성함락으로 인해 국왕을 비롯해 왕비 · 왕자 · 고위관료 등 많은 수가 몰살을 당하였으며,[81] 이 과정에서 한성귀족들의 정치적 위상도 크게 위축되었다. 특히 475년 웅진천

---

80 『三國志』위지 동이전 한조.
81 『日本書紀』권14 웅략기 20년조.

공주 장선리 토실유적 전경

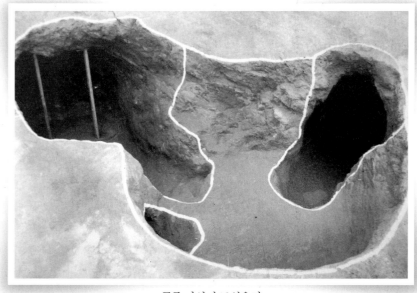

공주 장선리 토실유적

백제 국가권력의 확산과 지방 ┃ 百濟 國家權力의 擴散과 地方

도는 한강유역을 기반으로 한 왕실과 귀족세력의 경제적 기반을 일시에 상실하는 계기가 되었다. 따라서 웅진천도 이후 한성귀족을 대체할 정치세력과 국가체제를 재정비할 경제적 기반이 필요하였다. 그러나 웅진초기에는 구귀족세력에 의해 이러한 노력이 저지되거나 방해를 받았는데, 그 결과는 문주왕과 삼근왕의 죽음으로 나타났다. 이 과정에서 구귀족세력은 자신들의 정치적 영향력을 유지하기 위해 금강유역에 재지기반을 가진 새로운 정치세력과 합종연횡을 추진하기도 하였으니 해구가 연신과 공모한 사실을 통해 확인된다.

그렇지만 大姓八族 가운데 금강유역에 재지기반을 두고 있었던 세력이 다수를 차지하고 있었던 점으로 볼 때 웅진천도는 금강유역 재지세력의 정치적 위상을 높여주는데 결정적으로 기여하였다고 하겠다. 다만 웅진에서 사비로의 천도, 그리고 무왕의 익산경영 등에 따라 이들 세력간에도 정치적 위상에 변화가 초래되었지만, 궁극적으로 금강유역에 재지기반을 두었던 귀족세력을 중심으로 大姓貴族이 재편되었던 것으로 파악된다.

5) 맺음말

'大姓八族'의 존재와 활동상은 백제의 정치와 사회를 이해하는데 많은 정보를 제공해 주고 있다. 그들은 백제초기부터 중앙의 정치무대에서 중요한 위치를 점하고 있었으며, 사회적·정치적으로 영향력을 가진 유력귀족을 형성하였다. 이들 귀족세력들은 시기적으로 浮沈은 있었지만 대부분 한성기부터 등장하여 사비기까지 사회적 지위와 정치적 영향력을 유지해 갔다. 그들이 배타적인 지위를 유지할 수 있었던 중요한 배경은 전통적 재지기반에 토대를 둔 경제력과 군사력에 있으며, 중앙집권적 지배체제가 성립된 이후에는 중앙의 고위 官等과 官職을 세습적으로 점유할 수 있었기 때문이다.

먼저, 王妃族을 형성하였던 眞氏와 解氏를 통해 大姓貴族의 형성배경을 살펴보았다. 한성기 대성귀족이었던 진씨와 해씨는 王妃族의 신분으로 중앙의 고위 官等과 官職에 편제되었다. 이들이 정치적 위상을 확보할 수 있었던 배경으로는 진씨의 경우 北部라고 하는 재지기반에 의해 가능하였으며, 해씨는 부여지역으로부터 이주해 온 세력으로서 왕실과 같은 夫餘系로 백제의 건국과정에 참여함으로써 일찍부터 중앙의 고위 관등과 관직을 획득한데 있었다. 그러나 이들 세력은 웅진천도로 인해 재지기반을 상실함으로써 사비기에 이르러서는 王妃族이었음에도 불구하고 금강유역 재지세력들에 비해 상대적으로 정치적 위상이 약화되었다.

다음은 금강유역을 재지기반으로 한 세력에 대하여 검토하였다. 먼저, 木氏는 근초고왕대 대외팽창과정에서 등장하여 한성말기 가야지역을 기반으로 大姓貴族化하였는데, 이들의 재지기반은 청주일대로 추정된다.

燕氏는 웅진천도 이후에 처음 등장하고 있는데, 이들은 目支國이 백제에 병합된 이후 故地에서 새로운 정치세력으로 성장한 세력으로 추정된다. 그들의 재지기반은 구목지국의 영역이었던 천안과 아산 일원이었을 것이며, 천안 화성리·용원리고분군이 목지국 병합 이후에 새롭게 성장한 재지세력에 의해 형성된 유적일 가능성도 배제할 수 없다.

대성귀족 가운데 수위를 차지하고 있는 세력은 沙氏이다. 사씨는 한성기 목씨와 같이 근초고왕의 대외팽창과정에서 중앙에 진출하였으며, 고구려의 남진과정에서 정치적 위상이 크게 강화되었다. 이후 성왕의 사비천도를 적극적으로 지지함으로써 대성귀족으로 성장하였다. 사씨세력은 사비기 내내 최고의 위상을 가진 정치세력으로 활약하였는데, 그 재지기반은 금강하류의 서천일대로 추정된다.

苩氏는 웅친천도 이후에 기록에 등장하고 있다. 백씨세력은 웅진천도 결과 좌평의 관등을 받고 중앙의 요직에 진출하였으나 동성왕의 왕권강화정책과 귀족세력의 견제로 인해 결국 왕을 시해하기에 이르며, 그 결과 중앙정치에서 한때 소외되었다. 그러나 재지기반은 그대로 유지됨으로써 대성귀족으로서의 위치는 잃지 않았던 것으로 보인다. 그리고 백씨세력의 재지기반은 최근에 조사된 공주 수촌리백제고분군을 통해 확인된다. 수촌리유적의 조영세력은 백씨로 추정되며, 당시 최고위급의 유물들이 부장된 것으로 보아 정치적 위상이 매우 높았음을 알 수 있다. 또한 백씨에 대한 기록이 한성기에는 보이지 않지만 출토유물을 통해 볼 때 이미 한성기에 중앙과 일정한 정치적 관계를 형성하고 있었음을 알 수 있으며, 웅진지역으로의 천도를 주도한 세력이었던 것으로 추정된다.

大姓八族에는 포함되지 않지만 웅진세력으로 禰氏가 주목된다. 예씨는 최근에 소개된 禰寔進의 墓誌를 통해 그 존재가 부각되었는데, 백제멸망기에 활동한 인물만이 확인되고 있어서 재지기반을 이해하는데 어려움이 있다. 墓誌에 따르면 선조가 대대로 좌평의 관등을 소지하였던 것으로 기록되고 있는데, 웅진·사비기 예씨의 활동이 구체적으로 확인되지 않는 점으로 보아 熊津方領이었다가 의자왕과 함께 당으로 건너간 禰寔이 부회한 것이 아닌가 추정되며, 禰軍의 경우에도 백제부흥운동기의 혼란한 국가상황에서 좌평을 칭했던 것으로 이해된다.

이 외에도 國氏를 비롯해 鄭氏 등 많은 성씨가 확인되지만 그들의 재지기반이나 활동상을 구체적으로 확인할 수 없을 뿐만 아니라 금강유역 재지세력으로 볼 근거도 찾아지지 않는다.

끝으로 금강유역 재지세력의 정치적 성격에 대하여 살펴보았다. 백제의 중앙집권화 과정에서 小國의 권위와 전통을 계승한 금강유역의 유력한 재지세력들은 중앙과의 일정한 정치적 관계 속에서 점차 중앙귀족화하거나 또는 지방세력화의 길을 걷게 되었다.

금강유역의 재지세력들이 중앙의 정치무대에 두각을 나타내기 시작한 것은 근초고왕대인데, 대외팽창과정에 참여하여 군사적·경제적으로 일정한 역할을 하였으며, 고구려의 남진과정에서 정치적 위상도 높아졌던 것으로 파악된다.

그러나 금강유역 재지세력이 본격적으로 중앙정치에 등장하게 된 직접적인 배경은 웅진천도이다. 웅진천도 이후 한성귀족을 대체할 정치세력과 국가체제를 재정비할 경제적 기반이 필요하였다. 그 결과 금강유역에 재지기반을 가지고 있었던 세력들의 정치적 비중이 높아졌으며, 그들의 상당수는 大姓貴族으로 성장할 수 있었다.

2. 百濟 沙氏勢力의 中央貴族化와 在地基盤

1) 머리말

백제사에서 貴族勢力의 존재를 가장 잘 나타내는 것은 '大姓八族'이라는 용어이다. 백제에는 大姓八族이라고 하여 사회적·정치적으로 영향력을 가진 유력귀족이 존재하였다. 이들 대성팔족 가운데 하나인 沙氏는 한성기에 등장하여 사비말기까지 유력한 중앙귀족으로 활동하였다. 특히 사비기의 역사적 사실을 기록한 『隋書』 등에는 大姓八族으로 「沙氏·燕氏·荔氏·解氏·眞氏·國氏·木氏·苩氏」 등을 기록하고 있는데, 이 가운데 사씨가 제일 앞에 기록되어 있다.

이제까지 大姓八族에 대해서는 많은 연구가 진행되었으며,[82] 특히 王

---

82 이홍직, 1987, 「백제인명고」, 『한국고대사의 연구』.
   노중국, 1978, 「백제왕실의 남천과 지배세력의 변천」, 『한국사론』4, 101~105쪽.

妃族에 대한 연구는 많은 성과가 축적되었다고 할 수 있다.[83] 그 외에도 목씨와 백씨에 대한 연구도 진행되었다.[84] 그러나 사씨세력은 단지 웅진 천도 이후 유력한 귀족세력으로 등장한 신진귀족이라는 측면에서 이해하고 있을 뿐 아직 그들이 중앙정치에 등장하는 과정이나 그 배경, 재지기반, 정치세력화 과정 등에 대한 구체적인 연구는 미흡하였다.

그렇지만 사씨에 대한 연구는 한성후기 대고구려전의 성격을 비롯해 사비천도, 사비기의 정치세력 문제, 나아가 大姓八族의 중앙귀족화 과정과 재지기반, 정치적 성격 등을 이해할 수 있는 실마리를 제공해 줄 수 있다는 점에서 좀더 심도있고 체계적인 검토가 요구된다.

본고에서는 사씨세력이 백제사에 등장하는 시점부터 사비말기까지 그들의 활동을 중심으로 당시의 정국상황과 관련시켜 검토해 보고자 한다. 특히 사씨세력이 등장할 당시의 정국상황에 대한 이해를 통해 중앙정치에 등장하는 배경을 살펴보고, 이를 토대로 사씨세력의 中央貴族化 및 政治勢力化 과정을 검토해 보고자 한다. 또한 사씨세력이 백제 말기까지 유력한 귀족세력으로서의 위상을 유지할 수 있었던 재지기반을 추구해 보고자 한다.

2) 沙氏勢力의 登場과 그 背景

百濟史上에서 사씨는 한성기에 등장하는 左將 沙豆를 시작으로 웅진

---

83 이기백, 1959, 「백제 왕위계승고」, 『역사학보』11.
　　강종원, 1997, 「백제 한성시대 정치세력의 존재양태」, 『충남사학』9.
84 노중국, 1994, 「백제의 귀족가문 연구」, 『대구사학』48.
　　김수태, 2004, 「백제의 천도」, 『한국고대연구』36.
　　강종원, 2005, 「수촌리 백제고분군 조영세력 검토」, 『백제연구』42.

기에 內法佐平 沙若思・邁羅王 沙法名[85]・達率 沙烏, 사비기에는 沙宅己婁・砂宅智積・砂宅闞明・砂宅軍善・沙宅(혹은 吒)千福・沙吒相如・沙宅(혹은 吒) 紹(혹은 昭)明・沙宅孫登 등이 보이고 있다.[86] 이 외에도『日本書紀』신공기조에 沙白蓋盧・沙沙奴跪・沙至比跪 등이 근초고왕대를 전후하여 활동한 사씨로 추정된다. 그런데 사씨는 처음 등장하는 시점부터 중앙의 최고위직을 띠고 있으며, 일시적으로 기록에 보이지 않는 경우는 있지만 그 위상은 사비말기까지 지속되고 있었던 것으로 파악된다. 이와 같이 사씨는 백제사상 핵심적인 정치세력 가운데 하나로 활동하였음을 알 수 있다.

다음은 사씨세력이 처음 중앙에 등장할 당시의 정치상황과 그 등장배경을 통해 한성기 사씨세력의 성격을 살펴보기로 하겠다. 사씨가 관직을 띠고 중앙정치에 등장하는 것은 아신왕 7년 사두가 좌장에 임명되면서 부터이다.[87]『三國史記』백제본기에 따르면, 아신왕 7년(398) 사두가 左將에 임명되면서 처음 중앙 정치무대에 등장하고 있는 것이다. 그런데 사씨가 중앙정치에 등장하는 시점부터 좌장에 임명되었다는 사실은 크게 주목된다. 그 이유는 백제초기 지방세력의 중앙귀족화는 관직의 획득과 관등제의 편제를 통해서 이루어지고 있는데, 좌장은 매우 높은 정치적 위상을 가진 세력의 인물에게 주어진 관직이었을 뿐만 아니라 좌장이 지닌 관직으로서의 성격 때문이다. 즉, 좌장은 군사권을 운용하는 직으로서 상당한 군사력을 소유한 인물 가운데서 임명되었다.[88] 좌장이 지닌 정치적 성격은

---

85 『南齊書』百濟傳. 沙法名의 경우 성씨를 '沙氏'로 보지 않고 '沙法氏'의 復姓으로 보기도 한다(노중국, 1994, 앞의 글, 4쪽).
86 沙氏는 원래 沙宅・砂宅・沙吒 등의 복성이었으나 중국식으로 沙氏로 표기된 것으로 이해된다(이홍직, 1987, 앞의 글, 338쪽).
87 『三國史記』권25 아신왕 7년,「春二月 以眞武爲兵官佐平 沙豆爲左將」.
88 강종원, 1999,「백제 좌장의 정치적 성격」,『백제연구』29.

좌장직이 처음 설치된 고이왕 7년 진충이 좌장에 임명된 사실을 통해 파악해 볼 수 있다. 당시 진씨는 왕족 다음가는 위상을 지닌 정치세력이었으며, 이어 고이왕 14년에 진충이 우보가 되면서 진물이 다시 좌장에 임명되고 있는 점 등은 중앙 최고위 관직으로서의 좌장직이 지닌 정치적 성격을 말해 준다. 따라서 사두가 좌장에 임명되었다는 사실은 사씨가 이미 상당한 정치적 위상을 확보하고 있었음을 의미한다.

그런데 사두가 좌장에 임명될 수 있었던 배경은 2가지 측면, 내적인 요인과 외적인 요인에서 살펴 볼 수 있다. 먼저, 내적인 요인으로 사씨세력이 가진 재지적 기반이다. 사두가 처음 관직에 진출하면서 좌장에 임명된 사실은 사씨가 그 이전부터 중앙과 밀접한 정치적 관계에 있지 않고서는 실현되기 어려운 일이라고 하겠다. 이는 좌장의 직이 상당한 정치적 위상을 가진 세력의 인물이 임용될 수 있었던 자리였기 때문이다. 즉, 사씨세력은 군사적인 측면에서 상당한 영향력을 행사할 수 있는 위치에 있었으며, 정치적으로도 중앙과 밀접한 관계에 있었을 것으로 추정된다.

이와 관련하여 사두가 좌장직에 등용되는 아신왕 7년 이전에 사씨와 관련된 기록이 『日本書紀』에 보이고 있어 참고된다.

A-1. 신라를 공격하고자 할 때 누군가가 "군사의 수가 적어서 신라를 깨뜨릴 수 없습니다. 그러니 다시 沙白蓋盧를 보내 군사를 증원해 달라고 요청하십시오"라고 말하였다. 곧 木羅斤資·沙沙奴跪[이 두 사람의 성은 알 수 없다. 다만 木羅斤資는 백제의 장군이다]에게 명령하여 정병을 이끌고 沙白蓋盧와 함께 가도록 하였다. 모두 卓淳에 모여 신라를 공격하여 깨뜨렸다.(『日本書紀』권9 신공기 49년)

2. 백제기에 이르기를, 임오년에 신라가 귀국을 받들지 않았으므로 귀국이 사지비궤를 보내어 토벌하게 하였는데, 신라인은 미녀 두 사람을 단장시켜 나루에서 맞아 유혹하게 하였다. 사지비궤는 그 미녀를 받아들이고 오히려 가라국을 쳤다. 가라국왕 기본한기와 아들 백구지·아수지·국사리·이라마주·이문지 등이 그 백성을 데리고 백제로 도망하여 오니 백제는 후대하였

다.…천황이 크게 노하여 "목라근자를 보내어 군대를 거느리고 가라에 모여 그 사직을 회복시켰다고 한다. 또 이르기를 沙至比跪는 천황이 노하였음을 알고 감히 공공연히 귀국할 수 없어 몰래 잠입하였다. 그 누이동생이 황궁에서 일하고 있었는데, 비궤가 은밀히 사람을 보내어 천황의 노여움이 풀렸는지를 알아보게 하였다.…(위의 책, 신공기 62년)

『日本書紀』신공기 49년 및 62년조에 보면, 沙白蓋盧[89]를 비롯해 沙沙奴跪와 沙至比跪 등의 인물이 확인된다. 신공기 49년은 근초고왕 24년(369)이고, 신공기 62년은 근구수왕 8년(382)에 해당된다. 내용을 살펴보면, 가야를 둘러싸고 벌어지는 백제·신라·왜의 정치적 관계 속에서 왜의 군사활동을 보여주고 있다. 당시 군사활동의 주체가 과연 왜인가에 대해서는 다양한 견해가 제기되고 있지만, 가야지역에서 백제군의 군사적 활동으로 이해하는 것이 타당하다고 생각된다. 백제는 근초고왕 19년(364)인 甲子年에 卓淳에 사신을 파견한 사실이 있는데,[90] 신공기 49년조에 기록된 왜가 신라를 공격하기 위한 전초기지를 탁순[91]으로 하고 있다는 점은 당시 군사활동의 주체가 백제일 가능성을 뒷받침 한다고 하겠다. 즉, 백제가 정치적 영향력을 끼치고 있었던 가야지역에 대하여 신라가 도전해 오자 백제에서는 목라근자와 사사노궤 등의 장군을 보내 이를 저지한 것으로 이해할 수 있는 것이다.[92]

그렇다고 한다면 木羅斤資·沙沙奴跪·沙至比跪 등은 비록 왜가 가야

---

89 沙白蓋盧의 경우 사백과 개로 2인, 또는 사씨와 관련된 복성으로 보는 견해(노중국, 1994, 앞의 글, 4쪽) 등이 있지만 여기서는 다만 사씨세력의 한 명으로 언급해 두는데 그친다.
90 『日本書紀』권9 신공기 46년조.
91 卓淳의 위치는 大邱와 昌原 등에 비정되는데, 근초고왕대 신라와의 전투지점이나 南境, 그리고 음의 유사성을 통해 볼 때 達句火(대구)로 비정하는 것이 타당하다고 생각한다(백승옥, 1995, 「「탁순」의 위치와 성격」, 『부대사학』19).
92 천관우, 1992, 『가야사연구』, 일조각.

에 파견한 인물로 기록되고 있으나, 사실은 백제에서 파견한 장군으로 보아야 하며, 특히 목라근자의 경우에 분명하게 백제의 장군으로 附記되고 있다는 점에서 이들을 모두 백제 인물로 볼 수 있을 것이다. 목라근자는 신라가 조공을 하지 않는 것을 빌미로 이를 응징하기 위해 보낸 사지비궤가 미인계에 속아 가야를 공략하자 병력을 이끌고 가서 다시 가야의 사직을 회복시킨 인물이기도 하다. 이러한 일련의 활동이 『日本書紀』에는 왜에 의해 수행된 것으로 기록되어 있지만 실제는 백제의 활동으로 보는 것이 타당하다. 비록 사사노궤의 출신은 분명하지 않은 것으로 기록되고 있지만 목라근자와 함께 활동하고 있는 것으로 보아 백제 장군일 가능성이 높다고 하겠다.[93] 그렇다면 사사노궤는 사씨세력일 가능성이 크다. 이는 사씨가 백제의 大姓八族 가운데 하나로 장군 등으로 활약하는 인물이 많다는 점과 사두가 군사권을 운용하는 좌장직에 임명된 사실과도 무관하지 않다. 사지비궤 역시 신라 및 가야와의 군사활동 과정에서 등장하고 있어 근초고왕대 사씨세력의 군사적 활동을 보여주는 것으로 이해된다.

다만 사사노궤의 경우 목라근자와 함께 그 姓人을 알 수 없다고 기록하고 있음에도 불구하고 목라근자는 백제의 장군이라고 명기한 점과 비교된다. 목라근자는 신라 공략을 위해 파견된 인물이며, 그의 아들인 목만치는 가야에서의 정치적 영향력을 빌미로 구이신왕대 왕모와 결탁하여 전횡을 한 내용[94] 등으로 볼 때 목씨는 이미 중앙에서 유력한 정치세력으로서의 위상을 확보하고 있었던 것으로 생각되기 때문이다.[95] 그러나 사씨세력은 중앙정치에서의 활동상이 드러나고 있지 않은데, 기록의 누락에 기인할 수도 있겠지만 한편으로는 당시 중앙의 유력한 귀족세력으로 활동하지

---

93 김현구, 1993, 『임나일본부연구』, 일조각, 33~34쪽.
94 『日本書紀』권10, 응신기 25년조.

못한데 그 원인이 있지 않을까 한다.

그러면 당시 사씨세력의 정치적 성격은 어떠한 위치에 있었을까? 백제는 고이왕대 각종 중앙관제 및 신분제도가 마련되기 시작하였다. 이러한 제도는 근초고왕대 와서 체계적인 정비가 이루어졌다. 특히 영역의 확대로 인해 지방에 대한 지배체제가 마련되었는데, 각 지방세력에게 중앙의 官等이 부여되었으며, 각 지방에 재지기반을 두고 있었던 세력은 중앙과 일정한 정치적 예속관계에 묶이게 되었을 것이다.[96] 목라근자와 사사노궤의 경우에도 바로 이와 같은 정치적 관계 속에서 군사적 활동에 참여한 세력으로 볼 수 있지 않을까 한다.

그렇다고 한다면 사씨세력은 당시 중앙의 정치세력으로 활동한 것이 아니라 지방에 재지기반을 가진 귀족세력으로서 중앙과 일정한 정치적 예속관계 속에서 활동하였던 것으로 이해된다. 그런데 당시 비록 사씨가 중앙정치세력으로 활동하지는 않았을지라도 중앙과의 관계가 단순히 관등체계로의 편제에 한정되지는 않았던 것으로 보인다. 이는 사료 A-2에서 사지비궤의 누이가 황궁에서 총애를 받았다는 점을 통해 추정해 볼 수 있다. 사료 A-2의 신공기 62년조는 근구수왕 8년(382)에 해당되는데, 그의

---

95 목씨의 재지기반으로는 천안, 청주, 공주 의당 등이 비정되고 있는데, 목씨세력의 중앙진출 및 가야지역에서의 활동, 청주지역의 고고학적 양상 등을 통해 볼 때 청주지역으로 보는 것이 합리적이지 않을까 생각된다. 특히 신봉동90B-1호분에 외래계 유물이 다수 출토되었는데, 이때 출토된 외래계 유물을 목씨세력의 활동상과 연계하여 이해한 견해가 참고되며(박순발, 2000, 「백제의 남천과 영산강유역 정치체의 재편」, 『한국의 전방후원분』, 130~131쪽), 비록 출토유적의 성격과 위치는 불분명하지만 청주출토 청자계수호의 존재는 당시 청주지역에 재지기반을 두고 있었던 세력의 정치적 위상이 대단히 높았음을 보여주는 대표적 威勢品이라고 할 수 있다.

96 이와 관련하여 탐라국의 복속과정이 참고된다. 웅진천도 직후인 문주왕 2년 탐라국에서 사신을 보내 方物을 바치자 문주왕은 사신에게 은솔의 관등, 탐라국주에게 좌평의 관등을 하사하였다. 즉, 백제는 탐라국의 지배세력을 중앙의 관등체계에 편제시키고 있으며, 탐라국에서는 貢賦를 바쳐 신속관계를 맺었던 것이다.

누이가 황궁에서 총애를 받았다고 하는 기록이 백제 국내의 상황을 기술한 것이라고 한다면 근초고왕대 사사노궤 등의 군사적 활동을 기반으로 사씨가 왕실과 특별한 관계, 즉 혼인관계 내지는 그에 상응하는 관계에 있었을 가능성을 생각해 볼 수 있다. 결국 사두는 근초고왕 이후 형성된 중앙과의 정치적 관계와 군사적 기반을 토대로 좌장의 직에 임명될 수 있었던 것으로 파악된다.[97]

다음은 대외적인 요인으로 당시 백제가 처한 정치적 상황을 주목하지 않을 수 없다. 사두가 좌장에 임명되는 시기는 고구려 장수왕의 남진으로 인해 한강 이북 대부분의 영토를 상실한 시점이기도 하다. 이와 관련하여 사두가 처음 임명된 관직인 좌장은 군권을 담당하는 최고위직 가운데 하나였으며, 현실적으로 군사권을 운용하는 직책이었다는 점이 주목된다. 즉, 사씨의 등장은 당시 진씨의 세력기반이었던 한강 이북지역을 상실함에 따라 기존에 지방의 재지적 기반을 토대로 군사활동을 통해 중앙과 일정한 정치적 관계를 맺고 있었던 사씨세력의 인물을 좌장에 등용, 이들이 소유한 군사력을 중앙의 군사조직에 편제하여 대고구려전을 수행하고자 했던 것으로 볼 수 있기 때문이다.

그런데 사씨세력이 가진 군사적 기반 및 군사력의 성격을 이해하기 위해서는 당시 고구려와의 전쟁양상을 살펴볼 필요가 있다. 당시 광개토왕은 수군을 이용하여 백제를 대대적으로 공격하였으며, 그 과정에서 백제 해로상의 주요 거점성이 함락되었던 것으로 추정된다. 아신왕 2년조를 보면, 「關彌城者我北鄙之襟要也 今爲高句麗所有 此寡人之所痛惜…」[98]이라

---

97 사두가 좌장에 등용될 수 있었던 배경을 사씨가 가야원정 이후 그 지역에 대한 군사적 기반과 공부수취를 관장하는 권한을 바탕으로 영향력을 행사한 결과로 이해하는 견해도 있다(문동석, 2005, 「5~6세기 백제의 지배세력 연구」, 『역사와 현실』55, 190쪽).
98 『三國史記』권25 아신왕 2년조.

는 내용이 보이고 있어 관미성이 북방의 요충지임을 알 수 있다. 그런데 관미성은 고구려본기 광개토왕 즉위년 10월조에 「攻陷百濟關彌城 其城四面峭絶 海水環繞 王分軍七道 攻擊二十日乃拔」[99]이라고 하여 관미성이 서해 북방의 섬에 위치한 성이었음을 알 수 있다. 특히 광개토왕은 영락 6년 아리수를 건너 백제 왕성을 포위함으로써 아신왕으로부터 항복을 받아내고, 58城을 획득하였다. 이때 백제가 빼앗긴 58성 가운데 閣彌城이 보이고 있는데, 이는 關彌城으로 볼 수 있다. 다만 관미성이 점령된 시점이 『三國史記』에는 392년이지만 〈廣開土王碑文〉에 따르면 영락6년인 396년으로 기록되고 있어 차이가 있다. 그러나 광개토왕비문의 내용이 영락원년부터 5년까지의 군사행위가 영락6년에 일괄 기록되고 있다는 점에서 『三國史記』의 연대를 取信할 수 있다. 또한 당시 백제가 빼앗긴 58성 중에 미추성이 보이고 있는데, 이는 인천으로 비정되는 미추홀에 위치한 성으로 보아야 하며, 고구려 광개토왕의 군사작전에 의해 인천일대 대부분을 상실한 사실을 알 수 있다. 당시 고구려가 관미성을 공격하기 위해서는 수군을 동원하였을 것이다. 아신왕은 관미성을 비롯해 이 일대를 되찾기 위한 군사적 노력을 지속하였는데, 이때 동원된 군사력은 고구려 수군에 대응하기 위해 수전에 익숙한 병력이 주력군을 형성하였을 것이다.

사씨는 이와 같은 대외적 상황 속에서 중앙의 군사체계에 편제되었기 때문에 사두의 좌장 등용은 고구려와의 수전에 대항하기 위한 군사적 목적과 무관하지 않을 것으로 추정된다. 이와 같은 사실은 사씨가 소유한 군사력의 성격이 수전에 익숙한 병력으로 구성되었을 가능성을 보여주는데, 이는 사씨세력의 재지기반을 해양활동과 관련시켜 이해할 수 있는 점이기도 하다.

---

99 『三國史記』권18 광개토왕 즉위년조.

결국 사씨의 좌장 등용은 대고구려전의 패배로 인한 진씨세력 소유 군
사력의 해체와 그 과정에서 대두한 수전에 익숙한 군사력의 필요성 등 백
제가 당면한 군사적 상황에서 비롯되었던 것으로 이해할 수 있다. 그렇지
만 사씨가 근초고왕대부터 중앙의 군사체계에 편제되어 활동하고, 그를
토대로 중앙과 일정한 정치적 관계가 형성되어 있었다는 사실 또한 주목
하지 않을 수 없다.

3) 熊津 · 泗沘期의 活動과 政治勢力化

(1) 熊津期 沙氏勢力의 活動과 中央貴族化

일반적으로 사씨세력은 웅진천도 이후 등장한 新進勢力[100] 또는 新進
貴族[101]으로 분류되고 있다. 물론 아신왕 7년(398) 사두가 좌장에 임명된
사실을 통해 사씨가 신진세력이라는데 문제가 있음을 지적한 견해는 있지
만,[102] 대개는 신진세력의 범주에 넣어 이해하고 있다. 그렇지만 사두 이
외에도 다수의 인물이 한성기 백제의 통치체제 속에서 활동했던 것으로
파악된다. 따라서 사씨세력을 웅진기의 신진세력으로 분류할 수는 없을
것이다. 다만 한성기에는 중앙정치에서 진씨나 해씨처럼 주도적인 정치
세력을 형성하지는 못했던 것으로 보이며, 결국 웅진천도 이후에 본격적
으로 중앙 정치세력으로 활동하게 된다는 점에서 新進政治勢力으로 이해
하는 것이 타당하다고 하겠다. 그런데 웅진천도 과정에서 사씨의 구체적

---

100 노중국, 1978, 앞의 글, 74쪽.
101 양기석, 1980, 「웅진시대의 백제지배층연구」, 『사학지』4, 9~11쪽.
102 정재윤, 1999, 「웅진시대 백제 정치사의 전개와 그 특징」, 서강대대학원 박사학위논문,
   92쪽.

인 활동상은 드러나고 있지 않다. 특히 사씨세력은 재지기반이 금강유역으로 추정되는 세력이었음에도 웅진천도 과정에서 그 존재가 전혀 나타나고 있지 않다는 점은 의아스럽기까지 하다.

그런데 웅진천도와 관련된 세력으로 한성 함락시 문주왕과 행동을 함께한 목협만취와 조미걸취 등의 존재와 함께 백씨세력이 주목된다. 공주 의당면 수촌리에서 조사된 웅진기 이전의 백제고분 조영세력이 백씨세력일 가능성이 높다는 점과 웅진천도 이후 백씨가 중앙정치에 등장하고 있다는 점에서 웅진천도에 있어서 백씨세력의 역할이 중요하였을 것으로 생각된다.[103] 다만 백씨세력도 웅진천도 이후 정치세력화하고 있다는 점에서 신진정치세력으로 분류할 수 있다. 그렇지만 재지기반이 금강유역으로 추정되고, 한성기에 군사적으로 핵심적인 활동을 했던 사씨세력의 역할도 고려하지 않을 수 없을 것이다. 물론 사씨가 한성기에 중앙에서 영향력 있는 정치세력으로 성장하지 못했을 가능성은 있다.[104] 사씨는 아신왕대 좌장에 등용되어 중앙의 요직에 등장하였다. 그런데 아신왕 사후 왕위계승 분쟁이 일어나고 있으며, 이 과정에서 전지왕이 왕위에 올랐다.[105] 이 때 왕위계승 분쟁에서 해씨세력이 공을 세워 王妃族이 되는데,[106] 전지왕 3년 王戚인 해구가 兵權을 관장하는 직인 병관좌평에 임명되었다. 아신왕대 중용된 사두는 이 과정에서 요직에서 축출되었을 가능성을 배제할 수 없기 때문이다. 그렇다고 한다면 웅진천도 과정에서 사씨의 역할이 크게 부각되지는 못하였을 것이다. 그러나 웅진기에 와서 사씨는 중앙의

---

103 강종원, 2005, 「한성말기 지방지배와 수촌리 백제고분군」, 『충청학과 충청문화』4.
104 사씨의 재지기반은 중앙(한성)과는 지리적으로도 상당한 거리를 두고 위치했을 것으로 추정된다. 그것은 근초고왕대 군사적 활동에 참여하면서도 그 출신이 분명하게 기록되고 있지 않은 점은 그러한 사실을 반증하는 것으로 생각되기 때문이다.
105 『三國史記』권25 전지왕 원년조.
106 강종원, 1997, 앞의 글, 20~21쪽.

고위관직을 지닌 유력한 정치세력으로 활동하게 된다.

다음은 웅진기 사씨세력의 정치적 위상을 보여주는 기록이다.

B-1. 가을 7월에 내법좌평 沙若思를 남제에 보내 조공하려 하였으나 若思는 서해 바다에 이르러 고구려의 군사를 만나 가지 못하였다.(『三國史記』권26 동성왕 6년)

2. 이 해에 魏虜가 기병 수십만을 보내 백제를 공격하여 그 나라 경계에 들어오자 모대(동성왕)가 장군 沙法名·贊首流·解禮昆·木干那 등을 보내 무리를 이끌고 오랑캐 군사를 습격하여 크게 무찔렀다.(『南齊書』권58 열전39 백제조)

3. 建武 2년…지난 庚午年에도 獫狁이 잘못을 깨닫지 못하고 군사를 일으켜 심히 핍박하니 신이 沙法名 등을 보내 군사를 거느리고 역습하여…이제 沙法名에게 임시로 行征虜將軍邁羅王으로…(『南齊書』권58 열전39 백제조)

4. 봄 2월에 왕이 漢城에 행차하여 좌평 因友, 달솔 沙烏 등에게 명령하여 한강 북쪽의 州·郡 백성으로 나이가 15세 이상을 징발하여 雙峴城을 쌓게 하였다. 3월에 漢城으로부터 돌아왔다. 여름 5월에 왕이 돌아가셨다. 시호를 武寧이라 하였다.(『三國史記』권26 무령왕 23년)

먼저, 웅진기에 들어와 처음 기록에 나타나고 있는 인물은 內法佐平 沙若思이다. 당시 내법좌평은 의례를 관장했던 관직으로 사약사는 남조에 사신으로 파견되었다. 비록 고구려의 방해로 성사되지는 못하였지만, 당시 고구려에 의해 해로가 차단된 상황에서 사약사가 내법좌평의 직을 띠고 사신으로 파견되었다는 사실은 주목된다. 내법좌평은 儀禮를 관장했던 관직으로서 외교관계 업무를 담당했는데, 당시 백제의 입장에서 대중관계를 통한 외교적 압력은 고구려의 남진을 저지할 수 있는 유일한 수단이었다. 따라서 고구려가 중국과의 외교를 막고 있는 상황에서 사약사가 사신으로 파견된 사실은 당시 중앙정치에서 사씨세력의 위상과 성격을 보여주는 것이며, 또한 그 배경에는 사씨세력의 해상활동과도 일정한 관련이 있을 것으로 추정되기 때문이다.[107]

그리고 사료 B-2와 3은 서로 관련이 있는 내용으로 추정되는데, 사씨의 활동을 이해할 수 있는 자료로 주목된다. 여기에서 『남제서』에 보이는 魏虜관계 기사는 동성왕 12년(490)에 발생했던 전쟁으로, 魏虜는 고구려를 지칭하는 것으로 이해된다.[108] 그런데 沙法名이 제일 먼저 기록되고 있는 것으로 보아 당시 대외전쟁에서 주도적인 역할을 하였던 것으로 파악된다. 특히 동성왕 17년(495) 남제에 관작을 요청함에 있어 사법명에게 청로장군 매라왕의 관작을 수여해 줄 것을 요청하고 있어 그러한 사실을 뒷받침해 주고 있다.

　　그런데 사씨세력은 동성왕대 들어와 활발하게 활동하고 있다. 특히 동성왕은 南來한 구귀족들의 전횡을 차단하기 위해 다양한 정치세력을 등용함으로써 왕권강화를 도모하였을 뿐만 아니라 사비로의 천도를 추진했던 것으로 이해된다. 이 과정에서 공주지역을 재지기반으로 하였던 백씨세력이 위축되고 사씨세력이 크게 부상하였을 것이며, 백가의 동성왕 시해는 그와 같은 당시의 정국상황에서 비롯되었을 것이다. 비록 사료를 통해 사씨세력이 사비천도에 관여한 사실은 확인되지 않지만 핵심적인 역할을 하였을 것으로 추정된다. 이 외에도 무령왕대 달솔 사오의 존재 등에서 웅진기 내내 유력한 정치세력으로서의 위상을 유지하고 있었음을 알 수 있다.[109]

---

107 정재윤, 1999, 앞의 글, 93쪽.
108 유원재, 1992, 「위로의 백제침입 기사」, 『백제연구』23, 94쪽.
　　魏虜를 고구려 이외에 고구려와 북위의 연합군(박진숙, 2000, 「백제 동성왕대 대외정책의 변화」, 『백제연구』32, 96~97쪽), 또는 북위(정재윤, 2004, 「웅진시대 백제사연구의 성과와 과제」, 『백제문화』33, 28~29쪽)로 보는 견해도 있지만 당시의 상황을 고려할 때 고구려로 보는 것이 타당하다고 생각한다.
109 사오는 좌평 곤우가 이름만 표기된 것으로 보아 성씨를 표기하지 않은 이름으로 보기도 하지만(이홍직, 1987, 앞의 글, 334쪽), 백제 인명에서 외자 이름이 다수 보이고 있기 때문에 사씨로 보는데 문제는 없을 것이다.

사씨세력의 이와 같은 정치적 활동을 통해 볼 때 웅진기는 사씨가 爵號의 수여 등 중앙귀족으로서의 사회적 위상을 확고히 하고, 나아가 정치세력으로서의 영향력을 확보하는 시기였다고 하겠다.

(2) 泗沘期 沙氏의 政治勢力化

사씨세력이 최고의 정치적 위상을 확보했던 시기는 사비기였다. 그것은 사비기의 사실을 기록한 것으로 이해되고 있는 大姓八族에 대한 기록을 통해 확인되는데, 『隋書』에 「沙氏 · 燕氏 · 刕氏 · 解氏 · 眞氏 · 國氏 · 木氏 · 苩氏」의 순으로 사씨가 제일 먼저 기록되고 있는 것이다.

그리고 사비기의 기록에는 사씨세력이 최고위직을 띠고 활동하고 있는 사례가 다수 확인된다.

C-1. 12월, 백제 성명왕이 이전의 조서를 군신들에게 두루 보이며 " 천황의 조칙이 이와 같다. 어찌하면 좋은가?"라고 물었다. 상좌평 沙宅己婁, 중좌평 木刕麻那, 하좌평 木尹貴….(『日本書紀』권19 흠명기 4년 12월)

2. 가을 7월에 왕은 장군 沙乙에게 명령하여 신라의 서쪽 변경의 두 성을 빼앗고 남녀 300여 명을 사로잡았다.(『三國史記』권27 무왕 28년)

3. 백제 조문사의 종자 등이 "지난해 11월에 대좌평 智積이 죽었습니다."(『日本書紀』권24 황극기 元年 2월)

4. 백제 사신 대좌평 智積 등에게 조정에서 연회를 베풀었다.(或本에는 백제 사신 대좌평 智積과 그의 아들 달솔 이름은 빠졌다. 은솔 軍善이 참석했다고 한다.) 이에 건강한 아이에게 명해서 翹岐 앞에서 씨름을 하도록 하였다. 智積 등은 연회가 끝난 후 물러나와 翹岐의 문전에서 절하였다.(『日本書紀』권24 황극기 元年 추7월)

5. □寅年 正月 九日 奈祇城의 砂宅智積은 몸이 세월과 함께 쉽게 가버리고, 다시 돌아오기 어려움을 슬프게 여기노라. 이에 금을 뚫어 진기한 堂을 세우고,…(〈砂宅智積碑〉)

6. 13일에 의자는 좌우 근신을 데리고 밤에 달아나 웅진성으로 피난하고, 의자왕의 아들 융은 대좌평 千福 등과 함께 나와 항복하였다.…(『三國史記』권5 태종무렬왕 7년)

7. 11월 1일 장군 蘇定方 등을 위하여…대좌평 沙宅千福, 國辨成…(『日本書紀』 권26 제명기 6년 7월)

8. 앞서 백제의 首領 沙吒常如와 黑齒常之는 蘇定方의 군대가 돌아간 뒤부터 망명하여 흩어진 사람들을 모아 각기 험한 지역을 차지해서 복신에게 호응 하고 있다가 이때에 이르러 그 무리를 이끌고 항복하였다.(『舊唐書』권84 열 전34 유인궤전)

앞의 사료는 사비기 사씨의 활동에 대한 기록이다. 사씨세력은 성왕의 사비천도를 적극적으로 지지했던 세력이었던 것으로 추정된다.[110] 사료 C-1의 上佐平 沙宅己婁에 대한 기록은 비록 『日本書紀』흠명기에 보이는 내용이지만 성왕 21년(543)으로 사비천도 직후에 해당된다. 내용은 성왕 이 가야에 설치한 郡令·城主의 철수문제를 논의하기 위해 중신회의를 소 집한 것이며, 사안의 중요성으로 볼 때 당시 최고위직에 있는 좌평 대부분 이 참석한 대신들의 회의였던 것으로 추정되는데, 사씨가 상좌평의 직을 띠고 있다. 이는 사비천도 이후 사씨세력이 핵심 정치세력으로 부상한 사 실을 보여준다.

그런데 사료 C-3에 보이는 砂宅智積이라는 인물을 통해 사비기 사씨세 력의 정치적 변화를 읽을 수 있다. 사료 C-3에 따르면 사택지적이 641년에 사망한 것으로 기록되어 있으나 사료 C-4에는 대좌평 지적이 642년 6월 왜에 사신으로 파견되었으며, 이때 의자왕에 의해 축출된 교기 등을 방문 한 사실이 확인된다. 지적이 일본에 사신으로 파견될 당시에 그는 아들인 달솔 궐명과 은솔 군선 등과 동행한 것으로 기록되어 있다. 이 점은 의자 왕 말기의 정국상황과 사택지적비를 통해 나타나는 사씨세력의 정치적 입 지와 대비시켜 볼 때 의미하는 바가 적지 않다고 하겠다. 즉, 사료 C-3에서

---

110 노중국, 1978, 앞의 글, 97~99쪽.

641년 11월에 사택지적이 죽었다고 하는 내용과 관련시켜 이해할 경우 백제에서 사택지적이 죽었다고 느낄 정도의 어떤 정치적 변화가 있었던 것으로 추정되기 때문이다. 이와 관련하여 사료 C-5의 사택지적비문의 내용은 지적의 정치적 성격에 변화가 있음을 보여준다. 〈사택지적비문〉의 내용 중 '□寅'은 의자왕 2년(642)인 壬寅과 의자왕 14년(654)인 '甲寅'이 찾아지는데, 사택지적이 643년 왜에서 귀국한 점으로 보아 의자왕 14년인 '甲寅'年에 비정할 수 있을 것이다. 그렇다고 한다면 사택지적은 의자왕 14년 이전 그의 정치적 위상에 변화가 있었으며, 그로 인해 중앙정치에서 배제되었을 가능성이 있다. 사택지적의 신분변화는 당시 왕비를 중심으로 한 측근정치에 기인했을 가능성이 있다. 성충과 홍

사택지적비

수의 사례를 통해 볼 때 반대세력은 모두 정권으로부터 축출되는 상황이었기 때문이다. 사택지적비의 내용은 그와 같은 당시의 정치적 상황을 이해하는데 도움이 된다. 그렇지만 부여지역에서 사택지적비가 발견된 점이나 사씨세력이 말기까지도 대좌평의 직을 띠고 있었던 사실 등을 통해 재지적 기반과 중앙귀족으로서의 신분은 여전히 유지되었던 것으로 보인다. 또한 사료 C-6을 보면 660년 사비도성이 함락될 당시에도 사씨가 대좌

평의 직에 있었던 사실을 확인할 수 있는데, 大佐平 沙宅千福은 〈정림사지탑명문〉과 『日本書紀』 등에도 보이고 있다. 그리고 부흥운동기에 활동한 인물로 사타상여가 보이는데 首領으로 기록되어 있으며, 『新唐書』 유인궤전에는 酋領, 『資治通鑑』 당기17 高宗조에는 別部將 등으로 기록되고 있어 고위귀족임을 확인할 수 있다. 비록 사택지적과 같이 일부가 정치적으로 몰락하거나 중앙정치에서 배제되었을 가능성은 있지만 사씨세력은 사비기 내내 최고위의 귀족이었을 뿐만 아니라 정치세력으로서의 위상을 여전히 확보하고 있었음을 알 수 있다.

그러면 사씨세력이 의자왕대의 혼란한 정국상황에서도 최고위 귀족세력으로서의 정치적 위상을 유지할 수 있었던 배경은 어디에 있었을까? 사씨세력은 의자왕이 태자에 책봉되고, 궁극적으로는 왕위에 오르는데 결정적인 영향력을 행사한 핵심세력이었던 것으로 추정된다. 주지하는 바와 같이 무왕은 익산세력의 지지에 의해 왕위에 올랐으며, 궁극적으로는 익산으로 왕도를 옮기려고 했던 것으로 보인다. 그러나 무왕 31년 사비궁의 중수를 비롯해 35년 왕흥사의 창건과 궁남지의 조영 등 다시 사비도성에 대한 경영이 이루어지고 있는데, 그 배경은 사비지역을 정치적 기반으로 삼았던 귀족세력의 영향력에 의한 것으로 추정된다. 여기서 사비지역을 정치적 기반으로 한 귀족세력으로는 의자왕대 활동한 인물들을 통해 볼 때 사씨를 제외하고는 생각할 수 없을 것이다. 그 결과 의자왕 중반 이후 왕비의 전횡으로 인해 정치세력의 변동이 일어나고 있는 상황에서도 사씨세력은 사택지적과 같이 일부가 현실정치에서 소외되는 경우는 있었지만 백제 멸망시까지 최고의 신분을 유지하고, 정치세력으로서의 영향력을 잃지 않았던 것으로 판단된다.

(3) 在地基盤에 대한 理解

사씨는 한성기에 등장하여 사비말기까지 유력한 귀족세력으로서의 신분을 유지하였다. 그런데 백제시대의 유력한 귀족세력은 대부분 재지적 기반을 지니고 있었다. 따라서 사씨의 경우에도 상당한 재지적 기반을 가지고 있었을 것으로 파악된다.

현재 고고학적인 발굴조사를 통해 유력한 지방세력의 존재를 보여주는 유적들이 속속 밝혀지고 있는데, 대표적인 유적으로는 원주 법천리유적, 청주 신봉동 및 청자계수호 출토유적, 천안 용원리유적, 천안 화성리유적, 공주 수촌리유적, 서산 부장리유적, 익산 입점리유적, 나주 신촌리유적, 고흥 안동고분 등 이른바 威勢品으로 불리는 유물을 반출하고 있는 유적 등이 있다. 따라서 이들 유적과 출토유물은 문헌기록에 보이는 귀족세력의 재지기반을 이해하는데 실마리를 제공해 주고 있다. 특히 이들 유적 가운데 공주 수촌리유적은 백씨세력과 관련된 고고학적인 유적·유물로 추정되며, 지방세력의 정치적·사회적 성격을 보여주고 있다. 백씨세력은 사씨와 마찬가지로 웅진천도 이후 등장한 신진정치세력으로 이해된다. 그런데 공주 수촌리 백제고분군 조영집단이 백씨세력으로 비정됨에 따라 이들이 한성기부터 이미 유력한 지방세력을 형성하였으며, 중앙과 긴밀한 정치적 관계를 맺고 있었음을 확인할 수 있었다.[111]

사씨의 경우에는 이미 한성후기에 중앙의 요직에 등용되고 있다. 따라서 사씨도 이미 한성기부터 중앙과 일정한 정치적 관계를 맺고 있었음을 알 수 있으며, 특히 웅진·사비기를 거치면서 그 정치적 비중과 역할이 크게 강화된 사실을 알 수 있다.

---

111 공주시 의당면에서 조사된 수촌리고분군은 지방세력 문제를 이해하는데 좋은 자료를 제공해 주고 있다. 수촌리고분군의 조영집단은 웅진천도를 주도한 정치세력으로서 웅진도읍기에 중앙귀족으로 등장하고 있는 백씨세력으로 판단되기 때문이다. 따라서 백씨가 비록 한성기에는 사료상에 나타나고 있지 않지만 유력한 지방세력으로 이미 존재하고 있었음을 알 수 있다(강종원, 2005, 「공주 수촌리 백제고분군 조영세력의 정치적 성격」, 『백제연구』41).

그러면 사씨세력의 재지기반은 어디일까. 사씨의 재지기반으로는 주로 부여지역이 비정되어 왔다. 그 이유는 사씨가 사비기에 大姓八族 가운데 가장 유력한 귀족세력으로 등장하고 있으며, 사택지적비에 등장하고 있는 사택지적이 은퇴한 奈祇城을 부여군 은산면 내지리에 비정한 견해[112] 등에 따른 결과이다. 그렇지만 아직 고고학적으로 이를 뒷받침할 만한 유적 · 유물이 확인된 바는 없다. 그로 인해 가림성으로 비정되고 있는 성흥산성 주변을 사씨세력의 근거지로 비정하기도 한다.[113] 또한 沙法名에게 주어진 '行征虜將軍邁羅王'의 작호명의 '매라'를 사씨세력의 근거지로 보면서, 이를 궁남지에서 출토된 목간에 기록된 매라와 동일지역으로 부여와 가까운 곳에 비정하기도 한다.[114] 이 외에도 은산면 內地里의 지명이 1914년 일제강점기에 내대리와 지경리를 통합하여 내지리로 한 점[115]을 근거로 이곳을 내지성으로 비정하는 것은 문제가 있음을 지적하면서 내지성은 노사지성 즉, 내사지성의 명칭을 가진 유성구 일원으로 비정하는 견해[116]도 제기되었다.

이와 같이 사씨의 재지적 기반에 대해서는 다양한 의견이 제기되고 있지만 대부분은 부여 인근에서 구하는 견해가 우세하다고 볼 수 있다. 이는 사비기의 사실을 보여주는 『隋書』 · 『北史』 등에 기록된 大姓八族의 명단 가운데 사씨가 맨 먼저 기록되고 있는 점이나 사비기에 보이는 상좌평 사택기루, 대좌평 사택지적, 대좌평 사택천복 등의 인물을 통해 사씨가 사비기에 최고위 귀족으로서의 정치적 위상을 가진 세력이었음을 확인할 수 있기 때문이다.

---

112 홍사준, 1954, 「백제 사택지적비에 대하여」, 『역사학보』6, 256쪽.
113 유원재, 1996, 「백제 가림성 연구」, 『백제논총』5, 83~86쪽.
114 서정석, 2002, 『백제의 성곽』, 학연문화사, 118쪽.
115 한글학회, 1974, 『한국지명총람』4 충남편(상), 480쪽.
116 이도학, 2003, 「백제 사비 천도의 재검토」, 『동국사학』39, 45~46쪽.

그렇지만 구체적인 자료를 통해 사씨의 재지기반을 확인할 수는 없다. 다만 사씨의 재지기반을 추정해 볼 수 있는 관련자료로 다음이 참고된다.

D-1. 장군들에게 각각 명하여 여러 길로 일제히 나아가라, 구름이 모이고 번개 치는 것과 같이 沙喙에 모여 악인들을 베고 쓰러져가는 백제를 구하라.(『日本書紀』권26 제명기 6년 10월)

  2. 常之와 別部將 沙吒相如는 각각 험한 곳에 웅거하여 福信과 호응하였다.(『資治通鑑』권201 당기17 고종)

사료 D-1은 660년 10월 백제에서 부흥운동이 일어나는 시점에 귀실복신 등이 왜에 구원병을 청함에 있어서 왜의 천황이 교서를 내린 내용 가운데 일부인데, 여기에 沙喙이라는 지명이 보이고 있다. 여기에서 沙喙은 백제 내에 있는 지명인데,[117] 이 지명은 부여의 어느 지방 명칭으로 볼 수 있다.[118] 그렇다고 한다면 이 지명은 沙(砂)씨 또는 沙宅(吒)씨와 관련지어 이해할 수 있으며, 나아가 사씨의 재지기반을 부여와 가까운 지역에서 찾는 것이 가능하다. 특히 이 지명의 위치와 관련하여 주목되는 점이 663년 왜의 원군이 기벌포인 백강구에서 나당군과 전투를 벌인 역사적 사실이다.[119] 즉, 사비도성이 함락된 시점에서 왜의 원군이 백제 부흥군과 연합하기 위해 집결할 수 있는 위치로는 금강의 하류지역이 적당하였을 것이다. 그렇다고 할 경우 沙喙은 금강의 하류지역에서 구할 수 있지 않을까 한다.

그리고 사료 D-2는 흑치상지가 사타상여 등과 부흥운동을 일으킨 사실을 기록한 내용이다. 사료를 통해 볼 때 흑치상지와 사타상여가 각각 험

---

117 이홍직, 1987, 앞의 글, 339쪽.
118 노중국, 1994, 앞의 글, 31쪽.
119 심정보, 1993, 「"백강"의 위치에 대하여」, 『한국사의 이해』, 235~236쪽.

한 지형을 토대로 부흥운동을 일으킨 것으로 이해할 수 있다. 그런데 주지하다시피 흑치상지가 부흥운동을 일으킨 곳은 예산 임존성으로 이곳은 그의 재지기반이었다. 따라서 首領 또는 酋領 등으로 표기된 사타상여의 경우에도 자신의 재지기반을 토대로 부흥운동을 일으켰을 가능성이 크다.[120] 그런데 사타상여는 금강 하류지역에 비정되는 주류성을 거점으로 하고 있었던 복신과 호응하여 부흥운동을 전개한 사실로 보아 이와 가까운 지역에 위치했던 것으로 추정된다.

다음은 사씨의 등장배경과 웅진·사비기의 활동 등을 통해 재지기반을 검토해 보기로 하겠다. 먼저, 아신왕대 사두의 좌장 임명은 고구려 남진과정에서 약화된 진씨세력의 군사력을 대체할 세력이 필요하였으며, 아울러 고구려 수군에 대응하기 위한 수군력의 강화 필요성에 따른 것으로 판단된다. 이는 사씨세력이 해양활동에 익숙한 세력이었을 가능성을 보여준다.

또한 동성왕 6년 사약사가 내법좌평에 임명된 후 남제에 사신으로 파견되었다가 바다에서 고구려군을 만나 다시 되돌아오는 사건이 있었다.[121] 당시는 고구려군에 의해 해로가 봉쇄되고 있는 상황이었는데, 이러한 상황에서 사씨가 사신으로 파견되었다는 것은 그들 세력의 해양활동과 관련이 있을 것으로 추정된다. 특히 동성왕 17년(495) 남제에 작위를 요청함에 있어 沙法名이 邁蘿王에 제수되는데, 매라가 궁남지에서 출토된 목간의 내용 가운데 「邁羅城法利源」의 매라가 보이고 있어 동일지명일 가능성이 있다. 매라는 옥구[122] 또는 보령시 남포[123] 등에 비정되고 있다.

---

120 김영관, 2005, 『백제부흥운동연구』, 60쪽.
121 『三國史記』권26, 동성왕 6년조.
122 천관우, 1989, 「마한제국의 위치시론」, 『고조선사·삼한사연구』, 381쪽.
123 이병도, 1976, 「삼한문제의 연구」, 『한국고대사연구』, 265쪽.

그렇다면 사씨세력이 보령 남포 또는 옥구일대까지도 영향력을 미쳤을 가능성이 있는데, 이는 해양활동의 결과로 추정할 수 있지 않을까 한다. 그렇다고 한다면 사씨세력의 재지적 기반은 해양활동에 유리한 입지적 조건을 지닌 지역에서 구하는 것이 합리적이라고 하겠다.

또한 사씨세력은 웅진천도 이후 중앙의 신진정치세력으로 등장하였으며, 사비천도로 인해 중앙의 최고귀족으로 성장하였을 뿐만 아니라 정치세력화 할 수 있었다. 또한 무왕의 익산천도를 중단시키고 다시 사비로 환원시킨 핵심 세력이 사씨였을 것이라는 점에서 사비왕도와 가까운 지역을 재지기반으로 하였을 가능성은 매우 높다고 하겠다.

그렇지만 아직 사씨의 재지기반이 실증적으로 논의되지는 못하였다. 그러나 최근에 들어와 각 지역에서 유력한 재지세력의 존재를 보여주는 물질자료가 다수 확인되고 있다. 그 결과 이들 자료를 토대로 재지세력의 존재유무뿐만 아니라 사회적 신분과 정치적 성격까지도 파악할 수 있는 여건이 조성되고 있다. 이러한 연구경향과 함께 서천지역에서 조사된 고고학적 성과가 주목된다. 금강 하류지역인 서천지역에서 대규모의 발굴이 이루어졌는데, 백제시대 주거지를 비롯해 고분 등 많은 유적이 확인되었다.[124] 이들 유적 가운데 봉선리유적의 경우 환두대도 22점을 비롯해 다양한 무기류와 토기류가 출토되었다. 유적의 조성연대는 그 폭이 넓은 편이나 중심연대는 웅진·사비기에 해당되며, 그 보다 이른 원삼국시대 주구묘 등도 확인되었다. 특히 봉선리유적에서는 많은 무기류가 출토되었는데, 고분피장자들이 군사적 성격이 강한 집단이었음을 보여준다. 따라서 이들 지역에는 군사력을 소유한 유력한 재지세력이 존재하였음을 알

---

124 충남역사문화원, 2005, 『서천 봉선리유적』.
　　공주대학교 박물관, 2003, 『서천 지선리유적 약보고서』.
　　충청문화재연구원, 2006, 『서천 추동리유적』.

수 있으며, 지리적인 위치로 볼 때 해양세력으로서의 성격을 지녔을 가능성을 추정해 볼 수 있다.[125] 이 외에도 추동리유적에서는 한성후기부터 사비기까지의 분묘유적이 다수 확인되었는데, 웅진기 석실분에서는 금제 화형장식·금제영락, 관모철심 등 威勢品으로 볼 수 있는 유물들이 출토되었다. 이러한 점은 분묘 조영세력이 상당한 정치적 위상을 지니고 있으며, 한성기부터 사비기까지 재지적 기반을 유지하고 있었음을 보여준다.

따라서 사씨의 중앙 진출 과정과 금강 하류지역의 고고학적 양상, 웅진기 사씨의 역할, 사비기 사씨의 정치적 위상 등으로 볼 때 사씨의 재지기반을 서천일대의 금강 하류지역으로 비정할 수 있지 않을까 한다.

그렇지만 사씨세력의 재지기반이 언제, 어떠한 방식으로 백제의 중앙통치체제에 편제되었는가는 분명하지 않다. 다만 고이왕대로 추정되는 온조왕대의 마한복속과 36년 고부에 비정되는 고사부리성의 축조,[126] 그리고 비류왕대 벽골지의 축조 등 일련의 사실로 볼 때 근초고왕 이전에 중앙과 일정한 정치적 관계를 유지하고 있었을 것으로 추정된다. 다만 근초고왕대 군사활동 과정에서 그 출신이 분명하게 명기되고 있지 못한 점으로 보아 당시에 관등 및 관직의 授受와 같은 중앙의 통치체제에 편제되지는 않았던 것으로 생각된다. 그렇지만 근구수왕대로 추정되는 시점에는 군사적 활동 등을 기반으로 중앙과 혼인 내지는 정치적 관계 등을 통해 중앙의 통치체제에 편제되어 중앙귀족화가 진행되기 시작했던 것으로 파악된다. 다만 그 경우에도 재지기반을 토대로 반독립적인 자치권은 견지하

---

125 출토유물에 있어서도 마구류가 전혀 확인되고 있지 않은데, 이를 통해 해양활동과 관련된 세력으로 추정해 볼 수 있지 않을까 한다. 다만 묘장제의 차이에 기인할 가능성도 배제할 수 없다. 그러나 공주 수촌리를 비롯해 청주·천안 등지에서 조사된 비슷한 시기의 고분군에 마구류가 부장되고 있는 양상을 통해 볼 때 서천 봉선리유적에서 마구류가 전혀 출토되지 않는다는 점은 주목된다.
126 『三國史記』권23 온조왕 36년조.

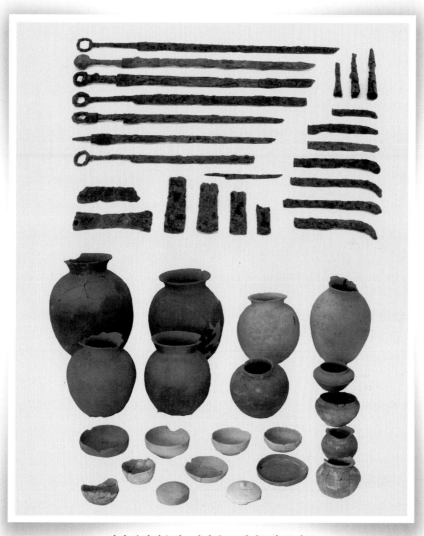

서천 봉선리유적 3지역 출토 철기류와 토기류

였을 것으로 보인다.[127] 그러나 사씨세력의 독립적 성격은 웅진천도 이후 중앙의 정치세력화 과정을 거치면서 정치적으로 지배체제에 완전히 편제됨으로써 해체되었을 것이다. 그렇지만 사비기까지도 그들의 재지적 기반

서천 봉선리유적 전경

은 해체되지 않고 정치적 · 사회적 신분을 유지하는 토대로 작용하였다.

4) 맺음말

백제에는 大姓八族이라고 하여 사회적 · 정치적으로 영향력을 가진 유

---

127 이와 같은 정치적 관계를 직접지배 이전 단계인 지배적 동맹관계로 표현하기도 하지만
(박순발, 2000, 앞의 글, 134쪽) 근초고왕대 이후 중앙과 사씨세력과의 관계에서 동맹이
라는 용어를 사용하는 것은 적절하지 않으며, 일단은 정치적 예속관계 속에서의 우호적
협력관계로 이해하고자 한다.

력귀족이 존재하였는데, 이들 중 하나인 沙氏는 한성기에 등장하여 사비 말기까지 유력한 중앙귀족으로 활동하였다

본 글에서는 사씨세력이 중앙정치에 등장하는 시점부터 사비말기까지 그들의 활동을 당시의 정국상황과 관련시켜 검토해 보았다. 특히 사씨세력이 관직에 임용될 당시의 정국상황에 대한 이해를 통해 중앙정치에 등장하게 되는 배경을 살펴보고, 이를 토대로 사씨세력의 中央貴族化 및 政治勢力化 과정을 검토해 보았다. 또한 사씨세력이 백제 말기까지 유력한 귀족세력으로서의 위상을 유지할 수 있었던 재지기반이 어디인가를 검토해 보았다.

다음은 앞에서 검토된 내용을 정리함으로써 결론에 대신하고자 한다.

먼저, 沙豆는 고구려 광개토왕의 남진으로 인해 한강 이북지역을 빼앗긴 상황 속에서 군사권을 운용하는 관직인 좌장에 등용되면서 중앙에 등장하고 있다. 따라서 사두의 등용은 고구려와의 水戰에 대응하기 위한 군사적 목적과 무관하지 않을 것으로 추정된다. 이는 사씨가 소유한 군사력의 성격이 수전에 익숙한 병력으로 구성되었으며, 나아가 사씨세력의 재지기반이 해양활동에 편리한 지역에 위치하였을 가능성을 추정할 수 있게 한다.

웅진천도 이후 사씨세력은 본격적으로 중앙의 정치세력으로 등장하고 있다. 그 결과 사씨세력은 신진세력으로 이해되고 있다. 그런데 사씨는 이미 한성기부터 중앙에 등장하였다는 점에서 단순히 新進勢力으로 분류할 수는 없으며, 웅진기에 와서 정치세력으로서의 위상을 확보하고 있다는 점에서 新進政治勢力으로 이해하는 것이 보다 타당하다고 하겠다. 특히 사씨의 정치적 활동을 통해 볼 때 웅진기는 사씨가 爵號의 수여 등 중앙귀족으로서의 사회적 위상을 확고히 하고, 나아가 정치세력으로서의 영향력을 확보하는 시기였다고 하겠다

그렇지만 사씨세력이 최고의 정치적 위상을 확보했던 것은 사비기였

다. 그러한 사실은 몇몇 자료를 통해 확인할 수 있는데, 당시의 사실을 기록한 것으로 이해되고 있는 大姓八族에 대한 기록이 주목된다. 大姓八族을 기록한 『隋書』에 따르면, 「沙氏・燕氏・劦氏・解氏・眞氏・國氏・木氏・苩氏」로 사씨가 제일 먼저 기록되고 있는 것이다. 다음은 사비기 사씨의 정치적 활동을 통해 확인할 수 있다. 사씨는 사비천도 직후인 성왕대부터 중앙의 최고위 관직을 띠고 있으며, 이러한 현상은 사비말기까지 지속되고 있다. 의자왕 중반 이후 왕비의 전횡으로 인해 정치세력의 변동이 일어나고 있는 상황 속에서 사택지적과 같은 일부 인물이 현실정치에서 소외되는 경우는 있었지만 사씨세력은 백제 멸망시까지 최고위의 관직을 유지하고, 정치세력으로서의 영향력을 잃지 않았던 것으로 판단된다.

다음은 사씨세력의 재지기반 문제를 검토해 보았다. 먼저, 부흥운동 과정에서 원군을 요청함에 따라 일본이 군사를 파견하여 집결할 곳으로 지칭된 沙喙이 금강 하류지역으로 추정되며, 사타상여가 재지기반을 근거지로 하여 부흥운동을 일으킨 지역도 금강 하류지역일 가능성이 높다. 또한 최근 고고학적인 발굴조사를 통해 유력한 지방세력의 존재를 보여주는 유적들이 속속 밝혀지고 있는데, 이들 유적과 출토유물은 문헌기록에 보이는 귀족세력의 재지기반 이해에 실마리를 제공해 주고 있다. 그러한 측면에서 서천일대에서 조사된 분묘 및 주거지 유적과 출토유물은 이 지역에 유력한 귀족세력이 존재한 사실을 보여주고 있다.

이와 같이 사씨의 중앙 진출 과정과 금강 하류지역의 고고학적 양상, 웅진기 사씨의 활동, 사비기 사씨의 정치적 위상 등으로 볼 때 사씨의 재지기반을 금강 하류지역의 서천일대로 비정할 수 있지 않을까 한다.

다만 사씨세력의 독립적 성격은 웅진천도 이후 중앙의 정치세력화 과정을 거치면서 지배체제에 완전히 편제됨으로써 약화되었을 것이다. 그렇지만 사비기까지도 그들의 재지적 기반은 해체되지 않고 정치적・사회적 신분을 유지하는 토대로 작용하였다.

V.
국가권력의
지방침투

1. 百濟 國家權力의 擴散과 地方

1) 머리말

백제의 地方 관련 문제는 그 동안 영역의 확대 및 지방통치체제의 성립 및 변천 문제와 결부되어 많은 연구가 진행되었다. 특히 지방통치체제에 대한 연구는 여러 편의 박사학위 논문[1]과 학술회의를 거쳐 단행본으로 발간되는 등[2] 많은 성과가 축적되고 있다.[3] 고고학분야의 경우에는 연구가

---

1 이제까지 발표된 박사학위논문 현황에 대해서는 김기섭의 「백제 한성도읍기 연구현황과 과제」(2011,『백제문화』44), 그리고 각 시기별 지방제도에 대한 연구현황은 박현숙의 「지방제도」(2007a, 『백제의 정치제도와 군사』, 충남역사문화연구원)에 구체적으로 검토되고 있어 참고된다.
2 충남대 백제연구소, 1997,『백제의 중앙과 지방』, 충남대학교 백제연구소.
   한국상고사학회, 1998,『백제의 지방통치』, 학연문화사.
3 양기석, 2007,「백제의 지방통치체제」,『한국고대사 연구의 새동향』, 223~235쪽.

더욱 활발하여 각 지역에서 이루어진 발굴성과를 바탕으로 지역의 정치·문화적 특성을 밝히기 위한 노력이 지속적으로 이루어져 왔다. 그 결과 특정 시기에 있어서는 각 지역의 역사성과 함께 재지세력의 성격을 어느 정도 이해할 수 있게 되었다.[4]

그렇지만 아직까지 문헌자료와 물질자료 간에는 많은 해석상의 차이를 나타내고 있으며, 또한 시기적인 편차에 있어서도 間隙을 좁히는데 어려움이 있다. 그리고 문헌자료를 통한 연구에 있어서도 백제 영역의 확대 문제와 함께 지방통치체제의 변화과정을 밝히는데 비중이 두어져 왔다고 할 수 있다.[5] 반면에 중앙과 지방과의 관계나 재지세력의 성격 등에 대한 문제는 자료의 부족으로 인해 구체적인 연구가 미흡한 실정이다.[6] 그런데 최근들어 고고학적인 성과로 각 지역의 재지세력 문제와 그 성격을 파악할 수 있는 자료가 부분적으로 확인되고 있어 문헌자료와 고고자료의 비교 검토를 통해 보다 진전된 이해가 가능해지게 되었다. 다만 아직까지 고고자료의 경우 각 지역의 보편적인 현상을 보여주는데 한계가 있고 편년상에 있어서도 일부 논란이 있거나 고고학적 요소를 통해 설정된 문화권역이 지배권역과 일치하지 않을 수 있다는 점, 그리고 지방 재지세력의 정치적 성격을 잘 드러내 주고 있는 威勢品 출토유적의 경우 특정시기에 편중되어 있다는 점 등은 한계로 지적될 수 있다. 이와 같은 현상은 백제의 지방 편제가 일률적이지 않았을 뿐만 아니라 지배방식에도 차이가 있었던 데 기인된다고 볼 수 있다.[7]

---

4 권오영, 2007, 「고고학자료로 본 지방사회」, 『백제의 정치제도와 군사』, 충남역사문화연구원.
5 김영심, 2003, 「웅진·사비기 백제의 영역」, 『고대 동아세아와 백제』, 충남대학교 백제연구소.
6 다만 지방통치제도의 변화에 따른 지방사회의 재편에 관한 기초적인 연구가 있다(김주성, 1991, 「백제 지방통치조직의 변화와 지방사회의 재편」, 『국사관논총』35).
7 양기석, 2005, 「한성백제의 청주지역 지배」, 『백제 지방세력의 존재양태』, 한국학중앙연구원, 187쪽.

그런데 지방에 대한 개념은 국가영역의 확정과 중앙집권적 지배체제가 완성된 이후에 나타난 개념이라고 할 수 있다.[8] 특히 백제의 경우 영역의 계속적인 변동과 지방지배 방식의 변화가 나타나고 있어 일원적인 적용이 곤란하다. 그리고 각 시기별 변화모습을 알 수 있는 자료도 매우 적다. 따라서 백제의 지방에 대한 구체적인 실상을 파악하기에는 어려움이 있으며, 본고에서는 전체적인 흐름 속에서 중앙과 지방의 관계를 이해해 보고자 한다.

이에 본 글에서는 각 시기별 영역의 변천과 그에 따른 지방제도의 변화모습을 간략하게 검토하고, 나아가 國家權力의 지방침투 양상을 문헌자료를 중심으로 살펴보고자 한다.

이를 위해 제2절에서는 한성기 영역의 확대와 지방의 편제과정, 그에 따른 국가권력의 지방침투 양상, 그리고 지방세력과의 관계변화 등을 살펴보도록 하겠다. 제3절에서는 웅진 천도와 정국의 혼란으로 인한 지방통치의 한계와 그에 따른 지방세력의 동향, 그리고 담로체제 하에서의 웅진기 지방의 양상을 검토해 보고자 한다. 제4절에서는 사비기 방군성제의 실시와 지방지배, 그리고 중앙귀족화한 지방 재지세력의 지방관적 성격 등을 검토해 보겠다.

---

8 박순발, 1997, 「한성백제의 중앙과 지방」, 『백제의 중앙과 지방』, 충남대 백제연구소.
박현숙, 2007a, 앞의 글, 147~212쪽.
부체제가 성립되면서 맹주국의 정치적 중심지였던 國邑은 수도로, 편입된 國은 지방으로 편제됨에 따라 中央과 地方이 발생한 것으로 이해되기도 한다(노중국, 2011, 「문헌기록 속의 영산강유역」, 『백제학보』6, 7쪽).

2) 漢城期 國家權力의 地方浸透

한성기 中央과 地方의 관계를 이해하기 위해서는 영역의 확대와 그에 따른 지방편제의 문제를 검토하는 것이 선결조건이라고 할 수 있다. 그렇지만 백제의 영역 확대과정에 대해서는 다양한 견해가 제기되고 있으며, 그 실체를 이해하는데 있어서도 자료의 부족으로 한계가 있다. 본고에서는 영역의 확대과정을 『三國史記』백제본기의 기록을 중심으로 하면서 고고자료를 참고하여 검토해 보고자 한다.[9]

우선 한성기 백제의 영역과 관련해서는 온조왕 13년조의 마한에 遷都를 알리고, 四方의 강역을 획정하였다는 기록이 주목된다.[10] 즉, 백제가 온조왕 13년에 동·서·남·북의 경계를 획정하였다는 내용이다. 여기서 강역에 포함되고 있는 지역인 走壤은 춘천, 熊川은 안성천, 浿河는 예성강에 비정되고 있다.[11] 그렇지만 이 기사를 온조왕대의 사실을 기록한 것으로 보는 견해는 거의 없으며, 한성기 영역 확대과정을 소급하여 기록한 것으로 이해되고 있다.[12] 또한 마한 병합의 내용은 『三國史記』백제본기 온조왕조에 기록되어 있다.[13] 즉, 온조왕 26·27년에 백제가 마한을 병합하

---

9 백제의 영역문제는 김영심의 「웅진·사비시기 백제의 영역」(2003)에서 상세하게 다루고 있어 참고된다.

10 『三國史記』권23 온조왕 13년, 「遣使馬韓告遷都遂劃定疆場 北之浿河 南限熊川 西窮大海 東極走壤」.

11 이병도, 1977, 『國譯 三國史記』, 을유문화사, 356쪽.
   이와는 달리 주양은 평강, 패하는 대동강, 웅천은 금강에 비정하기도 한다(전영래, 1985, 「백제 남방경계의 변천」, 『천관우선생환력기념 한국사학논총』, 137~138쪽).

12 이를 3세기 중엽의 고이왕대 사실로 보는 견해를 비롯해(이병도, 1970, 「백제 근초고왕 척경고」, 『백제연구』1, 357쪽) 웅천을 금강에 비정하는 입장에서 근초고왕대의 사실을 소급 기록한 것으로 이해하고 있기도 하다(김기섭, 1995, 「근초고왕대 남해안 진출설에 대한 재검토」, 『백제문화』24, 26쪽).

13 『三國史記』권23 온조왕 26년·27년조.

였다고 한다. 여기서 마한은 目支國을 가리키므로 온조왕 13년조의 4방 강역 획정은 마한 복속 이전의 사실을 의미하는 것이라고 하겠다. 그런데 마한 목지국의 병합기록은 고이왕대를 전후한 역사적 사실을 소급하여 기록한 것으로 볼 수 있다. 그렇다면 온조왕 13년조의 4방의 강역획정은 고이왕이 목지국을 병합하기 전의 사실을 기록한 것으로 볼 수 있다.[14] 그리고 목지국의 영역이 천안 · 아산일대로 비정된다는 점[15]에서 안성천까지 강역으로 획정되었음을 알 수 있다.[16] 이후 영역에 대한 확대가 지속적으로 추진되었을 것이라는 점은 다루왕 36년(63) 청주지역에 비정되는 낭자곡성까지 영역을 개척한 기록[17]이나 당대의 사실로 볼 수는 없지만 古沙夫里城의 축조[18] 등을 통해 추정해 볼 수 있다. 그리고 비류왕대에는 김제지역까지 진출이 이루어졌다. 비류왕대 김제에 벽골지를 축조하였던 것으로 추정된다. 이에 대한 기록은 『三國史記』신라본기 흘해왕조에서 확인되고 있는데, 「처음으로 벽골지를 개착하니 언덕 길이가 1,800보이다」라고 하고 있다.[19] 이는 비류왕 27년에 해당하는데, 당시 김제지역이 백제의 권역이었으므로 이 내용은 비류왕대 백제가 벽골지를 축조한 것으로 이해하는 것이 타당할 것이다.[20]

---

14 김영심, 1997, 「백제 지방통치체제 연구」, 서울대 대학원 박사학위논문, 14~22쪽.
15 박찬규, 2010, 「문헌을 통해 본 마한의 시말」, 『백제학보』3, 10~14쪽.
16 삼국이 어느 정도 명확한 국경선을 설정할 수 있게 되는 것은 7세기대에 와서야 가능했을 것으로 보기도 한다(김수태, 2006, 「백제 성왕대의 변경:한강유역을 중심으로」, 『백제연구』44, 128쪽). 따라서 한성기 백제의 영역문제가 큰 의미를 갖지 않을 수도 있다. 그렇지만 당시 백제의 정치적 영향력의 확산과정을 살펴보기 위해서는 영역변화에 대한 이해가 필요하다.
17 『三國史記』권23 다루왕 36년조. 다만 천안일대로 비정되는 목지국의 병합이 고이왕대 이루어진 것으로 볼 경우 낭자곡성으로의 진출은 그 이후여야 한다.
18 『三國史記』권23 온조왕 36년조.
19 『三國史記』권2 흘해니사금 21년조.
20 벽골지에 대한 발굴조사 결과도 비류왕대로 비정되고 있다(윤무병, 1976, 「김제 벽골제 발굴보고」, 『백제연구』7).

그런데 한성기 백제의 영역은 근초고왕대에 와서 크게 변동이 있었다. 『日本書紀』신공기 49년조의 자료를 통해 확인된다.[21] 신공기 49년은 보정연대로 근초고왕 24년(369)에 해당된다. 백제는 南蠻으로 지칭된 忱彌多禮[22]를 정벌하였으며, 比利·辟中·布彌支·半古의 4개 邑은 스스로 항복하였다. 이를 계기로 근초고왕대 남해안 일대가 백제의 정치적 영향력 하에 놓이게 되었음은 분명하다.[23] 물론 근초고왕대의 남해안 진출에 대해 부정적인 견해도 있다. 당시의 강역을 금강선까지로 보는 견해[24]를 비롯해 고고학적인 자료를 토대로 남해안 진출시기를 5세기말~6세기초로 보는 견해[25] 등 다양한 견해가 제시되었다. 그렇지만 근초고왕 24년(369) 忱彌多禮의 국명이 확인된 이후 마한영역권내에서 탐라국(제주도)을 제외한 어떤 국가명도 등장하고 있지 않다. 따라서 문헌자료를 근거로 할 때 근초고왕 이후 舊馬韓 권역에서 독립된 국가체를 형성한 정치세력을 상정할 수는 없다고 하겠다.

이와 같이 근초고왕대는 남부 마한세력의 병합이 이루어졌으며, 중앙집권적인 국가체제가 성립된 시기였다. 그 결과 지방의 영역이 확정되고, 中央과 地方의 관계가 분명하게 성립되었을 것이다. 특히 국가 영역의식의 형성은 律令의 시행과 밀접한 관련이 있는데,[26] 근초고왕대는 율령이 반포되었을 것으로 이해되고 있다.[27] 그리고 그 범주는 옛 마한 54국의 영역을 포괄하였을 것이다. 한성기에 마한 전역에 대한 정치적 영향력이 미

---

21 『日本書紀』권9 신공기 49년 3월조.
22 『晋書』권36 열전6 張華條에 등장하고 있는 新彌國이 忱彌多禮로 비정되는데(노중국, 1988,『백제정치사연구』, 119~120쪽), 3세기 말경에도 소국의 존재가 확인된다.
23 이병도, 1970, 앞의 글, 12~14쪽.
24 김기섭, 1995, 앞의 글.
25 임영진, 1990,「영산강유역 석실분의 수용과정」,『전남문화재』3.
26 山本孝文, 2006,『三國時代 律令의 考古學的 研究』, 420~425쪽.
27 노중국, 1986,「백제 율령에 대하여」,『백제연구』17, 57~59쪽.

쳤을 것이라는 점을 추정하게 하는 것이 바로 웅진천도 직후인 문주왕 2년 탐라국의 歸附이다. 이는 남해안 일대의 모든 지역이 이미 한성기에 백제의 영역화가 이루어졌음을 의미한다고 하겠다.[28] 북방지역은 근초고왕대 수곡성 진출[29] 사실 등을 통해 황해도 일대까지 확대되었으나 고구려 광개토왕의 한강 이북지역 58城 700村에 대한 점령 등으로 인해 극심한 변화가 초래되었으므로 이들 지역에 대한 지배양상을 파악하기에는 한계가 있다.

다음은 한성기 國家權力의 지방침투 양상을 검토해 보기로 하겠다. 여기서 국가권력이라고 하면 왕권을 의미하며, 한성기에 어떤 방식으로 지방에 관철되고 있는가를 통해 중앙과 지방과의 관계를 이해해 보고자 한다.

한성기 국가권력의 지방침투 양상을 파악할 수 있는 자료를 『三國史記』백제본기에서 찾아 이들 내용을 유형별로 보면, 크게 巡幸과 力役動員에 대한 내용으로 구분해 볼 수 있으며, 이들 내용은 다시 성격에 따라 세분된다.

일반적으로 巡幸은 영토의 확인이나 권농, 大赦, 풍속교정, 제사 등 통치행위와 밀접한 관련이 있는데,[30] 그 사례를 찾아보면 다음과 같다.

---

28 탐라를 강진 · 해남일대에 비정하는 견해(이근우, 1997, 「웅진시대 백제의 남방경역에 대하여」, 『백제연구』27, 51~55쪽), 해남지역에 비정하는 견해(강봉룡, 1999, 「3~5세기 영산강유역 '옹관고분사회' 와 그 성격」, 『역사교육』69, 86~87쪽) 등이 있다. 그러나 『宋書』문제기 왜전에 보면, 왜왕 武가 7국왕을 자칭할 때 탐라국의 이름이 없다는 점이 참고가 된다. 만일 웅진초기까지 탐라국이 강력한 세력으로 남해안 일대에서 國名을 유지하고 있었다면 이미 멸망한 辰韓 · 慕韓과 같은 국명이 아니라 실제 존재한 국가의 이름을 칭했을 것이기 때문이다. 그리고 고흥 안동고분을 통해 보면 5세기 중반경에 백제에서 사여된 위세품이 출토되고 있어 중앙의 정치적 영향력이 미치고 있었음을 볼 수 있다. 따라서 이들 지역이 문주왕대 와서 백제에 편제되었다고 볼 수는 없다. 또한 '탐라국' 이 문주왕 2년조에는 '國' 을 칭하고 있지만 동성왕 20년조에서는 '탐라' 라고만 기록하고 있다. 이는 탐라국(제주도)이 문주왕대 백제에 귀속되었음을 의미하는 것으로 이해된다.
29 『三國史記』권24 근구수왕 즉위년조.

A-1. 겨울 10월에 북쪽변방을 순행하면서 백성들을 위무하고 사냥하다가 신비스러운 사슴을 잡았다(『三國史記』권23 온조왕 5년).

2. 2월에 왕은 부락을 순행하면서 위무하고 농사를 힘써 장려하였다(『三國史記』권23 온조왕 14년).

3. 봄 2월에 왕이 순행하고 위무하다가 동쪽으로는 주양에 이르렀고, 북쪽으로는 패하에 이르렀다가 50일만에 돌아왔다(『三國史記』권23 온조왕 38년).

4. 겨울 10월에 동서부의 두 부를 순행하며 위무하였는데, 가난하여 제 힘으로 살아갈 수 없는 자에게 곡식을 한 사람당 2섬을 주었다(『三國史記』권23 다루왕 11년).

5. 봄과 여름에 가물어서 겨울에 백성들이 굶주렸으므로 창고를 열어 가난한 백성들을 진휼하고 1년간의 조세와 특산물세를 면제해 주었다(『三國史記』권23 고이왕 15년).

6. 봄 2월에 사신을 보내 순행하면서 백성들의 질병과 고통을 위문하고, 환과 고독으로 스스로 생활할 수 없는 자에게 곡식을 사람당 3석씩 주었다(『三國史記』권23 비류왕 9년).

7. 봄 2월에 왕이 4부를 순행하여 위무하고, 가난한 사람들에게 곡식을 차등있게 주었다(『三國史記』권23 비유왕 2년).

　　그런데 이들 巡幸의 기사를 보면, 단순히 순행에 그치는 경우와 賑恤이 함께 이루어진 경우로 구분해 볼 수 있다. 사료 A-1·2·3에서 보듯이 온조왕대의 경우에는 순행에 그치고 있는데, 다루왕 이후에는 순행과 함께 진휼이 이루어지고 있어 보다 적극적인 통치행위가 나타나고 있다. 고대 사회에서 진휼은 중앙권력의 지방통치와 밀접한 관련이 있다는 점[31]에서 국가권력의 지방침투 양상을 이해하는데 중요하다. 특히 사료 A-5의 고이왕 15년에는 조세와 특산물세를 면제해 주고 있어 수취체제를 통한 지방

---

30 신형식, 1981, 「순행을 통해 본 삼국시대의 왕」, 『한국학보』 25.
　　박현숙, 2007b, 「백제 한성시기 유민의 발생과 대민지배의 양상」, 『선사와 고대』 27, 73~76쪽.
31 안병우, 1990, 「영일 냉수리신라비와 5~6세기 신라의 사회경제사상」, 『한국고대사연구』 3, 134~135쪽.

지배가 이루어지고 있음을 알 수 있다. 또한 사료 A-6에서 보듯이 비류왕 9년에는 사신(관료)을 보내 순행과 진휼이 이루어지고 있다. 이들 사료를 통해 볼 때 초기에는 단순한 순행과 백성에 대한 위무가 이루어졌지만 사료 A-5·6의 경우에는 제도적인 차원에서 국가권력이 일률적으로 지방에 행사되고 있음을 볼 수 있다.

力役의 사례는 다수 확인되는데, 徭役과 軍役으로 나누어볼 수 있다. 다만 군역의 경우 한 차례밖에는 확인되지 않고 있다.

> B. 가을 8월에 왕이 고구려를 치고자 하여 군사와 말들을 크게 징발하였다. 백성 들은 전쟁에 시달려 신라로 많이 도망하니 호구가 줄어들었다(『三國史記』권 23 아신왕 8년).

군역의 사례는 아신왕 8년(399)조에 보이고 있는데, 이 시기는 고구려 광개토왕의 한강 이북지역에 대한 공략으로 백제가 국가적 위기에 처한 시기였다. 그로 인해 전국적인 징병과 물자조달이 이루어졌을 것이다. 그 렇지만 백성들이 군역을 회피하여 신라로 달아나고 있어 지방지배의 한계 를 드러내고 있다. 이와 관련해서 근초고왕대 독산성주가 300인을 거느리 고 신라로 도망한 사례가 참고된다.[32] 이는 근초고왕대 중앙집권적인 지 배체제의 추진과정에서 나타난 것으로 볼 수 있는데, 한편으로는 지방에 대한 지배체제가 공고하지 못했던 상황을 보여주는 것이 아닌가 한다.

그런데 徭役의 사례는 빈번하게 보이고 있으며, 주로 축성과 농지개간 등의 형태로 나타나고 있다. 먼저, 축성에 대한 내용을 보면 다음과 같다.

> C-1. 가을 7월 한강 서북쪽에 성을 쌓고 한성의 백성들을 나누어 살게 하였다 (『三國史記』권23 온조왕 14년).

---

32 『三國史記』권3 나물니사금 18년조.

2. 가을 8월에 석두성과 고목성의 두 성을 쌓았다(『三國史記』권23 온조왕 22년).

3. 가을 7월에 탕정성을 쌓고 대두성의 백성들을 나누어 살게 하였다(『三國史記』권23 온조왕 36년).

4. 2월에 한수 동북쪽의 여러 부락사람으로 나이 15세 이상을 징발하여 위례성을 고쳐지었다(『三國史記』권23 온조왕 41년).

5. 봄 2월에 적현성과 사도성의 두 성을 쌓고 동부의 민호들을 옮겼다(『三國史記』권23 초고왕 45년).

6. 봄에 나라사람으로 나이 15세 이상을 징발하여 국경을 지키는 관방을 설치하였는데, 청목령에서부터 북쪽으로는 팔곤성에 닿았고, 서쪽으로는 바다에 이르렀다(『三國史記』권23 진사왕 2년).

7. 가을 7월에 동부와 북부 두 部의 사람으로 나이 15세 이상을 징발하여 사구성을 쌓았는데 병관좌평 해구에게 공사를 감독하게 하였다(『三國史記』권23 전지왕 13년).

8. 이에 나라사람들을 모두 징발하여 흙을 쪄서 성을 쌓고 그 안에는 궁실과 누각, 대사 등을 지었는데, 웅장하고 화려하지 않은 것이 없었다(『三國史記』권23 개로왕 21년).

사료 C-1~5의 경우에는 국가성립 단계의 축성과 마한병합 이후에 이루어진 것으로 축성은 部에서 담당하였을 것으로 추정된다. 그런데 전지왕 13년(417)에는 병관좌평 해구를 파견하여 감독하게 하였다. 이는 국가에서 역역에 대한 직접관리가 이루어진 사실을 의미한다. 그리고 진사왕 2년(386)에는 전국적인 역역동원의 사례가 확인된다. 국가적 차원에서 나이 15세 이상자를 징발하여 역역을 부과하고 있는 것은 인구조사가 이루어지고 있었음을 의미하는데, 백제에서 호적제도는 근초고왕대 이미 실시되었을 것으로 추정된다.[33] 국가차원의 징발은 사료 C-8에서 보듯이 개로왕대에도 나타나고 있다. 따라서 한성후기에 이르면 국가권력이 직접적으로 지방에 관철되고 있었음을 알 수 있다.

---

33 노중국, 2010, 『백제사회사상사』, 217쪽.

국가권력의 지방침투 양상은 농지개간의 사례를 통해서도 살펴볼 수 있다.

D-1. 2월에 나라 남쪽의 주·군에 영을 내려 처음으로 논을 만들었다(『三國史記』권23 다루왕 6년).

2. 봄 2월에 나라사람들에게 명하여 남쪽의 진펄을 개간하여 논을 만들게 하였다(『三國史記』권23 고이왕 9년).

먼저, 다루왕 6년(33)에는 州·郡에 영을 내리고 있지만 고이왕 9년(242)에는 백성들에게 직접적으로 명을 내리고 있어 차이를 보인다. 다루왕대의 기록에 대한 사료적 가치와 사례의 한계는 있지만 국가권력의 지방침투가 간접적인 방식에서 직접적인 방식으로 전환되었음을 의미하는 것으로 이해할 수 있지 않을까 한다. 그리고 비류왕대 김제 벽골지가 축조되었는데,[34] 그 규모로 볼 때 국가적 차원에서의 인력동원이 이루어졌을 것으로 추정된다. 특히 개로왕대에는 보다 체계적이고 정비된 수취체제를 마련하고자 시도하였던 것이 아닌가 한다. 이와 관련해서는 『日本書紀』仁德紀 41년조의 기사가 참고된다.

E. 봄 3월 紀角宿禰를 百濟에 보내어 처음으로 나라의 강역을 나누고 그 땅에서 나는 산물을 모두 기록하였다(『日本書紀』권11 仁德紀 41년조).

『日本書紀』仁德紀 41년은 보정연대로 473년 즉, 개로왕 19년에 해당된다. 이 기록을 근초고왕대의 사실로 이해하는 견해[35]도 있다. 그렇지만 『日本書紀』의 내용 가운데 雄略紀 20년(476) 이전의 기록은 2周甲(120년)을 引下해 보는 일반적 견해[36]로 볼 때 이 기록도 2周甲 引下하여 개로왕

---

34 윤무병, 1976, 앞의 글.
35 노중국, 1991, 「한성시대 백제의 담로제 실시와 편제기준」, 『계명사학』2, 20쪽.

19년(473)으로 볼 수 있을 것이다. 그리고 그 내용은 개로왕대 전국을 대상으로 행정권역을 분정하여 力役과 物資의 수취가 이루어진 것이 아닌가 한다.[37] 이는 국가의 통치력이 전국에 직접적으로 미치게 되었음을 의미하는 것으로 이해할 수 있다. 『三國史記』열전 도미전에 보이는 "編戶小民"은 국가차원에서 세금부과를 위해 만든 호구편제로 그 시기도 개로왕대로 추정된다.[38]

이상은 『三國史記』백제본기에서 확인되는 지방에 대한 국가권력의 침투양상을 보여주는 내용들이라고 할 수 있다. 이들 기록을 모두 당대의 사실을 기록한 것으로 볼 수는 없겠지만 왕권행사의 구체적 방식과 경향성을 통해 국가권력의 지방침투 양상을 파악할 수 있다는 점에서 의미가 있다고 하겠다.

그런데 이와 같은 국가권력은 지방관을 통해 각 지방에 행사되었을 것이다. 백제에서 지방관의 파견은 대개 3세기 후반 이후부터 단계적으로 이루어졌을 것으로 추정되는데,[39] 군사적 요충지나 새로 개척된 지역을 중심으로 파견되었다. 그렇지만 지방관이 파견되기 이전에는 재지세력을 통한 지방지배가 이루어졌을 것이다. 특히 부체제 단계에서 지방에 대한 지배는 각 部의 수장을 통해 이루어졌다. 『三國志』부여조를 보면, 「나라에는 君王이 있고, 모두 6畜의 이름으로 관명을 정하여 馬加·牛加·豬加·狗加·大使·大使者·使者가 있다. … 諸加들은 별도로 四出道를 주관하는데, 큰 곳은 수천 가이며, 작은 곳은 수백 가였다」[40]고 기록되어 있다. 고구려의 경우 대가들은 스스로 使者·皂衣·先人 등을 두었으며,[41]

---

36 이병도, 1976, 『한국고대사연구』, 518쪽.
37 김영심, 1990, 「5~6세기 백제의 지방통치체제」, 『한국사론』 22, 84~85쪽.
38 이를 근초고왕대의 사실로 보는 견해도 있다(노중국, 2010, 앞의 책, 216~217쪽).
39 김수태, 1997, 「백제의 지방통치와 도사」, 『백제의 중앙과 지방』.
40 『三國志』권30 위서30 동이전 부여조.

신라의 경우에도 각 部에 관등을 소지한 인물이 확인되고 있는 점[42]으로 보아 각 부가 어느 정도 자치권을 가지고 있었음을 알 수 있다. 백제의 경우에도 비슷한 지배방식이 적용되었을 것이다. 고이왕대 이전까지 등장하는 인물들이 部名을 冠稱하고 있었던 점은 부의 독자성을 의미한다고 하겠다.[43] 그런데 부의 독자성은 고이왕대 통치체제의 정비과정에서 변질되기 시작하였을 것이다. 고이왕대는 좌장을 비롯해 좌평직 등이 신설되었다.[44] 즉, 고이왕대 부명 冠稱이 사라지는 것은 부의 독립적 성격이 소멸되고 중앙통치체제로 흡수됨과 동시에 이제까지 부가 특정 정치세력의 세력기반과 정치적 위상을 담보하였던 것에서 지방의 행정조직으로 변화하였음을 반영하는 것이라고 볼 수 있다. 그리고 근초고왕대 들어와 城을 거점으로 지방에 대한 지배를 강화하였다.[45] 이때 파견된 지방관은 道使였을 것으로 추정된다.[46] 또한 도사는 城主라고도 불렀다.

한편, 한성기 중앙과 지방의 관계에 있어서 威勢品이 출토된 지역과 大形甕棺古墳이 조영되었던 영산강유역의 성격을 어떻게 볼 것인가 하는 문제가 있다. 먼저, 중앙과 지방과의 특수한 상황을 보여주는 것이 위세품으로 불리는 유물이 출토된 유적의 존재이다. 이들 유물이 출토되고 있는 유적은 강원·충청·전라도에 이르기까지 광범위하게 분포하는데, 원주 법천리고분, 천안 화성리·용원리고분, 공주 수촌리고분, 연기 나성리유적, 서산 부장리분구묘, 익산 입점리고분, 고창 봉덕리고분, 고흥 길두리 안동

---

41 『三國志』권30 위서 동이전 고구려조.
42 『三國史記』권1 파사니사금 23년조.
43 박현숙, 1996, 「백제 지방통치체제 연구」, 고려대 대학원 박사학위논문, 61~62쪽.
　　김기섭, 1998, 「백제 전기의 부에 대한 시론」, 『백제의 지방통치』, 83~84쪽.
44 『三國史記』권24 고이왕 7·27년조.
45 강종원, 2002, 『4세기 백제사 연구』, 215쪽.
46 김수태, 1997, 앞의 글, 213~214쪽.
　　노중국, 2011, 「문헌기록 속의 영산강유역」, 『백제학보』6, 7~9쪽.

고흥 안동고분

고흥 안동고분 출토 유물(금동관, 금동신발, 갑주)

고분 등이 있다. 이들 유적에서는 위세품으로 불리는 금동관을 비롯해 금동식리, 환두대도, 중국제 청자 등이 출토되었는데, 중앙에서 賜與된 것으로 그 성격에 대해서는 다양한 견해가 제기되고 있다. 먼저, 기존에 중국제 도자기의 출토사례 등을 통해 백제 지방통치방식을 이해한 견해[47)가 주목되는데, 지방세력에 대한 통제 내지는 복속을 강화시키기 위한 목적으로 보았다. 그리고 원주 법천리의 경우에는 예계지역 진출의 교두보적 역할이라는 지리적 중요성을 주목하기도 한다.[48) 또한 백제의 지배체제 하에 편제되지 않은 세력에게 호의품으로 제공된 것으로 보는 견해[49)

고창 봉덕리고분 출토유물(청자, 금동신발)

나주 신촌리 금동관

---

47 권오영, 1989, 「4세기 백제의 지방통치방식 일례」, 『한국사론』18.
48 박순발, 1997, 「한성백제의 중앙과 지방」, 『백제의 중앙과 지방』, 141쪽.

나주 반남지역 대형옹관묘

를 비롯해 백제가 마한지역으로 영역을 확대해 가는 과정에서 나타난 결
과로 이해하는 견해[50]도 있다. 그렇지만 위세품 출토 유적의 편년과 분포
상태로 볼 때 영역확대 문제와 관련시켜 보기에는 어려운 점이 있다. 즉,
지리적으로 보다 남쪽에 위치하고 있는 연기 나성리유적과 공주 수촌리
토광목곽묘의 경우 천안 용원리유적보다 유적의 조영시기가 앞서고 있으
며, 공주 수촌리 석실분과 서산 부장리분구묘, 고창 봉덕리고분, 그리고
고흥 안동고분 등의 경우 모두 비슷한 편년[51]을 보이고 있기 때문이다. 공

---

49 임영진, 2006, 「고흥 길두리 안동고분출토 금동관의 의의」, 『충청학과 충청문화』5-2.
50 박순발, 1997, 앞의 글, 141~143쪽 ; 김낙중, 2009, 「영산강유역 정치체와 백제왕권의 관계
    변화」, 『백제연구』50.
    특히 나주 신촌리 9호분 을관에서 출토된 금동관 등 위세품과 석실묘가 거의 비슷한 시기
    에 나타나고 있는 사실은 이들 지역에 대한 백제의 진출과 관련되어 이해되는데(서현주,
    2006, 「고고학자료로 본 백제와 영산강유역」, 『백제연구』44, 164~165쪽), 수촌리 백제고
    분군 1호분인 토광목곽묘를 통해 볼 때 위세품의 유입과 고분양식의 변화가 반드시 일치
    하는 것은 아니라고 하겠다.

주 수촌리유적의 경우 오랜기간 동안 위세품이 지속적으로 사여되고 있다는 점도 주목된다.

그런데 이들 위세품을 반출하는 유적의 편년을 보면, 백제가 고구려에 수세적인 입장에 처한 시기였다. 당시의 兩國 관계는 「廣開土王碑文」과 『三國史記』 백제본기의 내용을 통해 살펴볼 수 있다. 먼저, 「廣開土王碑文」의 내용을 보면, 永樂 6년(396) 백제는 고구려에 대패하여 아신왕이 영원히 奴客이 되겠다는 서약과 함께 大臣 10인 등이 인질로 잡혀간 사실을 알 수 있는데, 아신왕은 이를 극복하기 위해 군사력 강화를 추진하였다. 그러나 그 결과는 국가의 피폐와 백성들의 이탈을 초래하였다.[52] 각 지역의 유력한 재지세력들에게 위세품을 사여한 것도 당시의 그와 같은 정국상황을 반영하고 있는 것으로 이해된다. 즉, 고구려의 남진에 대응하여 국가의 통치체제를 재정비해 나가는 과정에서 지방의 유력한 세력들의 이탈을 방지하기 위한 목적에서 위세품을 사여한 것으로 해석할 수 있기 때문이다.[53] 물론 같은 금동관이라도 사여의 목적에 차이가 있었을 것이라는 점[54]도 고려되어야 한다. 그렇지만 이와 같은 통제방식을 활용하였다는 것은 한편으로는 이들 지역 재지세력들에 대한 국가의 지배력이 직접적이

---

51 이한상, 2011, 「고흥 길두리 안동고분 금동관모와 금동식리에 대한 검토」, 『고흥 길두리 안동고분의 역사적 성격』, 고흥 길두리 안동고분 특별전 기념 학술대회 요지문.

52 『三國史記』 권25 아신왕 8년.

53 위세품 부장자의 신분을 王·侯號라는 爵號制와의 관련 속에서 檐魯制와 연계시켜 이해하면서 실시시기를 근초고왕대로 보는 견해도 있지만(노중국, 2001, 「익산지역 정치체의 사적 전개와 백제사상의 익산세력」, 『마한·백제문화』15, 29~32쪽), 기록상에서 王·侯號가 보이는 것은 개로왕대와 동성왕대이다(양기석, 1984, 「5세기 백제의 왕·후·태수제에 대하여」, 『사학연구』38). 그리고 담로제가 일반화된 것은 무령왕대를 전후한 웅진기로 이해되고 있다.

54 김영심, 2011, 「고흥 길두리 안동고분 축조의 역사적 배경」, 『고흥 길두리 안동고분의 역사적 성격』, 고흥 길두리 안동고분 특별전 기념 학술대회 요지문, 129쪽.
이 경우 왜계유물이 공반되고 있는 점을 들어 기항지로서의 역할 가능성도 제기되고 있는데, 이는 백제 중앙의 지배체제에 편제되어 있다는 것을 전제로 하는 것이다.

고 강고하게 작용하지 못하였음을 반영한다는 점은 분명하다고 하겠다. 개로왕 21년 장수왕의 침략으로 한성이 함락될 당시 개로왕이 「백성은 쇠잔하고 군사는 약하니 비록 위태로운 일이 있다고 하더라도 누가 기꺼이 나를 위하여 힘써 싸우겠는가?」라고 한 사실[55]은 그와 같은 당시 지방지배의 한계를 보여주는 것으로 볼 수 있기 때문이다.

뿐만 아니라 모든 지방세력들에 대하여 국가의 일원적인 지배가 이루어지지도 못했던 것으로 보인다. 영산강유역에서는 3세기부터 대형옹관묘가 등장하고 있는데, 이들 지역이 백제에 편제된 이후에도 지속적으로 조영되고 있기 때문이다. 옹관고분의 출현 배경에 대해서는 다양한 견해가 제기되고 있지만 新彌國을 중심으로 하는 영산강유역 세력이 정치·문화적 연대망을 형성한 결과[56]라고 하는 점에 대해서는 대체로 의견을 같이 한다. 따라서 영산강유역에서 지역의 전통적인 문화적 특성을 계승하고 있다는 점은 이들 지역에 국가권력이 직접적으로 관철되지 않았음을 의미한다고 하겠다. 그렇지만 진사왕·아신왕대 이후 고구려의 南進에 따른 백제의 수세적인 상황 속에서도 이들 지역에서의 정치적 움직임이 감지되고 있지 않다는 점에서 볼 때 정치적 예속성은 비교적 강하게 작용하였던 것이 아닌가 생각된다.[57] 또한 고흥 길두리 안동고분에서 중앙 賜與의 위세품이 출토된 점으로 볼 때 다른 지역과 마찬가지로 지방의 변화에 따른 국가적 대응이 있었음을 알 수 있다.

55 『三國史記』권23 개로왕 21년.
56 강봉룡, 2007, 「금강·영산강유역의 세력동향과 백제의 경영」, 『웅진도읍기의 백제』, 충남역사문화연구원, 256~257쪽.
57 노중국, 2011, 앞의 글.

3) 熊津期 領域의 變動과 地方의 動向

웅진기는 한강유역의 상실에 따른 영역의 변천과 갑작스런 遷都로 인해 왕권이 약화된 시기였다. 그에 따라 한강유역의 영역화 문제를 비롯해 영산강유역의 전방후원형 고분의 출현 등 중앙과 지방의 관계에 불확실성이 크게 증대되었다.

먼저, 웅진기의 경우 지방의 범주를 설정하는데 있어 어려움이 있다. 한강유역을 두고 고구려와 지속적인 공방을 벌이고 있었기 때문이다. 웅진기 백제의 영역을 파악할 수 있는 자료를 『三國史記』백제본기에서 찾아보면, 다음과 같다.

F-1. 봄 2월에 대두산성을 수리하고, 한강 이북의 백성들을 이주시켰다(『三國史記』권26 문주왕 2년).
 2. 여름 4월에 탐라국이 토산물을 바치니 왕이 기뻐하여 사자를 은솔로 삼았다(『三國史記』권26 문주왕 2년).
 3. 봄에 왕이 사냥을 나가 한산성에 이르러 군사와 백성들을 위문하고 10일이 지나 돌아왔다(『三國史記』권26 동성왕 5년).
 4. 가을에 크게 풍년이 들었다. 나라 남쪽 바닷가의 사람들이 이삭이 합쳐진 벼를 바쳤다(『三國史記』권26 동성왕 11년).
 5. 봄 2월에 왕이 한성으로 행차하여 좌평 곤우와 달솔 사오 등에게 명령을 내려 漢水 북쪽 주군의 백성으로서 나이 15세 이상을 징발하여 쌍현성을 쌓게 하였다(『三國史記』권26 무령왕 23년).

이들 사료를 통해 웅진기 영역을 추정해 볼 수 있을 것이다. 우선, 사료 F-1을 통해 북으로 한강 이북지역은 영역에서 벗어나 있었던 것으로 추정된다. 그런데 사료 F-3 · 5를 보면 한산 · 한성 지역은 백제의 관할 하에 있었던 것으로 기록되어 있다. 물론 여기에서 한산성을 지명 이동 내지는 웅진 북쪽에서 찾는 견해를 포함해 백제의 한강유역 영유에 대해 비판적인 견해[58])도 있지만 기록상으로 볼 경우 한강 이남의 어느 선으로 이해해도 되지않을까 한다.[59]) 다만 한성함락 직후 백제의 북방영역이 상당히 축소되었다는 점은 분명하다.[60]) 사료 F-5를 통해 무령왕의 적극적인 대고구려 정책을 통해 한강유역의 일정부분이 회복되었을 것으로 추정되지만[61]) 여전히 국경은 불안정하였다. 따라서 이들 지역에 대한 국가권력의 침투에는 한계가 있었을 것이다.

반면에 남으로는 탐라의 귀부 사실로 볼 때 남해안 전지역이 지배체제 내에 들어왔음을 알 수 있는데, 사료 F-4는 그러한 사실을 보여주는 자료라고 하겠다. 따라서 웅진기 지방지배에 있어서 그 대상은 남부지역에 집중되었던 것으로 생각된다. 동성왕대 왕·후호의 작호와 분봉이 이루어진 지역이 대부분 전라도지역에 비정되고 있는 사실이 이를 말해준다.

그리고 웅진기 각 지역은 담로로 편제되었는데, 다음은 지방통치제도로서 담로제가 실시되었음을 보여주는 기록이다.

G-1. [백제는] 都城을 固麻라 하고 邑을 檐魯라 하는데, 이는 중국의 郡縣과 같은 말이다. 그 나라에는 22檐魯가 있는데, 모두 [왕의] 자제와 宗族에게 나누어 웅거케 하였다(『梁書』권54 동이열전 백제전).

2. [백제는] 都城을 固麻라 하고 邑을 檐魯라 하는데, 이는 중국의 郡縣과 같은

---

58 김수태, 2006, 「백제 성왕대의 변경:한강유역을 중심으로」,『백제연구』44, 130~135쪽.
59 『三國史記』기록을 통해 고구려 영역이 가장 남하했을 때의 경계를 아산만-조령-영일만을 연결하는 선이었다는 견해(천관우, 1988, 「광개토왕의 정복활동」,『한국사시민강좌』3, 46쪽)와 연기군과 천안시 사이에 있는 고려산성까지 미쳤다고 보는 견해(정영호, 1985, 「고려산성고」,『천관우선생환력기념한국사학논총』)도 있다.
60 청원 남성골유적, 대전 월평동유적 등을 통해 고구려군이 일시적으로 금강 중류지역까지 진출한 것으로 이해되기도 한다(양기석, 2008, 「475년 위례성 함락직후 고구려와 백제의 국경선」,『한국 고대 사국의 국경선』). 그리고 동성왕대 한산(성) 관련 기사들은 차령산맥 이남의 어느 지역, 천안·아산의 위례산성과 대두산성 일대로 비정하고 있다. 이는 웅진기 북방 경계가 유동적이었음을 의미한다.
61 김현숙, 2009, 「고구려의 한강유역 영유와 지배」,『백제연구』50, 39쪽.

말이다. 그 나라에는 22檐魯가 있는데, 모두 [왕의] 자제와 宗族에게 나누어 웅거케 하였다(『南史』권79 열전69 백제전).

내용을 살펴보면, 邑을 담로라고 하는데 중국의 군현과 같다. 22개의 담로가 있으며, 모두 子弟宗族을 分據시켰다고 한다. 그리고 중국의 郡縣과 같다고 하는 내용을 통해 지방통치조직이라는 사실과 전국에 22개가 分置되어 있었음을 알 수 있다. 또한 治城을 古麻라고 한 것을 통해 시대적 상황이 熊津期였던 것으로 추정된다.[62]

그렇지만 담로제가 언제 처음 실시되었는가에 대해서는 다양한 의견이 제기되고 있다. 근초고왕대를 중심으로 하여 성립된 것으로 보는 견해[63] 또는 그보다 소급해 보려는 견해,[64] 部城村制를 골자로 하며, 근초고왕대 새로 복속된 금강이남의 지역을 거점성 중심으로 통치한 것을 담로제로 보는 견해,[65] 5세기 중엽 즉, 개로왕대를 전후한 시기로 보는 견해[66] 등이 있다. 그리고 이 문제와 관련해서는 앞에서 제시된 『日本書紀』仁德紀 41년조에 대한 해석상의 문제가 크게 작용하고 있다.[67] 그러나 담로제의 시행이 일반화된 것은 웅진기이므로 운영방식을 이해하는데 있어서 발생시점의 문제는 크게 중요하지 않다고 하겠다.

일반적으로 담로제는 국경지역이나 전략적 중요성이 인정되는 곳, 교통상의 중심지 등 중요지역에 대해 거점성을 중심으로 왕의 子弟나 宗族

---

62 固麻城이 大城, 즉 수도에 대한 일반적 지칭일 가능성이 있다는 지적도 있으나(山尾幸久, 1974,「朝鮮三國の軍區組織」,『古代朝鮮と日本』, 162쪽) 固麻가 공주의 古名이므로 웅진기로 볼 수 있다.

63 노중국, 1991, 앞의 글.

64 박현숙, 1993,「百濟 檐魯制의 實施와 그 性格」,『宋甲鎬教授停年退任論文集』.

65 이도학, 1990,「漢城後期의 百濟 王權과 支配體制의 整備」,『백제논총』2.

66 김영심, 1990, 앞의 글.

67 박현숙, 2007a, 앞의 글, 163~164쪽.

을 파견하여 직접지배를 실현한 것으로 이해되고 있지만 이들 모든 지역에 자제나 종족을 파견하였다고 볼 수는 없다. 다만 중국인의 관점에서 그와 같이 인식하였다는 사실은 담로의 장으로 왕족의 파견을 원칙으로 하였을 것이라는 점은 추정해 볼 수 있다. 이와 관련하여 개로왕대 왕족이 중용되었던 점이 주목된다. 개로왕은 4년(458)에 臣僚 11명에 대한 관작을 宋에 요청하였는데,[68] 이 가운데 8명이 왕족이었고, 이성귀족은 3명뿐이었다. 이는 개로왕이 왕족의 중용을 통해 왕권강화를 추진하면서 지방의 담로에도 왕족을 파견함으로써 중앙집권적인 지배체제를 추구하였던 사실을 말해 주는 것이 아닌가 한다.[69]

그러나 이러한 정책은 고구려의 남진과정에서 개로왕이 사망함에 따라 정상적인 시행이 어려워지게 되었을 것이다. 『日本書紀』에서는 개로왕의 사망과 한성이 함락된 사실을 백제가 망하였다고 기록하고 있는데, 당시의 상황을 파악하는데 참고된다.

H-1. 겨울 고려왕이 크게 군사를 일으켜 백제를 공격하여 멸망시켰다(『日本書紀』권14 雄略紀 20년).
 2. 봄 3월 천황은 백제가 고구려에 의해 멸망하였다는 소식을 듣고 久麻那利를 문주왕에게 주어 그 나라를 구해 일으켰다(『日本書紀』권14 雄略紀 21년).

즉, 당시 왜에서는 한성함락을 백제의 멸망으로 인식하였음을 알 수 있다. 실제 웅진초기는 정치적으로 매우 혼란스러웠으며, 각 지방에 대한 통

---

68 『宋書』동이전 백제조.
69 담로에 파견된 지방관을 道使, 즉 담로의 장의 명칭을 도사로 파악하기도 한다(노중국, 2011, 앞의 글, 11~12쪽). 그러나 왕의 자제종족으로 지칭된 인물이 담로의 장으로 파견되었다는 점에서 볼 때 道使를 담로의 장으로 보기는 어렵다. 오히려 담로의 지배체제에 편제된 하위 행정단위(城)에 파견된 지방관을 지칭하는 것으로 보아야 하지 않을까 한다. 신라의 경우 城(村)의 장관을 도사라고 하였다는 점이 참고된다.

제가 제대로 미치지 못하였다. 탐라의 이탈, 대두산성에서의 해구와 연신의 반란 등은 모두 웅진초기 지방지배의 한계를 보여주는 사건이라고 할 수 있다. 이와 같은 웅진 초기의 국정혼란으로 모든 지방에 지방관을 파견할 여력이 없었을 것이다. 그렇지만 동성왕대 와서 왕권이 어느정도 회복되면서 각 지방을 분권적 지배체제 하에 편제하고, 새롭게 지배질서를 유지하고자 하였다. 이 때 중요지역에는 담로의 장으로 왕족이나 대성귀족을 파견하였으며, 재지적 영향력이 강력한 지역에는 재지세력들을 중앙의 관등에 편제시켜 지방관에 임명하였던 것으로 이해된다.[70] 그리고 이들 담로의 장 가운데 왕족이거나 특별히 공훈이 있는 인물에게는 왕·후의 관작을 하사함으로써 국왕중심의 일원적인 지배체제를 공고하게 하고자 하였다.[71] 이 점은 동성왕 12년(490) 및 17년(495) 南齊에 대한 작위요청에 대한 기록을 통해 추정된다.[72] 동성왕은 490년에 面中王 姐瑾은 都漢王, 八中侯 餘古는 阿錯王, 餘歷은 邁盧王, 餘固는 弗斯侯의 관작을, 495년에는 沙法名은 邁羅王, 贊首流는 辟中王, 解禮昆은 弗中侯, 木干那는 面中侯의 관작을 요청하여 제수받고 있다. 이때 王·侯號가 지역명을 관칭하고 있어 이를 지방통치와 관련하여 이해할 수 있는 근거를 제공하고 있는 것이다.[73] 그 결과 담로제와 왕·후제가 동일한 제도였을 것으로 이해되기도 한다.[74] 그리고 담로의 장에 지방의 재지세력이 포함되어 있는지 파악할 수는 없지만 王族과 大姓貴族 이외의 인물도 확인되고 있다는 점에서 그 가능성을 배제할 수는 없을 것이다. 참고로 6세기 초반으로 비정되

---

70 담로체제 하에서 지방세력은 중앙의 귀족으로 진출하거나 지방의 하급실무자로 재편된 것으로 이해되기도 한다(문안식, 2002, 『백제의 영역확장과 지방통치』, 219쪽). 물론 일부 귀족세력은 중앙귀족화의 길을 걷지만 일부 지방세력은 중앙의 관등체계에 편제되어 지방관으로서의 위치를 확보하였던 것으로 파악된다.

71 양기석, 1984, 앞의 글, 67쪽.

72 『南齊書』권58 東南夷列傳 百濟傳.

고창 신지매유적 출토 '○義將軍之印'

는 전북 고창 신지매유적에서 '○義將軍之印'의 청동제 인장이 출토되었는데, 작호제와 관련시켜 이해되고 있기도 하다.[75] 이 분묘의 피장자가 중앙에서 파견된 관리였을 것으로 추정[76]되기도 하지만, 이 지역이 마한

전통의 墳丘墓가 밀집된 지역이라는 점, 그리고 중앙파견 지방관의 경우 사망시 歸葬하였을 것이라는 점 등으로 볼 때 피장자는 재지세력일 가능성이 높지 않을까 한다. 또한 동성왕 12년에는 왕족이 지방관으로 파견되었지만 17년에는 한성기부터 활약하였던 대성귀족들을 파견함으로써 귀족관료를 중심으로 하는 지배체제를 구축하고자 하였던 것으로 보인다. 동성왕 23년 가림성을 축조하고 좌평의 관등을 가진 백가를 파견한 사례

73 이들 지명에 대한 비정을 보면, 주로 전라남·북도에 비정되거나(末松保和, 1961, 『任那興亡史』, 吉川弘文館, 109~114쪽), 충남·전북 등지에 비정되고 있다(千寬宇, 1989, 「馬韓諸國의 位置試論」, 『고조선사·삼한사연구』, 381쪽). 그러나 王·侯制가 웅진으로 천도한 이후 영산강유역을 중심으로 한 전라도 지역에 대한 영유권을 대내적으로 주장하기 위한 목적에서 비롯된 것으로 이해하기도 하는데(田中俊明, 1997, 「熊津時代 百濟의 領域再編과 王·侯制」, 『百濟의 中央과 地方』), 이들 지역이 근초고왕대 이미 백제의 정치적 영향력 하에 놓였으며, 웅진천도 이후인 문주왕 2년에 탐라국의 귀부, 동성왕대 탐라의 이탈을 견제하기 위해 무진주까지 행행한 사실 등으로 보아 전라남도 지역은 백제의 권역에 편제되어 있었다고 보아야 할 것이다.
74 이용빈, 2002, 『백제 지방통치제도 연구』, 104~113쪽.
75 노중국, 2007, 「한성도읍기의 역사적 의미」, 『한성백제의 역사와 문화』, 23쪽.
76 전북문화재연구원, 2007, 「고창 흥덕 농공단지 조성지역내 문화유적 발굴조사」 현장설명회 자료.

광주 월계동 전방후원분

나주 신촌리, 광주 명화동 전방후원분 출토 원통형토기

⁷⁷⁾를 통해서도 확인된다.

그리고 동성왕대 지방에 대한 정책을 보면, 보다 직접적이고 강력한 지배정책을 추구한 것으로 이해된다. 탐라국의 이탈을 견제하고자 동성왕이 무진주까지 친히 거동한 사실을 통해 알 수 있다. 특히 동성왕의 무진주 진출은 단지 탐라국에 대한 위협이라기보다는 오히려 전라남도지역의 재지세력들에 대한 무력시위로 볼 수 있으며,⁷⁸⁾ 이 과정에서 전남지역까지 중앙권력의 직접침투가 가능해지게 되었을 것으로 추정된다.

그렇지만 웅진기의 지방지배가 안정적이지 못하였다는 사실은 5세기 후반경에 영산강유역을 중심으로 나타나고 있는 倭系의 前方後圓形 古墳을 통해 알 수 있다. 전방후원형 고분은 5세기 말부터 6세기 초에 걸쳐 나타나고 있는 것으로 이해되고 있는데, 그 배경에는 한성말기의 정치적 상황과 당시 왜와의 우호적인 관계의 형성 등이 반영되어 있었을 것으로 이해된다.⁷⁹⁾ 전방후원형 고분 피장자의 성격에 대해서는 많은 견해가 제기되고 있으며, 문헌사학적인 입장에서도 이를 검토한 연구가 다수 발표되었지만 여전히 관점의 차이를 좁히지 못하고 있다.⁸⁰⁾ 주요 견해를 검토해보면, 이들 고분의 조영세력을 일본열도로 진출하였던 마한계 망명세력으

---

77 『三國史記』권26 동성왕 23년조.

78 정재윤, 2010, 「영산강유역 前方後圓形墳의 축조와 그 주체」, 『역사와 담론』56, 264쪽.

79 아신왕은 왜국의 지원을 요청하기 위해 6년에 태자 전지를 왜에 파견하였다(『三國史記』 권25 아신왕 6년). 그리고 405년 아신왕이 사망함에 따라 왜에 있던 전지가 왕위에 오르게 된다. 그런데 전지왕의 즉위과정에서 동생 설례의 왕위찬탈이 있게 되고, 이에 왜에서는 군사 100명을 호위하여 보냈다(『三國史記』권25 전지왕 즉위년조). 이후 백제는 왜와 우호관계가 지속되었다. 또한 동성왕이 왕위에 오를 때 축자국의 군사 500명을 보내 백제까지 호위하도록 하였다(『日本書紀』권14 웅략기 23년 하4월조).

80 전방후원형 고분의 축조와 그 주체에 대한 검토는 주보돈의 「백제의 영산강 유역 지배방식과 전방후원분 피장자의 성격」(2000, 『한국의 전방후원분』)에서 본격적으로 다루었으며, 정재윤의 「영산강유역 前方後圓形墳의 축조와 그 주체」(2010)에서 상세하게 다루고 있어 참고된다.

로 보는 견해[81]를 비롯해 이를 백제에 의한 중심세력의 와해로 재지수장들의 자율성이 상대적으로 제고되면서 일본열도의 다양한 세력들과의 활발한 대외교섭의 결과로 보기도 한다.[82] 또한 왜가 대중국 외교과정에서 독자적인 입지를 구축하기 위해 옹관고분사회와의 우호적인 관계강화를 추구하는 과정에서 나타난 산물로 이해하기도 한다.[83] 이를 弔文外交라는 특징적인 요소로 이해하기도 하는데,[84] 그 주체가 중앙에 의해 이루어진 것으로 보는 점에 차이가 있다.

이와 같이 다양한 견해 가운데 분구의 조성기법, 입지 등에 대한 분석을 통해 재지사람들이 왜계 요소를 수용해서 조영했을 것으로 보는 견해[85]가 주목되는데, 고분 축조에 있어 대부분 재지의 전통적인 기술이 이용되었다고 한다. 이는 웅진천도 이후 지방에 대한 통제력이 약화된 시기에 재지수장들이 독자적으로 일본 九州의 고분형태를 모방해서 조영하였을 것으로 보는 견해[86]와 의견을 같이 한다고 하겠다. 그리고 전방후원형 고분이 조영되고 있는 지역에서 왜계의 주거나 토기 등과 같은 유물이 집중적으로 출토되고 있지 않는 점도 고려되어야 한다. 특히 전방후원형 고분이 특정시기에 특정지역을 중심으로 한정되어 나타난다는 점에서 당시의 정치적 상황과 밀접한 관련이 있다는 점은 분명하다. 결국 전방후원형 고분은 지방세력이 중앙의 지배력 약화에 따라 독자적 길을 모색하는 과정에서 수용된 것으로 보아야 할 것이다. 또한 수용적인 측면에서 볼 때 영

81 임영진, 2006,『백제의 영역 변천』, 201~202쪽.
82 박순발, 2000,「백제의 남천과 영산강유역 정치체의 재편」,『한국의 전방후원분』, 143쪽.
83 강봉룡, 2007, 앞의 글, 262~264쪽.
84 우재병, 2004,「영산강유역 전방후원분의 출현과 그 배경」,『호서고고학』10, 73~75쪽.
85 辻 秀人, 2006,「榮山江流域의 前方後圓墳과 倭國 周延地域의 前方後圓墳」,『백제연구』44, 238~239쪽.
86 최성락, 2004,「전방후원형고분의 성격에 대한 재고」,『한국상고사학보』44, 87~106쪽.

산강세력에 의한 능동적 수용의 결과 즉, 백제 중앙의 정치적 영향력 약화에 따른 영산강유역 정치체들의 재기를 위한 노력과정에서 나타난 현상으로 보아야 할 것이다.[87]

그렇지만 이와 같은 현상은 무령왕대 강력한 지방 지배정책으로 영산강유역 세력의 독자적 행보는 더 이상 불가능하게 되었을 것이다. 무령왕의 지방에 대한 정책은 다음 기록을 통해서도 확인된다.

> I-1. 봄 정월에 명령을 내려 제방을 튼튼히 하고, 중앙과 지방에서 놀고먹는 자들을 몰아 농사를 짓게 하였다(『三國史記』권26 무령왕 10년).
> 2. 봄 2월에 왕이 한성으로 행차하여 좌평 인우와 달솔 사오 등에게 명령을 내려 한강 북쪽 주·군의 백성으로서 나이 15세 이상을 징발하여 쌍현성을 쌓게 하였다(『三國史記』권26 무령왕 23년).
> 3. 任那日本縣邑에 있는 백제의 백성들 가운데 도망와서 貫에 누락된 채 3~4대 지난 자들을 찾아내어 모두 백제로 돌려보내 호적에 올리게 하였다(『日本書紀』권17 繼體紀 3년 춘2월).

무령왕은 관개시설을 재정비하고, 내외의 遊食者들을 귀농시킨다던지, 또는 가야로 이탈해 가서 호적에서 누락된 채 3~4세대가 지난 사람들까지 찾아내어 다시 호적에 올리는 조치를 취하였다. 이러한 정책배경에는 전국적인 호구조사를 통해 붕괴된 호적체계를 정비하려는 목적에서 나온 조처로 볼 수 있는데,[88] 백제 전역에 국가의 통치력이 미치고 있었음을

---

87 한성말 웅진초기 왜와의 관계를 이해하는데 있어서 참고되는 것이 『宋書』왜전에 기록된 백제관련 내용이다. 『宋書』문제기에는 왜왕 珍이 스스로 왜·백제·신라·임나·진한·모한 6국왕을 칭하는 내용이 보이고 있는데, 이 때는 元嘉15년(438)이다. 그리고 『宋書』 순제기에 보면, 477년에 왜왕 武가 스스로 왜·백제·신라·임나·가라·진한·모한 등 7국왕을 칭하고, 478년에 송으로부터 왜·신라·임나·가라·진한·모한 등 6국왕에 봉작된 기록이 보인다(『宋書』권97 열전 57 이만전 왜전). 이들 내용이 역사적 사실은 아닐지라도 당시 백제의 정국을 이해하는데 시사하는 바가 있다고 생각된다.

88 노중국, 2010, 앞의 책, 218쪽.

방증한다.[89] 당시 이와 같은 임무를 수행한 지방관은 도사,[90] 또는 군령·성주였을 것으로 추정되는데,[91] 이들은 중앙에서 직접 파견된 지방관이었다. 이러한 사례를 통해 볼 때 무령왕대 각 지방은 국가권력이 직접 미쳤음을 알 수 있다. 『日本書紀』繼體紀 2년(508)에 탐라인이 처음으로 백제국과 통교하였다고 한 내용은 오히려 무령왕대 이들 지역에 대한 중앙의 직접적인 지배력이 미친 사실을 의미하는 것으로 이해할 수 있지 않을까 한다.

무령왕대 백제 전역에 국가의 지배력이 관철되고 있었다는 사실은 영산강유역 대형옹관묘가 6세기에 들어와 쇠퇴하고 있는 점과 관제의 변화를 통해서도 확인된다.[92] 또한 이들 지역에 5세기 후엽까지 재지성향과 倭系 요소의 유입이 두드러지다가 5세기 말~6세기 초부터 백제관련 자료들이 본격적으로 나타나고 있다는 점도 주목된다.[93] 이는 재지세력의 독자성이 소멸되고 중앙귀족화가 심화되고 있음을 말해 주는 것으로 지방세력의 중앙관료화를 의미하는 것으로 이해할 수 있기 때문이다.

또한 무령왕대에는 정치적 안정을 바탕으로 가야지역으로의 진출도 이루어졌다. 513년에는 己汶과 帶沙지역으로 진출하였는데, 이들 지역은 하동에 비정된다.[94] 그리고 512년에는 임나4현을 차지하였으며,[95] 530년에는 안라가야에 군령과 성주를 파견하였다.[96] 〈梁職貢圖〉에는 이들 지역이 백제에 부용적인 관계에 있었던 것으로 기록되어 있다.[97] 이를 토대

---

89 홍승우, 2009, 「백제 율령 반포 시기와 지방지배」, 『한국고대사연구』 54, 237~238쪽.
90 김수태, 1997, 앞의 글, 223~224쪽.
91 이용빈, 2002, 앞의 책, 196~197쪽.
92 이남석, 1990, 「백제 관제와 관식」, 『백제문화』 20, 5~20쪽.
93 서현주, 2006, 앞의 글, 163쪽.
94 연민수, 1990, 「6세기 전반 가야제국을 둘러싼 백제·신라의 동향」, 『신라문화』 9, 119쪽.
95 『日本書紀』 권17 繼體紀 6년조.
96 『日本書紀』 권17 繼體紀 24년조.

로 이들 지역에 대한 직접지배가 실현되었을 것으로 보는 견해도 있지만[98] 백제의 지방으로 편제되어 다른 지방과 동일한 지배체제의 적용을 받았다고는 볼 수 없을 것이다.[99]

이외에도 웅진기 지방에 대한 지배양상을 이해할 수 있는 자료로 다음이 참고된다.

J-1. 7월에 백성이 굶주려 신라로 도망하는 자가 600여 호나 되었다(『三國史記』 권26 동성왕 13년).
　2. 한산 사람이 고구려로 도망하여 가는 자가 2천여 명이나 되었다(『三國史記』 권26 동성왕 21년).
　3. 8월에 누리가 곡물을 해치고 민간에 기근이 발생하자 신라로 도망하여 가는 자가 900호나 되었다(『三國史記』권26 무령왕 21년).

위의 사료 J는 지방민이 집단적으로 타국으로 도망한 사례이다. 이는 국가에서 지방민에 대한 구휼정책을 제대로 실시하지 못했음을 보여주는 것이며, 한편으로는 각 지역민들에 대한 구휼책임이 국가에 있음을 의미하는 것으로 이해된다. 그렇지만 지방에 대한 국가의 세밀한 지배체제가 완비되지 못하였으며,[100] 또한 모든 지역에 대한 강고한 지배력이 관철되지도 못했음을 알 수 있다.

---

97 〈梁職貢圖〉백제국사조, 「旁小國 有叛波 · 卓 · 多羅 · 前羅 · 斯羅 · 止迷 · 麻連 · 上己文 · 下枕羅附之」.
98 곽장근, 2006, 「웅진기 백제와 가야의 역학관계 연구」,『백제연구』44, 105~106쪽.
99 김영심, 2003, 앞의 글, 89쪽 ; 김영심, 2008, 「백제의 지방지배방식과 섬진강유역」,『백제와 섬진강』, 315~317쪽.
100 주민의 대규모 이탈은 한성기에도 확인되는데, 온조왕 37년 한수 동북의 부락민 1,000여 호가 기근으로 고구려로 도망간 사례가 있고, 근초고왕 28년에는 독산성주가 300인을 데리고 신라로 도망한 사례가 확인된다. 그러나 사비기에는 이러한 기록이 나타나고 있지 않다. 이는 사비기에 국가의 지배력이 각 지방에 강력하게 관철되고 있었음을 의미하는 것으로 이해된다.

4) 泗沘期 方郡城制와 地方支配

사비천도 이후 지방에 대한 지배방식은 더욱 체계화되고 지배력도 강화되었다고 보는데 이견은 없다. 성왕은 사비천도 후 지방통치제도의 정비와 지방관의 파견을 통해 지방에 대한 직접지배를 실현해 나갔다.

먼저, 웅진기 담로를 중심으로 한 권역별 거점지배 방식이었던 檐魯制는 성왕의 지방제도 개편으로 方郡城制로 정비되고 있다. 方郡城制와 관련해서는『北史』·『周書』·『翰苑』등에 비교적 상세하게 보이고 있다. 방군성제의 실시시기는 분명하지 않지만 성왕 21년에 군령·성주의 존재가 확인되고 있는 것으로 보아 사비천도 직후에 정비되었을 것으로 추정된다.[101] 그리고 방군성제가 시행된 영역은 백제 멸망시 37郡이었다는『三國史記』의 기록[102]과 통일신라시대 행정개편시 웅주·전주·무주를 합한 군의 수가 38개였다는 점[103]에서 충청·전남·전북을 아우르는 지역이었다고 하겠다. 그렇지만 당시 삼국의 영역은 수시로 변하였기 때문에 영역을 획정할 수는 없다. 그러한 상황은 당 고종이 백제에 모낸 國書의 내용을 통해서도 추정되는데,「海東의 삼국이 나라를 세운지 오래되어 경계를 나란히 하고 있지만 땅은 실로 개의 이빨(犬牙)처럼 들쭉날쭉 서로 닿아있다」라고 하여[104] 국경선의 복잡성을 알 수 있다. 따라서 사비기에는 지방을 이해하는데 있어서 영역의 범주 보다는 지방관의 성격에 대한 이해가 보다 중요하지 않을까 생각된다.

먼저, 方郡城制의 성격을 알 수 있는 내용을 살펴보면 다음과 같다.

---

101 신라의 경우 주군현제도가 마련된 것은 지증왕 6년으로 505년이다. 따라서 백제도 이와 같은 지방제도의 내용에 대해서는 사비천도 이전부터 이미 알고 있었을 것이다.

102 『三國史記』권28 의자왕 20년조.

103 『三國史記』권36 잡지5 지리3.

104 『三國史記』권28 의자왕 11년조.

K-1. 도읍은 固麻城이다. 지방에는 다시 5方이 있으니, 中方은 古沙城·東方은 得安城·南方은 久知下城·西方은 刀先城·北方은 熊津城이다.…五方에는 각기 方領 1인을 두어 達率로 임명하고, 郡에는 장수(將) 3인이 있으니 德率로 임명하였다. 方에서 거느리는 군사는 1천 2백명 이하 7백명 이상이었다. 都城 내외의 백성들과 기타 작은 城들이 모두 여기에 예속되었다(『周書』권 49 열전41 百濟).

2. 그 都城은 居拔城으로 固麻城이라고도 부른다. 지방에는 또 5方이 있다. 中方은 古沙城, 東方은 得安城, 南方은 久知下城, 西方은 刀先城, 北方은 熊津城이라 한다.… 5方에는 각각 方領 1명씩을 두었는데 達率로 임명하며, 方佐가 그를 보좌하였다. 方마다 10郡이 있고, 郡에는 장수(將) 3명씩을 두는데, 德率로 임명하였다. [各郡에서] 거느리는 군사는 1천 2백명 이하 7백명 이상이었다(『北史』권94 列傳82 百濟).

3. 백제는 원래 5부, 37군, 200성, 76만 호로 되어 있었는데, 이때에 와서 지역을 나누어 웅진, 마한, 동명, 금련, 덕안 등 5개의 도독부를 두어 각각 주·현들을 통할하게 하고, 우두머리를 뽑아서 도독·자사·현령을 삼아 관리하게 하고, 낭장 유인원에게 명령하여 도성을 지키게 하였다(『三國史記』권28 의자왕 20년).

웅진기에 지방을 권역별 행정조직으로 分定하였던 담로제는 사비기에 와서 3단계의 행정구역인 방·군·성으로 세분화·체계화되었다. 方의 편제와 함께 기존의 檐魯가 郡으로 대치되었으며, 그 아래에 성이 행정단위로 자리잡게 된 것이다. 5방에는 方領 1인과 方佐 2인이 있고, 군에는 郡將이라고 하는 지방관이 파견되었다. 특히 군장은 3인으로 지방관의 합의에 의해 郡政이 운영되었을 것으로 생각된다. 다만 方의 경우 군사적 성격이 강한 軍管區로서의 기능이 강하다는 점[105]에서 실질적인 지방지배의 기능이 가능했을 것인가에 대한 의문이 있다. 즉, 지방에 대한 실질적인 지배는 郡과 城을 통해 이루어졌을 것으로 추정된다. 그리고 방군성으로

---

105 김영심, 1997, 앞의 글, 144~155쪽.

편제된 지역은 충청·전라지역에 균일하게 분포되어 있는데, 지방에 대한 지배가 체계적으로 이루어졌음을 말해 준다.[106] 그렇지만 국가권력이 직접 지방에 행사되는 사례는 거의 확인되지 않는다. 자료를 통해 국가권력의 지방침투 양상을 파악할 수 있는 내용을 찾아보면 다음과 같다.

L-1. 겨울 10월 경인삭 기유 백제 왕자 여창이 나라 안의 군대를 모두 징발하여 고구려로 향하였다(『日本書紀』권19 欽明紀 14년).
2. 2월에 왕은 주·군을 순행하면서 위무하고 죄수를 살려서 죽을죄를 빼고는 모두 용서해 주었다(『三國史記』권28 의자왕 2년).
3. 布·絹·絲·麻 및 米 등으로 부세하였으며, 그 해의 풍흉을 헤아려 차등을 두어 거두었다(『周書』권49 열전41 백제전).

사비기의 경우에도 지방통치 양상은 순행과 구휼, 그리고 역역동원의 사례를 통해 확인된다. 사료 L-1은 한강유역을 회복하기 위해 고구려와 百合野에서 戰鬪를 벌였던 사실에 대한 내용으로 전국적인 징병이 이루어졌음을 알 수 있다. 그리고 사료 L-3은 조세수취에 관한 것으로 豊凶에 따라 차등으로 수취가 이루어진 것으로 보아 수취체제가 정비되었음을 알 수 있다.

이 외에도 궁남지 출토 목간자료에 中口·下口 등 개별호구에 대한 파악이 이루어졌음을 볼 수 있는데,[107] 이는 국가에 의한 개별인신적 지배가 진행되었음을 말해준다고 하겠다.

이와 같이 사비기에 백제는 제도적인 차원에서 지방에 대한 지배가 관철되었는데, 방군성이라는 지방통치조직을 통해 국가권력이 각 지방에 직접적인 영향력을 미쳤음을 알 수 있다. 그리고 중앙의 명령은 郡令·城主로 불린 지방관에 의해 관철되었다.

---

106 박현숙, 2007a, 앞의 글, 195~197쪽.
107 국립부여문화재연구소, 1999, 『궁남지』.

중앙에서 지방에 지방관을 파견한 사실은 『日本書紀』 欽明條에 보이는 郡令과 城主의 존재를 통해서 확인된다.

M-1. 겨울 11월 정해삭 갑오 津守連을 보내 백제에 명령하여 "任那의 下韓에 있는 백제의 郡令과 城主를 일본부에 귀속하라"고 하였다(『日本書紀』 권19 欽明紀 4년).

2. 2月(上略) 후에 진수련이 여기를 지나갈 때 "지금 내가 백제에 파견된 것은 下韓에 있는 백제의 郡令과 城主를 추출시키기 위함이다"라고 말하였다 (『日本書紀』 권19 欽明紀 5년).

3. 11월 聖明王이 말하였다. "…南韓에 郡令과 城主를 두어 수리하고 방어하지 않으면 이 강적을 막을 수가 없다. 신라도 막을 수가 없다. 그러므로 지금 두어 신라를 치고 임나를 보존하려고 하는 것이다.…(『日本書紀』 권19 欽明紀 5년).

4. 신이 먼저 동방령 物部莫哥武連을 보내 그 方의 군사를 거느리고 函山城을 공격하도록 하였습니다.…(『日本書紀』 권19 欽明紀 5년 동12월).

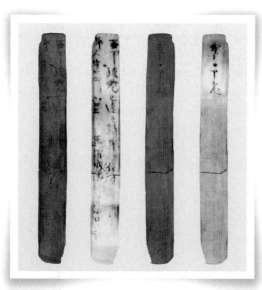
궁남지출토 목간

사료 M-1·2·3을 통해 성왕 21년(543)과 22년(544) 가야지역에 백제에서 군령과 성주를 파견한 사례가 확인된다. 聖王은 신라와 고구려를 견제할 목적으로 '任那의 下韓'에 郡令과 城主를 두었던 것으로 이해된다. 비록 이들 자료는 가야의 일부지역에 대한 백제의 지배양상을 보여주는 사례이지만, 백제권역의 郡과 城에도 지방관이 파견되었을 것이라는 점은 추정할 수 있다. 즉, 성왕대 백제 지방에 대한 지배방식은 지방관을 파견한 직접지배체제를 갖추었다고 하겠다. 특히 사료 M-4의 경우 東方領 物部莫哥武連은 왜계관료로 이해되고 있는데, 이는 사비기 지방에 대한 지배방식을 이해하는데 주목된다. 즉, 왜계 인물이 지방관으로 임명되어 중앙에서 동방성에 파견되었으며, 대신라방어의 전초기지로 국방상의 요충지인 동방성에 대한 국가의 직접지배력이 관철되고 있었다는 사실을 보여주기 때문이다.

다만 가야지역에 파견한 郡令과 城主를 통해 백제가 이들 지역까지 지방통치체제에 편입시켰다고 볼 수는 없으며,[108] 또한 가야에 대한 지배가 백제의 다른 지방에 대한 지배방식과 동일한 방식으로 이루어졌다고 단정할 수도 없다. 그렇지만 가야에 대한 지배방식을 통해 지방에 대한 국가의 지배양상을 파악할 수 있으며, 지방관에 의한 직접지배가 실현된 사실을 알 수 있다.

물론 모든 地方官을 중앙에서 파견했는가 하는 점도 검토의 여지가 있다. 즉, 지방관의 성격이 모두 동일하지는 않았을 것이다. 그리고 중앙에서 지방관을 선발하여 각 지역에 파견했을 가능성도 배제할 수는 없다. 그렇지만 『隋書』 등에 보면 백제 귀족으로 大姓八族이 기록되어 있는데, 이들 귀족은 한성기 王妃族이었던 진씨·해씨를 비롯해 지방에 재지기반을 가진 유력한 귀족세력이었다. 그리고 이들 귀족의 정치적 기반은 중앙의 관등이나 관직뿐만 아니라 재지기반 또한 중요한 요소였다. 즉, 중앙집권적인 지배체제가 성립되었음에도 유력귀족의 재지기반은 해체되지 않고

---

108 노중국은 『日本書紀』에 보이는 郡令과 城主를 통해 下韓이나 南韓 등의 신점령지에서도 方-郡-城體制가 시행되었다고 보았다(노중국, 1988, 앞의 책, 249쪽).

나주 복암리 3호분 96석실

이를 기반으로 정치적 위상을 유지하였던 것이다.[109] 백제말기의 사실이지만 黑齒常之와 禰植의 존재를 통해 귀족세력의 재지적 기반과 지방관적 성격을 검토할 수 있다. 흑치상지는 가문이 대대로 달솔을 역임하고 그 자신도 20세가 안되어 달솔이 되었을 뿐만 아니라 풍달군장의 직까지 겸하였다.[110] 이는 흑치상지가 가문과 재지기반을 토대로 지방관에 임명되었을 가능성을 말해 준다. 웅진방령인 예식의 경우도 마찬가지였던 것으로 추정된다. 예식은 〈禰寔進墓誌

---

109 백제는 馬韓故址 지역공동체의 강고성으로 국가권력의 침투에 한계가 있었다고 보기도 하는데(이기동, 1996, 「백제사회의 지역공동체와 국가권력」, 『백제연구』 26, 188~189쪽), 이러한 점이 재지기반의 온존에도 영향을 미쳤을 것이다.
110 『三國史記』 권44 열전 흑치상지 ; 〈黑齒常之墓誌銘〉.

 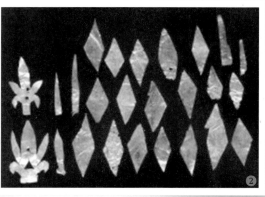

❶ 복암리 4호 옹관 금동신발 ❷ 복암리 3호분 7호석실 장식

銘)의 주인공인 예식진으로 추
정되는데,[111] 백제 熊川人으로
기록되어 있다. 즉, 예식은 웅진
지역의 재지세력으로서 북방성
의 방령이었을 가능성이 높다.
이러한 사실을 보여주는 고고학
적 사례로 나주 복암리고분의
조영세력을 들 수 있다. 복암리
3호분의 경우 5호·16호 석실에
서는 은제관식이 출토되었지만
7호 석실에서는 금제화형관식
이 출토되어 중앙 관제의 적용

복암리고분 주변 출토 목간

---

111 김영관, 2007, 「백제유민 예식진묘지 소개」, 『신라사학보』 10.

은제관식(❶ 나주 복암리, ❷ · ❸ 부여 능산리, ❹ 부여 하황리)

을 받지 않는 인물이 동시에 존재했음을 알 수 있는데, 이들은 모두 유력
한 재지세력이었다.

　이와 같이 사비말기까지도 재지적 기반을 가진 유력한 귀족세력이 지
방관에 임명되었으며, 이러한 요인이 결국 귀족세력들이 자신들의 재지기
반을 유지할 수 있는 배경이 되었던 것이 아닌가 한다.

　그렇지만 재지세력이 여전히 지역을 지배하였다고 하더라도 이미 중
앙의 관등에 편제된 국가관료(지방관)의 신분으로 전환되었을 것이다. 그
리고 각지에서 출토된 銀製冠飾의 경우 피장자가 중앙에서 파견된 지방관
인 경우도 있겠지만 일부는 재지세력으로서 지방관에 임명된 인물로 지방
세력의 관료화를 보여준다고 하겠다. 특히 사비시기 장신구가 중앙과 지
방에서 고르게 분포하는데, 이는 지방세력이 官人化한 사실을 의미한다고
한다.[112] 복암리고분군 주변의 7세기 초반경 유적에서 '巷'이 관칭된 德

112　이한상, 2009,『장신구 사여체제로 본 백제의 지방지배』, 208~227쪽.

率, 扞率, 奈率 등의 관등이 쓰여진 목간이 출토되었는데,[113] 이 역시 지방세력의 중앙관료화를 보여주는 예라고 하겠다. 그리고 임실 성미산성에서는 '上'·'中'·'下'·'前' 등 5부명으로 보이는 인장와가 출토되었는데,[114] 왕도 5부제의 반영으로 이해된다. 따라서 이들 자료를 통해 볼때 중앙의 각종 통치제도가 지방에 이식되었으며, 지방의 유력한 재지세력들은 지방관으로서 여전히 지역에 대한 지배권을 행사하였던 것으로 파악된다.

5) 맺음말

이상에서 각 시기별 영역의 변천과 그에 따른 지방제도의 변화모습을 간략하게 검토하고, 나아가 국가권력의 지방침투 양상을 문헌자료를 중심으로 살펴보았다.

먼저, 한성기는 영역의 확대와 지배방식의 문제가 논의의 중심이 되고 있는데, 고이왕대 및 근초고왕대가 영역확대의 전기가 되었으며, 근초고왕대 이미 남해안 일대까지 백제의 영역으로 편제됨으로써 地方化가 이루어졌다고 볼 수 있다. 국가권력의 지방침투는 고이왕대 이전에는 재지수장층을 통해 간접적으로 이루어졌고, 고이왕대부터 제도적인 차원에서 지방에 대한 지배가 관철되기 시작하였다. 그리고 근초고왕대 중앙집권적 지배체제의 정비와 영역의 확정에 의해 지방관의 파견을 통한 직접지배가 실현되기 시작하였다. 한성기 국가권력의 지방침투는 순행과 진휼, 그리고 역역의 방식을 통해 이루어졌음을 볼 수 있다. 그러나 한성후기 고구려

---

113 김성범, 2009, 「나주 복암리유적 출토 백제목간」, 『고대의 목간 그리고 산성』, 108~110쪽.
114 전북문화재연구원, 2007, 「임실 성미산성 발굴조사 설명회자료」.

의 남진으로 인한 정치적 변동 속에서 지방지배의 한계가 나타남으로써 주요지역에 대한 威勢品의 賜與를 통해 지방에 대한 국가의 지배력을 유지하고자 하였던 것으로 이해된다. 또한 일부지역에서는 재지적 전통이 지속되고 있어 한성기 지방지배의 미숙성을 보여주고 있다.

웅진기는 천도에 따른 북방경역의 문제, 그리고 남부지역의 지배방식과 영산강유역 전방후원형 고분의 성격 등에 대해 검토하였다. 북방지역은 고구려의 남진으로 인한 한강유역의 상실로 상당부분 영역에서 배제됨으로써 지방의 재편을 초래하였다. 따라서 웅진기에는 남부지역에 대한 지배에 주력하였다. 웅진초기의 혼란했던 정국상황은 동성왕대 어느 정도 안정을 회복함에 따라 지방에 대한 강력한 지배정책을 추진하였으며, 무령왕대 주민들에 대한 직접지배를 실현해 나갔다. 국가권력은 王・侯號를 부여받은 지방관과 중앙귀족화한 지방세력을 통해 직접적으로 침투되었다. 그 결과 각 지역의 문화적 전통성은 약화되었다.

사비기에 있어서는 보다 체계적인 지방통치제도인 方郡城 체제로의 전환과 지방관의 파견, 그리고 재지세력의 지방관으로서의 성격 등에 대해 검토하였다. 방군성으로 편제된 지역은 백제가 신라에 병합된 이후 지방제도로 편제된 웅주・전주・무주 일원에 한정되었을 것으로 추정된다. 그리고 이들 지역에 대한 지배는 중앙에서 임명된 지방관에 의해 관철되었으며, 국가권력은 순무, 조세수취, 역역동원의 방식으로 침투되었다. 지방관은 대부분 중앙에서 파견되었겠지만 재지세력 중 유력한 세력은 중앙의 관등에 편제되어 지방관으로서의 위상을 유지하였던 것으로 이해된다.

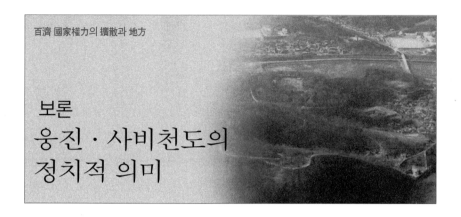

보론
웅진·사비천도의 정치적 의미

1. 百濟 熊津奠都와 貴族勢力의 動向

1) 머리말

　475년 백제의 熊津 遷都는 고구려에 의한 한성함락으로 인해 갑작스럽게 이루어진 것으로 기록되어 있을 뿐 웅진이 王都로 선택되어진 배경 등을 파악할 수 있는 구체적인 자료는 없다. 따라서 웅진을 도읍으로 정하게 된 배경 등을 이해하는데 있어서 한계로 작용할 수밖에 없다.

　백제가 한성함락으로 부득이하게 南遷을 추진할 수밖에 없었던 이유는 분명하지만, 웅진천도 이후 한성회복을 위한 至難한 노력이 진행된 사실을 통해 볼 때 遷都地 선정에 있어서 한강유역 회복이라는 현실적인 명분을 고려하지 않을 수도 없었을 것이다. 그럼에도 불구하고 한성으로부터 상당한 거리를 두고 있는 금강중류의 웅진을 천도지로 택하게 된 데는 그에 합당한 이유가 있었을 것이다.

　일반적으로 웅진을 도읍으로 定한 배경으로는 고구려의 南進을 대비한 軍事·地理的 측면과 대외교류의 편의성, 그리고 공주지역 재지세력의 존재 등이 구체적으로 언급되어 왔다.[1] 그렇지만 遷都가 지닌 정치사적 의미, 즉 천도를 통해 중흥의 功臣으로서의 정치적 위상을 확보하고, 재지 기반을 토대로 경제적 향상을 추구할 수 있다는 점에서 천도는 곧 정치권 력의 재편을 초래할 수 있다.[2] 따라서 천도를 둘러싼 치열한 논쟁과 정치 세력간의 갈등과 알력이 존재하였을 것인데, 이에 대한 합리적인 이해가 요구된다.

그리고 웅진천도를 금강유역 재지세력이 중심이 되어 주도했다고 한 다면, 웅진초기 解仇의 전횡과 眞氏勢力의 활동 등 漢城貴族이 두드러진 활동을 할 수 있었던 배경도 의문이다. 또한 한성기에 이미 금강유역 재지 세력으로서 중앙과 일정한 정치적 관계를 형성하고 있었던 沙氏와 木氏勢 力 등의 존재가 확인됨에도 불구하고 웅진천도 과정에서 그들의 역할이 드러나지 않을 뿐만 아니라 천도 이후에도 정치적으로 부상하고 있지 못 한 배경은 무엇인지, 그리고 당시 중앙에 진출하지도 않았던, 그로 인해 중앙에서 정치적 영향력을 확보하고 있지 못했던 苩氏勢力의 재지기반 인 근에 천도한 배경은 무엇인지 의문이 아닐 수 없다.

---

1 안승주, 1988, 「百濟都城(熊津城)에 대하여」, 『백제연구』 19, 13~21쪽.
 양기석, 1995, 「웅진천도와 중흥」, 『한국사』 6.
 정재윤, 1999, 「熊津時代 百濟 政治史의 展開와 그 特性」, 서강대학원 박사학위논문.
 김영관, 2000, 「百濟의 熊津遷都 背景과 漢城經營」, 『충북사학』 11·12합집.
 박순발, 2003, 「熊津遷都 背景과 泗沘都城 造成過程」, 『백제도성의 변천과 연구상의 문제점』.
 심정보, 2003, 「熊津都城의 構造와 防禦體制에 대하여」, 『백제도성의 변천과 연구상의 문 제점』.
 노중국, 2004, 「漢城百濟의 沒落과 首都 移轉」, 『향토서울』 64.
 김수태, 2004, 「백제의 천도」, 『한국고대사연구』 36.
 熊津을 都邑으로 선택한 배경과 관련된 여러 견해들에 대한 검토는 김수태의 위의 논문 (2004)에서 상세하게 분석하고 있어 참고된다.
2 김영하, 2004, 「古代 遷都의 역사적 의미」, 『한국고대사연구』 36.

이와 같은 인식하에서 2절에서는 蓋鹵王代의 정치상황을 검토하여 王族과 在地基盤을 가진 貴族勢力의 분열과 해체 문제를 살펴보고, 이를 통해 고구려의 남침으로 인한 漢城의 함락과 遷都라는 결과를 초래하게 된 배경을 당시의 정국상황과 함께 이해해 보고자 한다. 그리고 3절에서는 文周王이 웅진을 왕도로 定하게 된 배경을 귀족세력의 力學關係 속에서 파악해 보고자 한다. 4절에서는 熊津 遷都 이후 전통적인 漢城貴族이 다시 중앙권력을 장악할 수 있었던 배경은 어디에 있었으며, 이 과정에서 금강유역을 재지기반으로 하여 중앙정치에 등장하고 있는 신진 정치세력과의 관계는 어떠했는지를 살펴보고자 한다.

이를 통해 475년 한성이 함락된 배경과 한 나라의 王都로는 미흡했던 熊津으로의 천도, 그리고 웅진천도 초기에 漢城貴族이었던 解氏와 眞氏가 정권을 장악할 수 있었던 배경 등을 이해할 수 있을 것으로 기대한다.

2) 貴族勢力의 分裂과 漢城陷落

蓋鹵王은 즉위와 함께 전제왕권을 추진한 것으로 이해된다. 그런데 『三國史記』백제본기 개로왕조를 보면 13년까지의 기록은 보이지 않는다. 따라서 즉위 당시의 정국은 그리 순탄하지만은 않았으며, 기록 누락은 즉위과정에서 일어난 정치적 변화에 기인한 것으로 추정된다.[3] 그렇지만 개로왕이 어떠한 방식으로 왕권을 강화하였는가도 분명하지 않다. 다만 개

---

3 개로왕이 즉위한 이듬해 불안정한 정세를 틈타 고구려가 백제를 공격한 사실(『三國史記』권3 눌지왕 39년조)이나 先王의 해골이 노지에 假葬되어 있다는 고구려 간첩승 도림의 말(『三國史記』권25 개로왕 21년 9월) 등은 개로왕 초기의 정치적 변동을 이해하는 근거가 되고 있다.

로왕이 4년(458) 宋에 보낸 國書의 내용이 개로왕 초기의 정국상황을 이해할 수 있는 자료를 제공하고 있다. 國書의 내용 가운데 臣僚 11명에 대한 관작요청 사실이 보이고 있는데,[4] 이들 가운데 8명이 王族인 扶餘氏이고, 나머지 3인은 異姓貴族이다. 이들 관작요청 대상자들의 성격을 분명하게 파악할 수는 없지만 아마도 개로왕의 즉위와 왕권강화에 일정한 기여를 한 인물들로 논공행상 차원에서 작위를 요청하였던 것으로 생각된다. 물론 右賢王·左賢王과 같이 遊牧民 국가에서 보이는 爵號制를 근거로 작호의 수여가 형식적이었을 것으로 볼 수도 있지만 그렇다고 해도 왕족 8명에 대한 작호 요청은 그들을 중용한 사실을 말해 준다. 개로왕이 왕권강화를 위해 왕족중심의 국정운영을 추진하고자 했음을 추정할 수 있다. 반면에 왕족의 정치적 입지가 강화됨에 따라 전통적인 귀족세력은 중앙정치에서 소외되었을 것이다. 3인의 異姓貴族 가운데 沐衿만이 전통적인 귀족세력이었던 목씨로 볼 수 있으며, 麋貴와 于西의 경우는 그 出自가 불분명하다. 이는 전통적인 귀족세력이라고 할 수 있는 眞氏와 解氏 등이 보이고 있지 않을 뿐만 아니라 비유왕 3년 餘信이 죽은 뒤 解須가 上佐平에 올랐던[5] 이전의 시대적 상황과 다른 모습을 찾아볼 수 있다.

이와 같이 개로왕은 즉위 초기 王妃族을 포함한 大姓貴族들을 견제하고 왕권을 강화하기 위해 왕족을 중용하는 정책을 폈다. 그 결과 王·侯號를 칭한 왕족이 등장하였으며, 이를 근거로 개로왕대 大王權이 확립된 것으로 이해하기도 한다.[6] 그런데 왕족의 중용이 반드시 왕권강화를 의미하는 것은 아니며,[7] 오히려 권력의 分占 형태로 국정이 운영되었을 가능성

---

4 『宋書』권97 열전57 동이전 백제조.
5 『三國史記』권25 비유왕 3년조.
6 이도학, 2007, 「『三國史記』도림기사 검토를 통해 본 백제 개로왕대 정치 상황」, 『선사와 고대』27, 48~49쪽.
7 노중국, 2004, 앞의 글, 39쪽.

도 배제할 수 없다는 점[8])에서 왕족을 통한 전제왕권의 확립에는 한계가 있었을 것이다. 이와 관련하여 개로왕의 동생인 昆支가 461년 왜에 파견된 사실[9])을 주목할 필요가 있다. 곤지는 수작자 가운데 2위인 좌현왕의 작호를 받고 있는 餘昆으로 비정되는 인물인데, 좌현왕은 유목민 국가에서 군사령관의 신분이었다고 한다. 곤지는 백제의 軍權을 실질적으로 지휘하는 위치에 있었던 것이다. 물론 곤지의 왜 파견을 고구려의 남진에 대비하여 왜의 군사적·경제적 원조를 얻기 위한 목적에서 이루어진 것으로 보기도 한다.[10]) 그렇지만 고구려가 끊임없이 백제를 침략하고 있는 상황에서 軍權을 장악하고 있었던 곤지가 갑자기 왜에 파견되는 것은 납득하기 어렵다. 宋에 보낸 國書에서 보듯이 관작 요청자 11인 중에 8인이 왕족으로 곤지 이외에도 다수의 왕족이 확인되는데, 굳이 곤지를 왜에 파견한 것은 정치적 의도가 내재되어 있었던 것으로[11]) 보이기 때문이다. 반면에 4위에 배치된 餘都는 문주에 비정되는데, 그는 上佐平의 직에까지 올랐다.[12]) 성격이 우유부단한 것으로 기록되고 있는 文周가 상좌평에까지 오를 수 있었던 것은 개로왕의 전제정치를 보좌하였기 때문일 것이다. 이는 개로왕이 왕권을 제약할 수 있는 왕족을 배제하고 자신의 전제정치를 도와줄 인물을 중용한 사실을 말해 준다. 곤지의 왜 파견이 왜와의 관계증진을 위한 차원에서 이루어진 조치로 이해되기도 하지만 왜에 체류하면서 5명의 자식까지 낳고 살았다는 것은 그가 귀국할 수 없는 입장에 있었으며,

---

8 주보돈, 2007, 「개로왕의 체제개혁과 그 한계」, 『한성도읍기의 백제』, 백제문화사대계 연구총서3, 343쪽.
9 『日本書紀』권14 웅략기 5년조.
10 정재윤, 1999, 앞의 글, 64~66쪽.
11 이용빈, 2003, 「웅진초기 백제의 왕권과 정치권의 향방」, 『선사와 고대』19, 191~192쪽. 곤지가 왜국에 파견된 것은 개로왕이 왕족의 중용을 통해 왕권강화를 도모한 후 다시 왕족을 견제하였을 것으로 이해하기도 한다(주보돈, 2007, 앞의 글, 352쪽).
12 『三國史記』권26 문주왕 즉위년조.

보론 웅진·사비천도의 정치적 의미 379

이는 국내의 정치적 상황과 관련시켜 볼 수밖에 없을 것이다. 그가 왜에 파견될 때 마지못해 응락하고 있다는 점도 이러한 정치상황과 무관하지 않다고 생각된다. 이는 개로왕 초기 왕족중심의 권력체계가 왕권의 전제화를 추진하는 과정에서 측근중심의 지배체제로 재편된 사실, 그리고 왕족의 분화와 해체를 의미하는 것으로 이해된다.

그렇다면 개로왕의 전제정치를 도운 세력은 누구일까? 사료가 적어 단정적으로 말할 수는 없지만 우선 上佐平에 오른 문주가 핵심측근 가운데 한 명이었을 것이다. 그리고 개로왕 18년 北魏와의 외교에 파견된 餘禮와 張武 등도 주목된다.[13] 특히 餘禮는 駙馬都尉의 직을 띠고 있는 것으로 보아 왕족이면서 왕의 사위 신분이었던 것으로 보인다. 그가 띠고 있는 작위는 개로왕 4년 관작자 가운데 제1위인 우현왕 餘紀가 받았던 冠軍將軍에 弗斯侯로 최고위직임을 알 수 있다. 그리고 張武는 중국계 인물로 대중국 외교에서 중용된 사실을 보여준다. 장무가 받은 직위는 「龍驤將軍帶方太守司馬」인데, 여기서 용양장군은 개로왕대 沐衿과 동성왕대 餘歷 등에게 수여되었던 것으로 그 위계가 매우 높았음을 알 수 있다. 즉, 개로왕은 최측근 왕족과 중국계 인물 등을 중용함으로써 전통적인 귀족세력을 배제하고 나아가 왕족중심의 지배체제에서 벗어나 전제왕권을 추진하였던 것이다.

또한 개로왕은 강화된 왕권을 바탕으로 전제군주로서의 위상을 대외적으로 과시하고자 하였다. 그는 인력과 물자를 동원하여 성을 쌓고, 궁실과 누각을 장려하게 조영하는 등 대규모의 토목사업을 실시하였다.[14] 이 과정에서 국가적인 차원에서 필요한 물자를 동원하였던 것으로 추정된다. 『日本書紀』인덕기 41년조에 보면, 강역을 분정하고 소출을 기록하게

---

13 『三國史記』권25 개로왕 18년조.
14 『三國史記』권25 개로왕 21년,「王曰諸 吾將爲之 於是 盡發國人 烝土築城 卽於其內作宮室 樓閣臺榭 無不壯麗 又取大石於郁里河 作槨以葬父骨 緣河樹堰 自蛇城之東 至崇山之北」.

하였다는 기록이 보인다.[15) 비록 이 기록은 많은 논란이 있지만[16) 120년
을 인하하여 개로왕 19년(473)에 해당하는 것으로 이해할 수 있을 것이다.
개로왕은 대토목공사를 추진하기 위해 물자를 전국에서 공출하여 사용하
고자 하였던 것으로 추정된다. 이 과정에서 개로왕은 지방의 재지세력들
을 중앙에 편제시키는 방법을 통해 그들의 人的・物的 기반을 재편하고자
하였던 것이 아닌가 한다.[17)

그런데 개로왕이 추진한 대규모 토목공사는 국가의 人的・物的 자원
의 고갈을 가져왔을 뿐만 아니라 지배체제의 분열을 초래하였다. 대규모
토목공사를 위해 물자를 동원하는데 있어서 1차 징발대상은 한성과 가까
운 지역이었을 것이며, 이 지역을 재지기반으로 하고 있었던 귀족세력들
이 타격을 받았을 것이다. 再曾桀婁와 古尒萬年이 고구려로 도망한 이유
도 이와 같은 정국상황과 무관하지 않을 것으로 이해된다. 이들은 고구려
장수왕의 침략시에 嚮導의 역할을 하고, 개로왕을 붙잡아 아차성으로 보
내 죽인 인물들이다.[18) 이들의 고구려 도망 배경을 개로왕의 정변이나[19)
또는 道琳을 비롯해 왕족 중심의 전제왕권 강화에 따른 귀족세력의 분열
[20)에 기인하는 것으로 이해하기도 하나 직접적인 원인은 개로왕의 인
적・물적 기반의 착취에 있지 않았을까 추정된다. 이들의 재지기반이 어
디인지 분명하지는 않지만 고이만년의 경우 고이계로 추정하는 견해[21)를

15 『日本書紀』권11 인덕기 41년,「春三月 遣紀角宿禰於百濟 始分國郡疆場 俱錄鄕土所出」.
16 김현구외3인, 2002,『일본서기 한국관계기사 연구(Ⅰ)』, 201~202쪽.
17 이도학, 1990,「한성후기의 백제 왕권과 지배체제의 정비」,『백제논총』2.
18 『三國史記』권25 개로왕 21년조,「至是 高句麗對盧齊于・再曾桀婁・古尒萬年(再曾・古尒
    皆複姓)等帥兵 來攻北城 七日而拔之 移攻南城 城中危恐 王出逃 麗將桀婁等見王下馬拜已
    向王面三唾之 乃數其罪 縛送於阿且城下戕之 桀婁・萬年本國人也 獲罪逃竄高句麗」.
19 양기석, 1990,「百濟專制王權成立過程研究」, 단국대대학원 박사학위논문, 121~123쪽.
20 정재윤, 1999, 앞의 글, 35~37쪽.
21 양기석, 1990, 앞의 글, 121~123쪽.

참고한다면, 북방지역에 기반을 가진 세력으로 이해할 수 있으며,[22] 그들은 백제의 지배체제에서 벗어나 고구려로 이탈된 세력이었음을 알 수 있다. 그들이 고구려로 도망한 시기는 개로왕 초기[23] 또는 道琳이 개로왕의 신임을 얻은 시기[24] 등 여러 견해가 있지만 개로왕이 대토목공사를 추진하기 위해 인적·물적 기반을 착취하는 시기로 볼 수 있지 않을까 한다. 도미관련 설화의 경우에도 그 사실성에 많은 의문이 제기되고는 있지만 개로왕대로 비정하여 당시의 경제적 해체를 보여주는 사례로 이해할 수 있을 것이다.[25]

귀족세력의 이탈양상은 중앙집권적인 지배체제를 추진했던 근초고왕대 신라로 망명한 禿山城主의 사례와도 유사한 면을 보인다. 『三國史記』 백제본기에는 독산성주가 300인을 데리고 신라로 달아났다고 간단하게만 기록하고 있지만 신라본기의 내용에는 백제 근초고왕이 백성들을 돌보지 않아 이들이 도망한 것으로 기록되어 있다.[26] 집단적인 망명 사례는 아신왕 8년 고구려를 공략하기 위해 兵馬를 징발하자 백성들이 苦役을 피해 신라로 달아난 경우[27]와 동성왕 13년 600여 가의 신라 도망, 21년 한산인 2천 인의 고구려 도망 등에서도 확인된다.[28] 이들의 망명 동기가 모두 동일하지는 않지만 개별적인 도망이 아니라 일정한 지역을 포괄한 집단적인 망명이며, 이를 주도한 것은 재지의 유력한 귀족세력이었을 것으로 추정된다. 고이만년과 재증걸루의 경우에도 토착세력들과 함께 집단적으로

22 정재윤, 1999, 앞의 글, 40~41쪽.
23 양기석, 1990, 앞의 글, 122쪽.
24 노중국, 2004, 앞의 글, 58~59쪽.
25 양기석, 1986, 「『三國史記』도미열전 소고」, 『이원순교수 화갑기념사학논총』.
26 『三國史記』권24 근초고왕 28년조 및 권3 나물니사금 18년조.
27 『三國史記』권25 아신왕 8년조.
28 『三國史記』권26 동성왕 13년조 및 21년조.

이탈했을 가능성을 배제할 수 없으며, 이는 지역기반의 해체를 초래하였을 것이다. 그리고 재지기반의 해체는 결국 권역별 방위체계를 유지해 온 백제의 군사체계[29]에도 부정적인 영향을 미치게 되었을 것이다. 개로왕이 한강 이북지역인 청목령에 大柵을 세우면서 북한산성의 土卒을 나누어 지키게 하고 있는데,[30] 이는 한강 이북지역민의 이탈에 그 원인이 있었던 것이 아닌가 추정된다.

물론 한강 이북지역 재지세력의 이탈이 이때 처음 시작되었을 것으로 생각되지는 않는다. 백제는 고구려 광개토왕의 한강 이북지역에 대한 공략으로 58城 700村을 상실하였는데,[31] 이때부터 이미 한강 이북지역 재지세력들의 갈등과 분열이 시작되었을 것이기 때문이다.

개로왕대 귀족세력의 분열양상은 그가 말한 다음의 내용을 통해서도 추정된다.

A. 是以倉庾虛竭 人民窮困 邦之阽杌甚於累卵 於是 道琳逃還以告之 長壽王喜將伐之 乃授兵於帥臣 近蓋婁聞之 謂子文周曰 予愚而不明 信用姦人之言 以至於此 民殘而兵弱 雖有危事 誰肯爲我力戰 吾當死於社稷 汝在此俱死 無益也 蓋避難以續國系焉(『三國史記』권25 개로왕 21년)

장수왕이 침략해 왔을 때 문주에게 자신의 실정을 이야기하면서 위급한 일이 있을 때 누가 자신을 위해서 힘써 싸우겠는가라고 탄식하고 있는 것이다. 이와 같이 개로왕의 失政은 국가경제의 파탄과 동시에 한성 주변지역 재지세력의 분열과 이탈을 초래함으로써 고구려 장수왕의 남침을 불러왔다. 그리고 재지기반의 해체는 방비체계를 무력화시킴으로써 단기간

---

29 박현숙, 1990, 「백제 초기의 지방통치체제 연구」, 『백제문화』20.
30 『三國史記』권25 개로왕 15년조.
31 한국고대사회연구소편, 1992, 「廣開土王陵碑」, 『譯註 韓國古代金石文』.

에 한성이 함락당하게 되는 결과를 가져왔다.

　그런데 당시 정치세력의 분열현상은 고구려 장수왕에 의해 교묘하게 조장되었을 가능성이 있다. 475년 장수왕의 남침은 사전에 치밀하게 계획된 것이었다. 장수왕이 北魏 외교에 많은 노력을 기울인 것도 백제를 공략하기 위한 목적 하에서 계획된 외교전략이었다는 점에서 더욱 그러하다.[32] 그렇다고 한다면 장수왕은 당시 백제가 지닌 약점을 간파하고 있었을 것이다. 백제의 지배구조에 있어서 특징적인 것 가운데 하나는 大姓貴族으로 불렸던 유력한 귀족세력의 존재인데, 이들은 재지기반을 토대로 독자적인 군사력과 경제력을 지닌 정치세력이었다. 그리고 이들 귀족세력들은 왕위계승에도 개입하였는데, 國人[33]을 비롯하여 王妃族 등이 그들이다. 따라서 비록 중앙집권적 통치체제가 성립되어 있었다고 하더라도 이들 귀족세력은 일정부분에 있어서는 여전히 상당한 정도의 독립성을 유지하고 있었다. 백제초기 部名이나 城名을 冠稱하면서 대외전쟁이나 산성의 축조 등을 주도한 세력들이 자신들의 재지적 기반을 토대로 중앙의 고위귀족으로 성장하였기 때문이다.[34] 장수왕은 이와 같은 백제 지배구조의 특성과 그 한계를 간파하고, 간첩승 道琳을 보내 귀족세력의 분열과 이탈을 유도했던 것으로 보인다.

　그러면 재지기반을 가진 귀족세력들이 지배체제로부터 이탈하는 시기는 언제일까? 귀족세력의 분열은 크게 2단계로 나누어 볼 수 있을 것이다. 1단계는 중앙정치로부터 배제된 시기이며, 2단계는 국가지배체제로부터의 이탈시기이다. 1단계는 개로왕 즉위 후 왕족을 중용하는 과정에서 王

32　신형식, 1984,『韓國古代史의 新研究』, 310쪽.

33　『三國史記』권25 전지왕 즉위년조.

34　고구려와 신라의 경우에도 유력한 귀족세력들의 경우 독자적인 지배조직을 가지고 자치권을 행사한 사례가 확인되고 있다(『三國志』위서 동이전 고구려조 및 『三國史記』권1 파사니사금 23년조).

妃族이었던 해씨를 비롯해 진씨 등의 大姓貴族을 배제시킴으로써 이들 귀족세력이 중앙정치로부터 이탈되는 시기이다. 그 시기는 구체적으로 단정할 수는 없지만 개로왕 4년 末에 11명의 관작을 요청하는 시기의 전후로 볼 수 있지 않을까 한다. 2단계는 한성과 가까운 지역에 재지기반을 두고 있었던 귀족세력들이 개로왕의 대토목공사로 인해 인적·물적 자원을 수탈당하던 시기로 볼 수 있다. 즉, 개로왕이 도림의 간언에 속아 대토목공사를 하던 시기이다. 도림이 백제에 들어 온 것은 백제본기 개로왕 21년조에는 '先是'라고만 되어 있을 뿐 구체적인 시기에 대해서는 명기하고 있지 않다. 다만 고구려가 백제를 침략하려는 의도를 갖고 계획적으로 준비한 시기는 백제가 북위에 사신을 보내 고구려를 공격할 것을 요청하고, 북위가 백제에 사신을 보낼 당시 고구려를 통과하도록 요청한 472년경으로 추정된다.[35] 또한 개로왕이 도림의 간언에 따라 대토목공사를 실시하는 시기는 그보다는 늦은 시기로 볼 수 있으며, 『日本書紀』인덕기 41년조의 내용을 참고할 경우 개로왕 19년을 전후한 시기로 추정해 볼 수 있다.[36] 이와 같은 과정을 통해 진행된 지배체제의 분열과 해체는 국가의 총체적인 위기를 초래할 수밖에 없었을 것이다.

결국 개로왕대 고구려의 남침이 성공할 수 있었던 근본적인 원인은 측근중심의 국정운영에 따른 정치세력의 분열, 그리고 귀족세력의 재지기반

---

35 김수태, 2000, 「백제 개로왕대의 대고구려전」, 『백제사상의 전쟁』, 236쪽.

36 개로왕은 왕 15년에 청목령에 大柵을 세우고 북한산성의 士卒을 나누어 지키게 하였다. 청목령은 개성에 비정되고 있는데, 이곳에 대책을 세워 지키도록 하였음에도 고구려군에 의해 1주일 만에 왕성이 함락되었다는 사실은 이들 방어시설이 제기능을 발휘하지 못했거나 아니면 개로왕 15년 이후 언제인가 이들 지역이 고구려의 영향 하에 들어갔을 가능성이 있다. 그런데 개로왕 15년 이후부터 21년 고구려의 한성 공략 이전까지 고구려와 전쟁을 한 기사가 보이지 않는다. 따라서 이들 지역이 고구려의 영향력 하에 놓이게 된 것은 이들 지역이 백제로부터 이탈하여 고구려에 편입된 때문으로 생각되며, 그 시기는 개로왕 15년 이후부터 개로왕 21년 이전 어느 시기일 것이다.

해체와 이탈 등에 있었던 것으로 이해된다. 그렇지 않고서야 한강 이북의 백제영역을 통과하여 1주일만에 왕성이 함락당했을리 없기 때문이다. 고구려가 한강 이북지역을 점유하는 과정에서 關彌城을 함락시키기 위해서 군사를 일곱으로 나누어 20일 동안 공격한 사례[37]에 비추어 볼 때 왕성이 7일만에 함락되었다는 것은 북방지역의 방어체계 붕괴, 그리고 당시 백제사회의 분열·해체가 얼마나 심각하였는가를 그대로 보여준다고 하겠다.

문주왕이 신라원군 1만을 얻어 한성으로 돌아왔을 때는 이미 한성은 함락되고 개로왕은 전사한 이후였으며, 고구려군은 돌아갔다고 한다. 이에 대해서는 한성에서 고구려군이 철수했다는 견해[38]와 고구려군이 한강 이남에 계속 주둔했다고 보는 견해,[39] 그리고 시기별로 구분해서 이해하는 견해[40] 등이 있다. 『三國史記』백제본기의 내용을 그대로 수용할 경우 고구려군이 北城과 南城 등을 함락시킨 이후 철수한 것으로 보이며, 이에 문주는 한성에서 왕위에 올랐던 것으로 볼 수 있다. 다만 이 경우에도 문제가 없는 것은 아니다. 몽촌토성에서는 고구려군이 주둔했던 유적으로 추정되는 건물지와 고구려토기가 출토되고 있으며,[41] 신라가 차지했던 한강유역에 대한 지명 또한 고구려의 영유로 기록되고 있기 때문이다.[42]

—

37 『三國史記』권18 광개토왕 즉위년,「攻陷百濟關彌城 其城四面峭絶 海水環繞 王分軍七道 攻擊二十日乃拔」.
38 김영관, 2000, 앞의 글.
39 최종택, 1998,「고고학상으로 본 고구려의 한강유역 진출과 백제」,『백제연구』28.
   노태돈, 1999,『고구려사연구』, 275~277쪽.
   노중국, 2006,「5~6세기 고구려와 백제의 관계」,『북방사논총』11, 19~21쪽.
40 박찬규, 1991,「백제 웅진초기 북경문제」,『사학지』24.
   김현숙, 2003,「웅진시기 백제와 고구려의 관계」,『고대 동아시아와 백제』.
41 몽촌토성 내 고구려유적은 475년 직후 고구려에 의해 조성되어 500년을 전후한 시점까지 사용된 것으로 보고되고 있다(최종택, 2008,「고고자료를 통해 본 백제 웅진도읍기 한강유역 영유설 재고」,『백제연구』47, 139쪽).
42 『三國史記』권35 잡지4 지리2 한주조.

이와 같은 근거로 인해 문주왕이 한성이 아닌 다른 곳에서 즉위하지 않았을까 추정되기도 하지만 즉위과정에 무리가 없어 보인다. 또한 즉위 후 웅진으로 천도하기까지 일정기간 동안 한성에 머무르고 있는 것으로 보아 문주왕이 한성에서 왕위에 올랐다는 점에 대해서는 사실로 받아들여도 무방하지 않을까 한다.

3) 文周王의 熊津奠都와 그 背景

고구려 장수왕은 한성을 함락시키고, 개로왕을 죽인 후 철군하였다. 문주가 신라 1만의 원군을 이끌고 한성에 도착하였지만 이미 상황은 끝난 상태였으며, 이에 문주왕은 한성에서 즉위하였다. 그가 즉위한 시기는 대개 10월초 경이었을 것으로 추정되며, 그 달에 바로 熊津으로 천도하였다.

다음은 당시의 상황을 기록한 내용이다.

B. 文周王或作汶洲 蓋鹵王之子也 初毗有王薨 蓋鹵嗣位 文周輔之 位至上佐平 蓋鹵在位二十一年 高句麗來侵圍漢城 蓋鹵嬰城自固 使文周求救於新羅 得兵一萬廻 麗兵雖退 城破王死 遂卽位 性柔不斷 而亦愛民 百姓愛之 冬十月 移都於熊津(『三國史記』권26 문주왕 즉위년)

그런데 문주왕이 10월 초에 즉위한 점으로 보아 즉위하자마자 천도를 위해 후보지 선정에 대한 논의를 진행하였을 것으로 생각된다. 한성이 고구려군에 의해 함락되는 과정에서 황폐화됨에 따라 이제 한성은 더 이상 왕도로 기능하기에 어려웠을 것이다. 그리고 고구려군이 한강 이북으로 철수는 하였지만 남침의 가능성이 여전히 남아 있었다. 이 외에도 한강유역에 재지기반을 두고 있었던 귀족세력의 이탈과 재지적 기반의 해체는 한성을 도읍으로 지속시키는데 한계로 작용할 수밖에 없었다.

공주 공산성

    그러면 왜 문주왕은 한성으로부터 멀리 떨어져 있으며, 왕도로서는 미흡했던 웅진을 천도지로 선택하였을까? 일반적으로 웅진을 도읍으로 정한 배경에 대해서는 고구려의 공격을 피할 수 있는 천험의 요지라는 점과 천도 이전에 이미 웅진성이 축조되어 있었기 때문으로 보는 견해,[43] 또는 도성사적 입장에서 강의 남안 구릉지에 축조하는 방식[44]에 따른 결과로 보는 견해 등이 있다. 또한 공산성에서 출토된 銅鏡에 주목하여 공주를 고

---

43 안승주, 1988, 앞의 글, 13~21쪽.
    박현숙, 2001, 「웅진천도와 웅진성」, 『백제문화』30, 125쪽.
    심정보, 2003, 앞의 글, 150~152쪽.
    다만 심정보는 천도의 배경으로 개로왕대 담로제의 실시와 관련하여 충남과 전북 일원에 왕족의 다수가 담로로 봉지를 받았을 것으로 보고, 당시 웅진은 백제 왕실과 밀접한 관계에 있었을 것으로 추정하였다.
44 성주탁, 1983, 「漢江流域 百濟初期 城址研究」, 『백제연구』14, 128~129쪽.

대 교통로상의 중요한 渡津으로 군사적 거점이 설치되었을 가능성과 한성기 진행된 금강 이남지역으로의 지배력 확산 등도 지적되었다.[45] 이와 같은 군사지리적인 요인 이외에도 웅진지역에 대세력가가 없었다는 점[46]이나 문주왕이 즉위전 웅진성의 담로에 파견된 子弟·種族 중 한 사람이었을 가능성[47]도 제기되었다.

그렇지만 당시 웅진으로의 천도가 이와 같은 외적인 요인에 한정되었을 것으로 생각되지는 않는다. 왜냐하면, 왕도는 政治뿐만 아니라 社會·經濟·文化의 중심지로 기능하였기 때문에 천도는 정치세력의 권력변화에 커다란 영향을 미치기 때문이다. 또한 문주왕의 입장에서는 당장 그가 맞닥뜨린 현안을 해결할 수 있는 지역이어야 하였다. 당시 중요한 현안으로는 고구려의 군사적 위협으로부터 안전을 확보하는 것[48]과 귀족세력들의 정치적 간섭을 배제하면서 다시 왕권을 강화하고 정치적 안정을 회복하는 것이었다. 특히 문주왕대는 귀족세력들의 정치적 영향력이 크게 작용할 수밖에 없는 상황에 놓여있었다. 왜냐하면, 문주왕은 개로왕을 도와 당시 실권을 장악하고 있었던 귀족세력을 견제하고, 나아가 개로왕의 전제왕권 강화에 기여를 하였지만 이러한 정책은 결국 고구려의 침략과 개로왕의 죽음으로 실패를 하게 되었다. 그로 인해 유력한 귀족세력들의 입지가 다시 강화되었으며, 문주왕은 그들의 도전에 직면해 있었기 때문이다. 이는 위덕왕이 태자때 대신라전을 강행하였다가 실패함으로써 大姓貴族들의 정치적 영향력이 크게 증대된 사례를 통해서도 추정된다.

---

45 박순발, 2003, 앞의 글, 111~116쪽.
46 이남석, 1997, 「웅진지역 백제유적의 존재의미」, 『백제문화』 26, 47~51쪽.
47 김영관, 2000, 앞의 글, 75쪽.
48 『日本書紀』 웅략기 21년조에 보면, 한성이 함락된 뒤 군량이 없어 근심하고 있는 잔여병을 쫓아서 다 죽이자고 한 내용이 확인된다. 이를 통해 당시 문주왕이 지휘할 수 있는 군대가 거의 남아있지 않았을 가능성을 상정할 수 있다.

따라서 천도지 선정은 문주왕의 정치적 목적에 부합되는 곳이어야 하였을 것이다. 그렇지만 한편으로는 천도가 정치세력의 권력변화에 막대한 영향을 미친다는 점에서 천도지 선정에는 이해관계를 가진 다수의 정치세력들이 관여하였을 것이다. 결국 천도지 선정에는 당시 권력의 前面에 있던 대부분의 세력들이 참여하였을 것이며, 후보지도 다양하게 논의되었을 것이다. 다만 시일이 촉박한 점을 고려할 때 어떤 형식으로든 일정한 연고가 있었던 지역을 대상으로 하였을 가능성이 높다.

그러면 당시 천도지 선정에 참여한 세력은 누구이며, 어느 지역이 거론되었을까? 우선 천도지를 선정하는데 있어서 영향력을 행사할 수 있는 세력으로는 문주왕 자신을 포함하여 그의 측근으로 추정되는 木劦滿致와 祖彌桀取를 들 수 있다. 그 외에도 전통적인 한성귀족이자 王妃族이었던 해씨와 진씨, 그리고 한강 이남에 기반을 두고 있었던 유력한 재지세력 등을 고려할 수 있다. 또한 대외적인 변수로 문주왕이 군사적 원조를 받은 신라의 입장도 무시할 수 없는 상황이었을 것이다.

다음은 遷都地 선정에 영향력을 행사할 수 있었던 세력을 구체적으로 검토해 보고자 한다. 먼저, 문주왕을 도와 남천한 목협만치와 조미걸취의 존재가 주목된다.[49] 이들은 문주가 신라에 구원병을 요청하러 갈 때 함께 동행하였으며, 웅진으로 천도할 때에도 일정한 역할을 하였을 것으로 추정된다.[50] 특히 목협만치는 목씨로서 재지기반을 가진 귀족세력이었다. 조미걸취는 성이 祖彌로 이는 姐彌라고 하는 복성이며, 단성으로는 姐로 표기되었는데, 그들의 지역기반은 파악되고 있지 않다. 다만 동성왕 12년 南齊에 관작을 요청한 인물중 姐瑾의 존재로 보아 상당한 정치적 위상을

---

49 『三國史記』권25 개로왕 21년조, 「文周乃與木劦滿致 祖彌桀取[木劦 祖彌皆複姓 隋書 以木劦爲二姓 未知孰是] 南行焉」.
50 정재윤, 1999, 앞의 글, 49~52쪽.

유지한 사실은 확인된다.[51] 이들 가운데 천도에 보다 큰 영향력을 행사할 수 있는 인물은 목협만치였을 것이다.[52] 목씨는 근초고왕대부터 중앙에서 활동한 유력한 귀족세력이었으며, 지방에 재지기반을 두고 있었던 것으로 이해되고 있기 때문이다. 목씨의 재지기반으로는 천안지역,[53] 공주 의당지역,[54] 청주지역[55] 등에 비정되고 있다. 목씨의 재지기반 문제는 보다 진전된 검토가 필요하지만, 목씨세력의 활동상과 시기를 고려할 때 청주지역으로 보아 무난할 것으로 생각된다. 따라서 일차적으로 천도 후보지로 청주일대가 고려될 수 있다. 그런데 청주지역을 왕도로 선정하는데 있어서 2가지 문제에 당면하게 된다. 첫째는 목씨가 가진 정치적 위상에 따른 문제이다. 목씨는 당시 중앙정치에서 상당한 위상을 차지하고 있었으며, 문주를 도와 신라원군을 청하러 가는 등 최측근에서 문주를 보좌하고 있다. 따라서 목씨의 재지기반인 청주일대로 천도했을 경우 한성귀족의 정치적 위상은 위협받을 처지에 놓이게 된다. 다음으로 청주지역은 신라지역으로의 진출에 있어 길목에 해당되는데, 이곳으로의 천도는 신라의 입장에서도 우려되는 바였을 것이다. 당시 신라는 470년(자비왕 13) 三年山城 축조[56]를 비롯해 충북일원에 다수의 산성을 축조하는 등 백제 동남부지역으로의 진출을 지속적으로 추진함으로써 백제와는 눈에 보이지 않는 긴장관계에 있었던 것으로 파악된다. 비록 신라가 백제와의 군사적 동맹에 의해 1만의 원군을 파견하였지만 이것은 어디까지나 자국을 보호하

---

51 『南齊書』동이전 백제조.
52 노중국, 2004, 앞의 글, 77쪽.
53 노중국, 1994, 「백제의 귀족가문 연구」, 『대구사학』48, 6~7쪽.
54 김수태, 2004, 앞의 글, 35~36쪽.
55 박순발, 2000, 「백제의 남천과 영산강유역 정치체의 재편」, 『한국의 전방후원분』, 130~131쪽.
56 『三國史記』권3 자비마립간 13년조.

기 위한 목적을 띠고 있었다. 따라서 1만의 신라 구원병과 친신라세력이 천도에 일정한 영향을 미쳤다고 한다면[57] 그것은 신라에 부담이 되지 않는 지역일 경우에 한정된다고 하겠다. 이와 같은 대내적인 요인 이외에도 문주왕이 즉위하면서 국가적 혼란이 수습되는 과정에서 일부 귀족세력들은 개로왕대 측근세력 중 하나로 활동한 목씨세력에게도 국정파탄의 책임을 추궁하였을 가능성도 배제할 수 없다. 이러한 이유로 인해 목씨세력의 재지기반은 후보지에서 제외되었을 가능성이 있다.

또한 천도지 선정에 참여한 세력으로 大姓貴族인 解氏와 眞氏를 들 수 있다. 해씨와 진씨 등 대성귀족들은 개로왕대 일시적으로 중앙정치에서는 배제되어 있었지만 개로왕의 실정과 고구려의 남침에 따른 한성함락 과정에서 다시 정치력을 회복하였을 것이기 때문이다. 따라서 천도지 선정에 있어서 자신들과 정치적 이해관계를 맺고 있는 지역을 후보지로 선택하고자 하였을 것이다. 이 경우 해씨는 삼근왕대 연씨와 함께 大豆城에서 반란을 일으킨 사실[58]을 고려할 때 연씨의 재지기반을 후보지로 추천하였을 가능성이 있다. 그렇지만 이 지역은 마한연맹체의 맹주국이었던 目支國의 故地였다는 점에서 문주왕을 포함한 왕실의 입장에서는 수용하기 곤란하였을 것이다. 연씨가 해씨와 함께 반란에 가담한 것도 이와 같은 천도 전후의 정치적 상황과 일정한 관련이 있었던 것이 아닌가 생각된다.

진씨는 北部를 칭하고 있어 재지기반은 한강의 북쪽, 임진강 유역일대에 비정되고 있다. 그런데 진씨의 재지기반은 이미 광개토왕의 남진과정에서 고구려의 영향력 하에 편제되었다. 백제는 광개토왕의 한강 이북지역에 대한 공략으로 58城 700村을 상실하였으며, 男女 生口 1천과 細布 1천 필을 바치고, 왕제와 대신 10인이 인질이 되었는데,[59] 이때 대신 가운

---

57 정재윤, 1999, 앞의 글, 47~48쪽.
58 『三國史記』권26 삼근왕 2년조.

데는 진씨가 다수 포함되었을 것으로 추정된다. 그로 인해 진씨의 재지기반은 475년 한성함락 이전에 이미 한강 이남지역으로 옮겨졌을 가능성이 있으며, 진씨가 새로 정착한 지역은 연기지역일 가능성이 높다.[60] 그 경우 진씨는 자신들이 새로 정착한 지역과 가까운 곳으로 천도하고자 의도하였을 것이다. 다만 진씨가 새로 정착한 지역의 경우 토착적 기반이 취약하였을 것이라는 점은 고려되어야 한다.

다음은 금강 하류지역을 기반으로 하고 있는 사씨세력이다. 사씨의 재지기반은 부여일원 내지는 금강 하류지역으로 비정된다.[61] 사씨는 근초고왕대 이미 군사적 기반을 매개로 중앙과 일정한 정치적 관계를 맺고 있었으며, 아신왕 7년(398)에는 沙豆가 左將에 임용되는 등 중앙의 유력한 정치세력으로 등장하고 있다.[62] 사두가 좌장에 임명된 배경은 고구려 광개토왕의 한강 이북지역에 대한 공략에서 진씨의 군사적 기반이 붕괴됨에 따라 사씨의 군사적 기반을 활용하기 위한 목적이었던 것으로 추정된다. 따라서 사씨의 세력기반도 천도지 가운데 하나로 유력하게 거론되었을 가능성이 있다. 당시 문주왕의 입장에서는 군사력이 필요하였으며, 대중외교를 포함한 대외진출에 있어서 금강하류지역이 유리한 조건을 구비하고 있다는 이점이 있었다. 그렇지만 사씨의 재지기반으로 천도가 이루어지지 못하고, 또한 금강유역 재지세력임에도 불구하고 웅진초기에 사씨의 활동상이 나타나지 않는 점으로 볼 때 천도과정에서 그들의 영향력이 크게 작용하지는 못하였을 것이다.

다음은 중앙정치에서 활동한 인물이 확인되지는 않지만 중앙과 정치

59 한국고대사회연구소편, 1992, 「廣開土王陵碑」, 『譯註 韓國古代金石文』.
60 유원재, 1997, 「백제 웅진시대의 지방통치와 귀족세력」, 『백제문화』26,
61 강종원, 2007, 「백제 사씨세력의 중앙귀족화와 재지기반」, 『백제연구』45.
62 『三國史記』권25 아신왕 7년조.

적으로 긴밀한 관계에 있었던 지방세력이 고려될 수 있다. 이와 관련하여 주목되는 것이 웅진지역 주변에서 확인되고 있는 威勢品이 부장된 한성기 고분유적 조영세력이다. 당시 유력한 지방 재지세력의 존재를 확인할 수 있는 유적으로는 천안 용원리고분군과 공주 수촌리고분군, 연기 송원리 백제고분군, 그리고 서산 부장리고분군 등을 들 수 있다. 이들 유적에서 출토된 유물을 통해 볼 때 피장자 집단은 한성기에 상당한 정치적 위상과 함께 중앙과 매우 긴밀한 관계에 있었던 사실을 알 수 있다. 따라서 문주 왕이 한강 이남으로 천도할 경우 이들 지방세력들의 입장에서는 정치적으로 부상할 수 있는 절호의 기회를 얻을 수 있는 것이다.

먼저, 용원리고분군이 위치하고 있는 천안 일대의 재지세력이 주목된다. 천안지역은 한성과 일정한 거리를 두고 있어 고구려의 직접적인 위협으로부터 벗어날 수 있고, 또한 한성과도 그리 멀지 않아 향후 한성회복을 위한 임시수도로서 적당하였을 것이다. 그리고 용원리고분군에서 출토된 威勢品을 통해 볼 수 있듯이 이들 지역의 재지세력은 중앙과 일정한 정치적 관계를 맺고 있었다. 특히 천안·아산지역은 燕氏의 재지기반으로 비정되며, 解氏의 새로운 정착지로 비정되기도 한다. 그리고 연씨는 해씨와 정치적 관계가 형성되어 있었던 것으로 추정된다. 또한 이들 지역은 目支國의 故地로, 목지국이 병합된 이후 친백제세력이 새로운 지배세력으로 성장하였던 것으로 생각된다. 따라서 천도지로 강력하게 추천되었을 가능성이 있다. 그렇지만 목지국의 故地라는 사실은 친백제적인 세력의 존재에도 불구하고 백제왕실의 입장에서 천도지로 수용하기에는 적합하지 않았을 것이다. 특히 목지국 병합시에 원산과 금현 등은 백제에 끝까지 저항하였을 뿐만 아니라 마한의 옛 장수인 周勤과 같은 인물은 반란을 일으키기까지 하였다.[63] 따라서 목지국의 故地를 천도지로 정하는 데는 한계가 있을 수밖에 없었을 것이다.

다음은 부장리분구묘가 위치하고 있는 서산지역의 재지세력도 한성기에 중앙과 정치적으로 매우 밀접한 관계를 맺고 있었다. 서산지역은 서해안에 위치하고 있어 해로교통의 요지라는 장점이 있다. 그렇지만 이와 같은 개방적인 위치는 고구려군의 해로를 통한 침략에 노출될 수 있으며, 백제에서 서편으로 치우친 지역일 뿐만 아니라 해안가이기 때문에 농경지가 적어 경제력이 약하다는 약점이 있다. 또한 분구묘 조영세력의 경우 마한의 전통을 강하게 유지하고 있었던 재지세력으로 중앙귀족으로서의 위치는 확인되지 않는다. 따라서 서산지역은 새로운 도읍지로는 적절하지 않았을 것이다.

끝으로 공주 수촌리 백제고분군 조영세력이다. 이 지역은 차령산맥이 북으로 가로막고 있고, 금강의 지류인 정안천을 끼고 비교적 넓은 평야지대가 발달해 있어 천도지로 손색이 없다. 수촌리 백제고분에서 출토된 위세품을 통해 재지세력은 중앙과 장기간 긴밀한 정치적 관계를 유지했으며, 군사적 기반도 소유하고 있었던 것으로 판단된다.[64] 당시 문주왕에게 절대적으로 필요한 것은 군사력이었다. 신라원군 1만이 있었지만 이들은 남천과정에서 다시 신라로 돌아갔을 것이다. 이에 문주왕은 내부의 적들로부터 자신을 보호하고, 고구려군에 대비하기 위해 상당한 군사력을 필요로 하였다. 따라서 문주왕은 군사력의 지원을 받을 수 있는 지방세력이 있는 지역을 선호했을 가능성이 높다. 이러한 측면에서 수촌리고분군 조영세력은 문주왕의 요구에 부합했을 것이다. 수촌리고분군 조영세력은 선진적인 騎馬具類를 통해 볼 때 상당한 군사적 기반을 보유하고 있었을 가능성이 높으며, 4세기 말부터 중앙과 매우 밀접한 정치적 관계를 유지하고 있었기 때문이다. 또한 공주지역은 고구려의 위협으로부터 안전한

---

63 『三國史記』권23 온조왕 26년조 및 34년조.
64 강종원, 2005, 「수촌리 백제고분군 조영세력 검토」, 『백제연구』42, 54~57쪽.

곳이기도 하였다. 다만 한성에서 거리가 너무 멀다는 단점이 있었다. 그렇지만 이러한 단점은 금강수운을 통해 어느 정도 보완할 수 있었을 것이다. 특히 수촌리고분군 조영세력은 백씨로 비정되는데,[65] 백씨세력은 당시 중앙의 귀족세력이 아니었다는 점에서 문주왕의 입장에서는 귀족세력의 정치적 간섭을 배제하고 왕권을 안정화시키는데 있어서도 유리하였을 것이다.[66] 문주왕이 군사력을 지니고 있지 못했던 상황에서 공주지역은 북으로 재지기반을 가진 유력한 귀족세력들이 존재함으로써 고구려군의 남진을 저지할 수 있었으며, 한성기부터 중앙과 긴밀한 정치적 관계를 맺었음에도 불구하고 중앙에서 정치세력화하지 않았던 백씨세력의 재지기반으로 천도함으로써 한성귀족의 정치적 간섭으로부터도 벗어날 수 있었을 것이기 때문이다.

따라서 문주왕이 처한 입장과 정치세력과의 관계, 그리고 고구려와의 대외적 관계 등을 고려할 때 천도지로는 금강유역에 위치한 공주 수촌리고분군 조영세력인 백씨의 재지기반이 적당하였을 것이다.

그런데 왕도로 정해진 지역은 백씨의 재지기반이 아니라 일정한 거리를 두고 떨어진 곳이었다. 그것도 강을 건너 남쪽에 자리잡은 熊津城이다. 이는 같은 웅진지역이라고 하더라도 실질적으로는 백씨세력의 영향권에서 벗어난 지역이나 다름없다.[67] 또한 왕도가 자리잡은 웅진은 도읍으로

---

65 강종원, 2005, 앞의 글, 52~54쪽.

66 웅진지역을 목씨의 食邑地로 보려는 견해도 있지만(노중국, 2004, 앞의 글, 79쪽) 수촌리 백제고분군이 재지세력의 분묘이고, 다량의 위세품이 부장된 것으로 보아 유력한 귀족세력의 존재를 상정할 수 있다는 점에서 이 지역을 목씨의 食邑地로 보기는 어려울 것으로 생각된다.

67 지방에서 위세품이 부장된 피장자의 경우 마한 소국의 혈통과 권위를 계승한 세력일 것이라는 점에서 그들의 정치적·경제적 영향력이 미치는 범위는 마한의 소국규모 정도였을 것으로 추정할 수 있으며, 이 경우 공주일원은 수촌리고분군 조영세력의 정치적 영향력 하에 있었을 것으로 생각된다. 그렇지만 금강을 사이에 두고 위치하고 있었기 때문에 그들의 직접적인 영향력에서는 벗어나 있는 지역이었을 것이다.

서는 적합하지 않은 조건을 가지고 있었다. 이는 웅진천도 이후 얼마 지나지 않아 다시 사비지역으로의 천도가 추진된 사실을 통해서도 알 수 있다. 일반적으로 도읍지는 대외방어에 유리할 뿐만 아니라 농경에 적합한 비옥한 토지가 넓게 분포한 지역이 선택되었다. 그렇지만 웅진도성은 방어에는 유리할지 몰라도 지형적으로 매우 협소할 뿐만 아니라 水害에 취약한 매우 불리한 조건을 지니고 있었다.

그러면 왜 문주왕은 백씨세력의 재지기반이나 그 가까운 지역이 아닌 금강 이남의 협소한 지역에 도읍을 정하였을까? 이와 관련해서는 다음과 같은 측면에서 이해할 수 있지 않을까 한다.

먼저, 문주왕의 입장에서 웅진성에 도읍함으로써 고구려의 위협에서 벗어나는 동시에 귀족세력들로부터의 정치적 간섭을 최소화하고자 하였을 것이라는 점이다. 특히 문주왕은 자신을 지킬 수 있는 군사력과 친왕세력이 거의 없는 상황에서 특정 세력의 영향력 증대로 인한 정치적 간섭을 배제하려는 의도가 있었던 것이 아닌가 한다.

다음은 천도에 관여한 한성귀족들이 금강유역 재지세력의 정치적 영향력을 최소화하면서 자신들의 정치적 영향력을 제한적으로나마 유지할 수 있는 지역을 왕도로 선택하였을 가능성이다. 즉, 웅진이 정치세력간의 이해관계에서 합일점을 얻을 수 있었던 지역이었다고 볼 수 있는 것이다.[68]

또 하나의 가능성은 倭에 파견된 昆支의 존재와 관련하여 고려될 수 있다. 곤지가 문주왕 3년 內臣佐平에 임명된 것으로 보아 한성함락 이후 일정한 기간이 지나 귀국하였을 것으로 추정되지만 倭에서의 곤지의 역할을 통해 볼 때 그가 귀국할 때 왜의 지원군과 함께 돌아왔을 가능성이 있기

---

68 신경애, 2007, 「4~5세기 백제 지방세력의 동향」, 공주대학교 석사학위논문.

때문이다.[69] 고구려의 한성함락은 왜에게도 상당한 충격으로 작용하였을 것이며, 어떠한 형태로든 왜의 개입이 있었을 것이다.[70] 『日本書紀』에는 백제의 한성함락 및 웅진천도와 관련하여 다음과 같이 기록하고 있다.

C-1. 二十年冬 高麗王大發軍兵 伐盡百濟 爰有小許遺衆 聚居倉下 兵粮旣盡 憂泣 茲深 於是 高麗諸將 言於王曰 百濟心許非常 臣每見之 不覺自失 恐更蔓生 請逐除之 王曰 不可矣 寡人聞 百濟國者爲日本國之官家 所由來遠久矣 又其 王入仕天皇 四隣之所共識也 遂止之(『日本書紀』권14 웅략기 20년)

2. 二十一年春三月 天皇聞百濟爲高麗所破 以久麻那利賜汶洲王 救興其國 時人 皆云 百濟國雖屬旣亡 聚憂倉下 實賴於天皇 更造其國(위의 책, 웅략기 21년)

사료 C-1은 백제가 갑자기 王城을 상실하였기 때문에 倭가 실질적으로 참전은 하지 못하였지만 당시의 백제와 왜의 관계를 고려해 볼 때 왜의 군사적 지원이 추진되었을 것이라는 점을 시사한다. 이때 왜의 원군을 인솔할 수 있는 인물은 곤지였을 것으로 추정된다. 따라서 475년 웅진천도 시점에서 곤지가 귀국하지는 못했을지라도 천도 후 머지않은 시점에 왜의 원군과 함께 돌아왔을 가능성은 매우 높다. 물론 갑작스런 천도로 인해 곤지와는 천도지에 대한 논의가 이루어지지 못했을 것이지만 문주왕은 곤지의 귀국까지 고려하여 천도지를 선택했을 가능성을 배제할 수 없다. 왜냐하면 당시 문주왕이나 왕실의 입장에서는 상당수의 왕족이 죽임을 당하고, 왕권의 약화로 인해 귀족세력의 정치적 간섭이 심화될 상황에서 믿을 수 있는 것은 왜에 가 있었던 곤지밖에는 없었을 것이기 때문이다. 그리고 곤지가 귀국할 경우 상당한 병력도 함께 동행할 것이 예상되었을 것이며, 문주왕은 가능한 이들과의 접근성을 고려하여 피난수도를 정하고자 했을

---

69 이는 동성왕이 귀국할 때 축자국 군사 500인이 동행한 사실을 통해서도 추정해 볼 수 있다(『日本書紀』권14 웅략기 23년조).
70 박찬규, 1991, 앞의 글.

것이다.

당시 천도와 관련하여 倭가 어떠한 형태로든 관련되어 있었을 것이라는 점은 사료 다-2를 통해서도 감지된다. 이 내용을 통해 웅진지역을 목씨의 食邑地로 보려는 견해도 있으나[71] 곤지 귀국시 왜군이 함께 들어온 사정을 말해주는 것으로 이해하면 좋을 것이다. 곤지의 귀국시기를 477년 4월로 보기도 하지만[72] 웅략기 21년조의 기록을 참조할 경우 476년 3월에 귀국한 것으로 볼 수 있지 않을까 한다.[73] 따라서 곤지는 웅진천도 이후 머지않은 시기에 귀국하였으며, 그 이듬해에 내신좌평에 임명되었던 것이 아닌가 한다.

결국 웅진을 도읍으로 정하게 된 배경은 고구려의 공격으로부터 벗어남과 동시에 특정 귀족세력들의 정치적 간섭을 최소화하고, 나아가 왜로부터 원군과 함께 귀국하는 곤지를 통해 한시적으로나마 왕권을 안정적으로 유지할 수 있는 지역이었기 때문으로 파악된다.

4) 熊津初期 貴族勢力의 動向

백제가 웅진으로 천도하게 된 원인은 한성의 함락, 그리고 한성지역을 재지기반으로 했던 귀족세력의 해체에 따른 결과이지만 왜 웅진을 천도지로 정하게 되었는가는 이와는 또다른 정치적 문제를 포함하고 있다. 천도

---

71 노중국, 2004, 앞의 글, 77~79쪽.

72 정재윤, 1999, 앞의 글, 72쪽.

73 웅략기 21년은 477년이다. 그런데 웅략기 20년 겨울조의 한성함락 내용이 475년의 사실을 기록한 것으로 볼 때 웅략기 21년조의 기록도 1년 앞서의 내용을 기록했을 가능성도 배제할 수 없다. 즉, 한성이 함락된 이듬해에 곤지가 귀국한 사실을 기록한 것으로 이해할 수 있다.

가 정치세력의 변동에 막대한 영향을 미치고 있기 때문이다. 그런 점에서 웅진천도는 한성귀족의 몰락과 웅진지역(금강유역) 재지세력의 등장이라는 정치적 변화를 상정할 수 있다.[74] 그런데 웅진천도 직후에 권력을 장악한 것은 해씨였다. 따라서 개로왕대와 웅진천도 과정에서 그 존재가 나타나지 않고, 또한 한성을 재지기반으로 하였던 해씨가 웅진천도 이후 권력을 잡을 수 있었던 배경이 의문이다. 그리고 해구가 반란을 일으킨 이후 다시 진씨가 등장하게 되는데, 그 과정에서 금강유역에 재지기반을 두고 있었던 귀족세력들의 움직임이 포착되지 않는 이유는 무엇일까?

다음은 웅진천도 이후 한성귀족과 금강유역에 재지기반을 가진 신진 정치세력들 간의 力學關係를 통해 귀족세력들의 동향을 살펴보기로 하겠다. 먼저, 웅진천도 초기 귀족세력의 활동상을 보면 다음과 같다.

D-1. 秋八月 拜解仇爲兵官佐平(『三國史記』권26 문주왕 2년)

2. 夏四月 拜王弟昆支爲內臣佐平 封長子三斤爲太子 五月 黑龍見熊津 秋七月 內臣佐平昆支卒(위의 책, 문주왕 3년)

3. 秋八月 兵官佐平解仇擅權亂法 有無君之心 王不能制 九月 王出獵 宿於外 解仇使盜害之 遂薨(위의 책, 문주왕 4년)

4. 三斤王[或云壬乞] 文周王之長子 王薨 繼位 年十三歲 軍國政事一切委於佐平 解仇(위의 책, 삼근왕 즉위년)

5. 春 佐平解仇與恩率燕信聚衆 據大豆城叛 王命佐平眞男 以兵二千討之 不克 更命德率眞老 帥精兵五百 擊殺解仇 燕信奔高句麗 收其妻子 斬於熊津市(위의 책, 삼근왕 2년)

문주왕은 천도 이후 解仇를 병권을 관장하는 직인 兵官佐平에 임명하였다. 그런데 한성귀족이었던 해구가 웅진천도 이후에 병관좌평에 임명

---

74 노중국, 1978, 「百濟王室의 南遷과 支配勢力의 變遷」, 『한국사론』4, 서울대 국사학과.
이기백, 1978, 「熊津時代 百濟의 貴族勢力」, 『백제연구』9.

될 수 있었던 배경이 의문이다. 해씨의 근거지를 大豆山城으로 보아 이들이 웅진천도에 주도적 역할을 한 것으로 보는 견해[75]도 있지만, 이는 문주왕 2년 한강 이북의 民戶를 大豆山城에 옮겼다고 하는 기록에 근거하고 있다. 또한 해씨가 웅진천도 이후 권력을 장악할 수 있었던 요인으로 고구려가 한성을 공격할 때 해씨는 비교적 세력을 보존하였으며, 그로 인해 고구려의 남하를 저지하는 역할을 주도하였기 때문[76]으로 보기도 한다. 그런데 해씨는 본래 北部를 칭했었지만 전지왕대 漢城人으로 기록되고 있는 바와 같이 어느 시점부터는 한성지역을 기반으로 하였다.[77] 따라서 한성이 함락될 당시 실권귀족은 아니었을지라도 많은 피해를 입었을 것이다. 당시 백제는 국왕을 비롯해 왕비·왕자·고위관료 등 많은 수가 죽임을 당하였으며,[78] 고구려군이 물러나면서 포로로 남녀 8천 명을 끌고 갔는데,[79] 여기에는 왕족을 포함해 다수의 귀족세력이 포함되었을 것이기 때문이다. 따라서 한성을 재지기반으로 하였던 해씨가 軍權을 관장하는 직인 병관좌평에 임명된 점은 이해하기 어려운 부분 가운데 하나이다. 물론 중앙집권적 통치체제가 성립된 이후 정치적 위상은 官等과 官職을 통해 확보되었을 것이라는 점과 해씨가 王妃族으로 비유왕대에는 上佐平의 직에까지 올랐던 점을 고려할 때 비록 개로왕의 전제왕권 추진과정에서 중앙정치에서 소외되기는 했을지라도 귀족적 기반이 해체된 것은 아니었을 것이다. 또한 당시 해씨가 실권귀족이 아니었다는 점에서 비교적 세력을 보존했을 가능성도 있다. 그렇지만 한성의 함락과 개로왕의 전사, 천도 등과 같은 비상시국에 재지기반을 상실한 상태에서 웅진천도 이후 중앙의

75 정재윤, 1999, 앞의 글, 51쪽.
76 정재윤, 1999, 앞의 글, 61~63쪽.
77 『三國史記』권25 전지왕 즉위년조.
78 『日本書紀』권14 웅략기 20년조.
79 『三國史記』권18 장수왕 63년조.

요직을 차지할 수 있었던 배경이 쉽게 납득되지 않는다. 개로왕대 중앙정치에서 밀려났던 귀족세력들이 王妃族이었던 해씨를 중심으로 다시 결집했을 가능성도 배제할 수는 없지만 그러한 사실을 추정할만한 근거도 찾아지지 않는다.

이에 필자는 웅진천도 이후 解仇가 병관좌평에 임명될 수 있었던 배경에는 문주왕의 정략적 의도가 내재되어 있었던 것으로 보고자 한다. 당시 문주왕은 천도로 인해 군사적 기반이 미약하였으며, 금강유역에 재지기반을 가진 귀족세력들의 군사적 압력이 점증하고 있는 상황이었다. 따라서 문주왕의 입장에서는 당시 귀족세력들의 군사력을 하나로 결집시켜 중앙의 통제 하에 두는 것이 절대적으로 필요하였다. 이에 문주왕은 전통적인 漢城貴族이면서 재지기반의 상실로 인해 자신의 군사적 기반은 미약한 해씨세력에게 병권을 맡김으로써 금강유역 재지귀족세력들의 정치적 간섭과 군사권을 실질적으로 제한하려는 의도에서 해구를 병관좌평에 임명하였던 것으로 판단된다.[80]

그런데 해구를 병관좌평에 임명한 이듬해 문주왕은 곤지를 내신좌평에 임명하고, 어린 삼근을 태자에 봉하였다.[81] 앞에서 검토한 바와 같이 당시 곤지는 왜로부터 귀국하면서 지원병력을 거느리고 왔을 것이다. 따라서 문주왕은 곤지를 내신좌평에 등용하여 귀족세력들을 견제하면서 왕권의 안정을 도모하고자 하였을 것이다. 특히 문주왕은 개로왕을 도와 상좌평의 직에까지 올랐던 인물이라는 점에서 곤지의 내신좌평 임명과 어린 삼근의 태자책봉은 정국을 왕족 중심으로 재편함과 동시에 후계구도를 분명하게 함으로써 왕권강화를 추진하고자 했던 것으로 판단된다.[82] 그런

---

80 해구의 중용을 한성함락 이후 고구려와의 협상과정에서 중요한 역할을 한데 따른 결과로 이해하는 견해도 있다(박찬규, 1991, 앞의 글, 57~58쪽).
81 『三國史記』권26 문주왕 3년조.

데 문주왕이 곤지를 상좌평에 임명하지 않고 내신좌평에 임명한 부분에 대한 이해가 필요하다. 왜냐하면 전지왕 4년에 처음 설치된 上佐平制는 왕권중심의 정치체제를 확립하는 과정에서 나타난 제도적 장치로 이해되기 때문이다.[83] 결국 문주왕이 개로왕대 상좌평의 직에 있으면서 개로왕의 전제정치를 도운 경험을 가지고 있었음에도 불구하고 곤지를 상좌평에 임명하지 않은 것은 그가 가진 현실적인 정치적 위상을 고려했을 가능성도 있다. 그렇지만 문주왕이 귀족세력들을 견제하기 위해 그를 내신좌평에 임명한 상황에서 그와 같은 정치적 여건을 크게 고려하지는 못하였을 것이다. 곤지를 상좌평에 임명하지 못한 것은 오히려 귀족세력들의 반대에 기인했을 가능성이 크며, 이는 문주왕의 정치적 한계와 귀족세력들의 우위적인 입장을 반영하는 것으로 이해할 수 있다. 그렇지만 문주왕의 왕권강화 정책은 내신좌평에 임명되었던 곤지가 3개월만에 갑자기 사망함으로써 수포로 돌아가게 된다. 곤지의 갑작스런 죽음에 대한 원인은 알 수 없지만 아마도 해구를 중심으로 왕족 중심의 지배체제 구축에 반대한 세력과의 알력의 산물이었을 것으로 추정된다.[84] 특히 해구의 입장에서는 자신을 병관좌평에 임명하여 귀족세력들을 견제하면서 한편으로는 곤지를 내신좌평에 임명하여 왕권을 강화시키고자 했던 문주왕에 대한 불신이 크게 작용하였을 것이다. 이에 곤지를 제거하고, 나아가 문주왕마저 시해한 것이 아닌가 한다.

이후 해구는 어린 삼근왕을 옹립하고, 연씨와 연합하여 점차 권력을 장

---

82 곤지의 내신좌평 임명을 그의 현실적인 권력을 인정한 것으로 이해하는 견해도 있지만 (이용빈, 2003, 앞의 글, 194쪽), 귀족세력들의 정치적 간섭을 배제하고, 왕권을 안정화시키기 위한 목적에서 등용한 것으로 보는 것이 합리적이라고 하겠다(鄭載潤, 1999, 앞의 글, 73~74쪽).
83 문동석, 2007, 『백제 지배세력연구』, 105~106쪽.
84 양기석, 2007, 「초기의 정치정세」, 『웅진도읍기의 백제』, 백제문화사대계연구총서4.

악하면서 천도과정에서 중요한 역할을 했던 목씨세력을 비롯해 다른 귀족세력들을 중앙정치에서 배제시키고 권력을 독점해 나갔다. 해씨가 웅진천도 이후 대두산성을 재지기반으로 삼았다는 점[85]은 해씨와 연씨의 연합관계를 이해할 수 있는 부분이기도 하다. 그런데 당시 전권을 행사하던 해구가 갑자기 반란을 일으키고 있다. 해구의 반란관련 기사의 조작 가능성으로 문주왕을 시해한 배후인물이 해씨가 아니며, 해구가 반란을 일으킨 원인이 진씨의 정변에 기인하였을 것으로 보기도 한다.[86] 그렇지만 해구가 문주왕을 시해한 것은 문주왕의 이중적인 왕권강화정책에서 비롯되었을 것이라는 점에서 사실로 받아들일 수 없다. 다만 해구가 무엇때문에 반란을 일으켰는가는 분명하지 않은데, 해구의 전횡에 반대하는 정치세력들이 문주왕 시해의 책임을 물어 그를 압박하였기 때문으로 보아도 무리는 없을 것이다.

해구의 반란은 진씨에 의해 진압되었다. 그러면 어떻게 진씨가 해구의 반란을 진압하는 임무를 맡을 수 있게 되었을까? 문주왕 사후 13세의 삼근왕은 해구에 의해 왕위에 올랐다. 이때 해구는 병관좌평으로 실질적인 병권의 책임자였다. 그렇지만 문주왕이 해구를 병관좌평에 임명한 의도와는 달리 재지기반을 가진 귀족세력들은 자신들의 私兵을 중앙의 군사체계에 편제시키지 않았을 가능성이 높다. 따라서 해구가 병관좌평의 지위에 있었지만 자신이 직접 통솔할 수 있는 병력은 그리 많지 않았을 것이다. 그가 연씨세력을 끌어들여 반란을 일으킨 것도 바로 그러한 이유 때문일 것이다. 해구가 반란을 일으켰을 때 이를 진압할 수 있는 중앙군의 존재

---

85 이기백, 1978, 앞의 글, 36~37쪽. 『三國史記』백제본기 문주왕 2년 2월조에 대두산성을 수축하여 漢北의 民戶를 옮겼다는 내용이 기록되어 있다.

86 이희관, 2000, 「百濟 熊津遷都 初期의 政治的 變動에 대한 再檢討」, 『한국고대사연구』18, 210~212쪽.

또한 유명무실하였을 것이다. 따라서 삼근왕은 해구의 반란을 진압하기 위해 군사력을 가진 귀족세력의 도움을 받지 않을 수 없었다. 진씨는 아신왕 7년 병관좌평 진무를 끝으로 기록에 등장하지 않았는데, 삼근왕대 좌평의 직을 띠고 있었던 것으로 보아 웅진천도 이후 다시 중앙에 진출하였음을 알 수 있다. 그리고 진씨가 해구의 반란을 진압하는 임무를 맡게 된 것은 그들이 상당한 군사력을 소유하고 있었기 때문이었을 것이다.

그러면 어떻게 해서 北部를 재지기반으로 성장한 진씨가 웅진천도 이후에도 상당한 군사적 기반을 소유할 수 있었을까? 진씨의 원래 재지기반은 北部인데, 광개토왕의 남진과정에서 이들 지역은 대부분 상실되었다. 「廣開土王碑文」에 의하면 58城 700村이 고구려의 영향력 하에 들어갔는데, 이들 지역의 대부분은 북부를 포함하고 있었을 것이기 때문이다. 이에 진씨세력은 그들의 재지기반을 다른 지역으로 옮겼을 것으로 추정된다. 그들이 재지기반을 옮겼다면 당시 고구려군의 공략이 한창이던 한강 이북지역 보다는 한강 이남지역일 개연성이 높다. 대개 진씨세력은 한성함락 이후에 徙民되었을 것으로 이해되고 있지만[87] 한성함락 이전에 이미 북부지역은 고구려의 영향력 하에 있었기 때문에 그 이전에 옮겼을 가능성이 높다.

그러면 진씨의 새로운 재지기반은 어디일까? 그 동안 진씨의 새로운 재지기반으로는 천안 직산일대,[88] 또는 연기지역이 언급되었다.[89] 직산일대는 직산에 위치하고 있는 위례성을 통해서 추정되고 있으며, 연기지역은 계유명 아미타삼존불비상의 명문에 진씨가 확인되고 있기 때문이

---

87 노중국, 1978, 앞의 글, 101~102쪽.
88 이기백, 1978, 앞의 글.
89 노중국, 1978, 앞의 글, 101~102쪽.
   유원재, 1997, 앞의 글, 11쪽.

송원리 백제고분(KM-016호분)

다. 그렇지만 이들 지역에 진씨가 정착한 것은 모두 웅진천도 이후로 보고
있다.

이와 관련하여 최근에 발굴된 연기 송원리백제고분군과 출토유물이
주목된다.[90] 이 가운데 대규모 횡혈식석실분의 경우 고분의 규모와 구조,
출토유물 등으로 보아 피장자는 유력한 귀족이었을 것으로 추정된다. 발
굴조사 결과를 토대로 피장자 및 조영세력을 추정해 본다면, 재지세력이
거나 또는 한성지역으로부터 이주해 온 세력 가운데 하나로 추정해 볼 수
있다. 먼저, 주구토광묘 및 석실분에 돌아가는 周溝, 그리고 주변지역 백

---

90 한국고고환경연구소, 2007, 「송원리유적 시굴 및 발굴조사 제5차 지도위원회 및 현장설
  명회자료」. 다만 도굴 등으로 인해 위세품의 존재가 확인되지 않아 정치적 위상이나 중앙
  과의 관계 등 피장자의 구체적인 정치적 성격을 파악하는 데는 한계가 있다.

제고분에서 출토된 재지계 유물 등으로 볼 때 재지세력일 가능성이 있다. 그렇지만 석실분의 축조방식에서 보이는 낙랑계 요소와 한성지역출토 기대, 삼족토기 등으로 보아 한성기 요소도 다수 확인되고 있어 이주세력일 가능성도 배제할 수 없다. 이들 분묘군이 이주세력에 의해 조영된 것이라고 한다면 그 대상은 고구려의 남진으로 한강 이북지역이 해체되는 사정과 관련시켜 이해할 수 있지 않을까 한다.[91] 만일 이들 고분군의 조영세력이 한성지역으로부터 이주한 세력이라고 한다면 연기출토 계유명 아미타 삼존불비상의 명문에 보이고 있는 진씨세력과 관련시켜 이해하는 것도 그렇게 무리하지는 않다고 생각된다.[92]

眞氏의 새로운 정착지가 연기지역이라고 한다면 해구 반란시 진씨가 그 토벌을 주도할 수 있었던 배경을 이해할 수 있다. 당시 해구는 명목상이지만 병관좌평으로 軍權을 장악하고 있었다. 따라서 삼근왕이 보유한 친위군의 존재는 유명무실하였을 것이다. 진씨가 해구를 토벌한 것이 내용상으로는 삼근왕의 명에 의해 이루어진 것으로 기록되어 있지만 당시 동원된 군사는 대부분 진씨 소유의 사병적 성격의 군사력으로 구성되었을 것이다. 진씨가 해구의 반란을 진압하고, 동성왕대 병관좌평이 되어 군권을 장악할 수 있었던 것도 이와 같은 사정과 무관하지 않다고 하겠다.

그런데 웅진초기 귀족세력의 동향과 관련하여 웅진천도를 주도한 세력 가운데 하나였을 것으로 추정되는 목씨세력과 백씨세력의 존재가 의문

---

91 『三國史記』권25 진사왕 8년조에 보면, 고구려의 침략으로 한강 이북의 여러 부락이 다수 함락되었다고 한다. 이때 일반민들은 고구려에 편제되었을 것이지만 백제의 귀족세력은 고구려의 지배를 피해 한강 이남지역으로 이주했을 것이다.

92 연기에서 확인되고 있는 진씨의 경우 주로 백제 멸망이후 유민들의 활동과 관련하여 검토되고 있지만(김주성, 2000, 「연기 불상군 명문을 통해 본 연기지방 백제 유민의 동향」, 『선사와 고대』15 ; 김수태, 2003, 「연기지방의 백제부흥운동」, 『선사와 고대』19), 진씨세력이 연기지방에서 활동할 수 있었던 배경은 바로 이 지역이 진씨의 새로운 재지기반이 있었기 때문일 것이다.

이다.

먼저, 개로왕대 측근으로 활동하고, 문주왕을 도와 웅진천도를 주도한 목씨세력이 당시 실권을 가지고 있었음에도 불구하고 웅진천도 이후 전혀 기록에 보이고 있지 않다. 이와 관련하여 목협만치가 475~476년경에 왜로 건너간 것으로 추정하면서 그 원인을 해씨와의 권력투쟁에서 패했기 때문으로 보는 견해[93]는 당시의 정치상황으로 보아 설득력을 지니고 있다. 그렇지만 목씨가 완전히 중앙정치에서 배제된 것은 아니었다. 동성왕대 목씨의 활동이 다시 확인되고 있기 때문이다. 다만 웅진천도 직후 목씨가 두각을 나타내지 못한 것은 목씨가 개로왕대 실권귀족으로서 국정파탄의 책임을 일정부분 질 수밖에 없었기 때문이 아닐까 한다. 또한 목씨의 재지기반 상실에도 한 원인이 있었을 것이다. 목씨의 재지기반은 청주일대로 비정할 수 있는데, 이들 지역은 한성말기부터 신라의 진출이 이루어지고 있었으며, 웅진천도 이후에는 더욱 활발하여 충북지역의 상당부분이 신라의 영향력 하에 편제된 상황과 관련이 있지 않을까 한다.

또한 웅진지역을 재지기반으로 하면서 천도를 주도한 세력 가운데 하나인 백씨세력의 존재가 웅진초기의 기록에 나타나고 있지 않다. 이 점은 漢城貴族들과 웅진지역 재지세력간의 갈등이 존재하였을 가능성을 생각하게 한다. 물론 백씨세력이 한성기에 중앙관직에 진출하지 않았기 때문에 통치체제가 정비된 국가체제 하에서 갑자기 중앙의 요직에 진출하기 어려웠을 것이라는 점도 고려될 수 있다. 그렇지만 비상시국에 천도를 주도하고 웅진지역에 재지기반을 두고 있었음에도 불구하고 그들의 활동상이 확인되지 않는다는 점은 의문이다. 이와 같은 정치상황을 이해하기 위해서는 당시 천도에 관여한 정치세력과의 관계를 살펴볼 필요가 있다. 漢

---

93 정재윤, 1999, 앞의 글, 67~69쪽.

城貴族뿐만 아니라 금강유역에 재지기반을 두고 있었던 세력들도 苩氏를 포함해 沙氏, 燕氏 등 여러 세력들이 존재하였으므로 왕도를 어디에 정하느냐에 따라 이들 귀족세력들의 정치적 力學構圖가 변할 수 있었을 것이기 때문이다. 결국 이해관계를 가진 이들 귀족세력의 견제와 문주왕의 정치적 의도에 의해 왕도는 백씨의 재지기반에서 일정한 거리를 두고 금강 南岸에 정해지게 되었으며, 백씨세력은 이들 정치세력들의 견제로 웅진천도 초기 권력의 중심에 위치하기 어려웠던 것이 아닌가 한다.

이와 같이 웅진천도 초기에는 재지세력들에 대한 문주왕의 견제와 중앙정치에 진출한 귀족세력들의 力學關係에 의해 한성기의 귀족세력이 여전히 국정의 중심에 위치할 수 있었으며, 금강유역을 재지기반으로 한 귀족세력들은 중앙정치에서 한동안 소외될 수밖에 없었던 것으로 이해된다.

5) 맺음말

개로왕은 전제왕권을 확립하는 과정에서 고구려의 기만에 속아 국가를 위기에 빠뜨리고, 자신은 죽임을 당하였다. 그리고 개로왕을 이어 왕위에 오른 문주왕은 熊津으로 천도하기에 이르렀다.

이 글에서는 개로왕대의 정치상황을 통해 왕족과 재지기반을 가진 귀족세력의 분열과 해체 문제를 살펴보고, 이를 통해 고구려의 남침에 따른 갑작스런 왕도함락과 개로왕의 죽음이라는 결과를 초래하게 된 원인을 살펴보았다. 그리고 문주왕이 웅진을 왕도로 정하게 된 배경을 귀족세력과의 力學關係 속에서 파악해 보았으며, 웅진천도 이후 귀족세력과 왕권의 관계를 웅진초기의 국정운영과 연계하여 검토하였다. 이를 통해 한 나라의 王都로는 미흡했던 웅진을 도읍으로 정하게 된 배경과 웅진천도 이후에도 漢城貴族이었던 解氏와 眞氏가 정권을 장악할 수 있었던 배경 등을 이해하고자 하였다. 앞에서 검토된 내용을 정리하면 다음과 같다.

먼저, 개로왕은 王妃族을 포함한 大姓貴族들을 견제하고 왕권을 강화하기 위해 王族을 중용하는 정책을 폈는데, 王·侯號를 칭한 왕족의 존재를 통해 확인된다. 그렇지만 머지않아 최측근 왕족과 중국계 인물 등을 중용함으로써 전통적인 귀족세력을 배제하고 나아가 왕족중심의 지배체제에서 벗어나 전제왕권을 추구하였다. 개로왕은 강화된 왕권을 바탕으로 전제군주로서의 위상을 대외적으로 과시하고자 하였다. 그는 인력과 물자를 동원하여 성을 쌓고, 궁실과 누각을 장려하게 조영하였다. 이 과정에서 개로왕은 지방의 재지세력들을 중앙에 편제시키는 방법을 통해 그들의 人的·物的 기반을 재편하고자 하였다. 그렇지만 개로왕의 무리한 대규모 토목공사는 국가의 인적·물적 자원의 고갈을 가져왔을 뿐만 아니라 지배체제의 분열을 초래함으로써 고구려의 남진을 제어하지 못하고, 결국 한성의 함락과 천도라는 국가적 위기를 맞게 되었다.

문주왕은 즉위 후 바로 웅진으로 천도하였는데, 웅진을 도읍으로 정하게 된 배경은 고구려의 공격으로부터 벗어남과 동시에 귀족세력들의 정치적 간섭을 최소화하고, 나아가 倭로부터 원군과 함께 귀국하는 昆支를 통해 왕권을 안정적으로 확보할 수 있는 최적의 장소였기 때문으로 파악된다.

그런데 천도는 정치세력의 변동에 막대한 영향을 미치는데, 웅진천도는 漢城貴族의 몰락과 웅진지역(금강유역) 재지세력의 등장이라는 정치적 변화를 예상할 수 있다. 그런데 예상과는 달리 웅진천도 직후에 권력을 장악한 것은 해씨였다. 解仇가 병관좌평에 임명될 수 있었던 배경에는 문주왕의 정략적 의도가 내재되어 있었던 것으로 추정된다. 당시 문주왕은 천도로 인해 군사적 기반이 미약하였으며, 금강유역에 재지기반을 가진 귀족세력들의 군사적 압력이 상존하고 있었기 때문에 당시 귀족세력들의 군사력을 하나로 결집시켜 중앙의 통제 하에 두는 것이 절대적으로 필요하였다. 이에 문주왕은 전통적인 漢城貴族이면서 재지기반의 상실로 인해 자신의 군사적 기반은 미약한 해씨세력인 解仇를 兵官佐平에 임명하여 兵權을 맡김으로써 재지귀족세력들의 군사적 압력과 정치적 간섭을 제한하고자 하였던 것이다.

이와 같이 웅진천도 초기에는 재지세력들에 대한 문주왕의 견제정책과 귀족세력의 力學關係 속에서 한성기의 귀족세력이 여전히 국정의 중심에 위치할 수 있었으며, 금강유역을 재지기반으로 한 귀족세력들은 중앙정치에서 소외될 수밖에 없었던 것으로 이해된다.

2. 百濟의 泗沘遷都와 政治的 性格

1) 머리말

왕도는 정치·경제·문화의 중심지일 뿐만 아니라 그것이 지닌 상징성으로 인해 도읍을 선정하는데 어려움이 있으며, 한번 정해진 도읍을 옮기는 것은 더욱 어려운 문제이다. 그로 인해 도읍을 옮기는데 있어서는 지리적인 적합성과 함께 특별한 정치적 목적성을 가지게 된다. 이러한 관점에서 볼 때 웅진으로의 천도는 근본적으로 문제점을 내재하고 있었다. 즉, 천도가 계획적으로 이루어진 것이 아니라 고구려의 남진으로 인해 갑작스럽게 이루어졌기 때문에 불완전하고, 태생적 한계를 가질 수밖에 없었으며, 따라서 재천도의 여지를 지니고 있었다. 반면에 사비로의 移都는 계획적인 천도였다는 점에서 경제·군사지리적인 요인과 함께 정치적인 요인 등이 종합적으로 고려되었다.

부여 부소산성

2) 泗沘遷都의 背景

(1) 웅진왕도의 한계

고대사회에서 왕도는 정치 · 경제 · 문화의 중심지였다. 따라서 왕도는 여러 가지 요건을 충족할 수 있는 지리적 이점을 지닌 곳에 위치하였다. 삼국초기 도성은 대외방어에 유리하고, 농경에 적합한 비옥한 토지가 넓게 분포하고 있는 곳이 선택되었다. 백제 온조왕대 도읍을 정하는데 있어서 그러하였으며, 고구려의 경우에도 마찬가지였다. 따라서 초기국가에 있어서 왕도는 자연지리적인 환경이 중시되었음을 알 수 있다.

그러나 국가의 통치체제가 정비되고 왕권이 확립된 시점에 와서 천도는 특정한 정치적 목적성을 갖게 된다. 고구려의 平壤 천도와 신라의 達句

伐 천도계획도 그러하다. 고구려 장수왕 15년 평양 천도의 경우 도읍을 평양으로 옮겼다고만 간략하게 기록되어 있다.[94] 그런데 개로왕이 북위에 보낸 문서에는 고구려의 사정을 이야기 하면서 대신이나 유력한 가문에 대한 살육이 그치지 않았다고 기록하고 있는데,[95] 내용으로 볼 때 천도 이후에 정치세력의 변화가 있었음을 알 수 있다. 신라 신문왕의 달구벌 천도 계획[96]의 경우에 있어서도 그 목적이 경주에 세력기반을 가진 진골귀족의 위협으로부터 벗어나고자 한 시도였다는 견해[97]가 주목된다. 비록 달구벌 천도는 진골귀족들의 반대로 실패하였지만 천도가 지닌 정치적 의미를 파악하는 데는 부족함이 없다고 하겠다.

그런데 웅진천도는 고구려 장수왕의 남진으로 인한 긴급한 상황에서 이루어진 천도였기 때문에 도읍의 조건을 충족시키지 못하였다. 즉, 방어에 유리하다는 군사지리적인 측면에서는 어느 정도 충족되었을지 모르지만 지리적으로 협소하여 도성으로서의 기능과 왕도의 경제적 기반을 충족시키지 못하였던 것이다. 왕권이 안정된 무령왕대 대대적으로 실시한 농업진흥정책인 내외 游食者에 대한 歸農政策[98]이나 가야지역으로 도망해 간 백제인들을 刷還 조치한 것[99] 등은 경제적 한계를 극복하기 위한 노력으로 볼 수 있다. 그렇지만 웅진지역은 무령왕의 농업진흥정책에도 불구하고 안정된 국가경영을 위한 왕도로서의 지리적 위치를 극복하는데 한계가 있었다. 특히 웅진은 홍수에 취약성을 가졌던 것으로 보인다. 동성왕

---

94 『三國史記』권18 장수왕 15년, 「移都平壤」.
95 『三國史記』권25 개로왕 18년, 「今璉有罪 國自魚肉 大臣彊族 戮殺無已 罪盈惡積 民庶崩離…」.
96 『三國史記』권8 신문왕 9년, 「王欲移都達句伐 未果」.
97 이영호, 2004, 「신라의 천도문제」, 『한국고대사연구』36.
98 『三國史記』권26 무령왕 10년조.
99 『日本書紀』권17 계체기 3년조.

13년과 19년 2차례에 걸친 물난리로 인해 왕도의 민가가 피해를 입은 사실이 그것을 말해 준다. 이와 같이 웅진은 왕도를 운영하는데 있어서 요구되는 객관적 조건에서 근본적인 한계를 가지고 있었던 것이다.

그리고 웅진으로 천도한 이후 정국의 불안과 신진세력의 등장으로 인한 왕권의 약화와 신·구 귀족세력간의 갈등은 새로운 도읍지를 물색하게 하는 또 하나의 요인으로 작용하였다. 웅진에 도읍을 정한 것은 대외방어에 유리하다는 군사적 요인 이외에 공주지역에 기반을 두고 있던 유력한 재지세력의 영향력이 크게 작용한 것으로 보인다. 공주 수촌리에서 조사된 한성말기의 고분군 조영세력이 大姓八族 가운데 하나인 백씨세력으로 비정되는데, 이들 세력이 웅진천도를 주도하였으며, 천도 이후에 유력한 정치세력으로 등장하였다.[100] 그런데 이들 세력은 웅진초기 구귀족세력을 견제하는데 효과적이었을지 모르나 점차 왕권을 제약하는 정치세력으로 성장하였던 것으로 생각된다. 동성왕 23년 위사좌평 백가의 가림성 鎭守는 그러한 측면에서 이해할 수 있을 것이다.

따라서 사비천도의 배경은 웅진지역이 지닌 왕도를 유지하는데 요구되는 객관적 조건의 한계와 더불어 정치정세의 불안이 크게 작용한 것으로 이해할 수 있다.

(2) 성왕 이전의 천도추진

사비천도는 계획적인 천도라는 점에서 웅진이 도성으로서 지닌 외형적 한계와 함께 정치적인 목적을 지니고 있었다. 실제로 웅진천도 초기 문주왕의 죽음과 삼근왕의 단명, 구귀족세력의 발호와 신진세력의 등장 등 정치적 혼란 속에서 약화된 왕권을 회복하고 국가체제를 일신하기 위해서

---

100 강종원, 2005, 「수촌리 백제고분군 조영세력 검토」, 『백제연구』42.

는 특단의 조치를 필요로 하였는데, 그것이 재천도의 방식으로 나타난 것으로 볼 수 있기 때문이다.

그런데 사비천도가 실현된 것은 성왕대이지만 이미 그 이전부터 천도가 계획되었던 것으로 보인다. 그렇지만 언제부터 사비로의 천도가 계획되었는가에 대해서는 분명하게 알 수 없다. 그로 인해 사비천도가 계획된 시점과 관련하여 다양한 의견들이 제기되고 있는 실정이다. 그 동안 제기된 견해 가운데 대부분은 사비지역으로의 전렵기사와 가림성의 축조 등을 들어 동성왕대를 주목하였다. 그러나 동성왕대 전렵이 사비 이외의 지역에서도 빈번하게 이루어졌다는 사실에서 동성왕의 사비 전렵을 천도와 관련시켜 설명하는 것은 설득력이 약하며, 오히려 군사권에 대한 통제와 관련시켜 이해할 필요가 있다고 보는 견해도 있다.[101] 특히 동성왕대는 웅진으로 천도한 후 시간적으로 얼마 지나지 않은 시점이라는 점도 작용하고 있는 것으로 보인다.[102]

그러면 언제부터 사비로의 천도가 계획되었을까? 이는 웅진기의 정국 상황을 통해 파악해 볼 수 있을 것이다. 우선, 웅진으로 천도가 이루어진 문주왕대를 생각해 볼 수 있다. 웅진으로의 천도는 고구려의 남하로 인한 한성의 함락과 개로왕의 죽음으로 인해 갑작스럽게 이루어진 불완전한 천도였기 때문이다. 그러나 문주왕은 웅진천도 후 3년 만에 병관좌평인 해구에게 시해된다. 따라서 갑작스런 웅진천도 이후 국정을 수습할 겨를도 없었던 상황에서 문주왕이 다시 사비로 천도를 추진한다는 것은 매우 어려웠을 것이다. 문주왕 사후 삼근왕이 13세의 어린 나이로 즉위하게 되는데, 그 이듬해 해구의 반란이 발생한다. 해구가 반란을 일으킨 원인은 기

---

101 이도학, 2003, 「백제 사비 천도의 재검토」, 『동국사학』39, 32~35쪽.
102 김수태, 2004, 「백제의 천도」, 『한국고대사연구』36, 38~41쪽.

록에 보이지 않지만 구귀족이었던 진씨세력과의 알력이 크게 작용하였을 것으로 추정된다. 삼근왕은 해구에 의해 13세의 어린 나이로 왕위에 오르는데, 모든 권력은 해구에 의해 장악되었다. 그리고 삼근왕은 재위 3년 만에 의문의 죽음을 맞게 된다. 따라서 삼근왕대는 국가적 혼란과 어린 나이, 짧은 재임기간 등을 고려할 때 사비로의 천도를 계획할 수 있는 상황이 아니었다.

삼근왕을 이어 동성왕이 왕위에 오르고 있다. 동성왕은 재위기간이 23년에 이르며, 재위 중 왕권의 안정을 가져온 군주로 평가받고 있다. 그러나 마찬가지로 동성왕대의 기록 어디에도 사비로의 천도를 계획하거나 추진했다는 내용이 확인되지 않는다. 다만 동성왕대 사비천도를 추진했다는 주장의 근거로 주목되는 것이 사비지역에서 빈번하게 전렵이 이루어졌다는 점이다. 동성왕은 즉위 후 여러 차례에 걸쳐 전렵을 실시하였다. 전렵이 왕의 군통수권을 확인하고, 특정한 정치적 의미를 지니고 있다는 점[103]에서 동성왕대 빈번한 전렵사실은 상당히 중요한 의미를 지니고 있다. 동성왕은 재임기간 중 모두 7번에 걸쳐 전렵을 실시하였으며, 그 가운데 3번이 사비일원에서 이루어졌다. 또한 동성왕은 사비 남쪽에 가림성을 축조하기도 하였다. 다음의 내용은 그러한 사실을 보여주고 있다.

A-1. 9월에 왕이 나라 서쪽의 사비벌판에서 사냥을 하였다.(『三國史記』권26 동성왕 12년 9월)
　2. 10월에 왕이 사비의 동쪽 벌판에서 사냥을 하였다.(위의 책, 동성왕 23년 10월)
　3. 11월에 웅진 북쪽 벌판에서 사냥을 하였으며, 또한 사비 서쪽 벌판에서 사냥을 하였다.(위의 책, 동성왕 23년 11월)
　4. 8월에 가림성을 쌓고 위사좌평 백가를 진수시켰다.(위의 책, 동성왕 23년 8월)

---

103 김영하, 1989, 「삼국시대 왕의 통치형태 연구」, 고려대대학원 박사학위논문, 59~60쪽.

앞의 내용에서 알 수 있듯이 동성왕은 12년에 1차례, 23년에 2차례에 걸쳐 사비지역에 전렵을 나갔으며, 재위 23년 8월에는 사비 남쪽에 가림성을 축조하여 위사좌평 백가로 하여금 지키게 하였다. 즉, 동성왕이 사비지역에 특별한 관심을 가지고 있었음을 볼 수 있다. 그런데 전렵이 지닌 정치적 의미를 고려할 때 동성왕의 사비지역에 대한 관심은 천도를 위한 사전답사적인 성격을 가진 것으로 이해할 수 있다. 물론 동성왕대 전렵이 사비 이외의 지역에서도 이루어진 사례도 보이고 있다. 그리고 이를 근거로 동성왕의 사비 전렵을 천도와 관련시켜 설명하는 것은 설득력이 약하며, 사비로의 천도는 무령왕 21년(521) 이후에 계획되었을 것으로 보기도 한다.[104] 그렇지만 무령왕대 천도를 추진했다는 어떠한 관련자료도 확인되지 않는다. 따라서 동성왕 23년 가림성의 축조와 위사좌평 백가의 진수, 그리고 사비지역으로의 빈번한 전렵 등은 동성왕의 사비지역에 대한 관심을 보여주는 내용이며, 그 배경은 바로 천도와 관련시켜 이해할 수 있지 않을까 한다.

그러면 왜 동성왕은 웅진천도 이후 계속된 정국의 불안정 속에서 사비로의 천도를 추진하였을까? 이 문제는 웅진도성이 지닌 물리적인 한계와 함께 동성왕대의 정치상황에 대한 이해를 필요로 한다. 475년 한성의 함락과 개로왕의 죽음으로 인해 문주왕은 왕도를 한성에서 웅진으로 옮겼다. 웅진지역이 도읍으로 선정된 이유는 이 지역에 재지기반을 두고 있는 정치세력의 영향력이 크게 작용하였던 것으로 추정되는데, 이들 정치세력으로는 공주 수촌리고분군을 조영한 세력이 주목된다. 그리고 이들 고분의 조영세력은 웅진기 신진귀족으로 등장하는 백씨세력에 비정할 수 있다.[105] 그런데 웅진초기 왕권이 약화된 가운데 구귀족세력을 중심으로 권

---

104 이도학, 2003, 앞의 글, 41~42쪽.

력쟁탈전이 벌어지고, 여기에 신진귀족들이 상호 정치적 이해관계에 따라 그들과 연합하는 등 정치적 난맥상을 연출하였으며, 이 과정에서 문주왕과 삼근왕이 희생되었다.

이와 같이 동성왕 즉위기는 웅진천도 이후 정치적으로 매우 혼란스러운 상황이었으며, 특히 한성귀족인 해씨세력과 진씨세력간의 권력암투에서 진씨세력이 다시 부상한 시기이기도 하다. 동성왕은 이러한 와중에 진씨세력의 지지를 얻어 왕위에 올랐을 가능성이 크다.[106] 이는 해구의 반란을 진압하는데 공을 세운 진로가 병권을 관장하는 병관좌평의 직에 등용된 사실을 통해 확인된다.[107] 그러나 동성왕은 즉위 이후 사씨를 비롯한 연씨 등 다양한 세력을 등용하고 있는데, 이는 진씨세력을 견제하기 위한 것으로 보인다. 동성왕은 다양한 정치세력을 중용함으로써 특정 정치세력의 독주를 차단하고자 했던 것으로 추정된다. 동성왕의 이러한 국정운영은 동성왕 19년(497년) 진로가 죽자 연돌을 병관좌평에 등용하고 있는 사실에서도 찾아진다. 연씨가 웅진천도 이후에 등장한 신진세력으로서 해구와 함께 대두성에서 반란을 일으킨 세력이었음에도 불구하고 병권을 관장하는 병관좌평의 직에 임명된 것은 특정한 정치적 의도가 내재되어 있었던 것으로 이해되기 때문이다.

그런데 당시 신진귀족으로 주목되는 것은 웅진천도를 이끌어낸 백씨세력이라고 할 수 있다. 백씨세력은 공주 의당지역에 재지기반을 두고 있었던 토착세력으로서 한성말기 중앙과 일정한 정치적 관계를 맺고 있었으며, 그로 인해 문주왕으로 하여금 공주에 도읍을 정하도록 영향력을 행사한 정치세력이었다. 그럼에도 불구하고 병권을 관장하는 직에 연씨세력

---

105 수촌리고분군의 조영세력을 목씨에 비정한 견해도 있다(김수태, 2004, 앞의 글, 35~36쪽).
106 정재윤, 1999, 「웅진시대 백제 정치사의 전개와 그 특성」, 서강대 박사학위논문, 87쪽.
107 『三國史記』권26 동성왕 4년조.

을 등용한 것은 동성왕이 백씨세력을 견제하고자 한 의도가 있었던 것으로 보인다. 즉, 연돌을 병관좌평에 임명함으로써 구귀족세력을 견제하고, 동시에 웅진천도를 주도함으로써 강력한 정치세력으로 부상한 백씨세력에 대한 압박차원에서 이루어진 조치로 이해할 수 있는 것이다.[108] 당시 병관좌평은 군사권을 총괄한 직으로 상당한 군사적 기반을 가진 권력의 핵심에 있는 인물이 임명되었다. 웅진천도를 주도한 백씨세력은 수촌리 고분에서 출토된 선진적인 馬具를 비롯해 각종 武器類 등을 통해 볼 때 기마에 익숙한 군사적 성격이 강한 집단이었을 뿐만 아니라 출토유물로 보아 정치적 위상이 매우 높았던 세력이었음을 알 수 있다.[109] 또한 백가가 위사좌평의 직을 띠고 있었던 것으로 보아 상당한 군사력을 보유하고 있었던 사실도 확인된다.

그럼에도 불구하고 동성왕은 연돌을 병관좌평에 임명하였을 뿐만 아니라 가림성을 축조한 후 백가를 강제로 鎭守시키고 있다. 동성왕이 苩加를 강제로 가림성에 진수시키고자 한 것은 동성왕의 국정운영에 대하여 백씨세력이 반발을 하였기 때문이 아닌가 생각된다. 가림성의 축조가 사비천도를 위한 사전준비 차원에서 이루어졌으며,[110] 이곳에 친왕세력 가운데 한 명인 백가를 진수시킨 것으로 이해할 수도 있다. 그렇지만 당시 귀족들이 재지기반을 토대로 정치세력화하고 있었다는 사실을 고려할 때 백가의 입장에서 자신의 재지기반으로부터 유리되는 것은 곧 정치적 영향력의 감소를 초래할 수 있음을 크게 의식하였던 것이 아닌가 한다.

결국 동성왕은 정치적 혼란과 귀족세력간의 알력 등으로 왕권을 안정

---

108 백가의 가림성 진수를 비대화된 신진세력을 견제하기 위한 목적에서 행해진 것으로 보는 견해도 있지만(노중국, 1994, 『백제 정치사 연구』, 160~161쪽), 연씨세력을 통해 백씨세력을 견제한 것으로 볼 수 있다.

109 강종원, 2005, 앞의 글.

110 윤무병, 1994, 「백제왕도 사비성 연구」, 『학술원논문집』33, 91쪽.

적으로 유지하는데 어려움이 상존하고, 웅진천도를 주도한 백씨세력의 정치적 압력으로부터 벗어나기 위해 사비지역으로 천도를 추진했던 것으로 보인다. 그렇지만 천도를 실행할 정도로 왕권이 뒷받침되지 못하였으며, 동성왕의 국정장악에도 한계가 있었다. 그것은 동성왕이「간하는 신하들이 반대의 상소를 올렸으나 듣지 아니하였고, 또 간하는 자가 있을까 하여 궁문을 닫아버렸다」[111]는 사실을 통해서 알 수 있다. 동성왕은 왕권강화를 위해 다양한 정치세력을 등용하였는데, 동성왕대 大姓八族에 해당되는 성씨의 대부분이 등장하고 있는 사실[112]을 통해 확인된다. 그렇지만 동성왕은 왕권강화를 위해 등용한 이들 유력한 귀족세력들을 효과적으로 통제하지 못함으로써 왕권을 강화하는 데까지는 이르지 못했던 것으로 추정된다. 또한 천도를 위해서는 이를 뒷받침할 수 있는 경제력이 필수적이라고 할 수 있다. 그런데 동성왕대는 웅진천도 이후 초기의 정치적 혼란과 함께 경제적으로도 어려움을 겪었다. 다음의 기록은 동성왕대의 경제적 상황과 그와 관련되어 나타난 정국상황을 보여주는 내용이다.

B-1. 7월에 백성이 굶주려 신라로 도망하는 자가 600여 가나 되었다.(『三國史記』 권26 동성왕 13년)

2. 여름에 크게 가물어 백성이 굶주려서 相食하고, 도적이 많이 일어났다. 신하들이 창고를 열어 백성들에게 베풀어주기를 청하였으나 왕이 듣지 않았다. 한산인이 고구려로 도망하여 가는 자가 2천이나 되었다. 10월에는 질병이 크게 유행하였다.(위의 책, 동성왕 21년)

3. 봄에 궁성 동쪽에 임류각을 세웠는데 높이가 5장이었다. 또 못을 파고 진기한 짐승들을 길렀다. 간언하는 신하가 반대의 상소를 올렸으나 듣지 않고, 또 간언하는 자가 있을까 하여 궁문을 닫아버렸다.(위의 책, 동성왕 22년)

---

111 『三國史記』권26 동성왕 22년조.
112 『三國史記』백제본기 동성왕조에 진씨·사씨·백씨·연씨 등이 보이고, 『남제서』백제조에는 동성왕 17년(495) 남제에 보낸 표문에 해씨와 목씨가 보이고 있다.

4. 5월에 가물었다. 왕이 좌우와 함께 임류각에서 연회를 베풀고 밤새도록 환락을 다하였다.(위의 책, 동성왕 22년)

사료 B-1과 2를 통해서 동성왕대 재해로 인한 경제적 상황이 매우 심각한 지경에 이르렀던 사실을 알 수 있는데, 특히 동성왕 말기인 22년에는 2천여 명이라고 하는 대규모의 백성들이 고구려로 도망하는 사태까지 벌어졌다. 그럼에도 불구하고 동성왕은 백성들을 구휼하지 않고, 사치와 환락을 일삼았으며, 또한 이러한 문제점을 지적하는 신하들의 간언에는 귀를 기울이지도 않았다. 비록 동성왕이 정치적 목적하에서 사비로의 천도를 추진하였지만 현실적으로 이를 뒷받침할 만한 경제적 기반이 없었던 것으로 볼 수 있다. 왕실의 경제적 기반은 한성지역에 있었으나 웅진천도로 인해 그 기반이 모두 해체된 상황에서 짧은 시간에 물적기반을 확보한다는 것은 현실적으로 어려웠을 것이다. 특히 웅진지역은 백씨세력의 재지기반으로써 그들의 경제적 도움이 필요하였을 것이지만 일개 지방세력의 경제력으로 신왕도를 건설한다는 것은 힘겨운 일이었을 것이다.

또한 백씨세력의 입장에서 왕도를 사비지역으로 옮기려는 동성왕의 계획은 부정적으로 받아들일 수밖에 없었을 것이다. 그것은 웅진천도로 인해 자신들의 정치적 위상이 크게 향상되었는데, 다시 사비지역으로 왕도를 옮기게 되면 정치적 위축을 초래할 수밖에 없기 때문이다. 따라서 백씨세력은 동성왕의 천도 추진에 대하여 경제적인 원조를 거부하였을 뿐만 아니라 정치적으로도 반대의 입장에 있었을 것이다. 동성왕 23년 백가가 가림성에 진수하기를 거부한 사실과 결국 동성왕을 시해하게 된 배경이 바로 동성왕의 사비천도에 있었음을 보여주는 내용이라고 하겠다. 『日本書紀』무열기 4년조에 「동성왕이 무도하여 백성과 국인이 함께 그를 제거하였다」고 기록하고 있는데,[113] 당시 신하와 백성들 사이에 상당한 불만이 있었던 사실을 의미하는 내용으로 주목된다.

결국 동성왕은 웅진초기의 정치적 불안을 극복하고 왕권을 안정시키기 위해 사비천도를 추진하였지만 일부 귀족세력의 반발과 경제상황의 악화로 인해 천도를 추진하고, 신도시를 조영하는데 필요한 정치적인 안정과 경제력을 확보하지 못함으로써 결국 천도를 실현하지 못하였던 것이다.

동성왕 사후 무령왕이 즉위하는데, 웅진기에 들어와 사회·경제적으로 안정기를 맞는 시기이다. 무령왕은 즉위 후 바로 백가의 반란을 진압함으로써 왕권의 안정을 회복하고 이어 한강유역에 대한 회복전쟁에 돌입하였다. 무령왕은 대외적으로는 고구려와 치열한 전쟁을 전개하면서 대내적으로는 경제력 회복에도 전념하였다. 그 결과 무령왕대 다시 강국이 되었다고 천명할만큼 국력을 회복할 수 있었다. 이에 근거하여 사비로의 천도가 무령왕대 계획되었을 것으로 보는 견해도 있다. 그렇지만 무령왕이 재위기간 중 역점적으로 추진한 정책을 살펴보면, 크게 2가지로 정리될 수 있을 것 같다. 첫째는 한강유역 회복이고, 둘째는 경제적 기반의 확충이다. 무령왕은 한강유역에서 고구려와 빈번하게 전쟁을 일으켰으며, 북방에 성책의 건립을 적극적으로 추진하였다. 그리고 대내적으로는 경제적 기반의 확충을 위해 제방을 축조하거나 유식자들을 귀농시키는 정책을 시행하였다. 특히 무령왕 23년에는 직접 많은 신하들을 데리고 한성에 가서 백성들을 동원하여 쌍현성을 축조하였는데, 약 1달 동안 한성에 머무르고 있다.[114] 이는 무령왕이 한성지역에 많은 관심을 가지고 있었던 사실을 보여주는 내용으로 주목되는데, 그 내용을 통해 무령왕의 한성회복 의지를 읽을 수 있다. 따라서 동성왕이 사비천도를 추진하다가 중단된 이후 무령왕대에 와서는 한성회복 및 경제적 기반 확충정책 등으로 사비천도를 추진할 수 있는 상황이 아니었던 것으로 판단된다.

---

113 『日本書紀』권16 무열기 4년조.
114 『三國史記』권26 무령왕 23년조.

3) 泗沘遷都와 政治的 性格

(1) 천도기반의 성숙

동성왕의 사비천도 계획은 결국 수포로 돌아가고 말았다. 실패요인은 앞에서 살펴보았듯이 귀족세력의 반발에 따른 정치력의 한계가 주된 원인이었던 것으로 파악되며, 동시에 신왕도 건설에 필요한 경제적 기반을 확보하지 못한 점이 크게 작용하였다. 따라서 천도가 실현되기 위해서는 정치적 안정뿐만 아니라 이를 뒷받침할 수 있는 경제력이 매우 중요하다는 점을 알 수 있다. 백제는 무령왕대에 와서 정치적 안정과 함께 경제적 기반을 공고히 하였으며, 이를 바탕으로 선진적인 기술문화를 발전시켰다. 그러나 무령왕은 한강유역 회복에 전력을 기울임으로써 사비천도를 더 이상 추진할 수 있는 상황이 아니었으며, 성왕대에 와서야 실현되었다. 그런데 천도는 정치적 안정과 경제력이 뒷받침되어야 가능하다는 점에서 성왕대 사비천도가 이루어질 수 있었던 요인으로 무령왕의 업적을 보다 면밀하게 살펴볼 필요가 있다.

먼저, 무령왕대의 정국상황을 살펴보기로 한다. 무령왕은 동성왕의 이복형으로 왕위에 올랐다. 그는 재위 직후에 발생한 백가의 난을 진압함으로써 왕권을 안정시킬 수 있는 정치적 토대를 마련할 수 있었던 것으로 보인

무령왕 지석

다. 당시 무령왕은 직접 군사를 거느리고 난을 진압함으로써 군사통수권을 장악할 수 있었을 것이다. 또한 그는 고구려에 대한 강경책을 추진하였다. 무령왕은 재위 직후부터 고구려에 대한 공략에 나서고 있으며, 왕 7년과 12년에는 직접 군사를 거느리고 고구려전에 나서고 있기도 하다. 이와같이 무령왕은 개로왕대 상실한 한강유역을 회복하기 위해 대고구려전을 지속적으로 수행하고 있으며, 상당한 성과를 거두었던 것으로 파악된다. 당시 고구려와의 전투가 대부분 한강 이북지역에서 벌어진 사실은 이를 말해준다고 하겠다. 아울러 그는 북방지역의 안정을 위해 왕 7년에는 고목성 남쪽에 목책을 설치하고, 장령성을 축조하는 등 관방시설을 보완하여 북방 안정화정책을 적극적으로 추진하고 있다. 그 결과 고구려에 대한 군사적 우위를 확보할 수 있게 되었으며, 다시 강국이 되었음을 천명하기에 이르렀던 것이다.

또한 무령왕은 동성왕에 의해 추진되었던 다양한 정치세력의 등용을 통한 왕권 안정화정책을 포기하고 왕족 중심의 국정운영을 도모한 것으로 이해된다. 그러한 사실은 왜에 파견된 사신을 귀족에서 왕족으로 교체한 내용을 통해 확인된다. 『日本書紀』무열기에 따르면, 전에 사신으로 파견한 麻那가 백제국왕의 骨族이 아니라는 이유로 다시 斯我君을 파견한 내용[115]이 기록되어 있는데, 이는 왕족을 중심으로 국정을 운영하고자 한 무령왕의 의지를 읽을 수 있는 내용이라고 하겠다. 그리고 재위 1년 11월 달솔 우영이 고구려 수곡성의 공략을 주도한 사실[116]도 주목된다. 우씨의 경우 고이계 왕족이었으나[117] 부여계로 왕계가 확립된 이후 중앙정치에서 보이지 않다가 무령왕대 와서 활동상이 다시 나타나고 있기 때문이다.

---

115 『日本書紀』권16 무열기 7년 4월조.
116 『三國史記』권26 무령왕 1년조.
117 천관우, 1989, 「삼한고」제3부, 『고조선사・삼한사연구』, 322~330쪽.

즉, 凡王族系의 통합을 시도한 것이 아닌가 추정되는 내용이다. 이는 동성왕 말기 大姓八族으로 대표되는 유력 귀족세력의 발호로 인해 왕권이 제약을 받았던 때와 비교해 볼 때 왕권의 획기적 성장을 보여주는 내용으로 평가된다. 이와 같은 왕권의 변화 연장선상에서 성왕이 사비로 천도하면서 국호를 남부여로 개칭하고, 부여 계승의식을 표방할 수 있었던 것으로 생각된다.

또한 도읍을 옮기기 위해서는 도성의 조영, 궁궐의 신축, 각종 관련시설의 정비 등 대토목공사를 필요로 하며, 이를 위해서는 막대한 경제력을 필요로 한다. 따라서 경제적인 기반 없이 계획적인 천도는 사실상 불가능하다고 할 수 있다. 그런 점에서 성왕의 사비천도 배경으로 경제적인 부분은 중요한 비중을 차지한다고 할 수 있다. 성왕대의 경제적 토대는 무령왕에 의해 마련되었다. 따라서 무령왕대의 경제정책을 살펴볼 필요가 있다.

무령왕은 재위기간 중 특히 경제정책에 많은 관심을 보였다. 그의 경제정책의 일단을 보여주는 내용으로 다음이 참고된다.

C-1. 3월에서 5월에 이르기까지 비가 오지 않아 내와 연못이 마르고 기근이 들어 창고를 열어 백성을 구제하였다.(『三國史記』권26 무령왕 6년)
  2. 정월에 명령을 내려 제방을 수리하고 내외의 유식자를 몰아 귀농케 하였다.(위의 책, 무령왕 10년)
  3. 3년 봄 2월 백제에 사신을 파견하여 임나일본 현읍 백제 백성을 괄출하고 도망하여 貫이 끊어진지 3~4세대가 지난 자들도 모두 백제로 옮겨 관에 올렸다.(『日本書紀』권17 계체기 3년)

앞의 사료를 통해 무령왕대의 경제정책은 크게 3가지 측면에서 진행되었음을 알 수 있다. 첫째는 농업노동력의 안정적 확보정책이다. 그는 동성왕과는 달리 기근이 들어 백성들의 생활이 어려워지자 창고를 열어 이들을 구제하는데 적극적이었다. 또한 유민들을 농지에 정착시키고, 가야지역 등 다른 지역으로 유망하여 정착한 백성들까지도 모두 찾아 귀농시킨

것으로 보인다. 이러한 노력은 백성들의 생활을 안정시킴으로써 농업노
동력을 안정적으로 확보하고자 한 의도였던 것으로 이해된다. 둘째는 국
내 농업기반의 재정비이다. 무령왕 10년에 취해진 제방의 수리와 같은 조
처는 수전경작지의 확보와 함께 국내 농경지를 새롭게 정비한 것으로 볼
수 있다. 끝으로 새로운 경제적 기반의 확보이다. 백제는 개로왕대 고구려
의 남진으로 인해 한강유역의 농경지를 상실함으로써 상당한 경제적 타격
을 받았다. 비록 무령왕에 의해 한강유역에 대한 진출이 어느 정도 진행되
기는 하였지만 이들 지역은 군사적으로 여전히 불안정한 상황이었으므로
한강유역을 대신할 수 있는 새로운 물적 기반을 확보할 필요가 있었다. 무
령왕의 가야지역 진출은 바로 그러한 필요성에서 이루어졌을 것으로 파악
된다. 『日本書紀』 계체기 15년조에 보이는 상다리 · 하다리 · 파사 · 모루
등 4현의 할양기사와 16년조의 기문 · 대사 하사 기사는 백제가 이들 지역
까지 진출한 사실을 의미하는 것으로 이해할 수 있는데,[118] 모두 섬진강
유역의 전라도 지역에 비정된다.

이와 같은 적극적인 농업정책은 한강유역의 상실로 인한 위축된 경제
적 기반을 회복하고자 하는 목적과 함께 민생구휼을 통한 정치적 안정을
도모하고자 하는 의도가 있었던 것으로 이해된다.[119]

무령왕은 중국 양나라에 사신을 파견하여 선진 기술의 도입에도 적극
적이었다. 그 예로 무령왕릉의 축조를 들 수 있는데, 능은 무령왕이 살아
있을 당시에 조영되었음을 알 수 있다. 무령왕릉에 사용된 벽돌 가운데
「士 壬辰年作」이라는 명문이 확인되고 있는데, 임진년은 512년으로 추정
되어 무덤의 축조시기를 파악할 수 있기 때문이다. 즉, 무령왕이 붕어하신
해가 523년이므로 능의 조영이 이미 11년 전에 시작되었을 가능성을 추정

---

118 『日本書紀』권17 계체기 15 · 16년조.
119 노중국, 1991, 「백제 무령왕대의 집권력 강화와 경제기반의 확대」, 『무령왕릉』.

할 수 있는 것이다. 그런데 벽돌의 제작이나 분묘의 조성이 중국 양나라의 기술을 도입하여 이루어졌을 것이라는 사실은 송산리 6호분의 폐쇄용 벽돌에서 수습된 「梁官瓦爲師矣」명문이 있는 벽돌을 통해 확인된다. 따라서 무령왕은 중국 양나라의 선진적인 기술문화의 도입에도 적극적이었음을 알 수 있으며, 무령왕릉에 부장된 많은 중국제 유물은 이러한 문물수입의 정도를 가늠하게 한다.

그 결과 무령왕은 안정된 정치·경제적 토대 위에서 왕 21년에는 양에 사신을 보내 다시 강국이 되었음을 공식 천명하였다.

「11월에 사신을 양에 보내어 조공하였다. 이에 앞서 고구려에게 패한 바가 되어 여러 해 동안 쇠약해 있더니 이에 이르러 글월을 보내어 고구려를 여러 번 격파했다고 일컫고, 처음으로 우호를 통하였는데, 다시 강국이 되었다.」(『三國史記』권26 무령왕 21년)

무령왕릉 출토 명문전

앞의 내용을 통해 백제가 고구려와의 대결에서 우세를 점하고, 나아가 중국과의 교류를 통해 백제의 국력을 대내외에 천명한 사실을 알 수 있다. 또한 무령왕대에 수입된 선진 기술력은 이후 성왕대로 이어져 도성을 조영하는데 있어서도 많은 영향을 미쳤을 것이다. 비록 사비도성 조영에 반영된 중국 도성제의 구체적인 내용은 확인되지 않지만 대개 사비성의 시가지 계획과 도시화의 방법은 남조 建康城을 모방하였을 가능성이 높다는 점[120]에서 당시 중국의 선진적인 기술력이 활용되었을 것이라는 사실은 추정할 수 있다. 성왕이 사비로 천도한 이후 왕 19년에 양에 사신을 보내

조공하면서 동시에 글로써 모시박사, 열반 등의 경서, 그리고 工匠과 畫師 등을 청하였는데,[121] 중국의 각종 문물을 지속적으로 수입한 사실을 보여주고 있다.

결국 무령왕은 다각적인 경제·외교정책을 통해 국력을 회복함으로써 다시 강국이 되었음을 대외적으로 천명할 수 있었던 것이다.

양직공도 백제사신도

성왕은 무령왕대를 거치면서 확보된 정치적·경제적 안정과 선진적인 기술력을 배경으로 사비천도를 추진할 수 있었던 것으로 파악된다.

(2) 성왕의 사비천도와 정치적 성격

동성왕의 사비천도 계획은 웅진지역에 재지기반을 두고 있던 백씨세력의 반발과 경제력의 약화, 그리고 자신의 사망으로 이루어지지 못하였으며, 성왕대에 와서야 실현된다. 비록 무령왕이 정치적 안정과 경제력을

---

120 윤무병, 1994, 「백제왕도 사비성 연구」, 『학술원논문집』 인문·사회과학편 33, 151쪽.
121 『三國史記』권26 동성왕 19년조.

회복함으로써 다시 강국의 면모를 되찾았으나 그는 한성회복의 염원을 버리지 못하였던 것으로 생각된다. 무령왕의 대고구려 정책 및 한강유역 회복을 위한 노력은 그러한 상황을 뒷받침하고 있다. 성왕도 무령왕이 한성회복에 많은 관심을 가지고 있었던 사실을 누구보다도 잘 알고 있었을 것이다. 그럼에도 불구하고 성왕이 父王의 뜻을 받들지 않고 사비천도를 추진한 것은 현실적으로 한성의 회복이 쉽지 않다는 사실을 직시한 결과에서 비롯된 것이 아닌가 한다. 즉, 성왕은 한성회복을 위해서는 왕도로서 한계를 가진 웅진에서 벗어나 새로운 도약의 발판을 마련할 필요성이 있다는 점을 절감하였던 것이다. 그러한 사실은 사비천도 후에 성왕이 한강유역을 회복하기 위해 신라와 연합하여 대대적인 고구려 공략에 나선 사실을 통해서 확인된다. 성왕의 경우에도 부왕인 무령왕과 마찬가지로 한성회복에 대한 염원이 크게 자리하고 있었지만 현실적인 상황을 고려하여 먼저 천도를 추진했던 것으로 이해할 수 있는 것이다.

성왕의 사비천도와 관련해서는 성왕 16년에 사비로 도읍을 옮기고, 국호를 남부여라고 했다는 간단한 기록밖에 없다. 도읍을 왜 사비지역으로 옮겼는가에 대한 설명은 없다. 따라서 성왕이 다시 사비지역을 천도의 대상지로 삼은 이유는 확인되지 않지만 사비지역이 갖고 있는 지리적인 장점 즉, 방어상의 편리함과 미개발지라는 점이 우선 주목된다.[122] 왕도로 선정되기 위해서 제일 중요한 2가지 요소가 군사적인 측면과 경제적인 측면이라는 점에서 이러한 지적은 타당성을 가진다. 그리고 성왕의 궁극적인 천도 목적 가운데 하나가 한성회복을 위한 발판마련에 있었을 것이라는 점에서 대고구려 진출을 위한 교통로상의 장점도 크게 고려되었을 것이다.

---

122 박순발, 2003, 「웅진천도 배경과 사비도성 조성문제」, 『백제도성의 변천과 연구상의 제 문제』, 122쪽.

또한 사비지역은 동성왕대에 이미 도읍으로 선정하여 천도를 추진하였던 명분을 지니고 있었으며, 이후 웅진과의 교류도 중요하게 작용하였을 것이다.[123] 동성왕 이후 사비지역은 왕도의 배후지역으로 일정한 역할을 지속하였던 것으로 보인다. 그것은 부여 정동리 A지구 가마에서 출토된 것과 같은 종류의 紋樣塼과 銘文塼이 무령왕릉과 송산리 6호분에서 출토되었는데, 이는 부여에서 이들 물품을 생산하여 조달하였음을 보여준다.[124]

그러나 사비지역이 지닌 지리적·경제적 장점에도 불구하고 천도가 지닌 정치권력의 변화라는 점을 고려할 때 천도지의 선정이 그렇게 간단하지만은 않았을 것이다. 475년 웅진지역이 도읍으로 정해질 수 있었던 배경에는 이곳에 재지기반을 두고 있었던 백씨세력의 영향력이 크게 작용한 사실을 고려할 필요가 있다. 즉, 천도지로서 사비지역이 선택된 것은 그 주변을 재지기반으로 하는 정치세력과의 관계를 생각하지 않을 수 없는 것이다. 사비지역과 관계를 가진 세력으로는 사씨가 주목된다. 사씨가 언제부터 중앙정치에 등장하는가는 분명하지 않지만 아신왕 7년(398) 사두라는 인물이 좌장에 등용되면서 중앙정치에서의 본격적인 활동을 확인할 수 있다.[125] 그 후 사씨세력의 활동이 보이지 않다가 동성왕대 와서 다시 급부상하고 있다. 동성왕대 등장하는 사씨계 인물로는 동성왕 6년 남제에 사신으로 파견된 내법좌평 沙若思와 17년 行征虜將軍 邁羅王에 임명된 沙法名을 찾을 수 있다. 동성왕대 사씨가 급부상하는 이유는 다양한 정치세력을 중용함으로써 특정 귀족세력의 전횡을 막고자 한 동성왕의 정

123 김수태, 2004, 앞의 글, 42쪽.
124 국립부여박물관, 1989,『특별전 백제의 와당』, 68~69쪽.
    김성구, 1990,「부여의 백제요지와 출토유물에 대하여」,『백제연구』21, 227~228쪽.
125 강종원, 2007,「백제 사씨세력의 중앙귀족화와 재지기반」,『백제연구』45.

치적 의도에 기인한다고 볼 수 있다. 이 과정에서 금강유역에 재지기반을 둔 다수의 신진세력이 등용되었는데, 이들 세력 가운데 사씨의 부각은 웅진천도를 주도하면서 정치적 영향력을 강화시킨 백씨세력의 견제와도 관련이 있었을 것으로 보인다. 이와 같은 동성왕의 국정운영 속에서 사씨세력은 정치적 영향력을 확대하였으며, 성왕의 사비천도를 적극적으로 지지하였을 것이다.[126]

그럼, 성왕은 언제부터 사비로의 천도를 계획하고, 도성에 대한 조영을 시작하였을까? 성왕이 사비로 천도한 사실과 관련해서는 538년 사비로 천도하고 국호를 南扶餘로 하였다는 간단한 기록밖에는 남아있지 않다. 따라서 성왕이 언제부터 어떤 방식으로 천도를 준비하였는가는 구체적으로 확인할 수 없다. 다만 즉위하던 해와 왕 7년 고구려의 침략에 대응한 것 이외에 직접 대외전쟁을 일으키지 않은 점은 사비천도 이후의 상황과 대비된다. 따라서 성왕은 즉위 후 바로 천도를 준비했을 가능성을 생각해 볼 수 있다.

성왕이 언제부터 사비천도를 계획하였는지에 대한 문제는 천도지인 사비지역에 대한 경영시점과도 밀접한 관련이 있다. 따라서 사비도성이 언제부터 조영되기 시작하였는가를 검토하면 자연스럽게 성왕의 사비천도 시점도 도출될 수 있을 것이다. 현재 사비도성의 축조시기에 대해서는 다양한 견해가 제기되고 있는데, 논의의 핵심은 사비도성을 구성하고 있는 중요 시설인 부소산성과 나성의 축조시기에 모아지고 있다.

먼저, 왕성 배후산성으로서의 기능을 했던 부소산성의 초축 시기를 알 수 있는 자료로 주목되는 것이 부소산성 성벽조사 과정에서 출토된 '大通' 명 印章瓦이다. '대통'은 양의 연호인데, 527~529년으로 성왕 5~7년에

126　노중국, 1978, 「백제왕실의 남천과 지배세력의 변천」, 『한국사론』4, 97~100쪽.
　　　김수태, 2004, 앞의 글, 60~62쪽.

대통명 인장와

해당된다. '大通' 명 기와는 공주 대통사지에서도 출토되고 있어 웅진기의 기와임은 분명하다. 따라서 성왕 즉위 후 머지않은 시기에 부소산성에 대한 조영이 시작된 것으로 보는데 있어서는 대체로 의견의 일치를 보이고 있다. 그런데 나성의 초축시점에 대해서는 다양한 견해가 제기되고 있다. 나성의 축조 시기는 왕릉의 입지와 관련하여 주로 논의되고 있는데, 왕릉이 나성 밖에 위치하고 있는 점을 근거로 해서 나성의 축조시기를 파악하는 것이다.[127] 즉, 묘역조성 이전에 나성이 이미 축조되어 있었을 가능성이 높다고 보는 것이다. 반면에 북나성이 통과하는 청산성을 무왕 6년(605)에 축조된 角山城에 비정하여 나성 축조시기를 무왕 6년으로 보는 견해[128]를 비롯해 동성왕 8년(486)에 축조되는 우두성을 부소산성에 비정하여 초축시점을

---

127 박순발, 1996, 「백제도성의 변천과 특징」, 『한국사의 이해』, 중산정덕기박사화갑논총, 127~128쪽.

부여 나성

동성왕 8년으로 보면서 나성은 그 이후에 축조하기 시작하여 동성왕 23년
(501)에 마무리된 것으로 보는 견해[129] 등도 있다. 따라서 구체적인 나성
의 축조시기를 말하기에는 아직 어려움이 있지만 대체로 왕릉의 조영시기
와 관련하여 그 이전으로 이해하는 견해가 우세하다고 할 수 있다. 다만
나성의 일부 구간에 대한 발굴조사 결과 성벽 주변에서 주거지와 우물 등
의 유구와 각종 유물 등이 확인된 사례가 있어 사비천도 이후에 축조되었
을 가능성도 배제할 수 없다.[130] 현재 사비도성과 관련하여 고고학적인
조사가 활발하게 진행되고 있기 때문에 나성의 축조시기 문제는 앞으로의
조사성과를 통해 밝혀질 수 있을 것으로 기대된다. 따라서 유적 · 유물을
통해 볼 때 사비도성을 조영하기 시작한 시기는 늦어도 성왕 5~7년으로
볼 수 있으며, 성왕이 천도를 계획하고 준비한 시기는 그 이전으로 소급될
수 있을 것이다.

---

128 성주탁, 1982, 「백제 사비도성 연구」, 『백제연구』 13.
129 심정보, 2000, 「백제 사비도성의 축조시기에 대하여」, 『사비도성과 백제의 성곽』.
130 강종원, 2005, 「백제 사비도성의 경영과 왕권」, 『고대도시와 왕권』, 36~47쪽.

다음은 사비로의 천도를 정치적인 측면에서 살펴보도록 하겠다. 천도가 고도의 정치적 행위임을 고려할 때 성왕의 사비천도는 그것을 추진한 목적을 분명하게 파악할 필요가 있다. 일반적으로 천도의 정치적 목적은 정치세력의 재편과 왕권의 강화라는 점에 있다. 성왕은 사비천도와 함께 국호를 남부여로 고치고, 관제를 정비하는 등 혁신적인 정책을 추진하고 있는데, 이는 사비천도의 목적 가운데 하나가 실추된 왕실의 권위를 회복하고 왕권을 강화하고자 한데 있었음을 보여준다.[131] 특히 천도와 함께 국호를 남부여로 하였다는 점은 주목된다. 위덕왕이 태자시절 고구려군과 대치할 당시 '姓是同姓'이라고 하였는데,[132] 이는 『한원』의 백제관련 기록을 통해서도 확인된다. 즉, 부여 계승의식을 강조함으로써 大姓八族으로 불리는 전통적 귀족세력과 재지적 기반을 가진 지방세력과의 차별화를 시도한 것으로 볼 수 있기 때문이다.

성왕은 사비천도를 통해 왕권을 강화시킴으로써 정국의 주도권과 함께 군사권까지도 장악할 수 있었던 것으로 보인다. 성왕은 대외전쟁에서 태자인 창(위덕왕)에게 군사지휘권을 위임하였는데, 대고구려전을 비롯해 신라와의 관산성전투 당시 책임자가 창이었다. 특히 554년 대신라전을 일으켰을 때 귀족세력들이 반대를 하였는데, 이에 대하여 여창은 「여창이 말하기를, 늙었구료 어찌 겁내는가」[133]라고 하여 자신의 주장을 관철시키고 있다. 당시 耆老로 표기된 이들 귀족세력은 대성팔족으로 볼 수 있는데, 여창이 그들의 반대의견을 꺾고 좌평 4인과 함께 3만에 달하는 대군을 이끌고 대신라 전쟁을 강행할 수 있었던 것은 강화된 왕권과 함께 軍權을

---

131 노중국, 1994, 앞의 책, 166~167쪽. 무령왕대 수습된 내분을 종식시키고 무령왕을 중시조로 하는 왕위계승원칙을 확립하려는 의도에서 사비천도를 추진했을 가능성이 있는 것으로 보는 견해(이도학, 2003, 앞의 글, 43~44쪽)도 있다.
132 『日本書紀』권19 흠명기 14년조.
133 『日本書紀』권19 흠명기 15년조.

장악할 수 있었기 때문에 가능하였을 것으로 이해된다. 아울러 중앙 요직에 대성팔족 이외에 왕권을 옹호할 수 있는 새로운 인물들을 등용함으로써 친왕세력을 확보

부명인장와

하였다. 나솔 馬武는 왕의 최측근으로 나타나고 있는데,[134] 이는 대성팔족 이외에도 다양한 인물들이 중용된 사실을 보여준다.[135] 이와 같이 태자의 군사권 장악, 대성팔족 이외의 인물 중용 등은 천도를 통한 왕권의 강화와 주도적인 국정운영의 한 측면을 보여주는 것이라고 하겠다.

사비천도 이후 성왕은 각종 제도의 정비에도 진력하였는데, 왕도 5부제를 비롯하여 16관등제 및 22부사 등 관제의 정비를 추진하였다.[136] 특히 성왕은 도성제도인 왕도 5부제를 엄밀하게 시행하였다. 사비도성은 계획적인 도시로 건설되었음을 알 수 있는데,[137] 왕도를 部와 巷이라는 주거단위로 구획하여 각각의 귀족세력들을 거주하게 하였던 것이다. 중국 사서 가운데 하나인 『隋書』의 내용을 보면, 畿內를 5부로 구분하고 부에

134 『日本書紀』권19 흠명기 11년조.
135 양기석, 1991, 「백제 위덕왕대의 왕권의 존재형태와 성격」, 『백제연구』21, 39~40쪽.
136 양기석, 1991, 「백제 성왕대의 정치개혁과 그 성격」, 『한국고대사연구』4.
137 윤무병, 1994, 앞의 글.

는 5항이 있는데, 士人들이 거주하였다고 한다.[138] 여기에서 사인은 귀족 세력을 의미한다. 『北史』와 『翰苑』에서는 士와 庶로 표현하고 있는데 도성 안에는 귀족뿐만 아니라 일반민들도 거주하였다. 사비지역은 천도 이전부터 사람이 살았던 흔적이 확인된다. 화지산 南麓에서 청동기시대의 석관묘가 다수 확인된 것으로 보아[139] 부여지역은 선사시대부터 사람들이 살기에 적합한 자연조건을 구비하고 있었던 것으로 보인다. 그러나 백제시대 유적의 경우 왕도 안에서 사비기 이전의 유적이 조사된 사례가 거의 없으며, 일부지역은 백제 사비기층 아래에 뻘층이 형성되어 있었던 점[140]과 저습지의 존재가 확인되는 등[141] 천도 이전에 부여시내의 상당 부분이 저습지였음을 알 수 있다. 따라서 천도이전에 부여 중심지에는 그리 많은 사람이 살지는 않았던 것으로 추정되며, 천도와 함께 많은 사람들이 이주하였던 것으로 보인다. 그리고 이주한 사람들의 대부분은 대성팔족을 포함한 귀족세력이었을 것이다.

　성왕대 사비도성에 왕도 5부제가 엄격하게 시행된 사실은 『日本書紀』에 部名을 관칭한 인물들이 주로 성왕대 집중되고 있는 사실을 통해서도 확인된다.[142] 문헌기록뿐만 아니라 각종 고고학적 자료를 통해서도 왕도 5부제의 시행사실이 확인되고 있다. 우선, 부명이 찍힌 印章瓦가 다수 출토되고 있는데,「前卩乙瓦」・「後卩乙瓦」・「中卩乙瓦」・「上卩乙瓦」 등이 부소산성을 비롯해 추정왕궁지 등에서 확인되고 있다.[143] 그리고 부여 동

---

138 『隋書』 백제전, 「畿內爲五部 部有五巷 士人居焉」.
139 충남발전연구원, 2004, 『부여 차집관로 매설구간 유적조사 보고서』.
140 충남발전연구원, 2003, 『부여 관북리 근린생활시설 신축공사부지 시굴조사 보고서』.
141 충남역사문화원, 2004, 『부여 우체국증축부지 문화유적 시굴조사 보고서』.
142 『日本書紀』 권18 안한기부터 권19 흠명기 14년까지 부명을 인명 앞에 칭하고 있는 인물이 집중적으로 보이고 있으며, 이후 의자왕 후반기에 약간 명이 보이고 있다.
143 최맹식, 1999, 『백제 평기와 신연구』, 65~75쪽.

부명 표석

남리 향교 동쪽의 논에서 발견된 부명이 새겨진 「前部」 및 「上阝前阝川自
此以」명 표석, 그리고 궁남지에서 출토된 목간의 「西阝後巷」 등은 사비도
성에 5부제가 엄밀하게 시행된 사실을 보여준다. 이와 같이 도성 내부를 5
部 5巷으로 구획하고, 이곳에 귀족세력을 정주시켜 부명을 관명에 관칭하
게 한 것은 대·소 귀족의 주거지를 표시하게 함으로써 귀족들에 대한 지
역적 통제를 위한 목적이었던 것이다.[144]

또한 각 부에는 군사 5백인을 상주시켜 달솔로 하여금 지휘하도록 하
고 있다. 달솔은 각 관서의 장을 맡고 있는 실질적으로 국가의 경영을 담
당한 계층인데, 이들은 왕의 직접적인 통제를 받는 관료계층이라고 할 수
있다. 따라서 달솔의 휘하에 놓여있는 군사는 명목상으로는 도성 내부의
치안 등을 담당하였을 것이지만 실질적으로는 귀족세력을 견제하고, 통제
하는 역할을 담당하였을 것이다.

이와 같이 성왕은 사비천도를 통해 왕실의 부여출자를 강조함으로써

---

144 노중국, 앞의 책, 1994, 168~189쪽.

다른 귀족세력과의 차별화를 시도하고, 아울러 大姓八族 이외의 새로운 정치세력을 중용하여 친왕세력으로 삼았다. 그리고 왕도 5부제의 엄밀한 시행을 통해 귀족세력의 거주지역을 통제함으로써 왕권강화를 도모한 것으로 볼 수 있다. 또한 농경지 확보에 유리하고, 대고구려 진출에 편리한 지리적 장점을 확보할 수 있었다. 그 결과 성왕은 부왕인 무령왕대부터 염원하였던 한성회복전쟁을 신라와의 연합 하에 적극적으로 추진할 수 있었던 것으로 이해된다. 비록 실패로 끝나고 말았지만 성왕대 왕권이 강화된 사실을 실증적으로 보여준 것이 대신라와의 전쟁이었다. 태자 여창이 耆老로 대표되는 귀족들의 반대를 무릅쓰고 대신라전을 강행할 수 있었던 것은 바로 사비천도 이후 강화된 왕권을 보여준 상징적인 사건이었다.

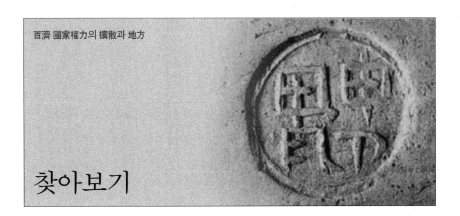

百濟 國家權力의 擴散과 地方

찾아보기